Freiling · Budgetierungs- und Controlling-Praxis

Dr. Dieter Freiling

Budgetierungs- und Controlling-Praxis

Gewinn-Management im mittleren Industriebetrieb

GABLER

CIP-Kurztitelaufnahme der Deutschen Bibliothek

Freiling, Dieter:

Budgetierungs- und Controlling-Praxis: Gewinn-Management im mittleren Industriebetrieb/ Dieter Freiling. – Wiesbaden: Gabler, 1980.
ISBN 3 409 96091 0

Umschlaggestaltung: Horst Koblitz, Wiesbaden
Satz: Composer-Satz G. Hartmann, Nauheim
Druck und Buchbinderei: Industrie- und Verlagsdruck GmbH, Walluf b. Wiesbaden

Printed in Germany

ISBN 3 409 96091 0

Vorwort

Industrieunternehmen mittlerer Betriebsgröße müssen ihre knappe Kapitalausstattung optimal einsetzen. Sie würden diese verzetteln, wenn sie auf die Herausforderungen des Marktes lediglich reagierten. Sie sollten – aufbauend auf den eigenen Stärken und Schwächen – eine mittelfristige Unternehmensstrategie für Produkte und Märkte entwickeln. Bei den operativen Maßnahmen ist hierzu das Instrumentarium einer Unternehmensbudgetierung und -kontrolle einzusetzen. Das vorherige Durchrechnen der „Aktivitäten" im Vertrieb, in der Produktion, in der Beschaffung sowie der hierfür erforderlichen Kosten und Finanzen ermöglicht während des Jahresablaufs eine Steuerung nach dem günstigsten Return on Investment (ROI).

Derartige integrierte Unternehmensplanungen wurden in den letzten Jahren bezüglich ihrer Ziele, theoretischen Ausgestaltung und Kontrollkonsequenzen eingehender untersucht. Indessen fehlt die Darstellung eines in der Praxis erprobten, umfassenden Budgetierungs- und Kontrollsystems. Es muß die zwangsläufigen Schritte vom Absatz- bis zum Ergebnisbudget so allgemeinfaßlich beschreiben, daß ein mittelgroßes Industrieunternehmen mit Jahresumsätzen etwa zwischen 10 und 100 Mio. DM hiernach sein eigenes Konzept einführen kann.

Der Autor hat viele Jahre als Vorstand bzw. Geschäftsführer in mittleren Kapitalgesellschaften der Eisen-, Metall- und Elektroindustrie diese Managementtechnik erfolgreich eingesetzt und mehrfach in Unternehmer- und Controllerseminaren vorgestellt. Die beigefügten Zahlenbeispiele zu den Einzelschritten bieten ein umfassendes Fallkompendium, auf welches zur Betrachtung von Prämissen, Entscheidungen und Zielabweichungen zurückgegriffen werden kann.

Das vorliegende Buch will ohne theoretische Grundsatzerörterungen und Begriffsabgrenzungen dem Unternehmensleiter eine Hilfestellung geben. Sein Schwerpunkt liegt bei den Ablaufmethoden und materiellen Aussagen, weniger bei aufbauorganisatorischen Fragen. Es erhebt keinen Ausschließlichkeitsanspruch, sondern läßt Anregungen der Praxis zur weiteren Verbesserung zu.

Dieter Freiling

Inhaltsverzeichnis

Anhang

1

Analyse des Istzustandes und der erforderlichen Aktivitäten

11 Die typischen Schwachstellen der Mittelindustrie

111 Herkömmliche Führungstechnik

1111 Strukturkennzeichen und Beispieldaten eines Mittelbetriebes

Die Zukunftschancen der mittelständischen Industrie werden verschieden beurteilt. Das Bundeskartellamt stellt 1974 mit 318 angezeigten Fusionen einen Konzentrationsrekord fest. Die Baseler Prognos AG prophezeit dagegen ein Anwachsen der Unternehmen mit mehr als 10 Beschäftigten bis 1985. Politiker aller Parteien bejahen die Marktnotwendigkeit und Existenzfähigkeit der Mittelbetriebe.

Aus der Industriestrukturstatistik ergeben sich gemäß den Totalerhebungen 1975 die in Abb. 1 genannten Kriterien für die Betriebsgröße.

		Industrieunternehmen			Beschäftigte			September-Umsatz (Mio DM)		
Größe	Mitarbeiter je Unternehmen	1966	1975	± %	1966	1975	± %	1966	1975	± %
Klein	1– 99	89 402	80 555	– 9,9	1 713 299	1 529 009	– 10,2	6 480,9	12 261,0	+ 89,2
Mittel	100–999	13 248	11 948	– 9,8	3 553 525	3 226 818	– 9,2	15 364,6	28 844,7	+ 87,7
Groß	1 000 und mehr	1 203	1 079	– 10,3	3 313 227	2 985 625	– 9,9	13 823,3	26 271,2	+ 90,1
Gesamt		103 853	93 582	– 9,9	8 580 051	7 741 452	– 9,8	35 668,8	67 376,9	+ 88,9

Abb. 1: Größenstruktur der deutschen Industrie 1966 und 1975

Danach zeigen Industrieunternehmen mit 100 bis 999 Beschäftigten weniger Existenzrisiken als Großbetriebe und weniger Beschäftigtenverluste als Kleinfirmen. In der absoluten Beschäftigtenanzahl, im totalen Umsatz und in der Umsatzleistung pro Kopf liegen mittlere Unternehmen sogar an der Spitze.

Die Absatzmarktposition der Mittelbetriebe ist durchaus nicht geringer einzuschätzen als die der großen Gesellschaften. Dies sagt nichts aus über die Kosten- und Ergebnisentwicklung. Sie ist nach allen Indikatoren ungünstiger verlaufen als bei den Großen. Die Umsatzrendite 1978 wird bei diesen auf ca. 4 %, bei Mittelbetrieben auf 2 % geschätzt.

Man muß die Kenndaten der Mittelindustrie noch präzisieren. Allgemein lassen sich folgende Merkmale feststellen:

1. *Unternehmensgröße:* Da die Beschäftigtenzahl von 100 bis 1 000 (gewichteter Durchschnitt = 270) je nach Branche, Fertigungstechnik und Mechanisierungsgrad

stark variieren kann, wird man eher auf Umsätze zwischen 10 und 100 Mio. DM abstellen. Das haftende Kapital kann zwischen 0,5 und 10 Mio. DM schwanken.

2. *Gesellschaftsform:* Das Eigenkapital liegt meist in Händen der Eigentümerfamilien, die in der Geschäftsführung mitarbeiten. Zwar überwiegen die Personengesellschaften (Einzelfirma, OHG, KG, GmbH & Co. KG). Aus Gründen der Haftungsbeschränkung, Steuerminderung oder Nachfolgesicherung ist aber auch die GmbH weit verbreitet.
3. *Marktposition:* Mittelständische Unternehmen sind meist tätig als Abnehmer der auf Chargenausstoß eingerichteten Grundstoffindustrie und als Zulieferer für die Automobil-, Maschinenbau- oder Chemiekonzerne bzw. für die Handelsketten hochwertiger Lebensbedarfsgüter. In der Regel liegt Konkurrenzverhalten mit partiellen Qualitätspräferenzen vor.
4. *Fertigungsprogramm:* Das programmspezialisierte, aber artikelbreite Produktsortiment mit schneller Lieferbereitschaft bedingt eine auf Serien, Kleinpartien oder Einzelstücke ausgerichtete Fabrikationstechnik. Beim Fertigungsverfahren überwiegen Fach- und angelernte Arbeiter in herkömmlichen Technologien.
5. *Finanzkraft:* Die Eigenkapitalausstattung liegt etwa bei 30 % der Bilanzsumme und limitiert das Wachstum. Die Risikoverteilung ist unausgewogener als bei diversifizierten Großunternehmen mit Tochtergesellschaften.

Anhand dieser Strukturgegebenheiten lassen sich die betriebswirtschaftlichen Probleme des „typischen" Mittelstandsbetriebes leichter darstellen. Betrachten wir deshalb ein solches Industrieunternehmen noch näher. Wir nennen es „Rheinische Werkzeugfabrik GmbH" in Köln. Die Gesellschaft zeichne sich dadurch aus, daß fast sämtliche industrie- und handelswirtschaftlichen Problemstellungen eines Minikonzerns bei ihr vorkommen und berücksichtigt werden müssen. Deshalb erscheint es sinnvoll, eine Unternehmensbeschreibung voranzustellen. Die Gegebenheiten sind zwar der Wirklichkeit entnommen, aber zur beispielhaften Darstellung sämtlich fiktiv abgewandelt.

1. *Gesellschaftsrechtliches:*
   Rheinische Werkzeugfabrik GmbH, gegründet 1900, Sitz in Köln. Herstellung und Vertrieb technischer Gebrauchsgüter der Stahlverarbeitung, speziell Werkzeuge und Schmiedeteile.
   Stammkapital: 7,5 Mio. DM, voll in Familienbesitz.
   Geschäftsführung: 3 Gesellschafter für Ressorts Vertrieb, Produktion, Finanzen.
   Die Gesellschaft hat gemäß Satzung einen Aufsichtsrat.
2. *Vertriebsangaben:*
   Verkaufssortiment = 1 800 Artikel Eigenprodukte, 700 Artikel Handelsware, 2 300 Artikel Fremdware, jeweils mit zahlreichen Varianten und Einzelteilen; eingetragene Warenzeichen.
   Absatzwege:
   a) Inland an 1. Groß- und Facheinzelhandel, 2. Direktgeschäft Industrie, 3. Außendienststützpunkte für Vertrieb an Gewerbe und Behörden.
   b) 1 Tochtergesellschaft im Inland für Groß- und Einzelhandel von Eisenwaren.
   c) Ausland an 1. eigene Vertriebsgesellschaft, 2. Generalimporteure, 3. Sonstige.
   Nettoumsatz: ca. 36 Mio. DM.

3. *Produktionsangaben:*
Fabrikationsstätten: Hauptwerk bei Köln, externe Heimarbeiter, Handelswaren-Unterlieferanten.
Produktionsstufen:
a) Vorfertigung = Stahlschmiede, Härterei, mechanische Bearbeitung der Rohlinge, Blechstanzerei, Elektro-, Holz- und Kunststoffverarbeitung, ⌀ 20 Arbeitsgänge, Akkord- und Zeitlohn, Ablieferung in Zwischenlager.
b) Oberflächenbearbeitung: Schweißen, Drehen, Feinschleifen, Montage, Polieren, Lackieren. ⌀ 25 Arbeitsgänge, Akkord- und Zeitlohn.
c) Garniturenpackerei = Verkaufsverpacken von Eigen- und Handelswaren für verschiedene Absatzkanäle, ⌀ 5 Arbeitsgänge.
Eigene Abteilungen für Entwicklung, Werkzeugbau; Anlernberufe; auch Frauenarbeit.
Gesamtgesellschaft: 695 Köpfe; gewerbliche Mitarbeiter = 400; Gastarbeiter 20 %.
Zweistufige Auftragsabwicklung: 1. Betrieb liefert Fertiglagerergänzungsaufträge, 2. Vertrieb disponiert erwartete Kundenaufträge.
4. *Kaufmännische Angaben:*
3 Tochtergesellschaften, davon 2 im Ausland (1 Vertriebs-, 1 Produktionsgesellschaft).
Neutrales Vermögen (Werkswohungen).
Einsatz einer gemieteten mittleren EDV-Anlage mit Band und Platte (IBM 360/30 mit 64 K) für alle wichtigen Sachgebiete im Absatz-, Produktions- und Finanzbereich.
Integriertes Jahresbudget- und Kontrollsystem. Erfolgsrechnung mittels Stufendeckungsbeitragsrechnung.

1112 Unscharfe Unternehmensziele und zentrale Leitungsorganisation

Die enge Verzahnung von Eigentum und Geschäftsführung in der mittelständischen Industrie hat deren Führungstechnik stark geprägt. Führung ist in jeglicher Gesellschaft die wichtigste Erfolgskomponente. Man muß unterscheiden zwischen der personellen Führungsausübung und der Führungsstruktur[1].

Bei Führungsausübung durch die Inhaber fallen unternehmerische Verantwortung und Kapitalrisiko in einer Person oder mehreren zusammen. Die Geschäftsführungstätigkeit ist nicht befristet und unterliegt keiner echten Aufsichtsratskontrolle. Daraus entsteht eine Machtfülle, die einerseits wagemutige Entscheidungen, andererseits Fehlleistungen begünstigt. Die personenbezogenen Komponenten umfassen das breite Spektrum menschlicher Eigenschaften. Die kapitalseitige Führungsausübung bedingt eine typische Führungsstruktur. Sie umfaßt Führungsstil und Führungsorganisation. Man spricht von „autoritärem“ Führungsstil, wenn alle Entschlüsse zentral von einer

1 R. Mohn, Moderne Führungstechnik und ihre gesellschaftspolitischen Konsequenzen, in: W. Busse von Colbe, G. Laßmann, W. Schubert, Leitungsorganisation und Personalführung, Opladen 1972, S. 33 ff.

Person getroffen werden. Eine Variante ist die „patriarchalische" Führung, die auch das soziale Fürsorge- und Treueverhältnis zwischen Inhaber und Mitarbeitern beinhaltet. Vorteilhaft ist die einfache und schnelle Entscheidungsbildung. Sie sichert einen zeitlichen Vorsprung gegenüber koordinativer Willensbildung. Sie ist nachweislich unter einfachen Markt- und Produktionsverhältnissen am erfolgreichsten.

Nachteilig ist die Unübersichtlichkeit der Zielvorstellungen, die – mangels öffentlicher Entscheidungsprozedur – nicht immer klar erkennbar sind. Die mittlere Führungsebene operiert zwar personenbezogen sehr flexibel, aber sachbezogen nur nach groben Rahmenrichtlinien. Bei komplizierten Markt-, Produktions- und Finanzvorgängen treten deshalb leicht Fehlentscheidungen oder Rückdelegation von Verantwortung an die Führungsspitze auf. Der Chef behält zuwenig Zeit, das Wesentliche voranzutreiben. Der autoritäre Führungsstil verhindert oft die berufliche Selbstverwirklichung der mitentscheidungswilligen Unternehmensinstanzen. Wenn unter dem Mann an der Spitze kein befähigter, zielorientierter Nachwuchs bereitsteht, ist die Unternehmenskontinuität gefährdet.

Um die Abhängigkeit von Einzelpersonen zu verringern, haben zahlreiche mittlere Unternehmen die Delegation von Verantwortung als Prinzip der Führungsorganisation übernommen. Häufig wird eine erweiterte Geschäftsleitung gebildet, in welcher kapitalmäßig nicht beteiligte Führungskräfte, etwa Vertriebsleiter, Produktionsleiter und kaufmännischer Leiter, in den Entscheidungsprozeß der obersten Ebene einbezogen werden. Die Führungsorganisation bleibt normalerweise aber zentral gegliedert. Das Unternehmen wird als ein Entscheidungs- und Profitzentrum angesehen. Die Kompetenzbereiche Vertrieb, Produktion und kaufmännische Verwaltung verjüngen sich in einem pyramidenähnlichen Mehrliniensystem von unten nach oben in Ebenen niederer, mittlerer und oberer Führungsinstanzen. Bei dieser Funktionalgliederung ist jedes der drei Ressorts für einen sachlich abgrenzbaren Aufgabenumfang verantwortlich. Die Abstimmung der Bereichsziele auf die Unternehmenszielsetzung erfolgt nur in der Spitze. Dadurch macht sich in den unteren Etagen leicht blindes Ressortdenken breit.

In größeren Mittelbetrieben findet man deswegen Stabsstellen, welche der Geschäftsführung attachiert sind, um Analysen, Planungen und Revision fallweise durchzuführen. In der Linie hat jeder Mitarbeiter nur einen Vorgesetzten. Dieser dirigiert maximal 10 direkt Untergebene. Die modifizierte zentrale Leitungsorganisation (Liniensystem mit Stäben) hat sich in der Mittelindustrie nicht voll durchgesetzt, da die Stäbe (z. B. Betriebswirtschaftsstelle, technical efficiency office, Marketingservice) meist mit Organisationsprojekten ausgelastet sind. Sie ist jedoch einfach, überschaubar und verursacht keine unwirtschaftlichen Kosten.

1113 Führungsprozeß mit unzureichendem Instrumentarium

Die unpräzise Verdeutlichung der Jahreszielvorgaben für die mittleren Führungsebenen in zentral geführten Mittelbetrieben entsteht dadurch, daß der Unternehmensleiter zeitlich zu stark mit der Beaufsichtigung der unmittelbar unterstellten Führungsetagen beansprucht ist. Es fehlt der Generalstab, welcher den Führungsprozeß in den vier Phasen der Problemstellung, der Suche von Handlungsmöglichkeiten, der Beurteilung und der Entscheidung vorbereitet. Die Vorteilhaftigkeit alternativer Strategien wird nicht vorausberechnet. Marketingchefs, Betriebsleiter oder Einkaufsmanager können taktische Entscheidungen ihrer Bereiche aber nur richtig treffen, wenn die Prioritäten der Kurzfristziele des Unternehmens verbindlich festliegen.

Auch wenn Firmeninhaber bzw. Geschäftsführung die Einzelziele und die zu deren Verwirklichung einzuschlagende Strategie und Taktik definieren, ist eine optimale Entscheidungsfindung nicht automatisch gewährleistet. Der Einfluß im Absatz-, Produktions- und Finanzbereich auf die gewählten „Aktionsparameter" ist komplexer Natur und teilweise nicht quantifizierbar. Das unternehmerische Verhalten bleibt daher von den zufällig bekannten Daten abhängig und unvollständig abgesichert. Eine effiziente Mittelverwendung und das günstigste Ergebnis werden nur dann erreicht, wenn alle marktgängigen Informationsmittel verfügbar sind. Mittelständische Unternehmen müßten deshalb alle innerbetrieblich anfallenden Daten für Entscheidungszugriffe speichern. Dies ist nur bei Einsatz elektronischer Datenverarbeitungsanlagen (EDV) mit ausreichenden Rechen- und Speicherkapazitäten möglich. Hierauf wären die mindesterforderlichen Rechnungen mit Standardmodularprogrammen der Software-Anbieter durchführbar. Das Fehlen dieser technischen Ausrüstung kann zu einem entscheidenden Nachteil für kleinere Unternehmen führen.

Wenn die vier Planungsphasen des Führungsprozesses bei der Entscheidungsvorbereitung und -fällung nicht die fehlerhaften Marschrouten für eigene Operationen aufgezeigt haben, ist die fünfte Phase, die Realisation der geplanten Entscheidung, bereits beeinträchtigt. Die Steuerung des Unternehmensschiffes (= Kybernetik) setzt voraus, daß alle wesentlichen Detailalternativen im voraus geprüft und entschieden sind. Ist dies nicht geschehen, muß der Steuermann ständig auf der Kommandobrücke anwesend sein, um die richtigen Anweisungen ad hoc zu geben. Nur mit einer solchen Improvisation hat der mittlere Unternehmer aufgrund seiner alleinigen umfassenden Information die Chance, einen organisationsbedingten Rückstand gegenüber Großbetrieben mit wissenschaftlich systematisierter Planung und Steuerung wettzumachen.

Noch stärker vermißt man in der mittelständischen Industrie die 6. Phase der Führungstechnik, nämlich die Kontrolle der Planeinhaltung. Denn die Auswertung von reinen Istdaten der Vergangenheit führt zu geringeren Erkenntnissen, als wenn die ursprünglichen Sollvorstellungen damit verglichen werden. Die Differenzanalyse der Soll-Ist-Abweichungen erlaubt die Herausarbeitung der Ursachen. Die Fehleinschätzung wird bei der nächsten Sollvorgabe korrigiert, womit die Treffsicherheit der Entscheidung ständig steigt.

Eine Ursache liegt darin, daß sich beim heutigen EDV-Einsatz in mittleren Gesellschaften die Planungs- und Kontrolltechnik kaum schon in integrierten Sachgebietskomplexen vollzieht. Im Vergleich zu Großunternehmen sind die auftragsbedingten Dispositionsmaßnahmen von der Auftragserfassung über Fertiglagerbestandskontrolle, Bestellungserteilung an die Produktion, Kapazitätsprüfung, Rohstofflagerergänzung bis zur Fakturierung des Versandes noch nicht programmorganisatorisch verzahnt. Dadurch kann man die Auswirkungen von Zusatz- oder Stornoaufträgen auf die Betriebsbeschäftigung und die Ergebnislage schwerlich beurteilen. Nur die periodenbezogenen Rechenoperationen, die sich aus den Abrechnungen für Erlöse, Bestandsveränderungen und Material- bzw. Lohnverbräuche ergeben, münden integriert direkt in einen Buchhaltungsabschluß.

In der Praxis ist eine Organisationslücke zwischen mittleren und größeren Gesellschaften ersichtlich, welche Führungsentscheidungen beeinflussen kann.

112 Aussagemängel des Rechnungswesens

1121 Der vorläufige Jahresabschluß der Rheinischen Werkzeugfabrik GmbH

Mit Zufriedenheit trug der Finanzgeschäftsführer der Rheinischen Werkzeugfabrik GmbH Anfang März den fast endgültigen Bericht über das abgelaufene Wirtschaftsjahr auf der quartalsmäßigen Betriebsversammlung vor. Die Umsätze waren trotz verschärften Wettbewerbs um 12 % gegenüber dem Vorjahr gestiegen. Die Beschäftigung in den Betriebsabteilungen war gleichmäßig hoch gewesen. Offensichtlich konnte das Unternehmen auch seine Ertragslage gut bewahren.

Etwa einen Monat später fand die Aufsichtsratssitzung zur Feststellung des Jahresabschlusses statt. Die Gesellschaft mußte wider Erwarten ein Verlustergebnis präsentieren. Das bilanzielle Betriebsergebnis hatte sich gegenüber dem Vorjahr erheblich verschlechtert. Der Leiter des Rechnungswesens, der Betriebschef und der Vertriebsmanager konnten zahlreiche Einzelursachen hierfür anführen, denn überall war einmal etwas schiefgelaufen. Den Gesellschaftern schienen diese Gründe aber allein nicht ausreichend. Wie sind diese Differenzen zu erklären?

Das Unternehmen verfügt über ein Rechnungswesen, welches nach konventionellen Maßstäben als gut organisiert zu bezeichnen ist. In der Finanzbuchhaltung werden laufend die getätigten Ausgaben und die fakturierten Einnahmen verbucht. Da man für Stoßaufwendungen (z. B. Sozialaufwand, Reparaturen) und Abschreibungen eine gleichmäßige Monatsrate ansetzt, gibt die Aufwand-Ertrags-Rechnung zum Ultimo ein bereinigtes Bild des kurzfristigen Erfolgs.

Nur zum Jahresende entstehen bei der Erfassung und Bewertung der unfertigen Erzeugnisse je nach zufälligem Reifegrad der in Arbeit befindlichen Auftragsbestände überraschende Ergebnisauswirkungen. Weiterhin sind bei Überprüfung der eigenerstellten Anlagen, Werkzeuge und Entwicklungen öfters nachträgliche Umbuchungen von den Aktivierungskosten in den Aufwand nötig. Schließlich muß man zu Jahresende noch Entscheidungen fällen über ertragsteuerlich zulässige Rücklagen, Pensionsrückstellungen, Ergebnisübernahmen von Beteiligungsgesellschaften u. a., die insgesamt das endgültige Bilanzergebnis nicht unerheblich abändern.

Bei der Rheinischen Werkzeugfabrik hatte die Gewinn- und Verlustrechnung – in geraffter Form – nach vorläufigen 12 Monaten und nach dem 13. Umbuchungsmonat in der Hauptabschlußübersicht (= HÜ) ein recht unterschiedliches Aussehen, was zu den gegenläufigen Auswirkungen führte (vgl. Abb. 2).

Diese eklatanten Abweichungen deuten auf allgemeine Aussagemängel der periodischen Abrechnungen hin. Erstaunlicherweise werden besonders drei Mängel als unabänderliches Fatum hingenommen.

Positionen der GuV-Rechnung	Wirtschaftsjahr 1977 vorl. Jan.-Dez.	Wirtschaftsjahr 1977 endg. Jan.-Dez.	Vorjahr endgültig
Umsatz-Nettoerlöse	30 770	30 609	27 450
± Bestandsveränderung Fertigerzeugnisse	+ 1 500	+ 1 226	+ 620
± Bestandsveränderung Unfertigerzeugnisse	+ 750	+ 107	+ 517
+ Aktivierbare Eigenleistungen	+ 450	+ 226	+ 313
Gesamtleistung	33 470	32 168	28 900
– Wareneinsatz Roh-, Hilfs-, Betriebsstoffe	– 4 846	– 4 965	– 7 200
– Wareneinsatz Fremdveredelung, Reparaturmaterial	– 1 883	– 1 883	– 1 610
– Wareneinsatz Handelsware	– 5 271	– 5 271	– 2 172
Rohertrag	21 470	20 049	17 918
– Löhne, Gehälter, Sozialrate	– 13 018	– 13 053	– 11 558
– Fremdreparaturen, Mieten	– 920	– 915	– 817
– Steuern, Versicherungen, Beiträge	– 331	– 331	– 362
– Sonstiger Vertriebs-, Betriebs-, Verwaltungsaufwand	– 4 176	– 4 125	– 4 438
– Zinsen	– 820	– 820	– 743
Ausgabewirksames Betriebsergebnis	2 205	805	1 820
– Abschreibungen	– 873	– 780	– 795
– Zuführung Pensions-, Garantie- u. a. Rückstellungen	– 255	– 375	– 291
Betriebsergebnis	1 077	– 350	734
± Erträge aus Beteiligungen, Vermietungen u.a.	+ 712	+ 315	+ 491
Gesamtergebnis	1 789	– 35	1 225

Abb. 2: Auswirkung der HÜ-Umbuchungen auf das vorläufige 12-Monats-Ergebnis, Rheinische Werkzeugfabrik GmbH 1977

1122 Rudimentäre innerbetriebliche Leistungsrechnung

Die Jahres-GuV-Rechnung wird in mittleren Unternehmen oft erst dadurch vervollständigt, daß unfertige Erzeugnisse oder aktivierbare Eigenleistungen durch Inventur körperlich aufgenommen und bewertet werden. Die monatliche interne Leistungsrechnung vermittelt demnach kein zutreffendes Bild. Diese Tatsache hat mehrere Ursachen:

1. Eine echte Betriebsbuchhaltung mit Kontierungszwang in einem getrennten inneren Buchungskreis wird nirgendwo praktiziert. Eine separate Betriebsergebnisermittlung aus Trägerkosten und Trägererlösen findet auch statistisch oft nicht statt.
2. Die zwei wichtigsten Aufgabenstellungen – Wirtschaftlichkeitskontrolle der Kostenstellen, Ermittlung aktueller Kalkulationsverrechnungssätze – werden von der Kostenstellenrechnung in allgemeingebräuchlichen „Betriebsabrechnungsbogen" (BAB) erledigt. Die nachkalkulatorische Ermittlung des Verkaufserfolges und der Fabrikatebeständeveränderung gelten als vernachlässigbare Zielsetzungen.

3. Zahlreiche Mittelbetriebe rechnen die direkten Kosten, die normalisierten Stellenkosten und die Über-/Unterdeckungen der Istkosten (pauschale Stellenabweichungen) nicht auf die hergestellten Erzeugnisse weiter. Die Vielzahl der Artikel macht eine nachträgliche Leistungsrechnung zu aufwendig. Besteht eine Zusammenfassung nach Kostenträgergruppen, so sagt diese nur etwas aus, wenn verbrauchsfunktionale Äquivalenzziffern existieren, welche den Abstand der variablen Kosten jedes Artikels zu den durchschnittlichen variablen Kosten der Repräsentanten-Trägergruppe signalisieren.
4. Auch die mengenmäßige Verfolgung der noch nicht abgelieferten Betriebsaufträge scheitert meist an dem unverhältnismäßig hohen Belegaufwand. Manche Betriebe verzichten deshalb auf die Ermittlung des Produktionsergebnisses unter Berücksichtigung der Bestandsveränderungen der fertigen und unfertigen Erzeugnisse (Gesamtkostenverfahren). Sie ermitteln lediglich das Verkaufsergebnis aus Umsatzerlösen abzüglich vorkalkulierter Selbstkosten der verkauften Erzeugnisse (Umsatzkostenverfahren). Im jährlichen long run müssen beide Rechenmethoden übereinstimmen[1]. In der kurzfristigen Periodenrechnung bleibt allerdings ein undefinierter Kostenblock aus Bestandsdifferenzen und Kostenabweichungen von leicht 30–40 % der Selbstkosten übrig, der zu Lasten des Ergebnisses auszubuchen ist.
5. Die zunehmende Verbreitung der Deckungsbeitragsphilosophie läßt die Vollkostenkalkulation als Grundlage der Verkaufspreisfindung suspekt, wenn nicht sogar überflüssig erscheinen. Was für die externe Preispolitik – wegen mangelnder Kausalität zwischen Markterlös und betrieblichen Fixkosten – begründet ist, gilt aber nicht für die Bewertung der internen Leistungsbestände nach handels- und steuerbilanziellen Vorschriften. Aus Gründen der Bewertungsstetigkeit sind die kompletten Herstellungskosten anzusetzen (§§ 153 Abs. 2, 155 Abs. 1 AktG; § 5 Abs. 1, 6 Abs. 1 EStG; Abschn. 33 EStR). Dies bedingt eine parallele Vollkostenbewertung der Fabrikatebestände im System der Deckungsbeitragsrechnung.

Diese praktischen Schwierigkeiten veranlassen Mittelbetriebe oft, auf eine Kostenträger-(Bestands-und-Erfolgs-)Rechnung überhaupt zu verzichten oder lediglich die Kosten der in der Abrechnungsperiode hergestellten Leistungsträgerzugänge nachzuweisen.

Auch in theoretischer Hinsicht ist nicht zu übersehen, daß die in der Mittelindustrie üblichen Verfahren der Gemeinkostenzurechnung (Vollkostenrechnung) oder -nichtzurechnung (Grenzkostenrechnung) keine überzeugende Leistungsrechnung ermöglicht. Im ersten Fall beinhalten die aus dem BAB genommenen Ist-Gemeinkostensätze alle Mehrkosten für Unterbeschäftigung, Kleinaufträge, Materialvergeudung, nicht vorhersehbare Fertigungszeiten sowie Einstandspreis- bzw. Lohnabweichungen. Sie werden mit periodendurchschnittlichen Stellentarifen allen Erzeugnisaufträgen gleichmäßig zugeteilt, ohne individuellere Bezugsgrößen zu beachten. Die Reinerträge können deshalb zu hoch oder zu niedrig sein. Im zweiten Fall, bei der Deckungsbeitragsrechnung, führt die Außerachtlassung nicht verantwortungsgemäß zurechenbarer Gemeinkosten zu Roherträgen, welche für den Jahresabschluß zunächst nichts aussagen.

1 W. Kilger, Flexible Plankostenrechnung, 4. Aufl., Köln-Opladen 1970, S. 625.

Das betriebliche Rechnungswesen in Unternehmen bis 1 000 Beschäftigte ist außerdem durch die Dominanz der Rückschau gekennzeichnet. Man verwendet viel Zeit, um jeden Lohnbeleg und Materialentnahmeschein nach Verbrauchskostenstellen zu ordnen. Die Aussagen der meist noch manuellen oder maschinellen Auswertung kommen mit ein bis zwei Monaten Verspätung, so daß keine zeitnahen Erkenntnisse mehr gewonnen werden können. Die These, lieber mehr Information, je breiter und tiefer die Vertriebs-, Fertigungs- und Finanzstruktur ist, ist zwar grundsätzlich richtig. Die Zahlen müssen aber nicht nur kontroll-, sondern auch entscheidungsorientiert sein.

1123 Einseitig handelsbilanzorientierte Finanzbuchhaltung

Das Beispiel der Rheinischen Werkzeugfabrik GmbH zeigt auch, daß die an die Feststellung des Handelsbilanzgewinnes anknüpfenden Entscheidungen zur Minderung der Ertragsteuerbelastung nicht rechtzeitig hochgerechnet werden. Die Finanzbuchhaltung liefert die Zahlen für diese Zielgröße nicht automatisch ab. Ihr primäres Erkenntnisobjekt ist die Erstellung der Handelsbilanz.

Jeder Vollkaufmann ist gesetzlich verpflichtet, den Stand seines Vermögens und seiner Schulden zum Ende seines Wirtschaftsjahres aufzuzeichnen (§§ 38 ff. HGB). Für die Handelsgesellschaften legen die §§ 120, 161 Abs. 2 HGB, 149 ff. AktG, 41 GmbHG, 33 ff. GenG die Grundsätze einer ordnungsgemäßen Bilanzierung fest. Diese statische Zielsetzung ist juristisch motiviert, um die Gläubiger zu schützen. Das Reinvermögen soll nur die realisierten Gewinne ausweisen. Deshalb dürfen inflatorisch bedingte Wertsteigerungen am ruhenden Vermögen nicht ausgewiesen werden. Durch Wertberichtigungen auf Anlage- und Umlaufvermögen können in vertretbarem Rahmen sogar stille Rücklagen gelegt werden.

Diese einseitige Aufgabenstellung hat sich in den Branchenkontenrahmen niedergeschlagen, nach welchen die Unternehmen ihre Buchhaltung organisieren. Während im staatlich vorgeschriebenen Einheitskontenrahmen von 1937 von 10 Kontenklassen allein vier der Vorbereitung der Handelsbilanz und drei der Aufwand-/Ertragsrechnung dienten, sind im Gemeinschaftskontenrahmen 1970 des BDI bereits sieben für die Bilanz, drei für die GuV-Rechnung reserviert. Deshalb dominiert auch bei der betriebsindividuellen Kontenplangestaltung das Bilanzgliederungsprinzip. Die Verfolgung etwa der kalkulatorischen Wertschöpfung (gemäß Schmalenbach, UEC-Vorschlag) wird in den Bereich betriebsstatistischer Nebenrechnungen verwiesen. Diese zusätzlichen Aufgabenstellungen sind nicht mehr in einem integrierbaren Kontenkreis (Zweikreissystem) darstellbar. Da der Kontenplan wegen seines Buchungszwanges eine sachliche Ordnungsfunktion im Rechnungswesen ausübt, wird dessen Blickrichtung von pluralistischen Zielsetzungen abgelenkt. Darauf sind mittlere Unternehmen jedoch stärker angewiesen als große Aktiengesellschaften.

Man vermißt als zusätzliche Aussage der Finanzbuchhaltung, daß die Jahres-Steuerbilanz, deren Erstellung nach §§ 140 ff. AO und 5–7 EStG sowie 7–10 KStG ebenfalls gesetzlich vorgeschrieben ist, nicht zwangsläufig bei den Abschlußbuchungen kontenmäßig anfällt. Wegen der Maßgeblichkeit der Handelsbilanz für die Steuerbilanz besteht zwar weitgehende Positionsübereinstimmung. Das Steuerrecht hat aber einerseits engere Bewertungsgrundsätze und gewährt andererseits zusätzliche Bewertungsfreiheiten aus ordnungspolitischen Förderungsgründen. So dürfen Neuzuführungen zu betrieblichen Rückstellungen (§ 6a EStG), erhöhte oder Sonderabschreibungen (§ 6 Abs. 2 und § 7 EStG), Wertabschläge auf Teile des Vorratsvermögens (§ 80 EStDV) u. ä. als Aufwand gebucht werden. Sofern in das Jahresergebnis auch Gewinnabführungen, Schachtelerträge oder Beteiligungsdividenden selbständiger Tochtergesellschaften einfließen, kumulieren sich diese steuerlichen Entscheidungen. Sie könnten bereits während des Geschäftsjahres als „Steueraufwand"-Rückstellungen zu Lasten des Ergebnisses reserviert werden. Die Abschlußkorrekturen der Handelsbilanz in der tabellarischen Hauptabschlußübersicht oder die Aufstellung einer besonderen Steuerbilanz in Sonderfällen (§ 60 Abs. 3 Satz 2 EStDV) wären schneller erledigt.

Auch die Nebenbuchhaltungen – Kontokorrent-, Anlagen-, Material-, Lohnbuchhaltung – werden meist nur als Saldenlieferant für das Hauptbuch gesehen. Dabei sind beispielsweise vom Debitorenbuchhalter in schwierigen Zeiten unternehmenswichtige Entscheidungen zu treffen. Wenn die Zahlungsmoral schlechter wird, sind Warenkreditlimite zu setzen, die Zahlungseingänge täglich zu überwachen und ist das Mahnwesen konsequent zu handhaben.

Man vermißt ferner, daß die Kontierungstechnik nicht auf Finanzierungsfragen ausgerichtet ist. Welcher Mittelbetrieb kennzeichnet innerhalb der Buchhaltung seine Forderungs- und Schuldenkonten aus Warenlieferungen nach maximalen Fälligkeitsterminen? Auch die Aufwandarten sind selten nach Ausgabenwirksamkeit geordnet. Ein Überblick über künftige Bar- und höhere Liquiditätsreserven ist nur durch pagatorische Sonderrechnungen zu gewinnen, bei welchen Kassenbestände und erwartete Einzahlungen den disponierten Auszahlungen gegenübergestellt werden. Kapitalbedarfsrechnungen für künftiges Umsatzwachstum sind aus Vermögensvergleichen zweier statischer Bilanzen nur gesondert ableitbar.

Die retrospektive Finanzbuchhaltung ist bislang für Entscheidungsrechnungen wenig geeignet. Sie dient nur der kontenplantechnischen Erfassung von Bestandsveränderungen und erfolgswirksamen Vorgängen. Damit bleibt sie ein zu unbewegliches Instrument.

113 Finanzmanagement – nur nebenbei?

1131 Übersehene Fälle zur Stärkung der Finanzkraft

„Über Geld spricht man nicht!" Nach dieser Devise betreiben mittlere Personengesellschaften nicht selten ihr Finanzmanagement. Der Unternehmensinhaber trifft – im Zwiegespräch mit dem Leiter des Rechnungswesens – die finanziellen Entscheidungen. Da er bei zentraler Führungsorganisation ständig unter Zeitnot steht, wird die finanzielle Absicherung des Unternehmens nebenbei mit erledigt. Die Folge ist, daß eine Planung von Liquiditätsreserven unter geringstem Zinsverlust selten gewährleistet wird.

Eine kostenoptimale Lenkung der Eigenkapital- und Fremdmittel-Zahlungsströme entfällt. Die im Verhältnis zu Großunternehmen schon ungünstigere Finanzkraft und Risikoverteilung wird weiter verschlechtert.

Zahlreiche Beispiele beweisen, daß die Möglichkeiten zur Stärkung der Selbstfinanzierung von der Mittelindustrie wenig genutzt sind. Dadurch ist man nicht in der Lage, „neue Produktionsumwege" (Josef Schumpeter) einzuschlagen. Entweder fehlen die ertragreichen Produkte, oder es können wegen unzureichender Eigenkapitalsicherheiten keine Fremdkredite beschafft werden. Der Teufelskreis kann nur durch mutige Maßnahmen aufgebrochen werden.

Eine Möglichkeit besteht in der Inanspruchnahme staatlich geförderter Zuschüsse und Finanzierungsdarlehen bei Errichtung neuer Fabrikationsstätten. Warum verlagert man die Reinvestition der Abschreibungen nicht dorthin, wo niedrigere Lohnkosten und verbilligte Investitionen, weitgehende Befreiung von Ertragsteuern und zinsgünstige Finanzierungsdarlehen vorhanden sind? Nur wenige „Mittelständler" haben diesen Sprung ins vorteilhaftere Ausland, etwa in den Freistaat Irland oder in asiatische Entwicklungsländer, gewagt. Die von den dortigen Development Boards angebotenen Pioniervergünstigungen sind kaum einmal untersucht worden, obwohl sie Verbilligungen der Endprodukte um mehr als 20 % gewährleisten. Auch die von manchen Bundesländern im Rahmen der regionalen Wirtschaftsförderung bereitgestellten Investitionskredite, Zuschüsse, Zinsverbilligungen und Landesbürgschaften fanden bei Mittelbetrieben nur teilweise Interesse.

Ein weiteres Beispiel übersehener Regenerationschancen ist die zu geringe Durchsetzung von Produktinnovationen in Mittelbetrieben. Interessante Neuerungen sichern auch in Zeiten wirtschaftlicher Flaute eine konstante Nachfrage und gute Erträge. Aber sie erfordern eine genaue Analyse der Marktnischen, ein neuartiges technologisches Verhalten und attraktive Verkaufspreise. Sie werden außerdem durch Investitionszulagen für Entwicklungsinvestitionen (§ 4 InvZulG) und steuerliche Sonderabschreibungen auf abnutzbare Wirtschaftsgüter des Anlagevermögens, die der Innovation dienen, begünstigt (§ 82 d EStDV).

1132 Ungenutzte Eigenfinanzierungsmöglichkeiten

Zur Verbesserung der Finanzstruktur gehört die laufende Anpassung der haftenden Eigenkapitalbasis an das steigende Umsatzvolumen. 33–50 % der Bilanzsumme sind das Optimalziel. Ist dies nicht durch Selbstfinanzierung aus thesaurierten Gewinnen möglich, müssen weitere Einlagen der Teilhaber beschafft werden. Dies bereitet bei guten Kapitalrenditen erfahrungsgemäß keine Schwierigkeiten. Aber auch bei ungünstiger Ertragslage bestehen noch Eigenfinanzierungsmöglichkeiten, welche von mittleren Unternehmen zuwenig genutzt werden.

Bei Neuaufnahme vollhaftender Gesellschafter fließt nicht nur die Nominaleinlage, sondern auch der Überschuß eines höheren Kurswertes neuer Gesellschaftsrechte in die Kassen. Allerdings besteht eine deutliche Abneigung, fremde Partner künftig mit„sagen" zu lassen. Diese brauchen aber nicht unbedingt in der Geschäftsführung vertreten zu sein. Zu wenig bieten Familiengesellschaften ihrem Management die Chance einer ,,Interessen"-Beteiligung. Die Eigenkapitalbasis läßt sich – ohne wesentliche Mitspracherechte in der Gesellschafterversammlung – ferner durch Teilhaberstatus von betrieblichen Pensionsfonds, von Mitarbeiterbeteiligungen oder von Stiftungsvermögensmassen erweitern. Besonders die Rechtsformen der KG, der GmbH & Co KG, der stillen Gesellschaft bzw. der Unterbeteiligung, der Mitunternehmerschaften oder der Betriebsaufspaltung in Besitz-KG und Produktions-GmbH sind hierfür geeignet.

Man könnte auch andere handels- und steuerrechtliche Gestaltungsmöglichkeiten stärker nutzen. Durch Umwandlung von Tochtergesellschaften im Wege der Fusion oder der Verschmelzung auf eine mütterliche GmbH gegen Gewährung von Gesellschaftsanteilen dürfen praktisch stille Rücklagen in offene Rücklagen umgewertet werden (§ 17 UmwStG). Hier liegen noch unerschlossene Quellen zur Eigenkapitalverbesserung für den Mittelstand.

1133 Das Dilemma zu knapper Kreditsicherheiten

Die Fremdfinanzierung über Hausbanken, Sparkassen oder Finanzmakler stößt bei Mittelbetrieben alsbald an die Grenzen des eingeräumten Kreditrahmens. Diese Institute orientieren sich primär an der Bonität der Kunden. Sie dokumentiert sich in hoher Eigenkapitalausstattung, in stillen Rücklagen im Anlagevermögen, in guten Ertragsaussichten und in breiter Risikoverteilung des Fabrikationsprogramms. Diese Kriterien sind in der Regel bei Konzerngesellschaften eher erfüllt; deswegen haben sie leichter ,,Kredit". Der Privatunternehmer muß zusätzliche Sicherheiten bieten. Da Grundstücke eventuell nur mit 40 % des taxierten Verkehrswertes eingeschätzt werden, sind auch Maschinen sicherheitshalber zu übereignen und Forderungen abzutreten. Die Gesellschafter müssen ihr Privatvermögen belasten und Bürgschaften leisten.

In der Praxis bestehen oft vage Vorstellungen, wie hoch das eigene Sicherheitsvolumen ist und ob man es deckungsgleich für langfristigen laufenden und Reservebedarf dosiert hat. Kreditrahmen und Deckungsbestand entsprechen einander nicht, weil eine Hausbank alle ersten Rangstellen im Grundbuch besetzt hält und noch privates Grundvermögen vorsichtshalber blockiert. Ein qualitativer Austausch von langlaufenden Hypothekenbanken-Darlehen durch variabel tilgbare Bausparkassen- oder Versicherungshypotheken gelingt dem Mittelunternehmer schwerlich. Sind diese Sicherheiten erschöpft, wird echtes Finanzmanagement benötigt. Man kann staatliche Kreditprogramme in Anspruch nehmen, Eurodollars über Finanzmakler beschaffen, im Scheck-Wechsel-Verfahren über die Lieferanten sich refinanzieren. Dagegen scheut man die Investitionskredite von Spezialinstituten und den Weg zum Leasing vorhandener oder neuer Gebäude, Maschinen oder Fahrzeuge ebenso wie das Factoring der Außenstände, da es vordergründig zu teuer erscheint und man seine Reputation bzw. das persönliche Verhältnis zum Abnehmer nicht aufs Spiel setzen möchte. So bleibt als Ultima ratio, neutrale oder unwichtige Vermögensteile zu veräußern, sofern die Sicherheitengläubiger bei fortgeschrittener Tilgung zustimmen.

114 Die Personalmotivation hat geringen Stellenwert

1141 Ohne Mitentscheidung der Leitenden erstarrt die Verwaltung

Der patriarchalische Führungsstil und die zentrale Leitungsorganisation in Mittelbetrieben veranlaßten den Gesetzgeber zu verstärkten Mitbestimmungsauflagen zugunsten der zur Vertretung der Arbeitnehmer berufenen Betriebsräte. Auch die moderne Arbeitspsychologie geht davon aus, daß die Arbeitsmotivation am höchsten ist, wenn das Interesse am Leistungserfolg geweckt wird. Dies setzt partielle Mitentscheidung und laufende Ergebnisinformation voraus. Sie hat auch bei den leitenden Führungskräften oberste Priorität. Erst an späterer Rangstelle steht die ergebnisabhängige Zusatzdotierung. Das „Betriebsklima" der oberen Etagen ist damit eine für das Unternehmensergebnis nicht vernachlässigbare Komponente.

Das leitende Personal aus dem Vertriebs-, dem Produktions- und dem Finanzbereich bildet die „Verwaltung". Für den Unternehmensbereich gilt Parkinsons Gesetz der wachsenden Verwaltung; es entspricht Wagners Gesetz der wachsenden Staatsausgaben bei öffentlichen Haushaltungen. Ihm liegt die Erfahrungstatsache zugrunde, daß bei zunehmender Unternehmensgröße und Organisationstiefe differenzierte Detailaufgaben entstehen, welche an jedem Platz möglichst Spezialisten erfordern. Die zunehmende Verwaltungszellteilung ist bei rückläufiger Beschäftigung zunächst irreversibel, obwohl offensichtlich Zeitreserven anwachsen. Die Remanenz der Verwaltungsfunktionen läßt sich bei konventioneller Befehlspyramide nur mit dem „eisernen Besen" bereinigen. Bei Einbeziehung der oberen und mittleren Führungsinstanzen in die Mitverantwortung, wie sie bei dezentraler Gliederung selbständiger Produktsparten erreicht wird, wird die Personalreserve dem Beschäftigungsgrad leichter angepaßt.

Ein ähnlicher Effekt ist im Bereich der betrieblichen Sozialinstitutionen möglich, welche durch Betriebsvereinbarungen oder als freiwillige Maßnahmen etabliert wurden. Ein Betriebsrat, der sich allein als Interessenverwalter der Arbeitnehmer versteht, wird diesen fixkostenintensiven, sozialen Besitzstand auch bei schlechter Beschäftigungslage nicht abbauen helfen. Überträgt die Geschäftsleitung ihm jedoch als Partner freiwillig die volle Verwaltung über diesen Bereich, dann wird er von selbst ökonomisch entscheiden. Statt der eigenen Werksküche akzeptiert er nun billigere Fertigmenü-Lieferanten. Anstelle eines firmenindividuellen Werksarztes genügt die Beteiligung an Werksarztzentren. Mit Nachbarfirmen kooperiert man wegen der Beteiligung an einer günstigeren Betriebskrankenkasse.

1142 Mangelnde Förderung der Mitarbeiter in Form von Weiterbildung

Mittelständische Gesellschaften müssen erkennen, daß auch die Personalförderung gewerblicher Mitarbeiter und Angestellter für beide Seiten von Nutzen ist. Die betriebliche Weiter- oder Allroundbildung führt nicht nur zur Selbstverwirklichung des Menschen, sondern erhöht auch die Flexibilität des Arbeitsprozesses.

Im gewerblichen Bereich werden mit zunehmender Seriengröße die direkten Fertigungsarbeiter zu immer spezielleren Arbeiten eingesetzt. Die Arbeitswissenschaft bestätigt, daß der menschliche Leistungsgrad – als Produkt aus Arbeitsintensität und Vollzugswirksamkeit – am höchsten ist, wenn eine gleichmäßige Einübung gegeben ist. Die Einübungsverluste sind am geringsten, wenn am gleichen Arbeitsplatz möglichst gleichartige Abläufe vorliegen. Je mehr Arbeiter somit unkomplizierte Tätigkeiten mittlerer Lohngruppen verrichten, desto wichtiger wird eine Universalausbildung von Springern. Zum Einsatz an wechselnden Arbeitsplätzen mit unterschiedlichem Schwierigkeitsgrad und Leistungsgrad eignen sich nur wenige Facharbeiter oberer Lohngruppen. Ihre jederzeitige Fungibilität für verschiedene Engpaßstellen bei Betriebsmittelstörungen, ungeeigneten Werkstoffen oder fehlendem Personal verhindert teure Stillstände ganzer Abteilungen. Ausgebildete Springer können bei reibungslosem Betriebsablauf neues Personal anlernen, schlechte Erzeugnisse nacharbeiten oder Maschinenplätze einrichten.

Auch bei Angestellten würde eine größere Elastizität der Verwaltung erreicht, wenn eine planmäßige „job rotation" bei Vakanzen vorgesehen wird. Die kaufmännische Ausbildung ist bereits so umfassend angelegt, daß die wichtigsten Stationen im kaufmännischen, Vertriebs- und Arbeitsvorbereitungsbereich durchlaufen werden. Die psychologischen Voraussetzungen lassen sich durch Bildung von Großraumbüros mit Funktionalbezirken erleichtern. Dem Vorteil der Spezialisierung mit schnellerer Tätigkeitsabwicklung in Vollbeschäftigungszeiten stehen die Vorteile besserer Umdisponierbarkeit auf Engpaßgebiete bei rückläufiger Auslastung und des größeren Sachverständnisses für andere Ressortaufgaben gegenüber.

115 Aufblähung des Materialsortiments

1151 Sortimentsdifferenzierung drückt den Ertrag

Die Bedeutung der Materialwirtschaft für die Rentabilität wird in Mittelbetrieben weitgehend verkannt. Immerhin betragen die Materialkosten in der eisen- und metallverarbeitenden Industrie 20–40 % des Umsatzes. Ihr Anwachsen drückt nicht nur den Rohertragssatz, sondern bindet auch beträchtliche Fremdkredite mit Zinsanspruch. Die Gründe für ständig breitere und größere Sortimente im Vertriebsfertiglager, in den Betriebszwischenlägern und im Einkaufs-Rohstofflager sind vielfältig.

Der Vertrieb ist bemüht, das Absatzsortiment ständig zu differenzieren, um auch kleine Marktlücken abzudecken. Die ursprünglich von der Produktentwicklung richtig dimensionierte Palette abgestufter Standardtypen wird um Zwischen- oder Grenzvarianten bereichert. Zunächst braucht man nur andere Verpackungseinheiten, dann wechselt man den Zubehörwerkstoff, schließlich sucht man Zusatzarbeitsgänge. Die Lagerrestbestände werden wegen der Ersatzhaltung nicht ausverkauft und später oft inkurant. Der Fertiglagerbestand erreicht Werte von mehreren Monatsproduktionen.

Auch in der Fabrikation wächst die Verweildauer des direkten Materials. Eiltermine oder Sonderqualitäten seitens des Vertriebes führen zur Auflegung von Kleinlosen. Bei

Verfahrens- oder Materialänderungen bleiben noch nicht fertiggestellte Abteilungsbestände liegen. Wegen Einsatz unqualifizierten Personals müssen die Ablieferungen nachgearbeitet werden. Akkordarbeiter bilden geheime Vorratsreserven, um andere Auftragsnummern mit ungünstigen Vorgabezeiten kompensieren und einen gleichmäßigen Verdienst erzielen zu können. Vielleicht hat die Betriebsleitung überzählige Maschinen als stand-by zur Verfügung, welche zu Versuchszwecken Materialposten binden. Die Abteilungs- und Zwischenmagazinvorräte erhöhen die mittlere Produktionsdauer.

Die Roh-, Hilfs- und Betriebsstoffläger werden nach Bestellsorten und -mengen von der betrieblichen Materialdisposition gesteuert. Häufiger Wechsel zwischen Eigenfertigung und Fremdbezug oder Teile-Veredelung durch Fremde staut diese Partien vor der Wareneingangskontrolle. Auch die Konstruktionsänderungen lassen die Vorläger anschwellen.

1152 Unsystematische Lagerergänzungspolitik

In Betrieben bis 1 000 Beschäftigte ist oft nicht ersichtlich, nach welchen Kriterien die Auffüllung der Fertigläger erfolgt. Der Vertriebsdisponent ordert normalerweise die Fehlmenge, die durch zufälligen Abfluß eines Kundenauftrages entstanden ist, beim Betrieb. Wenn die Marktposition des Unternehmens nicht stark genug ist, bestimmt so der Vertriebschef praktisch die Abliefertermine und -mengen der Fabrikation. Umgekehrt kann der Produktionsleiter ohne Rückfragen alle gerade fertiggestellten Betriebsaufträge an das Fertiglager abliefern, sofern die Nachfrage nach einigen Produkten bei Lieferrückständen starr erhalten bleibt.

In ähnlicher Weise sind erfahrungsgemäß die betrieblichen Zwischenläger nach Zufälligkeiten organisiert. Sie existieren einerseits als geschlossene Magazine mit Bestandskontrolle anhand Abliefer- und Entnahmebelegen. Andererseits sind sie oft als ,,offene" Handläger dem Abteilungsmeister unterstellt, der die abgelieferten Partien jeder Vorstufe nur nach Auftragskarten sowie die Fremdanlieferungen anhand von Lieferscheinen sammelt. Vielfach gibt es zwischen den Fertigungsstufen überhaupt keine Pufferläger, so daß diese Funktion auf die unbewegten Abteilungsbestände zurückfällt. Wenn keine exakte Fertigungssteuerung aller Arbeitsgänge erfolgt, sind Materialstauungen bzw. -engpässe unvermeidlich.

Schwerwiegender wirken sich die fehlende Festlegung von Mindestbeständen und die unklare Terminierung von Ergänzungsbestellungen beim Rohmateriallager aus. Um allen Eventualitäten der Vertriebs-, Produktions- und Beschaffungsseite vorzubeugen, sind diese Vorräte in der Regel überdimensioniert. Zwar wird eine manuelle oder maschinelle Lagerbestandsrechnung geführt, doch dient sie lediglich der Fehlkontrolle.

116 Unerkannte Anomalien in der Fabrikation

Im technischen Bereich vollzieht sich der bedeutsamste Werteverzehr zur Erstellung der Leistung. Die differenzierten Betriebsabrechnungen zeigen aber drei typische Erscheinungen nicht auf, welche die Produktivität mittlerer Betriebe negativ beeinflussen.

1161 Übertriebenes Autarkiestreben

Techniker sind stets bemüht, ihren Betriebsmittelpark so universell auszustalten, daß sämtliche Arbeitsoperationen für das Produktionsprogramm im eigenen Hause ausgeführt werden können. Dieser Wunsch ist einleuchtend, weil man mit einer Mindestanlagenausstattung unabhängig ist, eilige Aufträge oder Nacharbeits-Notfälle problemlos erledigen kann und möglicherweise kein Qualitätsrisiko bei Fremdbezug eingehen will. Betriebswirtschaftlich fragwürdig wird erst die überdimensionale Investition von gleichartigen Mehrzweckmaschinen oder die Anschaffung von Spezialaggregaten mit hoher Ausstoßleistung. Dies gilt besonders, wenn eine echte Möglichkeit der Wahl zwischen Eigenerstellung und Fremdbezug besteht. Die Nichtbeachtung von Wirtschaftlichkeitsüberlegungen ist nur stufenweise vertretbar, wenn etwa die hohe Kapazitätsauslegung marktüblicher Aggregate eine bessere Auslastung nicht gestattet.

Manchmal ist das Autarkiestreben von Vertriebsüberlegungen motiviert. Rechtzeitige Erweiterungsinvestitionen sollen Lieferfristen abbauen und ein Abwandern der Kunden verhindern. Investitionsanträge für solche Zusatzkapazitäten werden mit Bedarfswahrscheinlichkeiten („Umsatzausfall") begründet, obgleich bei der relativen Seltenheit dieser Vorfälle objektive Unrentabilität vorliegt. Oder man beläßt veraltete, bilanziell abgeschriebene Anlagen neben den neuen Ersatzinvestitionen im Betrieb und vernachlässigt den kalkulatorischen Werteverschleiß. Die heimliche Kapazitätserweiterung bindet zusätzliche Warenvorräte und veranlaßt Personalumsetzungen sowie Mehrkosten in Hilfsstellen.

Mit dieser Investitionspolitik läuft das Unternehmen bei Unterbeschäftigung Gefahr, daß die Leerkosten der nicht ständig genutzten Kapazität die Herstellkosten belasten. Die durchschnittlichen Stückkosten liegen dann über den Preisen konkurrierender Lieferanten.

1162 Improvisierte Fertigungssteuerung

Mehrkosten der Fabrikation rühren teilweise daher, daß die Arbeitsvorbereitung nur punktuell eingreift. Eine Hauptursache ist das Hineindirigieren des Vertriebes in die Produktion. Die Entscheidungsfreiheit der Betriebsleitung bezüglich der terminlichen Auftragsabwicklung ist nicht sichergestellt. Eine ineinandergreifende Bereitstellungs-, Arbeitsablauf- und Produktablieferungsplanung wird unmöglich, wenn die Auftragsprioritäten den wechselnden Absatzwünschen angepaßt werden müssen. Sonderauftragspartien, Eiltermine, qualitative Zusatzarbeitsgänge erschweren das Auflegen optimaler Fertigungslose, die gleichmäßige Auslastung aller Betriebsabteilungen und den produktiven Einsatz der Fachkräfte.

Die terminliche Steuerung der Auftragspositionen durch die Abteilungskapazitäten wird auch durch Betriebsstörungen beeinträchtigt. Bei Einsatz unqualifizierten Personals, ungeeigneter Werkstoffe oder veralteter Betriebsmittel treten Zeitverzögerungen oder Ausschuß auf. Hier hilft nur Improvisation vor Ort. Die Aufgabe wird noch komplizierter, je breiter das Produktionssortiment und je tiefer gegliedert die Fertigungsgänge sind. Deswegen müßten kleinere oder mittlere Unternehmen eigentlich die perfekteste Produktionssteuerung haben.

Erfahrungsgemäß können sich derartige Betriebe jedoch den Einsatz einer ausgefeilten Fertigungssteuerung anhand von wöchentlichen Belegungsplänen oder von EDV-Abgleichprogrammen zwischen verfügbaren Platz-Stundenkapazitäten und noch abzuwickelnden Auftragzeitmengen nicht erlauben. Der Leiter der Arbeitsvorbereitung (AV) wird bei der Alternative zwischen Termineinhaltung und Kosteneinsparung immer ersteres vorziehen. Er gleicht deshalb mehr einem Zauberkünstler, dessen Fähigkeiten man terminlich vertraut, dem man aber kostenmäßig nicht zu genau auf die Finger schaut.

1163 Unklare Qualitätsdefinitionen

In Unternehmen der Eisen- und Metallverarbeitung variieren die Herstellkosten oft unerklärlich, wenn die Qualitätsdefinitionen unklar sind. Bei einem Fabrikationsprogramm von mehr als 1 000 Artikelnummern ist das qualitative Niveau der Verarbeitung schwierig zu präzisieren. Für die verwendeten Eisen-, Stahl- und Metallsorten liegen zwar DIN-Vorschriften über Mindestkriterien seitens der branchenmäßigen Fachnormenausschüsse vor. Für die Funktionsfähigkeit der fertiggestellten Investitions- und Konsumgüter, die nach unterschiedlichen Konstruktionsprinzipien unter Verbindung mit Zubehörmaterialien hergestellt werden, gibt es TÜV-Abnahmeprüfungen, Musterzulassungen oder Abnahmevorschriften (z. B. III-1 b-Zeugnisse, Lloyds-Register-Zertifikate). Dagegen fehlen oft interne Mindestqualitätskriterien der Bearbeitung. Industrielle Großabnehmer verlangen deshalb die Einhaltung werkseigener Gewährleistungskriterien in ihren Abnahmebedingungen. Konsumentenverbände beauftragen Testunternehmen mit der vergleichenden Prüfung von Funktionsgerechtigkeit und Qualitätskonstanz verschiedener Fabrikate.

Hier besteht eine Organisationslücke im technischen Bereich. Das „normale" Qualitätsniveau verkaufter Erzeugnisse wird als firmenspezifischer Standard 100 % angesehen. Selten ist ein Muster im Verkaufsraum hinterlegt. Eine verbale Beschreibung der Kriterien des Oberflächenfinish oder der Mindesttoleranzen von Werkstoffqualitäten und Bearbeitungsmaßen in den einzelnen Meisterbereichen entfällt. Dadurch fehlt ein Beurteilungsmaßstab nach oben, wenn kritische Kunden in Zeiten der Absatzflaute Luxusausführungen verlangen. Die Arbeitsgang-Spezifikation enthält nur den Normalablauf der Fertigung, welcher in der Alltagspraxis aber leicht modifiziert sein kann. Zusatzwünsche in diesem Toleranzbereich werden daher als zumutbar akzeptiert.

Genauso bedenklich ist das Fehlen von Qualitätsmaßstäben nach unten. An den Ablieferstellen der einzelnen Produktionsstufen sind keine Beispielmuster für Fehlermöglichkeiten ausgestellt, um den Arbeitnehmern die noch zulässige Mindestqualität zu dokumentieren. Eine verbale Definition in einem Mängelkatalog ist sehr zeitaufwendig. Außerdem bestätigt niemand gern, daß gegebenenfalls ein Standard von 80 % für die

Endkontrolle ausreicht. Dadurch bleibt ein ungeklärter Spielraum frei, über welchen fallweise die Aufsichtsperson entscheidet.

Da die Sorgfältigkeit der einzelnen Mitarbeiter nicht gleichermaßen ausgeprägt ist, nimmt man stillschweigend die Notwendigkeit zusätzlicher Nacharbeitsplätze in Kauf, um erkennbare Arbeitsmängel zu beseitigen. Qualitätstoleranzen bewirken aber nicht nur Ausschuß und Nacharbeit, sondern auch Unsicherheit in der Anwendung von Vollständigkeits- oder Stichprobenprüfungen. Dadurch ist ständig mit Mehrkosten und Erlöseinbußen infolge von Zweiter-Wahl-Verkäufen zu rechnen.

117 Gesunden oder Erkranken am Verkauf?

Wir alle leben vom Verkauf! Diese Devise des Vertriebs gilt in Zeiten der Absatzflaute als Freibrief. Aber gerade jetzt werden in mittleren Firmen vier typische Vertriebsfehler gemacht, von denen sie in Perioden der Prosperität nur langsam genesen.

1171 Die indirekten und direkten Preiskonzessionen

Die Rentabilität eines Industrieunternehmens schwindet erfahrungsgemäß am ehesten, wenn – unter dem Druck der Absatzverhältnisse – die Verkaufspolitik durch indirekte oder direkte Preiskonzessionen geändert wird. Hier führen besonders fünf Maßnahmen gleichsam zu Infektionsherden, die virulent fortwirken:

1. Neue Kunden kann man nur über Probe- und Kleinaufträge gewinnen. Auch sonst wird jeder Zusatzauftrag hereingenommen, wenn er nur Umsatz bringt. Dabei steht der Auftragsgesamtbetrag im Vordergrund, auch wenn er sich auf zahlreiche Einzelpositionen aufteilt. Für den Verkäufer sind Minimum- und Großaufträge gleichwertig, solange die Verkaufsprovisionssätze gleich sind und die Verkaufsleitung keine Prioritäten setzt.

   Diese Verkaufspolitik bewirkt, daß einerseits Artikel, die nur geringe Verkaufsstückzahlen im Jahr erzielen, forciert, andererseits dadurch die „Renner"-Umsätze gebremst werden.
2. Um keinen Auftrag zu verlieren, werden eilige Orders terminbevorzugt bestätigt. Für potente Abnehmer, etwa die Großkaufhäuser bei Konsumartikeln oder die Automobilunternehmen bei Investitionsgütern, richtet man lieferbereite Fertiglager ein und stockt vorsorglich die Halbfabrikate auf. Ergänzend werden hinreichende Leerkapazitäten bereitgehalten.

   Der Durchgriff des Kundenwunsches in den Fertigungsablauf erfordert eine hochgradige Termineinsteuerung. Andererseits haben „Rückstände" bei terminlich benachteiligten Kunden zur Folge, daß deren Anschlußaufträge verlorengehen.
3. Qualitätsreklamationen besonders kritischer Abnehmer werden ungeprüft akzeptiert, obwohl die gleiche Ware bei anderen Kunden nicht zu Retouren führt. Dies trifft auch für kostenlose Kulanzreparaturen an Eigenfabrikaten zu, die nach Ablauf

der Gewährleistungsansprüche übernommen werden. Ein Preis-Qualitäts-Vergleich mit Konkurrenzfabrikaten unterbleibt.

Im Betrieb entsteht dadurch ein der Wertanalyse konträrer Effekt, weil eine nicht funktionserforderliche Material- und Bearbeitungs-Ausführung hergestellt und kontrolliert werden muß.

4. Die mühsam durchgesetzten branchenüblichen Zahlungskonditionen werden verlängert. Man verschiebt fällige Mahnungen, kreditiert auf 60 oder 90 Tage und erlaubt Skontierungen nach 14 Tagen. Diese Konzessionen beeinträchtigen unmittelbar die Liquidität des Unternehmens. Gleichzeitig erhöhen sich das Forderungs- und das Delkredererisiko.
5. Als Ultima ratio gewährt der Vertriebschef Nachlässe (Rabatte, Jahresbonifikationen). Auch die freihändige Preisbildung durch gestufte Abschläge von der Selbstkostenpreis-Richtkalkulation oder durch reduzierte Deckungsbeitragsspannen auf die variablen Herstellkosten verführt leicht zu Husarenritten. Da alle Unternehmen in dieser Situation ähnlich reagieren, sackt das Preisniveau generell ab. Korrigierende Preisanhebungen gelingen später nur in Sonderfällen.

Das Auslasten leerstehender Kapazitäten durch Abtasten des Marktes zu Grenzkosten ist zwar eine theoretisch richtige Maßnahme. Wenn die dem Preisnachlaß entsprechenden höheren Umsatzmengen aber nicht hereinholbar sind, führt dies kurzfristig zu starkem Druck auf die Liquidität.

1172 Immobilität des Distributionssystems

Verkaufsleitung und Verkaufspersonal werden bei rückläufiger Konjunktur zu leicht in die Defensive gedrängt. Besonders Mittelbetriebe sind selten in der Lage, dem Markt eigene Verkaufsimpulse aufzudrücken. Man vermißt die Schulung im Verkaufsgespräch zur Abwehr betriebswirtschaftlich unerwünschter Kostenüberwälzungen auf die eigene Firma. Die Handelsvertreter oder Werksreisenden sind allerdings unzureichend motiviert, wenn sie weiterhin nach Umsatzvolumen statt nach Deckungsbeiträgen provisioniert werden.

Der Verkäufereinsatz wird an die veränderten Absatzverhältnisse nur verzögert angepaßt. Bei schlechten Umsätzen müßte die Besuchsfrequenz pro Tag erhöht und der Musterkoffer um attraktive Fremdwaren ergänzt werden. Wenn man die Reisendenbezirke in der Flaute nicht vergrößern kann, müßten neue Abnehmerkreise erschlossen werden. Alten Händlern mit stagnierenden Bestellungen müßte man durch Verkaufsförderungsaktionen Hilfestellung leisten.

Auch die Versandtechnik ist als Absatzinstrument vernachlässigt. Das Prinzip des Kundendienstes für Gebrauchsgüter ist noch nicht verbreitet. Die Errichtung von Werksaußenlägern oder Konsignationslägern und deren logistische Überwachung – besonders im Exportgeschäft – böte Möglichkeiten, einen gleichmäßigen Abfluß der vom Betrieb abgelieferten Waren zu sichern. Das Distributionssystem kann noch mobiler gemanagt werden.

1173 Sortimentsüberalterung und ineffiziente Produktinnovation

Die Industrie technischer Gebrauchsgüter leidet unter einer allgemeinen Überalterung ihrer Produkte. Die Sättigung der Absatzmärkte ist relativ weit fortgeschritten, weswegen das Absatzpotential schrumpft. Die mittelständischen Unternehmen betreiben aber selten Lebenszykluskontrollen bei ihren Hauptprodukten. Vielmehr werden überalterte „Renner", die noch umsatzstark, aber schon ertragsgeschwächt sind, mit allen Werbemitteln und in verschiedenen Produktvariationen aufgepäppelt. Hoffnungsvolle, noch umsatzschwache, aber gewinnträchtige Geheimtips erhalten erst zu spät eine Verkaufschance.

Dadurch ist kein gleichmäßiger Altersaufbau des Sortiments mehr gewährleistet. Wenn eine komplett überalterte Produktpalette ausgewechselt werden muß, ist das Markteinführungsrisiko für das Unternehmen wesentlich höher. Deshalb vermißt man, daß nicht alle 3–5 Jahre das vorhandene Artikelsortiment analysiert und auf ein zukunftsreiches neues Kernsortiment zurechtgestutzt wird.

Die Gründe der fehlenden Produktinnovation liegen nach allen Erfahrungen nicht in der mangelnden Kreativität. Sie ist bei Mittelbetrieben mindestens im gleichen Maße ausgeprägt wie bei Großunternehmen. Diese setzen Innovationen nur konsequenter durch. Eine Ursache mag in der zentralen Ressortorganisation liegen. Die Produktentwicklung stagniert, wenn die Kommunikation zwischen zuständiger technischer Konstruktion und der die Marktwünsche erkundenden Vertriebsleitung nicht klappt. Einflußreicher ist aber die unzureichende Finanzierung der wagnisbehafteten Neuerungen. Sie ist wegen des Management- und Ertragsrückstandes nicht gesichert.

1174 Unsystematische Absatzmarktanalysen

In manchen mittleren Unternehmen wird keine planmäßige Marktanalyse durchgeführt. Man kennt oft für die eingeführten Eigenprodukte das gegenwärtige Absatzpotential der Märkte nicht. Damit ist weder der Marktanteil der eignen Firma kontrollierbar, noch sind Maßnahmen zu seiner Steigerung veranlaßbar. Eine Konkurrenzbeobachtung bleibt sinnlos, wenn sie nicht zu Aussagen über deren Umsatzquoten gelangt.

Noch wichtiger wäre die Beobachtung der Absatzpotentiale solcher Märkte, auf welchen „Nischen" für spezielle Eigenprodukte bestehen könnten. Das systematische Aufspüren solcher Marktlücken ist der Hebel des Absatzwachstums überhaupt. Nur so können Produktinnovationen plaziert werden. Hier können auf einem Teilmarkt Nachfragereserven schlummern, die Differentialrenditen aufgrund monopolartiger Angebotspositionen erlauben. Derartige Marktpräferenzen bleiben nur bei systematischer Pflege erhalten.

Für diese Zwecke muß allerdings ein umfassenderes Marketinginstrumentarium verfügbar sein. Durch intensive Werbung und Verkaufsförderung müßten die Wettbewerber zurückgedrängt und der eigene Marktanteil erweitert werden. Ohne Einsatz eines breiten Marketingmix hat der Mittelstand wenig Chancen, seine Absatzsituation entscheidend zu verbessern.

12 Auch mittlere Unternehmen können Branchenführer werden

121 Ausgangspunkt sind präzise Zielsetzungen

Die Erkenntnis der eigenen Schwächen ist in mittleren Unternehmen der beste Ausgangspunkt für eine Neuorientierung. Keine Situation ist so unabänderlich, sofern der finanzielle Kollaps nicht bereits vor der Tür steht, daß sie nicht durch verbesserte unternehmerische Entscheidungen zum Besseren verändert werden könnte. Wenn durch objektive Analyse der bisherigen Fehler ein klares Konzept für das künftige Handeln entworfen wird, ist der Weg zur Überwindung der Schwierigkeiten bereits beschritten. Er kann bis zur Spitzenposition innerhalb der Branche führen.

1211 Improvisation oder Planung?

Krisenzeiten eines Unternehmens entstehen meist durch Häufung mehrerer Umstände, die in ihrer Bedeutung nicht richtig beachtet wurden. Vielleicht sind die Produkte nicht mehr modern, die Märkte zu rückläufig, die Sortimente zu breit zersplittert, die Produktionskosten zu hoch und die Eigenkapitalbildung schon lange beeinträchtigt. Treten dann konjunkturelle Flauten ein, werden auch Bankkredite und Liquidität knapp. Oder man hat in früheren Zeiten des Aufschwungs in falscher Einschätzung zu große Kapazitäten geschaffen, weil man die Erzeugnisse nur ,,verteilen" brauchte oder im allgemeinen Trend seine Rangposition als Zulieferant von Großabnehmern nicht verlieren mochte.

Das Marktverhalten mittlerer Unternehmen besteht darin, auf sich abzeichnende Chancen durch schnelle Improvisation zu reagieren. Wie beim Schachspiel verbaut man sich aber durch partielle Ad-hoc-Entscheidungen, welche nicht die gesamte Frontlinie im Auge behalten, den wohlgestaffelten Aufbau. Eigene Angriffe werden immer mehr zurückgestellt, die Kosten der Positionsdeckung zunehmend höher. Beim ,,königlichen Spiel" erweist sich relativ schnell, daß derart fröhliches Unternehmertum auf Sand gebaut ist. ,,Fingerspitzengefühl" ist zwar immer erwünscht, reicht aber alleine niemals aus.

Das Gebot der Stunde ist eine völlig neue Unternehmensphilosophie! Der Unternehmer darf nicht nur reagieren, sondern er muß agieren! Er muß ständig eigeninitiativ versuchen, seine Zielvorstellungen in allen Bereichen als ,,Unternehmer" im Sinne des Wortes durchzusetzen. Die Ziele müssen ehrgeizig, aber realistisch sein. Dann sind die erforderlichen Mittel nüchtern zu fixieren. Unvorhersehbare Störungen bringen nur noch Abweichungen von der als richtig befundenen Konzeption; sie müssen sofort kompensiert werden. Der strategische Angriffsplan bleibt unverändert aufrechterhalten.

Durch eine umfassende Unternehmensplanung wird die Zukunft simuliert. Abweichungsmöglichkeiten und Gefahren werden schon vorab in das Kalkül einbezogen und bezüglich der optimalen Reaktion hierauf geklärt. Psychologisch entsteht hierdurch ein Gefühl der Sicherheit, da auch das Unwahrscheinliche bereits einkalkuliert ist. Die Motivation aller Führungskräfte wird erfolgsorientiert und siegesbewußt, was wiederum zusätzliche Energien mobilisiert. Außerdem lassen sich die eigenen Pläne leichter mit den Planvorstellungen von Großunternehmen der Abnehmer- und der Zulieferseite verzahnen, wodurch Unsicherheiten für beide ausgeschaltet werden. Natürlich ist auch eine bessere Abstimmung mit den Programmen der öffentlichen Hand gewährleistet.

Die integrierte Planungsrechnung ist auch die logische Antwort auf die zunehmende ökonomische Verflechtung aller Märkte, denn sie führt zur Ausgleichung der Risiken und zur Sicherung von Investitionen und Arbeitsplätzen. Ihre Methodik wurde in der Nachkriegszeit von den internationalen Konzernen entwickelt, wobei besonders die Elektroindustrie Pionierarbeit leistete (Philips, ITT). Vereinfachte Modelle lassen sich auf jedes mittlere Unternehmen zuschneidern, sofern nur eine gewisse Regelmäßigkeit und Wiederholung der Produktions-, Handels- oder Dienstleistungen gegeben ist.

1212 Berücksichtigung unsicherer Erwartungen

Das schwierigste Problem jeglicher Planungsrechnung ist die Meßbarmachung künftiger Variablen, die außerhalb der unternehmerischen Einflußphäre liegen. Diese Größen müssen qualifiziert geschätzt und in den Kranz der bekannten Daten eingefügt werden. Andernfalls leidet die Treffsicherheit der Planung, da die Fehlertoleranzen aufeinander aufbauender Variablen sich kumulieren. Die statistische Wahrscheinlichkeitstheorie kommt hier mit dem Instrumentarium der ,,Erwartungsstrukturen" zu Hilfe. Aufgrund von Vergangenheitsdaten werden Hypothesen über zukünftige Entwicklungen aufgestellt. Die Erwartungsmengen bzw. -werte erhalten eine zusätzliche Gewichtung mit ihrer relativen Wahrscheinlichkeit, die etwa bei größter Zeitnähe am höchsten ist.

Man unterscheidet einmal Trenderwartungen, zum anderen Verhaltenserwartungen. Trenderwartungen signalisieren bereits einen Mittelwertverlauf, der trotz komplexer Einflußfaktoren schon in der Vergangenheit eine funktionale Abhängigkeit vom Zeitablauf oder sonstigen Parametern gezeigt hat. Liegen solche statistischen Häufigkeitsverteilungen über eine Erwartungsgröße vor, spricht man von ,,meßbarer Unsicherheit" (risk). Dies ist bei volkswirtschaftlichen oder branchenmäßigen Entwicklungen der Fall. Verhaltenserwartungen lassen hingegen schwerlich Leitlinien erkennen, sofern nicht Teilabhängigkeiten definiert oder Symptomreihen zwischengeschaltet werden können. So wird das Preisverhalten von Kunden, Wettbewerbern oder Lieferanten zunächst eine Folge der jeweiligen Marktelastizität sein, die wiederum die Nachfrage- oder Angebotsmengen bestimmt. Bei ,,nicht meßbarer Unsicherheit" (uncertainty) sollte man auf Sicherheit gehen und den relativ ungünstigsten Verlauf unterstellen. Die

Planung muß hier versuchen, die Verlustmöglichkeiten zu minimieren (Minimax-risk-Kriterium von Savage).

Die Notwendigkeit der Information über noch unsichere Daten ist zum Glück auf wenige, allerdings wichtige Alternativentscheidungen beschränkt. Meist sind die Unternehmen durch die Dispositionen der Vorjahre schon in bestimmter Richtung gelenkt. Deshalb sind in erster Linie quantitative Erwartungen, etwa bezüglich Absatzvolumen, Auftragszusammensetzung, Werbeaufwand der Konkurrenten, Substitutionsrate durch marktneue Produkte, Debitorenzieländerungen, zu prognostizieren. Diese Größen gehören zu den meßbaren Unsicherheiten, so daß eine Minimax-Verhaltensweise nur in engen Bereichen erforderlich ist.

1213 Lang-, mittel- und kurzfristige Planungszeiträume

Alle Wahlentscheidungen über den zweckmäßigsten Mitteleinsatz müssen unter drei Kriterien gesehen werden:

1. Bei der Knappheit des verfügbaren Kapitals bedeutet jede Aktivität gleichzeitig den Verzicht auf andere, nächstniedrige rentable Verwendungsmöglichkeiten.
2. Die Bindung finanzieller Mittel über mehr oder minder lange Zeiträume bringt erhöhte Fixkosten (bei Anlagen, Vorräten, Angestellten) und mindert die Flexibilität.
3. Entscheidungen mit langfristiger Auswirkung sind in der Regel nur mit finanziellen Verlusten nachträglich korrigierbar.

Hieraus folgt, daß die Unternehmensplanung über einen längeren Zeitraum konzipiert werden muß. Eigentlich müßte sie die Zeitspanne umfassen, für welche Gesellschaftsverträge, gewerbliche Baulichkeiten oder Eigenkapitalausstattungen fixiert wurden. Langfristrahmen bis etwa 10 Jahre fehlt aber wegen zunehmender Zeitentfernung die Treffsicherheit. Hier begnügt man sich mit relativ groben Umsatz-, Gewinn- und Kapitalbedarfsperspektiven.

Hingegen muß man bis 5 Jahre Dauer schon eine Plandurchrechnung der wichtigsten Eckwerte für Kostenträgerabsatz, Umsatz, Betriebsablieferungen, Personalstand, variable Kosten, Betriebsergebnis und Kapitalausstattung vornehmen, um heute anstehende Investitionsentscheidungen hiernach auszurichten (strategischer 5-Jahres-Plan). Für Werbekampagnen, Entwicklungsprojekte, neue Produktionstechniken, Kreditrahmen-Vereinbarungen, Anstellungsverträge von Führungskräften braucht man noch konkretere Maßnahmenprojekte, wie diese Aufwendungen durch Erlöse gedeckt werden (operativer 3-Jahres-Plan).

Für alle kurzfristigen Aktivitäten des Vertriebs, der Produktion und der Finanzverwaltung sind umfassende und genau recherchierte Plandaten erforderlich (1-Jahres-Plan). Hier spricht man vom operativen „Jahresbudget". Neuerdings findet man bereits projektweise, ineinander verzahnte jährlich fortgeschriebene 1- bis 3-Jahres-Budgets. Das Jahresbudget soll neben den quantitativen auch möglichst die Detailmaßnahmen ansprechen.

1214 Festlegung der dominanten Zielsetzung

Die Jahresaktivitäten sind unter Beachtung des ökonomischen Prinzips zu realisieren. Dieses Wirtschaftlichkeitsprinzip erfährt im System der freien Marktwirtschaft die Ausgestaltung als „erwerbswirtschaftliches", in letzter Steigerung sogar als „Gewinnmaximierungsprinzip". Als Zielgröße steht also die Erreichung einer maximalen Kapitalrentabilität, d. h. des Verhältnisses von unversteuertem Bilanzgewinn zu bilanziellem Eigenkapital oder von kalkulatorischem Betriebsgewinn zu betriebsnotwendigem investiertem Vermögen ($R_k = G_p$: EK oder $R_k = G_k$: IV), immer im Vordergrund. Nur durch Gewinnmaximierung kann die Eigenfinanzierung gefördert und das eingesetzte Kapital auch bei Geldentwertung substantiell erhalten werden. Bei normaler Inflationsrate ($\leqq$ 4 % p.a.) und Spitzen-Ertragsteuerbelastung (68 %) ist eine Kapitalrendite von $\geqq$ 15 % anzustreben. Sie ermöglicht nach Abzug von Ertragsteuern eine verfügbare Kapitalrendite von 8 %, welche die marktübliche Langfristverzinsung zuzüglich des industriellen Risikos abdeckt. Dieses Maximierungsziel gilt theoretisch immer, spätestens aber am 5-Jahres-Ende.

Kurzfristig erreichen mittlere Unternehmen aufgrund der Erlöse, Kosten und Vermögensbindung dieses Optimum meist nicht. Sie könnten die Kapitalrendite allenfalls durch Unterlassung von Entwicklung oder Organisationsaufwand teilweise verbessern. Damit würde aber die Ertragskraft der Folgejahre u. a. wesentlich beeinträchtigt werden. Insofern ist ein vernünftiges Abwägen der möglichen Jahresziele in einem zeitlichen Prioritätenplan der Mittelfristplanung vorzunehmen. Minderkapitalrenditen der ersten Jahre müssen in einer 5-Jahres-Hochlaufkurve wieder ausgeglichen werden.

Naturgemäß divergieren die 1-Jahres-Zielvorstellungen sogar im Vertriebs-, im Produktions- und im Finanzbereich eines Unternehmens, wenn jeder seine eigene Funktion sieht:

1. Vertriebsziel: Maximierung von Umsatz, Produktbekanntheit, Marktanteilsvergrößerung,
2. Produktionsziel: Maximierung von Ausstoß, Kapazitätsauslastung, Vollbeschäftigung der Belegschaft,
3. Finanzziel: Maximierung von Liquidität, Rentabilität, Kapitalerhaltung.

Zweckmäßigerweise bezieht man auch die Zielvorstellungen des mitbestimmenden Sozialpartners ein:

4. Sozialziel: maximale Arbeitsplatzsicherung, partielle Mitentscheidung, Arbeitshumanisierung.

Die gleichzeitige Maximierung der Jahreswünsche der vier Bereiche führt zu Zielkonflikten, da sie sich teilweise gegenseitig aufheben. Maximaler Umsatz kann bedeuten, daß ein möglichst breites Verkaufssortiment aus lieferbereiten, kundennahen Lägern unter intensiver Marktförderung angeboten wird. Maximale Produktion hingegen zielt auf die Massenherstellung einer möglichst engen Erzeugnispalette in modernst ausgerüsteten, vollbeschäftigten Fertigungskapazitäten. Maximale Liquidität wiederum verlangt höchsten Umsatz, möglichst ohne Lagerhaltung, aus kostengünstigster, nicht anlagen- oder personalintensiver Fertigung. Maximaler Sozialschutz schließlich bedingt die Beschränkung der vorigen Maximalziele zur Gewährleistung der langfristigen Erhaltung der Arbeitskraft aller Mitarbeiter.

Aus dieser Zielkonkurrenz ist die Frage abzuleiten, welche Prioritätsbeziehungen zwischen Umsatzwachstum, Produktivität und Liquidität unter dem Hauptaspekt der Kapitalrentabilität bestehen. Es leuchtet ein, daß entsprechend der Formal „Gewinn = Umsatz ./. Kosten" sowohl der Umsatz als auch die Stückkosten gleichrangige Unterkomponenten des Gewinnmaximierungsprinzips darstellen. Dagegen besteht eine echte Verhaltenspolarität zwischen Gewinnstreben und Liquiditätsdisposition, da die Schaffung erhöhter Liquiditätsreserven, etwa durch Aufnahme zusätzlichen Fremdkapitals, den Gewinn mindert. Die Liquiditätssicherung untersteht zwar auch der Maxime der langfristigen Kapitalrentabilität, rangiert aber als eine alternative Verwendungsform neben dem Gewinnstreben und höherrangig zum Umsatz- und zum Produktivitätsziel[1].

Dem Budgetcontroller kommt bei der Zielformulierung der Mehr- und 1-Jahres-Planung eine vorrangige Koordinationsfunktion zu. Er hat die Ertrags- und Liquiditätswirksamkeit aller Maßnahmen rangfolgemäßig zu beurteilen. Das schließt aber nicht aus, daß trotz seiner Erkenntnisse ausnahmsweise heute Aufwand betrieben wird, der Ertrag aber erst übermorgen zurückkommt. Auch überhöhte Investitionen und Vorratsbindungen nimmt man partiell in Kauf, wenn dafür die Kapitalrendite der Folgejahre steigt. Die dominante Jahreszielsetzung muß die Geschäftsführung in ihrem „Input" verbindlich festlegen.

122 Das Taktieren mit Aktivitäten

1221 Das Konzept der Führungserfolgsfaktoren

Nach der Rangfolge der Zielprioritäten richten sich die zulässigen „Aktivitäten"-Maßnahmen. Hierzu ist die Aufstellung eines Katalogs aller notwendigen „Erfolgsfaktoren" ein praktikables Hilfsmittel. Es geht von einer Analyse der eigenen Managementfähigkeiten aus, die zur Zielerreichung einsetzbar sind. Die Geschäftsleitung definiert gleichsam ihr Waffenarsenal, gewichtet es nach der kritischen Bedeutung für den Sieg und bestimmt die zeitliche Rangfolge des Einsatzes der Waffentypen.

Steiner (University of California) hat ein System von möglichen Erfolgsfaktoren erstellt, das in 7 Kategorien taktischer Einzelziele unterteilt ist[2]:

A. Allgemeine Unternehmensführung

1. Fähigkeit, hochqualifizierte Führungskräfte zu gewinnen und zu halten.
2. Entwicklung von Führungsnachwuchs für Auslandstätigkeiten.
3. Entwicklung von Führungsnachwuchs für das Inlandsgeschäft.
4. Entwicklung einer verbesserten Organisationsstruktur (Aufbauorganisation).
5. Entwicklung einer verbesserten Langfristplanung.

1 D. Hahn, Planungs- und Kontrollrechnung, Wiesbaden 1974, S. 109

2 G.A. Steiner, Top Management Planung, München 1971.

6. Erreichen besserer Gesamtübersicht über die Unternehmenstätigkeit.
7. Verstärkte Anwendung neuer quantitativer Instrumente und Techniken zur Entscheidungsfindung:
   a) auf den oberen Führungsebenen,
   b) auf den unteren Führungsebenen.
8. Sicherung besserer Urteilsfähigkeit, Kreativität und erhöhten Einfallsreichtums:
   a) auf den oberen Führungsebenen,
   b) auf den unteren Führungsebenen.
9. Fähigkeit, elektronische Rechenanlagen für Problemlösung und Planung anzuwenden.
10. Fähigkeit, elektronische Rechenanlagen zur Informationsverarbeitung und zur Finanzkontrolle anzuwenden.
11. Fähigkeit, unrentable Unternehmensteile abzustoßen.
12. Fähigkeit, Bedarf und Chancen für neue Erzeugnisse zu erkennen.
13. Fähigkeit, Führungskräfte zu ausreichendem Gewinnstreben zu motivieren.

B. Finanzwesen
1. Fähigkeit, langfristiges Kapital zu niedrigen Kosten zu beschaffen:
   a) Fremdkapital,
   b) Eigenkapital.
2. Fähigkeit, kurzfristiges Kapital zu beschaffen.
3. Fähigkeit, den Wert des investierten Kapitals zu maximieren.
4. Fähigkeit, den Aktionären oder Anteilseignern eine konkurrenzfähige Verzinsung ihres Kapitals zu leisten.
5. Bereitschaft, bei ausgezeichneten Chancen für neue Geschäftstätigkeiten Risiken mit entsprechender Rendite einzugehen – zur Sicherung des Wachstumszieles.
6. Fähigkeit, Investitionen für Forschung und Entwicklung nach den Gesichtspunkten der Kapitalverzinsung (ROI) zu beurteilen.
7. Fähigkeit, Diversifikationen zu finanzieren:
   a) Übernahme anderer Unternehmen,
   b) eigene Forschung und Entwicklung.

C. Marketing
1. Fähigkeit, bessere Marktkenntnisse zu erlangen.
2. Aufbau einer breiten Abnehmerbasis.
3. Verwirklichung einer selektiven Abnehmerpolitik (ausgewählte Abnehmer).
4. Verwirklichung eines leistungsstarken Warenverteilungssystems (Distribution).
5. Fähigkeit, gute Aufträge zu gewinnen (Regierungs- u. a. Aufträge).
6. Sicherung einfallsreicher Werbe- und Verkaufsförderungsaktionen.
7. Wirksame Preisgestaltung/Preispolitik (einschließlich Nachlässe, Kundenkredit, Service am Produkt, Garantien, Lieferservice usw.).
8. Bessere Abstimmung von Marketing einerseits und technischer Entwicklung und Fertigung neuer Erzeugnisse andererseits.
9. Stärkung der Schlagkraft in der Verkaufsorganisation.
10. Verbesserung der Serviceleistungen für die Kunden.

D. Technik und Produktion

1. Entwicklung wirksamer Richtlinien für den Ersatz von Maschinen und Anlagen.
2. Rationellere innerbetriebliche Standortplanung der Fertigungsanlagen.
3. Bereitstellen ausreichender Kapazität zur Expansion.
4. Verwirklichung besserer Material- und Lagerbestandskontrollen.
5. Verbesserung der Qualitätskontrollen für Erzeugnisse.
6. Verbesserung der eigenen technischen Gestaltung von Erzeugnissen.
7. Verbesserung der eigenen Fähigkeiten zur Grundlagenforschung für Erzeugnisse.
8. Verwirklichung wirksamer Leistungssteigerungs-(Kostensenkungs-)Programme.
9. Entwicklung besserer Fähigkeiten zur Massenfertigung mit niedrigen Stückkosten.
10. Veränderung der bisherigen Standorte der Fertigungseinrichtungen.
11. Automatisierung der Fertigungseinrichtungen.
12. Bessere Planung, Lenkung und Kontrolle der Ausgaben für Forschung und Entwicklung und bessere Ergebnisse aus diesen Ausgaben.
13. Errichtung von Fertigungsstätten im Ausland.
14. Entwicklung stärkerer Flexibilität im Einsatz der Fertigungseinrichtungen für verschiedene Erzeugnisse.
15. Besseres Schritthalten mit der Spitze der technologischen Entwicklung und Sicherung höchster Kreativität in der Forschung.

E. Erzeugnisse

1. Verbesserung der vorhandenen Erzeugnisse.
2. Straffere und wirksamere selektive Programmpolitik (Ergänzung oder Aussonderung).
3. Entwicklung neuer Produkte zum Ersetzen alter Erzeugnisse.
4. Schaffung neuer Erzeugnisse für neue Märkte.
5. Umsatzausweitung für vorhandene Erzeugnisse auf neuen Märkten.
6. Produktdiversifikation durch Übernahme anderer Unternehmen.
7. Mehr Fremdbezug statt Eigenfertigung.
8. Steigerung der Marktanteile für die einzelnen Erzeugnisse.

F. Personal

1. Hohe Anziehungskraft für Wissenschaftler und technisch hochqualifizierte Arbeitskräfte.
2. Schaffung besserer Beziehungen zu den Mitarbeitern des Unternehmens.
3. Fähigkeit, mit Gewerkschaften wirksam zu arbeiten.
4. Bessere Ausnutzung der Fähigkeiten der Mitarbeiter.
5. Anspornung einer größeren Mitarbeiterzahl auf allen Ebenen zur ständigen eigenen Weiterbildung mit dem Ziel, sich in ihrem Arbeitsgebiet auf dem laufenden zu halten.
6. Fähigkeit, Spitzen und Täler im Personalbedarf auszugleichen.
7. Fähigkeit, die Kreativität der Mitarbeiter anzuregen.
8. Fähigkeit, die Fluktuation der Beschäftigten optimal zu halten (nicht zuviel, nicht zuwenig).

G. Materialwesen

1. Verlagerung des Fabrikstandortes näher zu den Rohstoffquellen.
2. Sicherung des laufenden Nachschubes von Rohstoffen.
3. Erschließung neuer Rohstoffquellen.
4. Erwerb und Kontrolle der Rohstoffquellen.
5. Übergang von Fremdbezug zu Eigenfertigung.
6. Senkung der Rohstoffkosten.

Dieser Fragenkatalog wurde Ende 1970 von Steiner zusammen mit einer deutschen Unternehmensberatung in einer Felduntersuchung für die Bundesrepublik Deutschland bei 113 Großunternehmen verschiedener Industriebranchen getestet[1]. Zunächst bewerteten die Führungskräfte dieser Unternehmen die bisherigen taktischen Operationen, anschließend die zukünftigen Absichten mit diesen 67 Erfolgsfaktoren. Jeder Erfolgsfaktor konnte mit Noten zwischen 0 (= überhaupt nicht/völlig unwichtig) bis 5 (= völlig zufriedenstellend/von größter Bedeutung) gewichtet werden.

Interessanterweise rangiert in der Beurteilung des gegenwärtigen Leistungsstandes der sieben Hauptfunktionen das Finanzwesen vor dem Marketing an der Spitze, gefolgt mit Abstand vom Personalwesen und der Technik, wonach sich erst allgemeine Unternehmensführung, Erzeugnisbereich und Materialwesen anschließen. Sicherlich muß man diese Selbsteinschätzung deutscher Unternehmer vor dem historischen Hintergrund der Nachkriegszeit sehen. Bis etwa 1958 dürfte der Wiederaufbau leistungsfähiger Produktionskapazitäten, bis etwa 1968 die Erringung hoher Absatzmarktanteile vorrangig gewesen sein. Seitdem hatte man erstmalig mit hohen Zinssätzen und Inflationsraten sowie mit beträchtlichen Kostensteigerungen und absinkenden Erträgen zu kämpfen. Das taktische Ziel der finanziellen Absicherung steht deshalb mit Recht an erster Stelle.

Seit Ende der 70er Jahre zeichnet sich eine weitere Akzentverschiebung ab. Schwerpunktmäßig hat die allgemeine Unternehmensführung deutlich den Primat. Das Produktmarketing ist wieder wichtiger. Danach folgen gleichrangig das Personal- und das Finanzwesen. Die Produktion tritt etwas in den Hintergrund, und auch der Materiallogistik wird geringe Bedeutung beigemessen.

Man mag diese Rangreihe anzweifeln, weil im Steiner-Schema gewisse Erfolgsfaktoren fehlen oder mehreren Hauptfunktionen zugeordnet sind. So ist die Notwendigkeit genauer Erzeugnisnachkalkulationen nicht erwähnt. Die wichtigsten Anfangsoperationen, um die Rentabilität eines Unternehmens wiederherzustellen, nämlich die scharfe Straffung des Sortiments und die Fertigung in optimalen Losgrößen, sind unter E 2 und D 4, 8 und 9 verborgen. Dennoch ist symptomatisch, daß man das Langfristziel der Gewinnmaximierung am ehesten durch Einsatz neuer Managementtechniken, Verwendung besserer Marktinformationen und bessere Kreativität der Mitarbeiter zu erreichen glaubt.

Für das taktische Verhalten mittlerer Unternehmen ist auch das Detailwissen wichtig, welchen einzelnen Erfolgsfaktoren die Großunternehmen die größte Aufmerksamkeit widmen wollen. Hier rangieren unter den primären zehn Maßnahmen alleine fünf aus dem Sektor Unternehmensmanagement:

1 W.A. Borrmann, Wie sichern Sie Ihren Erfolg?, in: Plus Nr. 3/1972.

D 8 = Verwirklichung wirksamer Leistungssteigerungs-(Kostensenkungs-)Programme.
A 1 = Fähigkeit, hochqualifizierte Führungskräfte zu gewinnen und zu halten.
A 8a = Sicherung besserer Urteilsfähigkeit, Kreativität und erhöhten Einfallsreichtums auf den oberen Führungsebenen.
A 13 = Fähigkeit, Führungskräfte zu ausreichendem Gewinnstreben zu motivieren.
A 12 = Fähigkeit, Bedarf und Chancen für neue Erzeugnisse zu erkennen.
C 1 = Fähigkeit, bessere Marktkenntnisse zu erlangen.
B 3 = Fähigkeit, den Wert des investierten Kapitals zu maximieren.
F 4 = Bessere Ausnutzung dcr Fähigkeiten der Mitarbeiter.
A 3 = Entwicklung von Führungsnachwuchs für das Inlandsgeschäft.
C 9 = Stärkung der Schlagkraft in der Verkaufsorganisation.

1222 Bereichsweise Stärken-/Schwächen-Analyse

Die erforderlichen Aktivitäten lassen sich noch schneller ableiten, wenn man nur die Schwächen der eigenen Unternehmensführung herausarbeitet. Durch Vergleich mit den Erfolgsfaktoren der Branchenführer kann man analysieren, wo noch die größten Mängel in den Bereichen Marketing, Produktion, Beschaffung oder Unternehmensorganisation bestehen. Dabei gibt man zugleich eine Schulnotenbeurteilung über die eigenen Stärken und die Maßnahmenvorschläge zur Überwindung dieser Aktivitätenlücke ab (vgl. Abb. 4).

Recht interessant ist eine Auswertung der bereits erwähnten Steiner-Umfrage über die notwendigen Einzeloperationen der deutschen Großunternehmen. Hier zeigen sich zehn Schwächefaktoren, in denen offenbar die größten Rückstände bestehen und die meisten Anstrengungen unternommen werden müssen, um die gesetzten strategischen Ziele zu erreichen (vgl. Abb. 3). Sie sind erst recht programmatisch für die mittelständische Industrie.

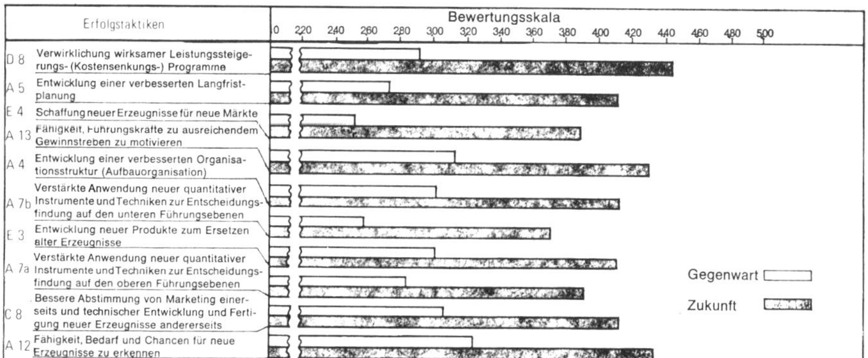

Abb. 3: Dringlichkeit taktischer Unternehmensaufgaben

Rheinische Werkzeugfabrik GmbH Köln	Mittelfristige Planung 1979–1983	Datum: 30. 6. 1978 Firmenplan: S. 4
Firma gesamt Bereich: Marketing	Stärken-/Schwächen-Analyse	**Bewertungsskala:** 10 sehr gut 8 gut 6 durchschnittlich 4 schlecht 2 sehr schlecht Ziel - - - - - Ist ———

	Nr.	Beurteilungskriterien	Beurteilung 10 | 8 | 6 | 4 | 2
Marktleistungs-gestaltung	1	Sortimentsgestaltung (Vollständigkeit)	
	2	Produkt- und Dienstleistungsgestaltung < technischer Stand / Qualität	
	3	Absatzplanung	
	4	Preis und Konditionen	
Kommunikation	5	Verkauf als solcher (Vertrieb)	
	6	Verkaufsförderung	
	7	Werbung/Image	
	8	Produkt-Verkaufsschulung	
	9	Unterhalt/Service	
	10	Informationsbeschaffung	
Distribution	11	Absatzkanäle (Verteilersystem)	
	12	Lagerhaltung	
	13	Lieferfristen	
	14	Transportmittel	
	15	Verpackung	
interne Faktoren	16	Aufbauorganisation	
	17	Personal < qualitativ / quantitativ	
	18	Ablauforganisation	
	19	Einsatz der Marketinginstrumente (Marktleistungsgestaltung, Kommunikation, Distribution)	
	20	Ausschöpfung Aktionsbereich	

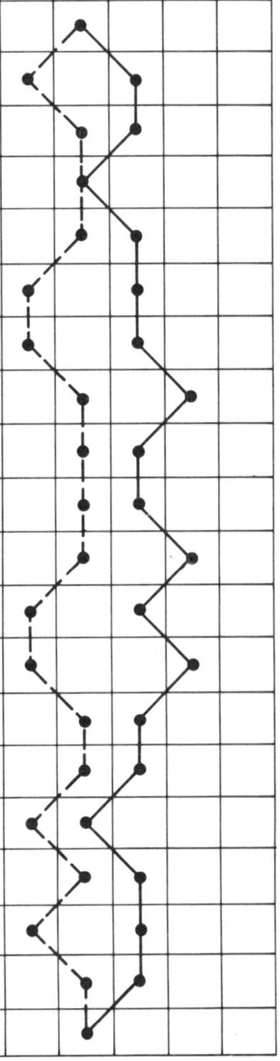

Abb. 4: Stärken-/Schwächen-Analyse

1223 Management by Objectives and Results

Aus den Stärke-/Schwächen-Faktoren leitet die Unternehmensleitung die Einzelaktivitäten ab. Unter einer ,,Aktivität" versteht man das operative Aktionenbündel einer Abteilung während des Budgetjahres oder des operativen 3-Jahres-Plans zur Erreichung der Detailziele. Dabei werden Materialien, Personen, Betriebsmittel (= Aktionspotentiale) eingesetzt, um eine Leistung (= Aktionsobjekt) zu erreichen. Zusätzlich bedeutet ,,Aktivität" eine psychologische Herausforderung an den Operationsleiter und dessen unerschütterliche Bereitschaft bzw. Verpflichtung, die Situation zu verbessern. Da die Geschäftsleitung geschlossen hinter diesen Maßnahmen steht, erhält der Abteilungsleiter freie Hand für seine Bereichsentscheidungen.

Die Vorgabe von operationalen Zielen quantitativer oder qualitativer Art auf allen Stufen der Hierarchie bezeichnet man als ,,Management by Objectives" (MbO). Es läßt sich als Kreislaufschema darstellen, bei welchem die Zielvorstellungen des Vorgesetzten (= Input) mit denen des Operationsleiters abgestimmt, die gemeinsam vereinbarten Aktivitäten realisiert und die erzielten Erfolge mit den gesetzten Zielen verglichen werden. Die Leistungsziele müssen hoch, aber erreichbar sein. Alle ,,objectives" gehen davon aus, daß die Prämissen für die Realisierbarkeit geklärt sind. Die Nichtdurchsetzung der Aktivitäten darf nicht mit unbeeinflußbaren Nebenbedingungen entschuldbar sein (z. B. Umsatzsteigerung unter der Annahme erhöhten Werbeetats).

Aufgrund freiwilliger Vertragsvereinbarung wird in der Praxis gern ein variabler Teil der Dotierungen der Produktsparten-Verantwortlichen und ihrer Submanager an die Erreichung (= ca. 20 % des Einkommens) bzw. Überschreitung (+ ca. 5 %) der Leistungsstandards (z. B. Plan-Kapitalrendite) geknüpft. Die Erfolgsstandards müssen meßbar sein und dem dominanten Jahresziel gerecht werden. Die Standard-Mengenleistungen (z. B. Absatz-, Ablieferungs- oder Liquiditätsmengen), die Standardpreise hierfür und die Standard-Kostenfaktoren müssen von den Vertriebs-, Produktions- oder Beschaffungsleitern zu mindestens 50 % beeinflußbar sein; Fixkosten und Umlagen sind jedoch mit zu tragen. Die Ist-Kontrolldaten sollen spätestens zu jedem Quartalsende vorliegen. Das „MbO" entwickelt sich damit zum „Management by Results".

123 Die strategische Mittelfristplanung

1231 Die strategischen Lücken bzw. Überhänge

Die jährlich neu erstellte bzw. fortgeschriebene 5-Jahres-Planung hat die Stärken und Schwächen des eigenen Unternehmens im Verhältnis zum Wettbewerb nur verbal analysiert. Ein quantitativer Betriebsvergleich ist selten möglich, erst recht nicht bei mittelfristiger Vorschau. Dennoch braucht man Soll-Orientierungsgrößen bis zum Planungshorizont. Sie müssen hilfsweise aus Industriestatistiken der Fachverbände oder des Statistischen Bundesamtes gewonnen und mit Hilfe statistischer Regressionsanalysen in die Zukunft hochgerechnet werden.

Die schnellste Aussage gibt die „strategische Umsatzlücke" (vgl. Abb. 5). Diese ist der Abstand zwischen dem auf 5 Folgejahre extrapolierten branchennormalen Planumsatz (Gesamt-Branchenwachstum mal bisheriger Firmenmarktanteil) und dem sortimentsspezifischem eigenen Planumsatz. Dabei werden die Verkaufspreise des letzten Jahres als konstant und der Firmenmarktanteil als gleichbleibend unterstellt. Die Hochrechnung des Branchenumsatzpotentials erfolgt unter linearer Regression der 3 bis 5 zurückliegenden Umsatzjahre. Die eigenen Planumsätze sind ab dem 3. Zukunftsjahr mit einem steigenden Risikoprozentsatz zu korrigieren. Die Marketingaktivitäten sollen eine eventuelle Negativlücke ausfüllen.

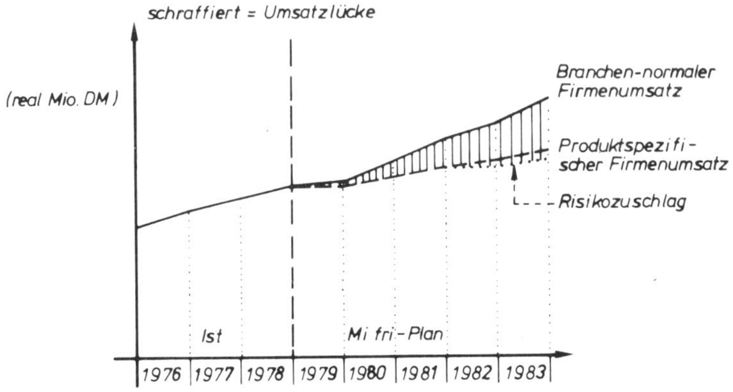

Abb. 5: Ermittlung der strategischen Umsatzlücke

Eine strategische Umsatzlücke ist nicht immer mit Marketingaktivitäten schließbar. Da das primäre Mifri-Ziel (= mittelfristige Ziel) die Maximierung der Kapitalrendite ist und diese gemäß der Formel $R_k = \frac{(\text{Umsatz} - \text{Kosten}) \cdot 100}{\text{investiertes Kapital}}$ auch von den Kosten bestimmt wird, können Kostensenkungsmaßnahmen ebenfalls zielführend sein. Dazu ist der „strategische Kostenüberhang" der nächsten 5 Jahre zu bestimmen (vgl. Abb. 6). Man muß hierbei das „Going-rate"-Problem, d. h. die Zinseszinswirkung jährlicher, prozentualer Preissteigerungen, beachten. Gemessen an der heutigen Basis 100 wachsen die absoluten Kosten über mehrere Jahre nicht linear, sondern überproportional.

Die Kumulation jährlicher Preissteigerungen führt bei Fixkosten auch wegen laufender Vertriebsdifferenzierung, Produktionsverfeinerung oder Verwaltungs-Parkinson zu schnellen Kostenzunahmen. Diese können linear wachsende Umsatzanteile im Mifri-Plan überrollen. Da aber die Umsatzgewinnrate bis zum Planungshorizont kontinuierlich ansteigen soll, ist der Going-rate-Mehrkostenfaktor durch geeignete Einsparungsmaßnahmen so stark zu beschneiden, daß zusätzlicher Reingewinn entsteht.

Sind weder die Umsatzlücke noch der Kostenüberhang durch definierte Maßnahmen mittelfristig einleuchtend schließbar, bleibt als letztes der strategische Hebel des Abbaues des Kapitalbindungsüberhanges. Der Kapitalumschlagsfaktor

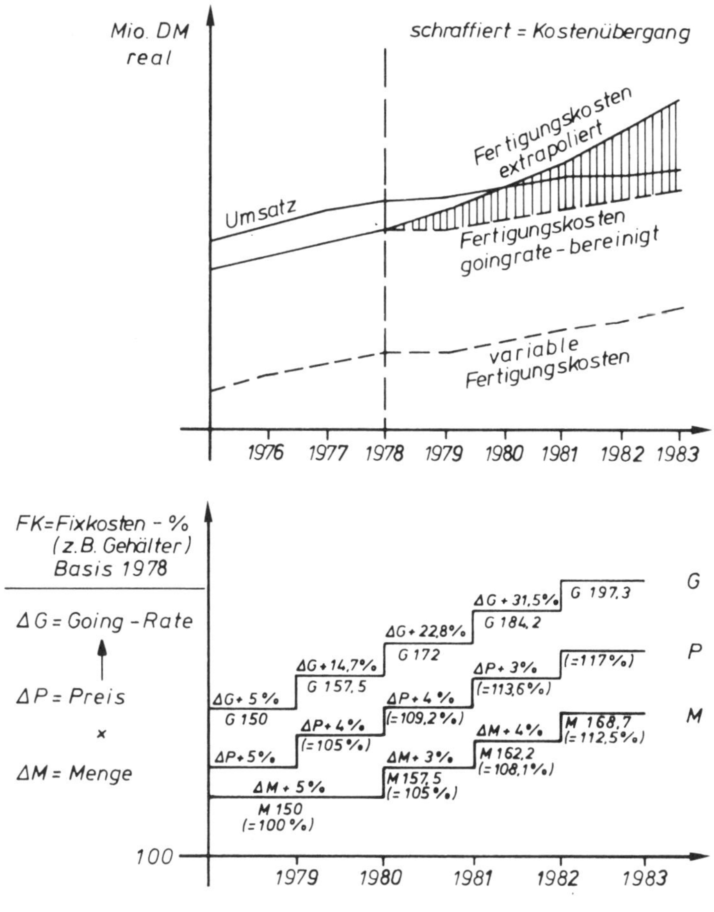

Abb. 6: Ermittlung des strategischen Kostenüberhanges

$U_K = \frac{\text{Umsatz} \cdot 100}{\text{investiertes Kapital}}$ steigt, wenn der Planumsatz mit geringerem Anlagevermögens-, Vorratsvermögens- oder Debitoreneinsatz erreicht wird. Deswegen enthalten die Investitionsplanung, die Roh-, Halbfertigwaren- und Fertigwaren-Lagerplanung sowie die Kundenstrukturplanung wichtige mittelfristige Zielgrößen. Der „strategische Vermögensüberhang", der bei fast allen mittleren Unternehmen mit Mehrproduktfertigung und Mehrmärktevertrieb anzutreffen ist, sollte so weit abgebaut werden, daß ein Kapitalumschlag von $\geqq$ 2,0 erreicht wird.

1232 Matrix der Marktsegmentbedarfe und Problemlösungsprodukte

Im System der freien Marktwirtschaft kommt der Schließung der strategischen Umsatzlücke und darüber hinaus der Erhöhung der Marktanteile dennoch entscheidende Bedeutung zu. Sie bestimmen den Kurs des mittelständischen Unternehmens. Der Abbau von Kostenblöcken und Vermögensbindungen stellt nur die Korrektur eines nicht erreichbaren Aktivitätenkurses dar, die zumal erst mit zeitlichen Remanenzen und Folgekosten (z. B. Sozialpläne gemäß Betriebsverfassungsgesetz) zur Wirkung gelangt.

Höherer Umsatz ist mit dem vorhandenen Verkaufssortiment nur in noch nicht bedienten Marktsegmenten („Marktnischen") zu erreichen. Oder man muß in die erschlossenen Marktvertriebswege mit neuen Leistungsträgern („Problemlösungen") eintreten, die neue Marktbedürfnisse wecken und damit das Absatzpotential erhöhen. Dies erfordert eine systematische Analyse des Anwendungsbedarfs und der hierfür erforderlichen Produktversprechen. Man stellt dies in der mittelfristigen Planung mittels einer Markt-/Produktmatrix dar. Sie zeigt auf, inwieweit das Verkaufs- bzw. Fabrikationssortiment bereits alle Marktsegmente bedient und wo noch leere Potentialräume vermutet werden. Das Tabellenschema beschränkt sich in der Horizontale auf Hauptanwendungsbedarfe der Vertriebswege und in der Vertikale auf die Problemlösungsaussage der Hauptkostenträger. Eine Armaturenfabrik wird beispielsweise prüfen, welche Ventile, Kugelhähne, Klappen, Schieber, Kondensatableiter sie in der Energiewirtschaft, Wassertechnik, Gastechnik, chemischen Verfahrenstechnik und Hauswirtschaft vom 1. bis 5. Jahr einer strategischen Mittelfristplanung absetzen kann.

Die fehlenden Produkte sind für die speziellen Anwendungsfälle konstruktiv abzuwandeln oder als Handelsware hinzuzukaufen. Wichtig ist heute die Problemlösung aus einer Hand, also das Angebot einer Full-line aller für ein technisches Projekt erforderlichen Artikel (z. B. Dampftechnik: Armaturen, dazu Rohre, Fittings u. ä.). Engineeringsunternehmen und Großkontraktoren wollen oft – besonders bei Exportgeschäften – nur einen Generalunternehmer. Zugekaufte Handelswaren eröffnen bei hinreichenden Verkaufsstückzahlen und damit erworbenem Produkt-Know-how die Chancen diversifizierender Eigenfertigung. Werden zutage getretene Mängel verbessert, verbreitert sich zusätzlich das betriebliche Innovationspotential für die Zukunft, was wiederum das mittelfristige Wachstum sichert.

1233 Analytische Bewertung neuer Markt-/Produktstrategien

Aus den zahlreichen Möglichkeiten, welche die Leerräume der Markt-/Produktmatrix aufzeigen, ist eine Auswahl zu treffen. Da Sortimentserweiterungen mit Initialkosten (Markterschließungs-, Produktentwicklungs-, Fabrikationsanlaufkosten) verbunden sind, gilt zunächst die Faustregel: mindestens den gleichen Vertriebsapparat oder die vorhandenen Produktionsanlagen hierfür benutzen können, möglichst beides.

Dieses Kriterium reicht nicht immer aus. Zur Risikobegrenzung ist dann ein analytisches Bewertungsverfahren der alternativen Strategien anzuwenden. Der Entscheidungsprozeß läßt sich durch ein Punktwertverfahren abwickeln. Man kann die Beurteilungsmerkmale A bis E noch unterteilen, wobei die Teilmerkmale mit Punktwerten von 0 (= unwichtig) bis 10 (= sehr wichtig) ansetzbar sind. Jedes Teilmerkmal erhält außerdem einen – jährlich wechselbaren – Gewichtungsfaktor zwischen 0 und 10 zugeordnet. Die Gewichtungshöhe könnte sich nach dem Grad der Begrenzungen richten, welche im Hinblick auf verfügbare Finanzen, Organisationsmittel, Personen, Rohstoffe und Betriebsmittel zu beachten sind. Einstufungswert mal Gewichtung ergibt die Punktzahl (vgl. Abb. 7).

Rheinische Werkzeugfabrik GmbH
Köln
Zentrale Planung

Mittelfristige Planung 1979–1983
Analytische Bewertung neuer Markt-/Produktstrategien

gez.:
gez.:
20. 5. 1978

Bewertungskriterien	Gewichtungsfaktoren	1 Tiefziehpressen Werkzeuge für BRD		2a Tiefziehpressen Freizeitwerkzeuge für BRD		2b Tiefziehpressen KfZ-Werkzeuge für BRD		3a Tiefziehpressen Freizeitwerkzeuge für EWG		3b Tiefziehpressen KfZ-Werkzeuge für EWG		4a Schmieden KfZ-Werkzeuge für EWG		4b Schmieden KfZ-Werkzeuge für Comecon		5 Schmieden Werkzeuge für BRD	
		Stufe	Punkte	Stufe	Punkte	Stufe	Punkte	Stufe	Punkte	Stufe	Punkte	Stufe	Punkte	Stufe	Punkte	Stufe	Punkte
A. Unternehmensziele			211		206		175		258		243		168		130		232
a) Liquidität	4	2	8	9	36	4	16	7	28	9	36	3	12	9	36	3	12
b) Rentabilität	10	7	70	5	50	6	60	5	50	9	90	1	10	4	40	5	50
c) Umsatzwachstum	6	7	42	5	30	4	24	5	30	9	54	8	48	4	24	7	42
d) Produktionsauslastung	8	7	56	6	48	5	40	10	80	0	0	7	56	2	16	9	72
e) Belegschaftssicherung	7	5	35	6	42	5	25	10	70	9	63	6	42	2	14	8	56
B. Stärken/Schwächen			245		334		294		300		365		229		293		202
a) Marketing	10	6	60	8	80	7	70	2	20	3	30	6	60	8	80	5	50
b) Entwicklung	8	4	32	8	64	5	40	9	72	10	80	3	24	8	64	0	0
c) Produktion	5	4	20	8	40	7	35	10	50	10	50	3	15	4	20	4	20
d) Materialwirtschaft	3	6	18	5	15	7	21	8	24	10	3	5	15	5	15	5	15
e) Personalbeschaffung	7	6	42	8	56	7	49	7	49	7	70	5	35	5	35	7	49
f) Organisation/Information	5	8	48	9	54	9	54	10	60	10	60	10	60	9	54	8	48
g) Management	6	5	25	5	25	5	25	5	25	5	25	4	20	5	25	4	20
C. Umwelteinflüsse			377		258		330		388		433		375		263		348
a) Marktpotential	10	10	100	10	100	10	100	10	100	10	100	10	100	10	100	10	100
b) Konkurrenz	9	8	72	2	18	4	36	2	18	8	72	3	27	2	18	9	81
c) Technologischer Trend	8	8	64	4	32	4	32	8	64	6	48	10	80	5	40	9	72
d) Entwicklungsdauer	4	4	16	4	16	7	28	10	40	10	40	3	12	4	16	0	0
e) Qualifiziertes Personal	6	5	30	4	24	7	42	6	36	8	48	6	36	5	30	0	0
f) Produktsubstitution	9	7	63	4	36	4	36	10	90	5	45	8	72	3	27	5	45
g) Know-how	8	4	32	4	32	7	56	5	40	10	80	6	48	4	32	5	40
D. Aufwand			36		108		114		108		108		48		114		42
a) Investitionen	6	2	12	9	54	10	60	10	60	10	60	2	12	10	60	0	0
b) Laufender Aufwand	6	4	24	9	54	9	54	8	48	8	48	6	36	9	54	7	42
E. Risiko	10	6	60	8	80	8	80	7	70	7	70	5	50	9	90	4	40
Gesamt-Punktwert	155		929		986		993		1 124		1 219		870		890		854
Strategierangfolge			5		4		3		2		1		7		6		8

Abb. 7: Analytische Bewertung neuer Markt-/Produkt-Strategien

124 Das strategische Jahreskonzept

Nach der Entscheidung über die erfolgversprechendsten mittelfristigen Strategien wird das erste Budgetjahr näher betrachtet. Der Kurs hinsichtlich Umsatzwachstum, Kostenreduktion und Vermögensumschlag ist in einer quantitativen Rahmenvorstellung abgesteckt. Nun kommt ein qualitativer, psychologischer Aspekt hinzu: die strategische Verhaltensweise. Diese Führungskunst regelt, ob das dominante Jahresziel durch Angriffshandlungen, Rückzugsgefechte oder Stellungskämpfe erreicht werden soll. Die verschiedenen Truppengattungen (Vertrieb, Produktion, Finanzierung) fügen ihre taktischen Einzeloperationen in dieses Handlungskonzept ein. Dabei müssen die in jedem Ressort pyramidenmäßig gestaffelten Entscheidungsebenen mit- und untereinander durch ein funktionsfähiges Informationssystem verkettet sein.

1241 Die Defensivstrategie in Krisenzeiten

Die schlechte Wirtschaftslage der letzten Jahre hat besonders mittelgroße Unternehmen in eine Situation gebracht, bei welcher die Erzielung eines befriedigenden Jahresergebnisses bei rückläufiger Geschäftsentwicklung vordringlichste Aufgabe ist. Über die Verhaltensstrategie des geordneten Rückzuges gibt es bisher nur militärische Reflexionen[1], kaum betriebswirtschaftliche Anweisungen. Dabei gilt die Verteidigung als stärkste Form des Kampfes, da ihr meist die vorhandenen Gegebenheiten zur Verfügung stehen. Stark vereinfacht lassen sich – je nach Ausgangslage – drei Handlungsweisen für Krisenfirmen unterscheiden:

Situation 1: Leichte Umsatzeinbußen, verschlechterter Zahlungseingang, sinkende Rentabilität: Die Strategie muß darauf abheben, das Marketingmix zu intensivieren und die Fertigungskapazitäten partiell anzupassen. Einstellungsstopp und Kurzarbeit sind einzuleiten. Erweiterungsinvestitionen müssen aufgeschoben, Ersatzinvestitionen gestreckt werden. Wichtig ist ein radikaler Abbau überhängender Warenvorräte. Aktive Programmbereinigungen von C-Artikeln, Erschließung neuer Marktnischen und Produktentwicklung helfen, die Position zu stabilisieren.

Situation 2: Deutlicher Umsatzrückgang, Liquiditätsprobleme, Ertragsschwelle unterschritten: Wenn die Verkaufserlöse selbst bei Preiskonzessionen nicht steigerbar sind, ist ein entsprechender Kostenabbau erforderlich. Vorrangig ist, direktes und indirektes Personal freizustellen. Zusätzliche Finanzreserven sind etwa durch Leasing größerer Anlagenobjekte oder durch Veräußerungen von Beteiligungen zu erwirtschaften. Die Konsolidierung kurzfristiger Schulden und eine Eigenkapitalerhöhung sind anzustreben.

Situation 3: Starke Umsatzrückgänge, Liquiditätsschwierigkeiten, kräftige Verlustsituation: Die Führungsgremien erarbeiten mit dem Betriebsrat Vorschläge, un-

1 C. von Clausewitz, Vom Kriege, 4. Buch: Verteidigung und Angriff sowie das zwischen ihnen bestehende Wechselverhältnis, 1832.

rentable Fertigungszweige stillzulegen, und vereinbaren Sozialpläne für Massenentlassungen. Gemeinsam mit der Hausbank werden Staatsbürgschaften beantragt und programminteressierte Partner gesucht. Hauptsache bleibt, die Nerven zu bewahren. Erforderlichenfalls ist ein Zahlungsmoratorium oder ein außergerichtlicher Vergleich vorzubereiten.

Diese Kristensituationen treten natürlich in der Praxis viel abgestufter auf. Der Maßnahmenkatalog ist deshalb keineswegs vollständig dargestellt. Man muß realistisch prüfen, ob nur das eigene Unternehmen oder die gesamte Branche in dieser Lage ist. Ehrliches Hinzuziehen der leitenden Mitarbeiter, von renommierten Beratern oder neuer Kreditinstitute vermag auch in schwierigen Fällen eine Sanierung durch Rückzug auf verkürzte Frontlinien herbeizuführen.

1242 Die Strategie des Stellungskampfes bei Stagnation

Am relativ verbreitetsten ist die Ausgangssituation, daß die Unternehmen noch gesund sind, aber real kaum wachsen. Hier kommt es auf die Diagnose der marktbestätigten eigenen Präferenzen und der Fehler der Konkurrenz, d. h. auf eine „Stärke-/Schwäche"-Analyse, an. Das strategische Konzept muß auf eine „Frontbegradigung" und die gleichmäßige Konzentration der knappen Eigenkräfte zur Sicherung der leistungsfähigen Kernzonen abheben. Kräfteverschleißende Durchbrüche sind jetzt unzweckmäßig. Wohl kann man eventuelle Scheinoperationen an sekundären Schauplätzen und „flankierende" Absicherungsmaßnahmen durchführen, um den Wettbewerb zu irritieren.

Grundsätzlich empfehlen sich folgende operative Maßnahmen:

1. Ständige Marktanalysen durchführen, Konkurrenzverhalten ausspähen, durch Public Relations eigene Stärke demonstrieren, Vertriebssystem überprüfen und eventuell neu organisieren.
2. Umsatzmäßig sinkende Erzeugnisse rechtzeitig durch Handelsware ersetzen, Produktionsprogramm straffen, Produktinnovationen systematisch forcieren, erkennbare Fehlentwicklungen den Konkurrenten suggerieren.
3. Zur Rationalisierung des Betriebsablaufs Spezialanlagen und -werkzeuge entwickeln, innerbetriebliche Transporttechnik verbessern, Mehrzweck-Springerpersonal ausbilden, keine zu hohen Investitionen riskieren.
4. Eigene Kosten drastisch im Griff halten, Planungsrechnung mit Kontrollen einführen, umfassendes Informationswesen auf allen Etagen anbieten.
5. Eigenfinanzierung durch rechtzeitige Kapitalaufstockung oder neue Mitunternehmer sicherstellen, um möglichst unabhängig von Banken und Lieferanten zu sein; gute Rendite ist wichtiger als wachsende Umsatzhöhe.

1243 Offensive Strategie zur Verwirklichung von Wachstumszielen

Nach Phasen konjunktureller oder saisonaler Flauten bietet sich im fortschreitenden Aufschwung erfahrungsgemäß die Chance, die eigene Marktposition relativ zu verbessern. Da alle Wettbewerber die gleiche optimistische Verhaltensweise demonstrieren, wird ein Frontalangriff auf allen Märkten nicht sonderlich erfolgversprechend sein. Eine selektive Durchbruchsstrategie unter Massierung schwerer Waffen ermöglicht eher das „Aufreißen" eines Teilmarktes. Hierbei bietet beispielsweise die „schiefe Schlachtordnung" mit Vorziehen einer Produktflanke und nachfolgendem Vorstoß der anderen Sortimentsflanke zum Zangenangriff ein schon historisches Siegeskonzept. Natürlich müssen die übrigen, ruhigen Frontabschnitte durch Bereitstellung hinreichender Reserven dagegen abgesichert sein, daß dort ein mutiger Wettbewerber entsprechende Offensiven vorträgt. Damit gewinnt das Zeitmoment des ersten Überrachungsangriffs vorrangige Bedeutung. Es erfordert eine Terminplanung der einzelnen Operationen.

Ein Aktivitätenplan zur Erringung zusätzlicher Marktanteile sollte etwa auf folgenden Überlegungen beruhen:

1. Die Marktbeobachtung muß das voraussichtliche Absatzpotential neuer Wachstumsmärkte, die Distributionskanäle dorthin und die möglichen Konkurrenten ermittelt haben. Qualifiziertes Vertriebspersonal, ausgerüstet mit umfassendem Instrumentarium des Marketing-Mix (Displaymaterial, Sonderprovisionen für neue Produkte, Kundenberatung) ist rechtzeitig bereitgestellt. Der Tag X wird mit einer Kampagne koordinierter Werbeanzeigen eingeleitet.
2. Die Offensive wird durch eine neue Produktlinie vorgetragen, deren modernes Kundenappeal getestet ist, deren technische Funktionsaussage stimmt und deren qualitative Hochwertigkeit überzeugt. Der preisgünstigste Artikel des eng gehaltenen, wohl aufeinander abgestimmten Sortiments wird in einem Trommelfeuer der Verkaufsargumente vorgeschickt. Ihm folgen – abgestuft zur Seite – nacheinander die teueren Modelle. Das Spitzenprodukt startet schließlich eine massive Zangenbewegung, nachdem die Käuferfront schon aufgeweicht ist.
3. Die Nachschublogistik entscheidet, ob der Durchbruch gelingt. Deshalb müssen alle Zwischenversorger – Industrieabnehmer, Facheinzelhandel, Großhändler – rechtzeitig vorher durch eigene Konsignations- oder Abrufvorräte hinreichend ausgestattet sein. In den kaufkräftigsten Absatzbezirken sind lieferbereite Außenläger zu errichten. Sie bedingen wiederum sortierte, gestaffelte Zwischenläger im Betrieb. Lieferfristen können zwar das Kaufverlangen stimulieren, aber nur sofern keine eignen oder fremden Substitute bestehen.
4. Die Produktionskapazitäten müssen die laufende Belieferung der gesamten Verkaufsfront sicherstellen. Man wird die frühere Artikelpalette bereits vernünftig beschnitten haben, um Platz für das neue Offensivsortiment zu bekommen. Ablaufrationalisierung, Mechanisierung, Wertanalysen haben Kapazitätsreserven geschaffen. Verhandlungen über Erweiterungsinvestitionen und fremde Unterlieferanten sind so weit vorbereitet, daß bei erkennbarem Erfolg der Strategie umgehend zusätzliche Betriebsmittel und Rohstoffe verfügbar sind.
5. Zur Produktionsaufstockung werden zunächst Überstunden der Belegschaft zweckmäßig sein. Die Sortimentsstraffung hat zudem einen schnelleren Durchlauf größerer Lose bewirkt, was bessere Einübung und höhere Leistungsgrade ermöglicht. Vorhandene Mitarbeiter sind für Mehrplätzeeinsatz geschult worden. Nun muß man neue Kräfte sukzessive einstellen und anlernen.

6. Umsatzwachstum bindet zusätzliches Kapital. Der Finanzierungsbedarf für Investitionen, Aufstockung der Vorräte, zusätzliches Personal läßt sich relativ genau ermitteln. Weitere Dispositionsreserven sind bereitzustellen, um die Marketingkampagnen, eventuelle Produktanläufe und wahrscheinlich erhöhte Forderungsaußenstände abzudecken. Rechtzeitig sind Kreditverhandlungen über den quantitativen und qualitativen Mittelbedarf abzuschließen.
7. Dennoch enthält jede aggressive Aktion Risiken. Deswegen muß der „Geist der Truppe" auf Erfolg motiviert sein. Ein wichtiger Schritt hierzu ist, die Verantwortungsbereiche in einer Weisungs- und Aufsichtspyramide oder in einer Entscheidungs-Matrixorganisation festzulegen. Laufende Information und Erfolgskontrolle soll alle Befehlsebenen miteinander verbinden. Besondere Leistungen werden hausintern belobigt („Brillanten"-Club). Für unerwartete Planabweichungen muß man kalkulatorische Wagniszuschläge rückstellen und bereits vorweg in den Verkaufspreisen berücksichtigen.

Diese Grobskizze zeigt auf, daß die Angriffsstrategie in ein differenziertes Bündel sachlicher und terminlicher Einzeloperationen mündet, die bezüglich Zugfolgen und Alternativen vorher durchdacht sein sollten.

2

Durchführung einer integrierten Unternehmensbudgetierung

21 Voraussetzungen und Vorbereitungen

211 Unternehmensstrukturelle Mindestbedingungen

2111 Steuerung des Unternehmens im Regelkreis

Zentrale Voraussetzung einer umfassenden Unternehmensplanung ist die richtige Information und Kommunikation. Um Unsicherheiten auszuschalten, das Risiko zu minimieren und richtige Entscheidungen zu treffen, brauchen die Unternehmensleitung und alle Unterinstanzen stets aktuelle, vollständige und zutreffende Daten. Moderne Unternehmensführung besteht somit im Erfassen historischer Daten, im Analysieren ihrer eventuellen Fehlentwicklung und in der Festlegung verbesserter Zukunftsaktionen. Der Unternehmer ist ein Steuermann, der sein Schiff nach einem festliegenden Ziel dirigiert und hierbei einen ständigen Datenabgleich der Ist- zur Soll-Position vornimmt, um gegebenenfalls den Kurs korrigieren zu können[1]. Diese Kybernetik basiert somit auf dem Prinzip der Regelkreissteuerung nach Planvorgaben mit Tatsachenrückinformationen. Die unterschiedlichen Tätigkeitsgebiete Marketing, Fertigung und finanzielle Führung bedingen ein stark vermaschtes System von Regelkreisen (vgl. Abb. 8). Die straffe Zusammenfassung und Gegenüberstellung aller relevanten Soll- und Ist-Daten für die verschiedenen Führungsebenen nennt man „Management-Informations-System“ (MIS). Ihre sinnvolle Organisation ist Hauptbedingung für die Unternehmensbudgetierung.

Die Aufgabenstellung einer integrierten Steuerung erfordert eine Neugestaltung des Informationsflusses. Bisher liefen alle Weisungen und Rückmeldungen getrennt innerhalb der Haupttressorts Vertrieb, Produktion, Finanzen und vereinigten sich erst summiert in der Unternehmensspitze. Nunmehr etablieren moderne Unternehmen zentrale Dienstleistungsinstanzen ohne Weisungsbefugnisse, welche einerseits sämtliche Planvorgaben speichern, andererseits alle Vollzugsinformationen aus den Anfallstellen sämtlicher Führungsebenen sammeln. Die Auswertung der Unternehmensdaten quer über die Ressorts findet in formeller Hinsicht im Informationsdatenzentrum, in materieller Hinsicht im Kontrollzentrum statt. Diese Daten- und Controllerzentren sind dem Unternehmen bzw. Gesamtvorstand oder dem Finanzchef unmittelbar zugeordnet. Die Informationszentrale ist zweckmäßigerweise mit einer elektronischen Datenverarbeitungs-(EDV-)Anlage ausgerüstet. Sie besteht einmal aus einer Datenbank, zum anderen

1 N. Wiener, Kybernetik, Düsseldorf 1963, S. 32.

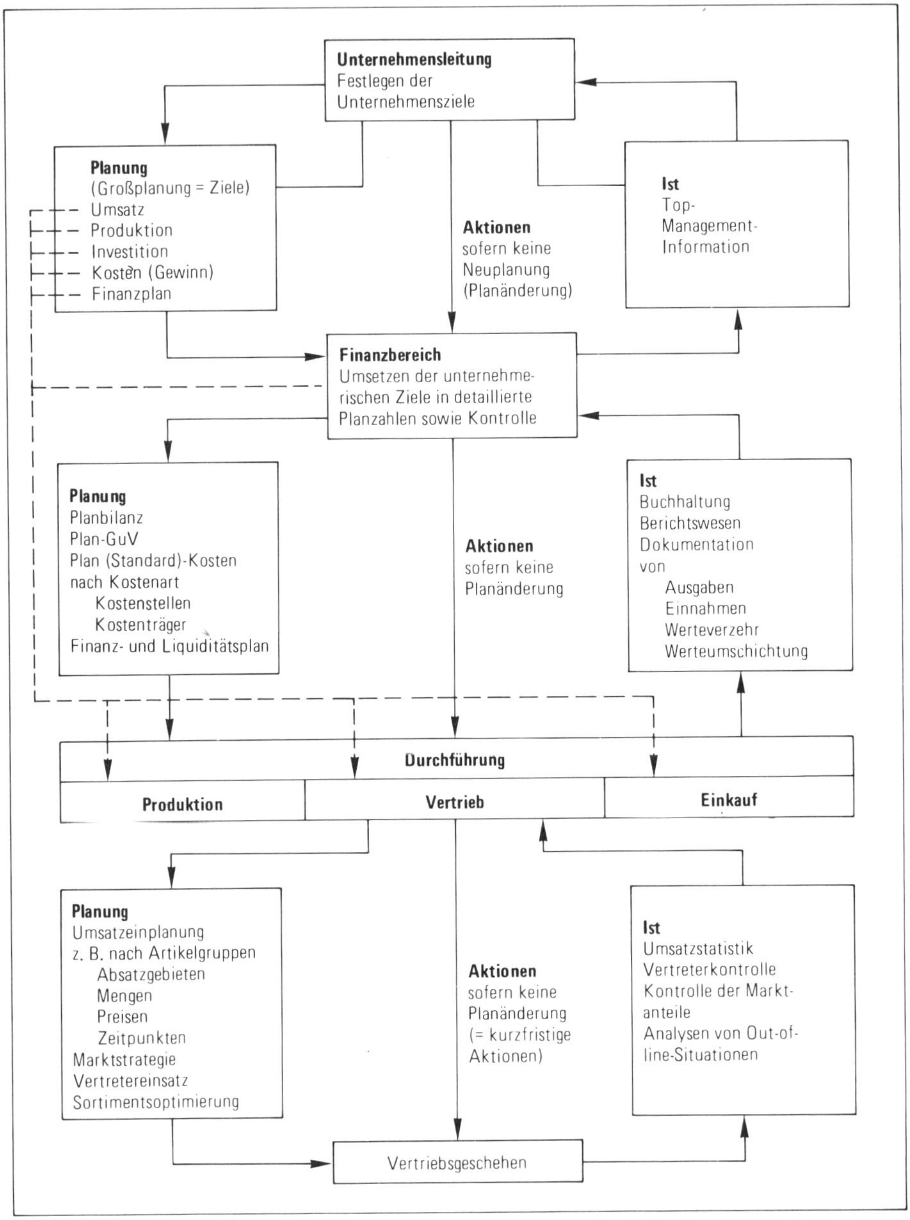

Quelle: Lutz, Beutler, Klimesch, Miottke; Management Information Systems, Sonderdruck aus IBM Nachrichten 18/19 (1968/1969).

Eine Differenzierung des Regelprinzips, angewandt auf ein Unternehmen, zeigt deutlich vermaschte Regelkreise, die sich in den Zahlen des Finanzbereichs widerspiegeln: Der Finanzbereich verbindet auf der einen Seite die einzelnen Bereiche des Unternehmens wie Produktion, Vertrieb und Entwicklung miteinander, auf der anderen Seite stellt er die Verknüpfung zwischen diesen Bereichen und der Geschäftsleitung her.

Abb. 8: Regeltechnische Steuerung des Unternehmens

aus dem Rechenzentrum (Methodenbank). Die Zentraldateien sammeln alle relevanten Vergangenheitsdaten (Mengen und Werte) und gliedern sie bereits nach Auftrags-, Materialident- oder Personalnummern. Das EDV-Rechenzentrum erfaßt die Budgetvariablen (z. B. Umsatz jedes Vertriebswegs) sofort nach ihrem Anfalldatum und verarbeitet sie nach Auswertungsprogrammen (z. B. Kundenfakturenerstellung). Die ausgewerteten Informationen (Soll-Ist-Umsatzlisten) laufen an die jeweiligen Ressortaufsichtsstellen zur Rückmeldung der tatsächlichen Datenhöhe, gleichzeitig zum Controller zur materiellen Analyse der Abweichungen.

Die organisatorische Einführung eines Management-Informations- und -Control-System-(= MICS-)Regelkreises in Verbindung mit einem Budget bringt regelmäßig verschiedene Vorteile:

1. Infolge der Schnelligkeit der Auswertung neuester Veränderungen besitzen die Informationen stärkere Zukunftsorientiertheit. Trends und Prognosen sind treffsicherer berechenbar. Da das Budget zielorientiert aufgebaut ist, bringen auch die Informationen ergebnis- bzw. marktrelevante Aussagen.
2. Jede Führungsebene erhält ihre spezifischen Informationen, die nach der Spitze der Hierarchie ständig komprimiert werden. Da die Abteilungsleiter ihre Teilpläne überwachen, ergibt sich eine Demokratisierung der Führung. Vom Zahlenballast befreit, entstehen höherwertigere Informationen.
3. Das Netz verzahnter Regelkreise im Unternehmen erfordert eine klare Systemanalyse der Arbeitsabläufe. Die Integration der Auswertungsprogramme gestattet im Optimalfall, mit einer geringeren Anzahl hierarchischer Führungsebenen auszukommen. Dadurch entsteht eine rationalere und wirtschaftlichere Organisationsstruktur.

2112 Ist die Unternehmensgröße ein Kriterium?

Die Einführung eines Budgetierungs- und Kontrollsystems unterliegt dem Wirtschaftlichkeitsprinzip. In mittleren Industriebetrieben sind deshalb gewisse Mindestbedingungen bezüglich Unternehmensgröße, Vertriebssortimentsbreite und Produktionstiefe zu beachten. Unterhalb dieser strukturellen Grenzen ist ein integriertes System nicht zu empfehlen. Ein umfassendes Planungskonzept ist um so leichter einzuführen, je größer das Umsatzvolumen, die Betriebsablieferungshöhe oder die Bilanzsumme ist. Der wirtschaftliche Datenkranz ist besser überschaubar, und die Erwartungsstrukturen sind klarer definierbar.

Das Schwellenkriterium ist die wiederkehrende Regelmäßigkeit derselben Betätigung. So muß eine gleichbleibende Kernkundschaft in bestimmten Absatzwegen vorhanden sein, die über ein eingeführtes Verteilernetz bedient wird. In der Fertigung sollte hierfür ein betriebsnotwendiger Anlagenpark mit einem Stammpersonal verfügbar sein, welcher für die Herstellung eines bestimmten Fabrikationsprogramms nach Art, Menge und Qualität geeignet ist. Zur Finanzierung dieser Aktivitäten ist eine ausreichende Eigenkapitalausstattung und die Bereitstellung gewisser Bank- und Lieferantenkreditrahmen erforderlich.

Eine absolute Mindestgröße läßt sich nicht präzisieren, da die Voraussetzungen nach Branche, Kapitalausstattung und anderen Kriterien variieren. Hilfsweise kann man vielleicht von einer Umsatzgröße von 10 Mio. DM/Jahr bzw. einer Mitarbeiterzahl von 100 als vertretbarer Untergrenze ausgehen.

Die Gesellschaftform – Einzelunternehmen, Personen- oder Kapitalgesellschaft – ist von untergeordneter Bedeutung. Auch vom Inhaber selbst geleitete Unternehmen können Budgetierungstechniken vorteilhaft einführen. Die Organisationsstruktur der Entscheidungsbildung – im herkömmlichen Pyramiden- oder im neuzeitlicheren Matrixsystem – hat keinen wesentlichen Einfluß auf die Planungsvorbereitungen. Programmspezialisierte mittlere Unternehmen praktizieren leichter die ressortfunktionale, ablauforientierte Aufbaugliederung. Programmdiversifizierte mittlere Unternehmen operieren öfter mit einer divisionalen, objektorientierten Organisation.

2113 Umfang des Vertriebs- und Produktionsprogramms

Für ein vom Umsatz her geplantes Jahresbudget ist die Struktur des Absatzsortimentes von maßgeblicher Bedeutung. Natürlich lassen sich die Aktivitäten für ein 1-Produkt-Programm am leichtesten festlegen; dieser Fall ist in der Praxis sehr selten. Die technische Nutzbarkeit von Anlagen, Werkzeugen und Rohstoffen für ähnlich zu fertigende Erzeugnisse, der betriebswirtschaftliche Sättigungsbedarf leerstehender Kapazitäten und der vertriebsbedingte Zwang zur Sortimentskoppelung sowie zur Minderung des Absatzrisikos führen in der Regel zu einer Programmdifferenzierung. Dabei brauchen sich Vertriebs- und Produktionsprogramm nicht notwendigerweise zu decken. Das Vertriebssortiment kann durch die Aufnahme von Handelsware komplettiert sein. Umgekehrt wird eine Spezialfabrik ihre Fertig- oder Halbfabrikate auch über fremde Vertriebsorganisationen absetzen.

Auch die Breite eines Fabrikationsprogramms erschwert die Planungen, da die terminliche Abstimmung der Fertigungsfolge als zusätzliche Aufgabe hinzukommt. Die Erzeugnisse sind in unterschiedlicher Bedarfsstückzahl zu produzieren, die sich ungleichmäßig auf saisonale Jahreszeiten verteilen. Die Jahresbudgetierung beinhaltet dann die Dispositionsmengen der Fertigungssteuerung. Diese hat zusätzlich nur den Terminrhythmus für das Durchschleusen der Großserien, Kleinpartien oder Einzelaufträge durch die Abteilungskapazitäten festzulegen.

Komplizierend tritt die Fabrikationstiefe hinzu. Oftmals durchlaufen Produkte erst eine Vorfertigungsstufe (z. B. Schmiedebetrieb) in Massenfabrikation, danach die Hauptfertigung (z. B. mechanische Bearbeitung) in Großserien, schließlich eine Endbearbeitung (z. B. Montage) in Kleinserien. Dennoch gibt es keine absoluten Mengenbegrenzungen für ein Planungssystem. Wenn allerdings ein Kleinbetrieb über 5 000 verschiedenartige Artikel in jeweils mehr als 30 Arbeitsgängen in monatlichen Losgrößen abliefern müßte, dürfte die doppelte Verfolgung von Soll- und Ist-Mengen unwirtschaftlich werden.

Dabei ist das Fertigungsverfahren nach Kunden- oder Lagerergänzungsaufträgen von Bedeutung. Bei vertriebsbestimmter Auftragsabwicklung in großer Fabrikationsbreite und -tiefe (z. B. Eisengießerei mit komplizierten Schmelz-, Form-, Kern-, Putz- und Glühprozessen nach Kundenmodellen) läßt sich eine Budgetierung nur durch Zusammenfassung der möglichen Artikeltypen in Kostenträger-Oberbegriffen (z. B. Monatstonnage an GG-20, -25, -30-Sorten) erreichen. Besteht hingegen eine zweigliedrige Auftragsabwicklung, bei welcher die Vertriebswünsche aus einem Fertigwarenlager befriedigt werden, während die Fertigung unabhängig hiervon nach Dispositionen der Vertriebsleitung das Fertigwarenlager wieder ergänzt, ist der Planungsvorgang leichter durchführbar.

212 Organisatorische und personelle Voraussetzungen

Der Erfolg einer Budgeterstellung hängt weiterhin von der Bewältigung instrumentaler Voraussetzungen ab.

2121 Systematische Erfassung, Auswertung und Verbuchung der Urbelege

Der Regelkreis von Anweisungen und Rückinformationen ist erst geschlossen, wenn eine Erfassung aller Mengen- und Wertbewegungen im Unternehmen gelingt. In den drei Funktionsbereichen benötigt man hauptsächlich folgende Urbelege:

1. *Vertrieb:* Bruttopreislisten nebst Rabattkonditionen, Verkaufsfakturen, Frachtpapiere, Retourenscheine. Sie müssen die Artikelnummern und die Mengen pro Auftrag in chronologischer Folge enthalten. Die Auswertung sollte nach Kundennummern, Vertriebswegen und Kostenträgern möglich sein.
2. *Produktion:* Fertigungsauftrag mit Materialentnahmescheinen, Fertigungs- und Hilfslohnscheinen, Maschinenlaufkarten, Ablieferscheinen. Sie müssen für jede Artikelnummer die Materialmengen und Fertigungszeitenverbräuche je Arbeitsgang, die Ablieferstückzahlen, den Ausschuß- und den Nacharbeitsprozentsatz erkennen lassen. Die Daten sollen nach Werksauftragsnummern, Kostenarten, Kostenstellen und Kostenträgern periodisch addierbar sein.
3. *Finanzen:* Material-, Anlagen- und Gemeinkostenrechnungen, alle Gutschriftsbelege, Bestände müssen nach Kontenplannummern, Verbräuche nach Kostenarten und nach Kostenstellen vorkontiert sein. Die Belege sollen ein vollständiges Journal sowie eine monatliche Summen- und Saldenbilanz, ferner fristengegliederte Sonderauswertungen ermöglichen.

Der Lauf der Steuerungsbelege mit Original und Kopien vom Aussteller zu den verschiedenen Empfängerstellen und die dortige Ausfüllung mit Leistungsdaten hat sich in jedem Unternehmen mehr oder minder sinnvoll eingespielt. Man wertet dann die Daten manuell oder maschinell aus. Genauer ist jedoch eine vorherige Systemanalyse des optimalen Funktionsablaufes (z. B. Bruttolohnermittlung, Lagerbewegungen), die in Programmbildern beschrieben wird. Hieraus können dann Rechenoperationen für zentrale EDV-Anlagen programmiert werden. Für die wichtigsten Sachgebiete haben die Hardware-Hersteller (IBM, Honeywell, Siemens, Nixdorf, Univac) überbetriebliche Standard-Modularprogramme entwickelt. Der Einsatz von EDV-Anlagen der 3. Generation mit einer Kernspeicheranzahl von mindestens 64 K-Bytes sowie Bänder- und Plattenausrüstung erleichtert Umfang und Geschwindigkeit der Auswertungen erheblich. In der Praxis lassen die meisten Unternehmen ab 100 Beschäftigten obige Belegauswertungen entweder in externen EDV-Rechenzentren ausführen oder wickeln sie über gemietete Kleincomputer ab.

Die mittels EDV-Programmen aufbereiteten wertmäßigen Informationen müssen in ein organisiertes Rechnungswesen münden. Die Betriebsbuchhaltung erfordert für betriebswirtschaftliche Aussagen zunächst eine auf den Kontenplan der Aufwandarten abgestimmte Betriebsabrechnung. Monatlich, quartalsweise oder jährlich erstellte Betriebsabrechnungsbogen (BAB) verteilen alle Kostenarten – mit Ist- und ggf. Sollwerten – auf die wichtigsten Hilfs-, Fertigungs-, Vertriebs- und Verwaltungskostenstellen. Die direkt kalkulierbaren Kostenarten und die in Stellenverrechnungssätze umgeformten Gemeinkostenarten sollten dann in der Kostenträgerrechnung ebenfalls periodisch den Erzeugnisgruppen zugeordnet werden. Wünschenswert ist die anschließende Gegenüberstellung der Leistungsträgerkosten mit den Leistungserlösen und die Ermittlung des Deckungsbeitrages bzw. des Fabrikatreinerfolges.

Neben der Wirtschaftlichkeitskontrolle des Betriebes und der Ermittlung der Selbstkostenpreise in der Betriebsbuchhaltung muß aus der Finanzbuchhaltung der handels- und steuerbilanziell richtige Gewinn ermittelbar sein. Hier sind die formellen und materiellen Kriterien der Ordnungsmäßigkeit der Buchführung sicherzustellen, die im Handelsrecht in den §§ 38–44 b HGB, §§ 148–160 AktG, §§ 41–42 GmbHG, §§ 33–33 g GenG, ferner im Steuerrecht in den §§ 140–148 AO, §§ 5–7 EStG und Abschn. 28–31 a EStR ausführlich dargelegt sind.

2122 Erforderliche EDV-Hardware

Die zusätzliche Durchrechnung mittel- und kurzfristiger Planungen mittels EDV-Anlagen ist für mittlere Industrieunternehmen meist eine Frage, ob die vorhandene Anlagen-Hardware ausreicht oder welche zusätzlichen Monatsmietkosten anfallen. Heute wird bereits eine Maschinenkonfiguration der Mittleren Datentechnik (MDT) angeboten, welche mit Monatsmieten um 5 000 DM die Anwendung der wichtigsten Standardprogramme gestattet. Da die Softwarekosten etwa zwei Drittel der gesamten EDV-Kosten ausmachen, sollte man die Hardware jener Computerhersteller wählen, welche auch bei den Programmpaketen die beste Unterstützung anbieten. Wegen der einfachen Modular-Software-Anpassung und der modernen Hardwaretechnologie (Halbleitertechnik, MOS/LSI) sowie des günstigen Preis-Leistungs-Verhältnisses insgesamt teurere Systemanschaffungen sind letztlich wirtschaftlicher als die billigeren Minicomputer bei teurer, eigener Programmentwicklung. Natürlich eignen sich auch vorhandene größere EDV-Anlagen – etwa IBM System 3/ Modell 15 oder System 34 bzw. Honeywell Serie 200 – oder teure Großcomputer – wie IBM System 370/Modell 115 bzw. Siemens 4004 bzw. Univac 90/30 – für die Bedürfnisse von Mittelunternehmen.

Eine MDT-Anlage umfaßt üblicherweise eine Zentralrecheneinheit in den Ausbaustufen von 32, 64 oder 128 K-Bytes Hauptspeicher nebst Bildschirm, Tastatur und Festplatteneinheit. Eine 32-K-Kapazität reicht für die Verarbeitung in einfachster

Form aus. Ein Kernspeicher 32-K-Bytes mit einer Zykluszeit der Zentraleinheit von 600 Nano-Sekunden pro Bit-Einheit erlaubt einen Zugriff mit 1 bis 2 Lese- bzw. Schreibköpfen von der Zentralplatteneinheit, die mit einer Kapazität von 5 bzw. 9 Mio. Bytes ausstattbar ist. Diese Festplatten übernehmen ihre Einleseinformationen aus aktuellen Datenträgern, wie Markierungsbelegen, Lochkarten, Lochstreifen oder aus Vergangenheitsdateien, die in Magnetbändern, Magnetplatten oder Floppy-disk-Plastikscheiben gespeichert sind. Die Informationsausgabe erfolgt mit 1 oder 2 Matrixdruckern, welche mit einer Geschwindigkeit von je 40 Zeichen/Sekunde oder von 50, 100 bzw. 155 Zeilen/Minute auf Endlostabellen oder sogar auf Mikrofilm anlisten.

Bei dezentraler Unternehmensorganisation – räumlich getrennten Betriebsstätten, Verkaufsbüros oder Sparten-Lagerverwaltungen –, aber zentraler EDV-Anlage scheiterte die Real-time-Kontrolle von Datenbewegungen und -beständen in mittleren Unternehmen bisher an der Installierung teurer On-line-Terminals. Als billiger hat sich jetzt die Dateneingabe vor Ort auf Floppy-disk-Platten durchgesetzt, die abends on line an die Zentraleinheit abgeliefert werden. Dieses Speichermedium ermöglicht den Dialogverkehr zwischen Auswertungszentrale und Datenanfallstelle, zumal die auf den Floppies gespeicherten Stammdaten auch ohne Ausdruck sofort auf dem Bildschirm optisch angezeigt werden können. Es ist für Dateien mit maximal 6 000 Stammsätzen ideal geeignet und macht eine parallele Handfortschreibung von Lager-, Fertigungsauftrags- oder Debitorenkarteien überflüssig.

2123 Personelle Ausstattung und psychologische Einstellung

Die Einführung eines Budget- und Kontrollsystems begegnet vielfach der skeptischen Auffassung, hierdurch werde nur die Verwaltung zu einem Wasserkopf aufgebläht. Dies ist – sofern nicht konzeptlos experimentiert, sondern ein erprobtes MICS übernommen wird – schon vom Gedankenansatz her falsch. Ähnlich wie bei der Entscheidung für die Organisationsumstellung auf eine EDV-Anlage ist nicht der Aufwand, sondern das Preis-Leistungs-Verhältnis maßgebend. Im Grunde werden nur unerwartet anfallende Entscheidungen vorweg getroffen, als optimales Soll festgelegt und im Ist überwacht. Die abgesicherte Entscheidungsfindung, die umfassenderen Erkenntnisse, die Einsparungen aus analysierten Fehlern, der Zeitgewinn für taktische Alternativaktionen und die Vorteile eines delegierenden Führungsstiles kompensieren die Vorleistungen bei weitem. Die Steuerungsüberlegungen werden zeitlich vorgezogen, überflüssige nachträgliche Zahlenfriedhöfe können dafür entfallen. Dabei ist der Personalaufwand nur unwesentlich höher gegenüber einer retrospektiven Unternehmensführung.

Am Beispiel eines Industrieunternehmens mit ca. 36 Mio. DM Jahresumsatz ließ sich aus der Aufgabenstellung bei einer integrierten Budgetierung folgender Personalmehrbedarf feststellen:

1. *Vertriebsbereich:* Bisher wurden die Marktanteilsanalysen nach Kostenträgergruppen von der Stabsabteilung Marketing (2 Personen), die artikelweise Absatzmengen- und Umsatzwertplanung von den Vertriebsleitern Inland und Export (2 Personen), der Fertiglagerbestandsauf- oder -abbau und die quartalsweisen Dispositionsaufträge aller Artikel an den Betrieb von der Vertriebsdispositionsstelle (2 Personen) wäh-

rend des Jahres abgewickelt. Diese Maßnahmen sind lediglich vorzuziehen und zu systematisieren. Bei großzügiger Zurechnung sind zusätzlich 0,5 Personen pro Kalenderjahr für die reine Budgetierung erforderlich.

2. *Produktionsbereich:* Bisher wurden die wöchentliche Beschäftigungsplanung aller Abteilungen (Materialdisposition, Personalbedarf, Kapazitätsauslastung) und die auftragsmäßige Fertigungssteuerung von der Arbeitsvorbereitung (5 Personen), die Investitionsbeantragung der Produktentwicklungen von der Technischen Leitung (1 Person), die Stücklisten- und die Arbeitszeitengliederung vom Technischen Büro bzw. von der Zeit- und Arbeitsvorplanung (3 Personen) durchgeführt. Die Vorwegsummierung unter derselben Fragestellung bedingt maximal einen Mehraufwand von 0,5 Personen pro Jahr für Budgetzwecke.
3. *Finanzbereich:* Bisher wurde die Betriebsabrechnung manuell, die Bilanzerstellung maschinell und die Finanz- und Investitionsrechnung vom Rechnungswesen (8 Personen) erledigt, während die EDV-Programmläufe für alle Gebiete (4 Personen), das Personalwesen (4 Personen) und der Einkauf (3 Personen) nicht voll ausgelastet waren. Die Vorab-Ausrechnung und Quartalskontrolle des integrierten Budgets machte die Monats-BABs überflüssig und beschäftigte die EDV-Anlage besser. Die Umstellung auf Planungs-/Kontrollrechnungen bedingt etwa 1 Person pro Jahr zusätzlich.

Insgesamt fallen in diesem Mittelbetrieb also 2 x durchschnittlich 40 000 DM Personal- und Sozialkosten pro Jahr mehr an. Die Budgeteinführung kostet demnach maximal 2 bis 3 °/oo des Umsatzes zusätzlich, wenn die bisherigen Arbeitsfunktionen sinnvoll übergeleitet, überflüssig gewordene Rückschauauswertungen eingespart und vorhandene Fixkosteneinrichtungen besser ausgelastet werden.

Eine wichtige Voraussetzung im psychologischen Bereich bei der Etablierung eines Budget- und Kontrollsystems ist die offizielle Mitteilung der Unternehmensleitung, daß alle erforderlichen Maßnahmen hierfür von ihr hundertprozentig unterstützt werden. Sie darf keine Bequemlichkeitsschätzungen dulden, wo – ohne unökonomischen Detailaufwand – nachrechenbare Daten verfügbar sind. Niemand erledigt gern Arbeiten heute, die morgen erst aktuell werden. Deshalb müssen alle Abteilungsleiter mitwirken, indem sie die Leistungs- und Kostenbudgets ihrer Bereiche selbst vorschlagen. Sollte die endgültige Zielfixierung der Geschäftsleitung im Detail hiervon abweichen, müssen sie von den vorrangigen Entscheidungsgründen überzeugt werden. Während des Budgetzeitraumes sind sie periodisch über die Gesamt- und ihre Abteilungssituation zu informieren. Niemand hört gern Kritik wegen seiner tatsächlichen oder vermeintlichen Fehler. Deswegen sind die Ursachen von Verbrauchs- oder Erfolgsabweichungen mit den Verantwortlichen objektiv, aber vertraulich zu analysieren. Soweit Verschulden erkennbar ist, sollte der Vorgesetzte auf künftige verbessernde Beeinflussungsmöglichkeiten aufmerksam machen. Irren ist menschlich, und jedem Mitarbeiter wird man fairerweise zugestehen, auch ein-, zwei-, höchstens dreimal einen Fehler zu machen.

213 Vorbereitende Maßnahmen

Sobald in einem Unternehmen, welches die strukturellen Mindestbedingungen erfüllt und die organisatorischen und personellen Voraussetzungen geschaffen hat, die Einführung eines Jahresbudgets beschlossen ist, vollzieht sich dies in einem klaren Aktionsfolgeschema.

2131 Aufgabennetzplan zur Budgeterstellung

Das Maßnahmenbündel zur schnellen und richtigen Entscheidungsfindung wird zweckmäßigerweise in einem Projektnetzplan festgehalten, welcher die Reihenfolge der Aktionen und die spätesten Meldezeitpunkte angibt. Am gebräuchlichsten ist die Critical Path Method (CPM)[1]. Hier werden die Anfangs- bzw. Endergebnisse als Knotenkreise, die hierzu vorbereitenden Tätigkeiten als Pfeile dargestellt. Der kritische Pfad kennzeichnet den unumgänglichen Entscheidungsweg und seine Schlußtermine. Vereinfacht sieht der Budgetnetzplan wie in Abb. 9 dargestellt aus

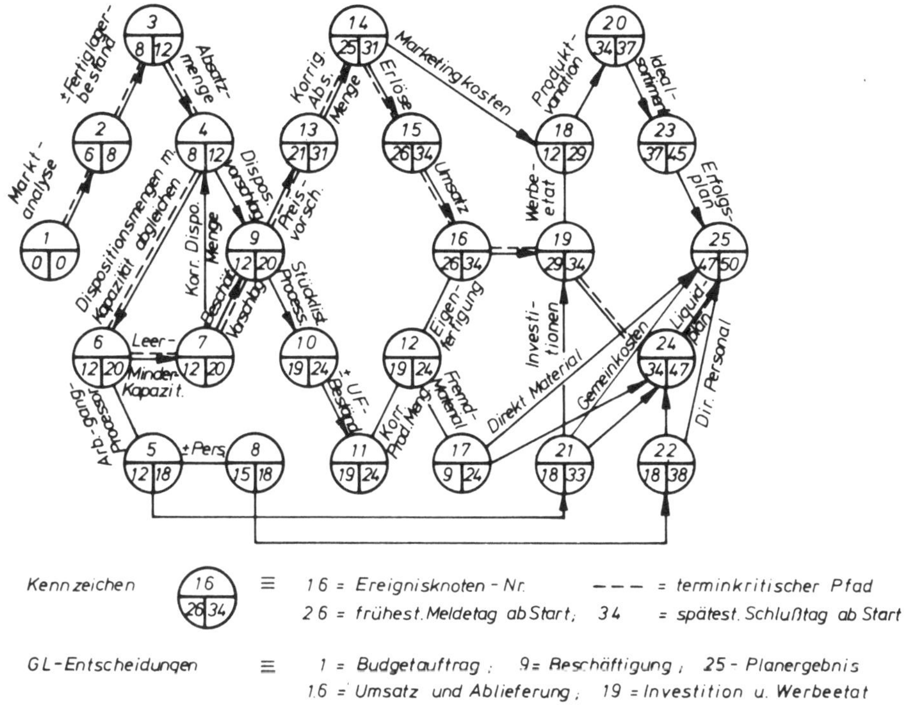

Abb. 9: CPM-Netzplan für Jahresbudget-Erstellung

Der Netzplan wird vom Leiter des Rechnungs- und Finanzwesens (= Controller) aufgestellt. Er rechnet die Maximaldauer für den Entscheidungsprozeß aus. Gleichzeitig verteilt er einen Terminfahrplan mit den Einzelaufgaben an die mit der Erledigung be-

1 J.P. Voigt, Fünf Wege der Netzplantechnik, Köln-Braunsfeld 1971, S. 13 ff.

auftragten Stellen. Dazu werden Blankovordrucke der Budgetblätter ausgegeben. Die Budgetierung erfolgt im letzten Quartal eines Wirtschaftsjahres für das Folgejahr. Die Daten aus 9 Monaten des laufenden Jahres müssen ausgewertet vorliegen. Sie werden – unter Beachtung saisonaler Kurvenverläufe – auf 12 Monate extrapoliert. Die Ungenauigkeit von Erwartungs- anstelle von Ist-Zahlen bleibt vertretbar. Treten dennoch größere Abweichungen, etwa bei den Fertigfabrikat- (= FF-)- und Unfertigfabrikat-(= UF-) Lagerbeständen, am Inventurstichtag auf, so werden die Abweichungsspitzen im Rahmen der Budgetfortschreibung zum Ende des 1. Quartals des Folgejahres berücksichtigt.

Der Controller überprüft auch, ob die Spezifikation des Folgejahresbudgets der quantitativen Aussage des 5-Jahres-Rahmens entspricht. Aufgrund zeitlich späterer Erkenntnisse können die Eckwerte etwas differieren. Besonders die Absatzerwartungen sind anhand der Istdaten des laufenden Jahres verfeinerbar. Danach sind die mittelfristigen Investitionsprojekte und die Kapitalsbedarfsrechnungen zu korrigieren.

2132 Bekanntgabe der Jahresziele zur Erarbeitung von Budgetvorschlägen

Um überflüssige Extremrechnungen der Ressorts zu vermeiden, setzt die Geschäftsführung am Starttermin des Budgetnetzplanes in einem ersten Roundtable-Gespräch mit allen Hauptabteilungsleitern den Orientierungsrahmen (= Input). Hier wird die Rangfolge der Jahreszielsetzungen von der Firmenleitung bekanntgegeben. Normalerweise steht eine risikodeckende Eigenkapitalverzinsung im Vordergrund. In Depressionszeiten kann aber auch gelten: 1. Sicherung der Liquidität, 2. Auslastung der Kapazitäten, 3. Halten der Marktanteile, 4. Erzielung einer auskömmlichen Kapitalrendite. Dabei ist immer die Bedeutung für den 5-Jahres-Plan – z. B. Jahr finanzieller Anpassung zur Vorbereitung künftigen Umsatzwachstums – zu erläutern.

Damit sind die eigenen Aktivitäten aufgrund der Marktgegebenheiten grob definiert. Aus ihnen folgt die Unternehmensstrategie. Alle Produktsparten sind bei „Stellungskrieg" angehalten, Kämpfe um zusätzliche Marktpositionen zu unterlassen, Erweiterungsprojekte zurückzustellen und überall Kosten einzusparen. Mittelfristig notwendige Investitions- und Entwicklungsmaßnahmen werden aber fortgeführt, ohne neues Führungspersonal zu engagieren.

Der Controller kann weitere Engpässe und Schwerpunkte akzentuieren. Zweckmäßig ist die Erarbeitung einer Variationsstrategie, indem partiell etwa das zukunfts- und ertragreichste Rennerprodukt ausnahmsweise werblich gefördert oder mögliche Rationalisierungsinvestitionen vorangetrieben werden.

Nach diesen Überlegungen erarbeiten die Unterabteilungs-, die Bereichs- und die Ressort- bzw. Spartenchefs ihre Detailvorschläge. Die Zahlen sollen nur von jenen Personen kommen, die auch für die spätere Durchsetzung verantwortlich sind. Sie sollen mitwirken, aber auch das Obligo tragen. Deshalb ist es folgerichtig, bei Vertriebsleitern und Produktionsleitern 10 bis 25 % der Jahresdotierung variabel in Abhängigkeit vom Planerfolg, also vom Soll-Deckungsbeitrag der Vertriebs- oder Produktionsstufe, oder von der Plan-Umsatzgewinnrate mal Kapitalumschlagfaktor der Produktlinie vorzusehen. Verständlicherweise will jeder Bereichsverantwortliche seine Norm möglichst niedrig, die Geschäftsführung dagegen diese möglichst hoch ansetzen. Die Detailaktivitäten müssen deshalb verbindlich abgegeben werden. Vor einer Verwertung muß der Controller die Plausibilität der Sollvorschläge durch Verprobung von Vergangenheitskennzahlen und Analyse früherer Störeinflüsse herstellen. Daraus kann die Geschäftsführung die vertretbare Höchstleistung bzw. das Kostenminimum formulieren, welche der Bereichsleiter – ohne Frustration – noch zu realisieren vermag. Erst wenn alle Vorstellungen auf dem Tisch liegen und aufeinander abgestimmt sind, gibt die Unternehmensleitung in einer zweiten Roundtable-Konferenz die vorläufigen Eckwerte für das neue Budgetjahr bekannt.

2133 Fixierung der Eckwerte

Die Unternehmensleitung läßt – nach Informationsrückkoppelung ihrer Grobziele mit den Detailvorschlägen der Bereichsleiter – vom Finanzchef eine Hochrechnung mit Alternativen auf das mutmaßliche Jahresergebnis gemäß aktienrechtlichem GuV-Schema vornehmen.

Ausgangspunkt sind die Umsatzerlöse (ohne MwSt), die um Erlösschmälerungen (z. B. Skonti-Rate = 1,6 % vom Umatz) korrigiert werden. Wichtig ist dann die Ermittlung der Bestandsveränderungen der fertigen und unfertigen Erzeugnisse. Dies setzt Entscheidungen über die finanziell vertretbare Lagerhaltung, über Eigenfertigung oder Fremdbezug bestimmter Artikel sowie über mittlere Fertigungslosgrößen und Produktionsdauer voraus. Die aktivierbaren Eigenleistungen werden eventuell in Vorjahreshöhe unterstellt. Die so addierte Gesamtleistung läßt sich mit Hilfe des Rohertragssatzes[1] auf Angemessenheit überprüfen. Dieser Prozentsatz (z. B. 61 %) bleibt meist unverändert, wenn nicht verstärkt auf Handelswarenbezug übergegangen wird.

Für den Block der Aufwandarten werden die direkten Löhne über die Anzahl direkt zulässiger Arbeiter oder anhand der erwarteten direkten Stunden vorgegeben. Eine weitere Eckgröße ist die Investitionssumme, da sie die Abschreibungen und die Zinsen beeinflußt. Bei Markenartikeln wird ferner der Werbeetat festgelegt. Die Höhe der übrigen Gemeinkostenarten kennt man aus einer Zuwachsanalyse, mit welchem Proportionalitätsgrad sie sich zur Änderung der Gesamtleistung verhalten. So errechnen sich die mutmaßliche GuV-Ergebnis- und die Umsatzgewinnrate.

Da die Optimalstrategie für das Budgetjahr feststeht, bestimmt die Geschäftsführung die wichtigsten Eckwerte als Ertragsuntergrenzen und Aufwandobergrenzen. In einem Vorkommentar zum Jahresbudget werden ausdrücklich die Prämissen vermerkt, unter denen die Einzelbereiche die Realisierung als zutreffend bezeichneten. Hierbei müssen utopische Bedingungen (z. B. Verkaufspreissenkungen bei gestiegenen Kosten, Verdoppelung des Facharbeitereinsatzes bei leergefegtem Arbeitsmarkt) vorher auf Durchführbarkeit diskutiert sein.

---

1 $\text{Rohertragssatz} = \frac{(\text{Gesamtleistung} - \text{Wareneinsatz}) \cdot 100}{\text{Gesamtleistung}}$.

	Ertragsuntergrenzen/Aufwandlimit	Einheit	Ist 1977	Soll 1978	± %
1.	Waren-Nettoerlöse	Mio. DM	30,6	36,3	+ 18,6
2.	Werbeetat	Mio. DM	0,3	0,6	+ 100,0
3.	Unfertig- und Fertigfabrikate sowie Handelswaren-Vorräte	HK Mio. DM	17,1	12,2	− 28,7
4.	Produktionsablieferung	VHK Mio. DM	12,4	11,2	− 9,7
5.	Direkte Fertigungs- und Einrichter-Zeit	T Std.	642,0	611,0	− 4,8
6.	Gesamtbelegschaft per 30. 6.	Köpfe	720,0	695,0	− 3,5
7.	Einkaufsvolumen Rohstoffe und Handelswaren	Mio. DM	7,4	6,7	− 9,5
8.	Investitionsausgaben	Mio. DM	1,7	1,4	− 17,7
9.	Betriebsnotwendiges Anlagevermögen	Mio. DM	13,0	13,7	+ 5,4
10.	Deckungsbeitrag II[1]	Mio. DM	19,4	23,6	+ 21,6
11.	Betriebsergebnis	Mio. DM	− 0,3	1,8	+ 21,0
12.	Bilanzergebnis	Mio. DM	0,6	2,5	+ 416,6
13.	ROI[2]	%	2,0	9,6	+ 481,6

Abb. 10: Budget-Eckwerte-Input 1978 Rheinische Werkzeugfabrik GmbH

1 Deckungsbeitrag II = Nettoerlöse − Herstellkosten des Umsatzes

2 $$\text{ROI} = \frac{\text{Zeile 12}}{\text{Zeile 1}} \cdot \frac{\text{Zeile 1}}{\text{Zeilen 3 + 9}}$$

22 Jahres- und Quartalsunternehmensbudget

221 Vertriebsbudget

Im System der sozialen Marktwirtschaft rangiert der Vertrieb an erster Stelle aller Planungsüberlegungen. Aus dem Umsatz werden die Deckung für alle Kosten und der Gewinn erwirtschaftet. Die Existenz jedes Arbeitsplatzes hängt letztlich am erwirtschafteten Erlös. Der Markt bestimmt, welche Artikel in welchen Mengen an welchem Termin zu welchen Preisen bereitzustellen sind.

Die Vorausplanung des Absatzes muß sich an den potentiellen Abnehmern in räumlicher und zeitlicher Hinsicht orientieren. Die Bedarfsschätzung für den Planungszeitraum eines Jahres sollte man nicht „unternehmerischem Fingerspitzengefühl" überlassen. Sie erfordert systematisches Analysieren der Produktanwendungsprobleme der Abnehmer und Abgleich der eigenen Lösungsmöglichkeiten mit denen der Wettbewerber. Ausgangspunkt ist die Definition eines firmeneigenen Aktionsrahmens (z. B. Armaturenfabrikation) und darin des aktuellen Tätigkeitsgebietes (z. B. Absperren von Medienströmen). Für letzteres verwendet man eine Markt-/Produktmatrix, welche in der Vertikale alle Eigenfabrikate und Handelswaren, in der Horizontale alle bekannten Absatzwege und Vertriebskanäle aufzeigt.

2211 Marktanteilsanalyse und -prognose

22111 Bestimmung des regionalen Marktpotentials und des eigenen Anteils

Um den objektiven Bedarf eines „unbedienten" Verkaufsgebietes für die eigenen Erzeugnisse oder Handelswaren festzustellen, greift man bei Konsumgütern auf Kaufkraftkennzahlen, bei Produktionsgütern auf Investitionsbedarfskennzahlen zurück. Für erstere bietet die GfK (Gesellschaft für Konsumforschung, Nürnberg), für letztere das Ifo-Institut in München jeweils aktuelles Zahlenmaterial.

Grundgedanke der Kaufkraftkennzahlen ist, daß das Aufnahmepotential der privaten und körperschaftlichen Haushalte in einem fast proportionalen Verhältnis zu ihrer Kaufkraft steht. Einkommensstatistiken zeigen, wie viele Einkommensbezieher in gestaffelten Klassen freien (= über den Existenzbedarf hinausgehenden) Einkommens in diesem Gebiet wohnen. Die Eigenprodukte des budgetierenden Unternehmens werden diesen Klassen entsprechend ihrer Hochwertigkeit zugeordnet (vgl. Abb. 11).

Klassen freien Einkommens	Anzahl Bedarfsträger	Folgende Produkte interessieren
über 0– 250 DM/Monat	100 000	Stahlbestecke
über 250– 500 DM/Monat	80 000	Küchenmesser, Papierscheren
über 500– 750 DM/Monat	60 000	Schlacht-Messer, Haushaltsscheren, Chrom-Nickel-Bestecke
über 750–1 000 DM/Monat	40 000	Jagdmesser, Schneider-Scheren, Silberbestecke

Abb. 11: Anwendung von Kaufkraftkennziffern für Absatzpotentialermittlung

Dieses Schema wird kostenträgergruppenweise mittels Korrekturfaktoren für Marktsättigungsgrade verfeinert. Alteingeführte Produkte weisen abflachende Sättigungsfaktoren unter 1,0 auf. Bei neueingeführten, mit Werbung unterstützten Produkten wirkt die Innovation mit Faktoren über 1,0. Weiterhin sind die Dichte der Umsatzmittler (Fachhandel) und regional gewünschte qualitative Eigenschaften der Warenart zu berücksichtigen. Eine gutinformierte Marketingabteilung kann anhand der früheren Verkaufszahlen ähnlicher Produkte hinreichend treffsichere Richtwerte erstellen. Reichen die Daten nicht, muß man Marktforschungsinstitute (z. B. Prognos AG, Basel) mit primärstatistischen Erhebungen beauftragen. Hier werden anhand von Stichproben zufällig ausgewählter Befragungsgruppen Aussagen über die Gesamtbevölkerung getroffen (Probability-Methode mit Randomtabellen). Ist das räumliche Absatzpotential quantifiziert, läßt sich der eigene Marktanteil anhand der Verkaufszahlen für das Vorjahr errechnen.

Zur regionalen Absatzschätzung für Produktionsgüter liegen statistische Zahlen über die absoluten Investitionsausgaben der einzelnen Industriegruppen vor. Sie sind zur Anzahl der in diesen Branchen Beschäftigten in Beziehung gesetzt. Diese Kennzahlen sind regional modifiziert, da die Umsatzvolumina dieser Industriezweige in den Landesbezirken streuen.

22112 Feststellung der betriebstypischen Absatzfunktion

Das zeitliche Marktpotential ändert sich einmal mit dem volkswirtschaftlichen Wachstumsprozeß von Bruttosozialprodukt + Importe ./. Exporte im langfristigen Trend, zum anderen kurzfristig aufgrund der konjunkturellen und saisonalen Schwankungen. Weiterhin treten die betriebswirtschaftlichen Aspekte hinzu, die aus der Alterssubstitution der Artikel, aus Geschmacksänderungen oder Werbemaßnahmen resultieren. Die Absatzplanung behilft sich deshalb mit mathematischen Korrelationen, die eine Abhängigkeit zwischen Gesamtwirtschaftstrend und Verkaufsentwicklung der zu beobachtenden Ware unterstellen. Häufig muß eine Symptomreihe analoger Abhängigkeitsketten dazwischengeschoben werden. So folgt der Bedarf an Badethermen proportional der Zahl der Baugenehmigungen. Am einfachsten ist es, wenn man auf die eigenen früheren Verkaufsstückzahlen zurückgreifen kann.

Die Zuverlässigkeitsgrenzen solcher Korrelationen können noch weiter präzisiert werden. Als erstes sind die Verhaltensweisen der Anbieter und Nachfrager auf jedem Absatzmarkt zu definieren, da die Absatzmengen der Anbieter je nach der Preisstellung bei freier Konkurrenz, Polypol, Obligopol und Monopol erheblich differieren. Der Ökonometriker Alfred Marshall hat den Begriff der „Absatzelastizität" entwickelt, um die Beziehungen zwischen Preis- und Absatzmengenänderungen auszudrücken[1]:

1. Ist die Elastizität der Absatzmenge in bezug auf den bekannten Verkaufspreis größer als 1 (= EA > 1), so steigt der Umsatz mit steigendem Mengenabsatz bzw. sinkendem Preis. Der Zusatzumsatz ist positiv.
2. Ist der Absatz in bezug auf den Preis unelastisch (= EA < 1), so sinkt der Umsatz mit sinkendem Preis. Die Grenzumsatzkurve verläuft negativ.

Der mögliche Umsatzzuwachs ergibt sich dann gemäß der Formel von Amoroso und Robinson:

$$\text{Grenzumsatz} = \text{Preis x } \left(1 - \frac{1}{\text{Absatzelastizität}}\right)$$

Wenn die Nachfragemenge trotz Preiserhöhung ungesättigt bleibt, liegt vollkommene Absatzstarrheit vor (Elastizität = 0) = monopolistische Situation. Falls die Nachfragemenge bei Preiserhöhung überproportional zurückgeht, liegt vollkommene Absatzelastizität vor (Elastizität unendlich) = Konkurrenzsituation. Im Normalfall sind für industrielle Gebrauchsgüter konkurrenzähnliche Lagen mit teilweise monopolistischen Präferenzen gegeben. Die gewinnmaximale Absatzmenge (= Cournotscher Punkt) liegt dort oberhalb der Schnittstelle von Grenzerlöskurve und Grenzkostenkurve. Vereinfacht heißt dies, daß der Zusatzumsatz die fixen Kosten je Stück nicht voll deckt. Bei der empirisch bestätigten Unterstellung eines linearen Kostenverlaufes im Bereich zwischen 50 und 80 % Kapazitätsauslastung muß die Produktionsleistung deshalb bis an die Kapazitätsgrenze (80 % bei 8-Std.-Schicht) gefahren werden, um die niedrigsten Zusatzkosten bzw. einen maximalen absoluten Deckungsbeitrag hereinzuholen (vgl. Abb. 12).

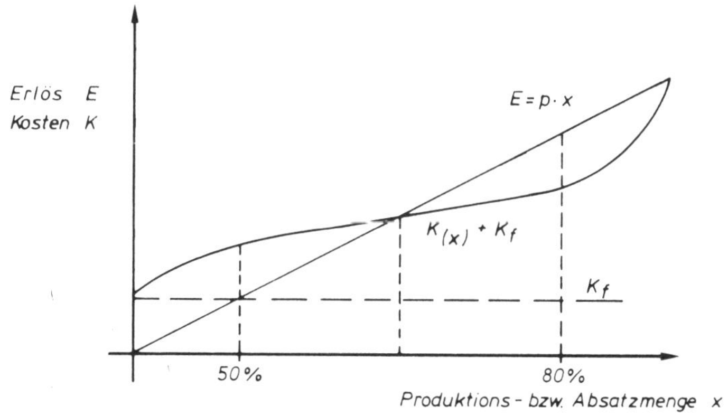

Abb. 12: Umsatz- und Kostenkurve für Wettbewerbsgüter

1 E. Schneider, Wirtschaftspläne und wirtschaftliches Gleichgewicht in der Verkehrswirtschaft, Tübingen 1949, S. 73.

Hat man einen reinen Wettbewerbsmarkt und linearen Kostenverlauf in der Vergangenheit festgestellt, läßt sich graphisch aus einem Datenstreubereich die spezifische Nachfragegerade aufbauen und eine erste Aussage für die nächste Absatzperiode gewinnen (vgl. Abb. 13). Die Absatzmenge A hängt zunächst vom Preis P, ferner von zusätzlichen Verkaufsförderungen V und von Werbekosten W ab. Die Grundgleichung $N = A + X \cdot P$ wird durch V und W modifiziert (A = Vorjahresstückzahl; X, Y, Z = Stückzahlzuwachs; P = Stückpreis; V = Marketingkosten; W = Werbekosten):

$$N = A + X \cdot P + Y \cdot V + Z \cdot W$$

Die Regressionskoeffizienten P, V, W bedingen die Steigungsmaße ihrer Geraden, z. B:

$$\begin{aligned} N &= 2661 - 0{,}862 \cdot 2500 + 0{,}1 \cdot 1000 + 0 \cdot 2500 \\ &= 2661 - 2155 + 100 + 0 \\ &= 606 \text{ Stück} \end{aligned}$$

Im angeführten Beispiel bringt die Werbung keinen Mehrabsatz.

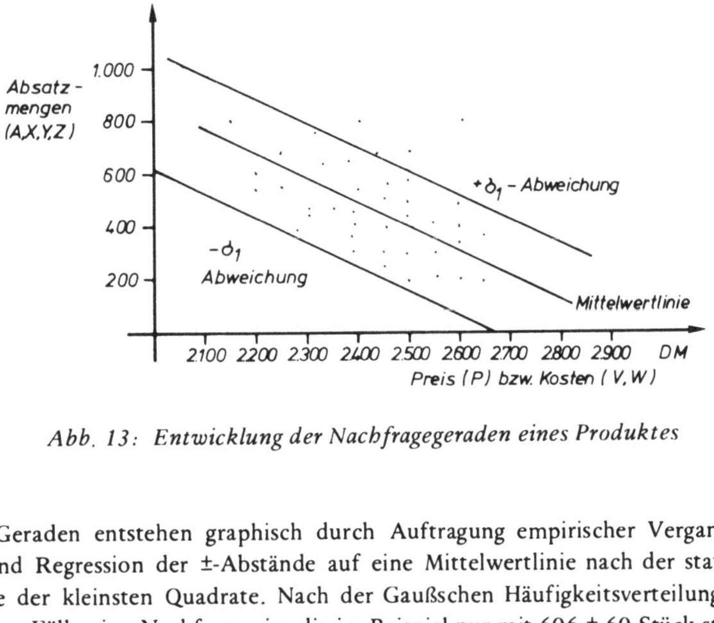

Abb. 13: Entwicklung der Nachfragegeraden eines Produktes

Die Geraden entstehen graphisch durch Auftragung empirischer Vergangenheitsdaten und Regression der ±-Abstände auf eine Mittelwertlinie nach der statistischen Methode der kleinsten Quadrate. Nach der Gaußschen Häufigkeitsverteilung trifft in 67 % aller Fälle eine Nachfrage ein, die im Beispiel nur mit 606 ± 60 Stück streut. Die Standardabweichung liegt bei $\leqq$ 33 %. Die relative Treffsicherheit erhöht sich bei weiterer mathematischer Differenzierung auf 93 %, das Abweichungsrisiko fällt auf $\leqq$7 %. Dies reicht in der Praxis aus.

Die Regressionsanalyse erlaubt nur eine brauchbare Aussage, sofern alle Einflüsse erfaßt sind. Dies kann man im externen Rechenzentrum durch EDV-Testprogramme (z. B. IBM = REG . CALL) prüfen, indem man eine möglichst große Anzahl von Freiheitsgraden bestimmt. Man bezeichnet in der Mathematik die Anzahl der Beobachtungen (z. B. 12 Perioden) ./. Anzahl der Variablen (z. B. Mengen, Preise, Marketing, Werbung = 4) als Freiheitsgrade (z. B. 12 − 4 = 8).

Da nicht immer eine lineare Beziehung zwischen Absatzstückzahl und Preis bzw. Marketingkosten besteht, sondern saisonale Trends hinzutreten, hat die Praxis die lineare Regressionsanalyse teilweise zu trigonometrischen (Sinus/Cosinus) Funktionen weiterentwickelt. Sofern empirisch der passende Kurventrend gefunden ist, kann man die Kurvenmodelle formulieren.

Anhand dieser betrieblichen Verkaufsfunktion läßt sich durch exponentielle Hochrechnung eine genauere Prognose der absoluten künftigen Verkaufsstückzahlen gewinnen.

22113 EDV-Forecasterprogramme für artikelweisen Absatz

Zur artikelweisen Absatzplanung bei Einsatz mittlerer EDV-Anlagen haben die Computerhersteller Bedarfsvorhersageprogramme entwickelt (IBM = COGS-Forecasting; Honeywell = Forecast). Sie gestatten mittels Trendrechnung (nach der Methode der kleinsten Quadrate) anhand der früheren Auftragseingänge eine Aussage über die voraussichtliche Absatzmenge und die zugehörige Schwankungsbreite innerhalb der nächsten 4 Quartalsperioden. Die Vorhersage wird dabei vor jeder Periode (auf der Basis einer Fourier-Analyse) laufend angepaßt. Dabei werden die 4 letzten von 12 oder 16 Vergangenheitsquartalen wegen des höheren Informationsgehaltes jeweils stärker gewichtet, die Absatzkurve wird damit exponentiell geglättet. Das Vorhersagemodell bei solchem „adaptive smoothing" hat in der Ausgangssituation eine trendsaisonale Gestalt; sie setzt sich aus trigonometrischen Funktionen zusammen. Ihre Formel lautet:

$$F = t_1 + t_2 \cdot a + t_3 \cdot \sin(30\,a)^\circ + t_4 \cdot \cos(30\,a)^\circ + \ldots + t_{14} \cdot \cos(90a)^\circ$$

Liegt saisonloser Trendverlauf vor, werden die Faktoren bei t_3 bis t_{14} gleich null, und es verbleibt: $F = t_1 + a \cdot t_2$.

Man kann auch von den gewichteten Vergangenheitsverkäufen ausgehen:

$$F_{(x)} = F_{(x-1)} + a \cdot [A_{(x-1)} - F_{(x-1)}] + a \cdot [A_{(x-2)} - F_{(x-2)}] + \ldots$$

Das bedeutet: Soll-Absatz in Quartal (x) = Soll-Absatz in (x−1) + a • [Ist-Absatz in (x−1) − Soll-Absatz in (x−1)] + usw. für frühere Quartale. Glättungskonstante a = Bruch zwischen 0 und 1. (Vgl. Abb. 14.)

Ohne „Glättung" der Bedarfszunahme hätte man einen einfachen Durchschnitt von 111,7 Stück ermittelt, welcher den Aufstiegstrend nicht berücksichtigt. Nur das gewichtete gleitende Mittel spricht auf andauernde Bedarfsänderungen sofort an, während zufällige Schwankungen vernachlässigt bleiben. Auf den Aufbau dieser iterativen Forecasterprogramme sei hier nicht näher eingegangen. Sie ermöglichen eine relativ brauchbare quantitative Aussage über Soll-Verkaufszahlen der einzelnen Artikel bzw. Kostenträger auf den jeweiligen Einzelmärkten (Inland, Export). Aus Ersparnisgründen kann man die Vorhersage auf Bestseller beschränken. Da nach statistischen A-, B-, C-Verteilungen ca. 70 % der Umsätze auf ca. 30 % der Erzeugnisarten entfallen, führt schon die Untersuchung von 30 % Artikelkategorien der „Umsatzrennerliste" zu guten Gesamtschätzungen.

Quartal	Verkaufsstückzahl	x Gewicht	= Gewichtete Nachfrage
x–1	140	50 %	70,0
x–2	130	25 %	32,5
x–3	120	12 %	14,4
x–4	110	10 %	11,0
x–5	90	2 %	1,8
x–6	80	1 %	0,8
x		100 %	130,5 Verkaufsvorhersage

Abb. 14: EDV-Forecaster

22114 Marktanteilsprognose

Der Forecaster wird für das bisherige Kernsortiment auf bekannten Vertriebswegen benötigt. Dabei wird konstantes Marktaufnahmevolumen unterstellt. Lediglich Preissteigerungen sind beachtet. Für den praktischen Gebrauch kann man die Trendentwicklung des Marktpotentials für Folgeperioden ebenfalls mit der Methode der exponentiellen oder adaptiven Glättung errechnen. Dabei wird Konstanz konjunktureller oder wettbewerblicher Faktoren unterstellt. Die Statistiken der Wirtschaftsverbände über die Vergangenheitsumsätze der Kostenträgergruppen und deren Hochrechnung für das folgende Budgetjahr ergeben bei Vergleich mit den selbsterzielten und den geplanten Umsätzen den prozentualen Marktanteil in diesen Sparten. Aus den „Umsatzlücken" eröffnen sich Planaktivitäten, falls der Anteil in bestimmten Sortimentsgruppen stärker forciert werden soll (vgl. Anhang I, Blatt 3 „Marktpotentiale und -anteile je Kostenträger und Vertriebsweg").

Schwieriger ist die Marktanteilsprognose, wenn das Konkurrenzverhalten mit einbezogen werden muß. Durch Produktwerbung wird Nachfrage, d. h. Zusatzpotential, geschaffen. Die Wirkungen alternativer Konkurrenzstrategien auf Marktanteile und Gewinn lassen sich nur mit mathematisch formulierten Simulationsmodellen (in FORTRAN-Programmiersprache) auf größeren EDV-Anlagen durchspielen. Sie müßten die Marktformen bzw. -verhaltensweisen und die möglichen Techniken des Marketing-Mix berücksichtigen. Hierfür sind noch keine EDV-Modularpakete verfügbar. Insofern geht die Planung weiterhin „ins Blaue".

Noch problematischer bleibt die Potential- und Sollanteilsschätzung in bisher unbekannten Marktnischen, die man durch ein Ergänzungssortiment neu erobern will. Hier muß Geld in gezielte Befragungen der Problemlösungsbedürfnisse durch neutrale Institutionen investiert werden.

2212 Absatzbudget nach Vertriebswegen und Kostenträgern

22121 Bereitstellung aller Vertriebsprogrammdaten

Der Vertriebsleiter braucht zur Budgetierung folgende Schlüssel bzw. EDV-Auswertungen von Ist-Daten:

1. a) Code-Nummern für jeden Verkaufsartikel. Hierbei sind alle Teile-Stammbäume (Halbfabrikate) sowie Modifikationen, die zu unterschiedlichen variablen Herstellkosten und Verkaufspreisen führen (Fremdbezüge, alternative Garniturenverpackungen, 2.-Wahl-Waren), durch Anhängeziffern zu identifizieren.
   b) Kostenträgerverzeichnis mit Zuordnung aller Artikel-Code-Nummern zu Kostenträger-Nummern.
2. Preisdateien je Artikel-Nummer mit variablen Herstellkosten (VHK), Selbstkosten bzw. Deckungsbeitragsvorgaben, Bruttoverkaufspreisen ./. Durchschnittsrabatt bzw. Nettoverkaufspreisen je Vertriebsweg in DM/100 Stück.
3. a) Kunden-Nummern, geordnet nach Umsatz- oder Rabattklassen.
   b) Vertriebswegeverzeichnis nach inländischen Regionalgebieten (Postleitzahlen) und Ausland, klassifiziert nach Industriebedarf, Kommunalbehörden, Großhändlern oder Facheinzelhändlern.
4. Mittlere Auftragsstückzahl und durchschnittlicher Fakturenwert je Kunde.
5. Absatzmengen-, Umsatzerlös- und Deckungsbeitragsstatistiken der 4 Vergangenheitsquartale
   a) nach Vertriebswegen, Abnehmer-Untergruppen und Kunden-Nummer,
   b) nach Kostenträgergruppen, Kostenträgern und Artikel-Nummer,
   Bestsellersortierung der verkauften Artikel-Nummern mit Absatzstückzahlen, Umsatz und Deckungsbeitrag (= A-, B-, C-Analyse).
6. Produktalterliste mit Angabe der Verkaufsstückzahlen, der Umsätze und der Deckungsbeiträge je Artikel-Nummer aus den letzten 5 Jahren, wobei die Wertbeträge der Vorjahre mit Preisindizes auf das letzte Jahr angeglichen sind.
7. Artikelweiser Absatzmengen-Forecaster für 12 Folgemonate, unterteilt nach Vertriebswegen. Die Vertriebswegemanager korrigieren diese Liste manuell aufgrund der Trendangaben des Marktpotentials und ihrer Marktkenntnis über sich anbahnende Verschiebungen (Produktsubstitution, Preisverfall, neue Vertriebskanäle). Vorteilhaft sind mehr oder weniger verbindliche Absprachen mit Kunden über die mutmaßlichen Jahresbestellungen. Nachgeholfen wird mit Auftragswertrabatten, Mindermengenzuschlägen, Jahresbonusstaffeln.

22122 Festlegung des Verkaufssortiments

Das Verkaufssortiment jedes Vertriebskanals muß jährlich von alten Artikeln bereinigt werden. Jedes Produkt durchläuft einen Lebenszyklus von 6 Marktphasen: Einführung, Wachstum, Sättigung, Stagnation, Absterben, Restbedarf. Die Absatzstückzahlen hierfür entwickeln sich entsprechend einer Gaußschen Häufigkeitsverteilung. Ihr entspricht weitgehend die Umsatzkurve; sie erreicht etwas früher ihren Scheitelpunkt. Da als erstes der Zuwachsertrag, danach der Ertrag je Stück und schließlich der absolute Gesamtertrag mit zunehmender Verkaufsstückzahl absinkt, sollte bereits ab dem Schnittpunkt von Grenz- und Durchschnittsertragskurve (= B), spätestens aber ab dem Gesamtertragsmaximum (= C) die Eliminierung des Produktes beschlossen werden. Aus der Produktalterliste können die Gesamtertrags-, die Grenzertrags- und die Durchschnittsertragskurve des Unternehmens abgeleitet werden (vgl. Abb. 15).

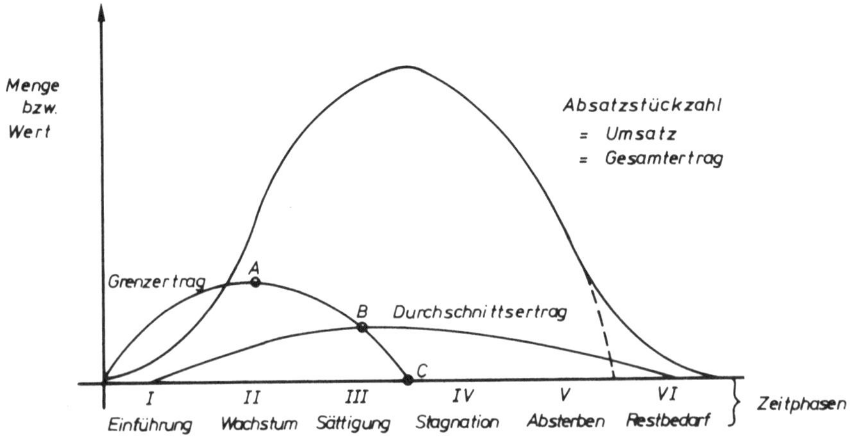

Abb. 15: Absatz- und Ertragszyklus eines Produktes

Das jährlich beschnittene Sortiment ist rechtzeitig wieder um interessante Produktneuerungen zu komplettieren. Bei deren systematischer Entwicklung entsprechend den Marktwünschen muß ein überproportional steigender Grenzertrag zu erwarten sein. Die Produktinnovation birgt beträchtliche Risiken in der Bedarfslückenprognose, der funktionsgerechten Konstruktion, der aussagefähigen Formgestaltung, der kostengünstigsten Fertigungstechnik und der marktsegmentgerechten Verkaufsförderung. Diesen Kreativitätsprozeß überwacht man in Projektphasen auf Reife und Kosten. Die Auswahlentscheidung läßt sich durch ein Produktbewertungsprofil erleichtern, bei welchem jeder Vorschlag im Hinblick auf Umsatz, Deckungsbeitrag, Entwicklungs- bzw. Lizenzkosten, betriebliche und vertriebsmäßige Investitionen und Programmeignung schulnotenmäßig beurteilt wird.

Die Sortimentszurückstutzung auf ein Kernprogramm von A- und B-Artikeln muß allerdings beachten, ob die überzähligen C-Teile nicht aus Gründen der Absatzkoppelung erforderlich sind. Oftmals müssen umsatzschwache Artikel dem Handel wegen ihrer abgestuften Dimensionierung zur Komplettierung mit angeboten werden. Hier wird man zweckmäßigerweise auf den Zukauf von Handelswaren ausweichen.

22123 Planung des Marketing-Mix

Die Hochrechnung der zu erwartenden Absatzmengen basiert meist auf Prämissen, welche Marketinguntersützung der Vertrieb erhält. Die Straffung und Modernisierung des Sortimentes bedingt flankierende Marketingmaßnahmen. Wegen der nicht unerheblichen Kosten wird für diese Aktivitäten ein besonderer Verkaufsförderungsetat budgetiert. Die zulässige Größenordnung hängt von der Jahreszielsetzung ab. Sie wird meist in Prozenten des Plan-Nettoumsatzes oder -Deckungsbeitrages fixiert. Man unterscheidet vier verkaufspolitische Instrumente:

1. *Produkt-Mix:*
   a) Produkt-, Garnituren- und Verpackungsgestaltung: Gute Mischung oder Pack-Sets vermögen auch müde Artikel mitzureißen.
   b) Sortimentsabrundung durch ergänzende Handelsware und Bedarfsbündelung.
   c) Qualitäts- und Markenstufung für die Distributionslinien (Großhandel, Facheinzelhandel, CC-Märkte).
2. *Distributions-Mix:*
   a) Erreichung der Abnehmerzielgruppen durch Segmentierung der Vertriebswege nach den technischen Problemstellungen und eigenen Produktversprechen.
   b) Einsatz von Vertretern oder Werksreisenden, Festlegung ihrer Besuchshäufigkeiten, Ergänzung durch Entwicklungscontacter für Produktinnovationsgespräche.
   c) Logistik der Zentralläger, Regionalaußenläger, Konsignationen.
   d) Errichtung eigener Verkaufsfilialen, shop in shops.
   e) Kundendienst, Reparaturservice.
3. *Werbe-Mix:*
   a) Mediastreuung und -frequenz bei Fernsehen, Radio, Illustrierten, Tageszeitungen u. a.
   b) Public-Relations-Maßnahmen für Firmenimage oder Produktimage.
   c) Blickfangendes Displaymaterial für Facheinzelhändler, Unterstützungsservice, Werbeleuchten, Zuschüsse zur Eigenwerbung von Händlern.
   d) Messebeteiligung, technische Kataloge, Leaflets mit Produktinformationen für Einkäufer.
   e) Werbegeschenke.
4. *Preis- und Zahlungs-Mix:*
   a) Rabatt- und Bonusstaffelung, Mindermengenzuschläge oder Auftragswert-Nachlässe.
   b) Skontigewährung, Mahnungsintensität.
   c) Lieferkonditionen, Retourenkulanz.

Kampagneartige Marketing-Service-Kosten erhöhen den Break-even-point der von ihnen promovierten Produkte. Die erwarteten Mehrerträge der nächsten drei Jahre müssen diese ,,Initialkosten" wieder einspielen.

22124 Budgeterstellung

Unter Berücksichtigung dieser Hilfen legen die Vertriebswegemanager die geplanten Absatzstückzahlen je Artikel-Nummer auf ihren Teilmärkten fest. Die Jahresmengen sind hierbei quartalsweise aufzuteilen, damit die Artikel rechtzeitig im Fertiglager bereitgestellt werden. Denn hier knüpft die Fertiglager-Ergänzungsdisposition an, welche bei Eigenfertigung dem Betrieb, bei Fremdfertigung dem Einkauf die Anliefertermine vorschreibt. Die Artikelmengen verdichtet man im Budget der Übersicht wegen wieder zu Kostenträgergruppen-Mengen.

Zweckmäßigerweise enthält das Budgettableau jedes Vertriebsweges sogleich die quartalsweisen Umsatzwerte (Absatzstückzahl x ⌀ Nettoerlös je Stück). Wenn möglich, sollte der Deckungsbeitrag (Nettoerlös ./. Standardherstellkosten) mit angeführt werden. Der Vertriebsleiter erhält damit die Aufgabe, die Artikelpreise jeweils auf Differenzierbarkeit zu prüfen. Die mit Hilfe des Werbeetats, des Kundendienstes oder des Produkt-Mix besonders geförderten Artikel erlauben möglicherweise Verkaufspreisaufbesserungen.

Das Summenblatt „Jahres- und Quartalsverkaufsplan nach Kostenträgergruppen" (vgl. Anhang I, Blatt 4) nimmt sämtliche Verkaufsleistungen auf. Hierzu gehören auch die Kostenträger „Kulanz- und Servicereparaturen" und 2.-Wahl-Ware. Von der Produktionsleitung sind außerdem die geplanten Verkaufsleistungen der Vorfertigung (Halbfabrikate, z. B. Schmiederohlinge) und bestimmter Endfertigungsstufen (Veredelungsleistungen für Dritte, z. B. Galvanisieren) abzufragen und mit Marktpreisen anzusetzen. Der Vertriebsleiter hat schließlich fakturierbare Auslieferungen in sein Budget einzustellen, welche zur Bevorratung selbständiger Auslandstöchter oder Generalimporteure dienen, selbst wenn ein echter Abverkauf an Dritte noch nicht bekannt ist.

Das Jahresvertriebsbudget muß zu Jahresbeginn bestehende „Auslieferrückstände" hinzuzählen, zum Jahresende erwartbare Rückstände abziehen. Andererseits sind zusätzlich jene Artikel zu verkaufen, die im Vorjahr gegenüber dem Betrieb oder Einkauf disponiert wurden, im Budgetjahr aber wegen Bedarfsverschiebung nicht mehr eingeplant sind. Hier wird der Verkaufschef niedrigere Verkaufspreise wählen, deren Abschlag sich nach den eingesparten Lagerkosten (Zinsen, Inkuranzrisiko) richtet. In der beispielhaft erwähnten Rheinischen Werkzeugfabrik GmbH werden separate Vertriebsbudgets für Vertriebsweg I = Facheinzelhandel und Großhandel, II = Direktgeschäfte an Industrie, III = Außendienststützpunkte (an Gewerbe und Behörden), IV = Export an ausländische Exporteure und eigene Vertriebsgesellschaften Ausland sowie der Gesamtplan erstellt.

2213 Quartals-Dispositionsbudget zur Fertiglagerergänzung

22131 Feststellung des kurzfristigen Händlerbedarfs

Technische Massengebrauchsgüter für private Endverbraucher (z. B. Kühlschränke, Rasenmäher, Bestecke) werden – anders als bei industriellen Kunden – meist vor deren Bestellaufträgen gefertigt. Die saisonalen und regionalen Bedarfsschwankungen des Marktes würden keine wirtschaftliche Produktion erlauben. Die volkswirtschaftlich wichtige Pufferfunktion zwischen Produzent und Konsument übernimmt der Facheinzelhandel. Er ordert den überschaubaren Bedarf in der Regel beim Großhandel. Allerdings vermischen sich beide Handelsstufen infolge zunehmender Marktbedeutung von Einkaufsverbänden (z. B. „Nürnberger Bund"), Cash-and-Carry-Ketten (z. B. „Metro"-Märkte) und Kaufhauskonzernen (z. B. Karstadt). Diese Handelsgruppierungen entwickeln eine Marktstärke, welche nicht selten die mittelständische Zulieferindustrie zwingt, die Funktion einer sortierten Lagerhaltung bei sich selbst mit zu übernehmen.

Die Dimensionierung eines betrieblichen Fertiglagers hängt wesentlich vom Rhythmus des Warenabflusses ab. Der mutmaßliche Jahres- und Monatsbedarf des Handels ist durch EDV-Forecaster-Hochrechnung bestimmt. Die tatsächlichen Händlerdispositionen innerhalb des Budgetjahres lassen sich durch Besuchsberichtsauswertung der ersten Monate noch verfeinert ausrechnen. Wenn der Außendienst (Reisende, Vertreter) die Händlerkunden in regelmäßigem Turnus aufsucht, muß er durch direkte oder indirekte Befragung den Bedarfsrhythmus, die Präferenz der eigenen oder der Konkurrenzprodukte und den etwaigen Lagerbestand des Händlers feststellen. Auf checklistenmäßig vorbereiteten Besuchs-Verbundlochkarten (z. B. Port-and-Punch-Karte IBM) trägt er sofort nach dem Besuch diese Daten, den neuen Bestellauftrag und notwendige Marketing-Mix-Maßnahmen ein. Die Vertriebsleitung wertet die neuen Abrufmengen und -termine in Verbindung mit den früheren Informationen nach Wochen gegliedert aus.

22132 Optimale Fertiglagerplanung

Die Notwendigkeit der Bereithaltung von Fertiglägern zwingt bei Serienprodukten zur „Lagerergänzungsfertigung" und einer zweigeteilten Auftragsvorbereitung. Die Vertriebsdisposition erledigt die tatsächlichen Händleraufträge aus dem Fertiglager und formt die im Jahr erwarteten Bestellungen in pauschale Eigenaufträge an die betriebliche Arbeitsvorbereitung um. Diese erstellt hieraus tägliche, wöchentliche oder monatliche Ablieferaufträge an die Fertigung, je nachdem, wie oft die Jahresdispositionsmenge nach optimalen Losgrößen aufgeteilt werden kann. Das Fertiglager dient dabei als Puffer in mehrfacher Hinsicht. Einmal sammelt es die Differenzmengen, die gleichmäßig produziert, aber ungleichmäßig verkauft werden (Saisonartikel). Zum anderen speichert es Artikel, die ungleichmäßig produziert, aber gleichmäßig verkauft werden (B-, billige C-Artikel). Regelmäßig angelieferte und abfließende Fabrikate (A-Artikel) durchlaufen praktisch das Fertiglager. Sonderwünsche (hochwertige C-Teile) werden unter Umgehung des Fertiglagers den Kunden direkt geliefert.

Die Lagerhaltungspolitik basiert auf drei Überlegungen. Als erstes sind der Abfluß mittels Absatzvorhersage und der Zufluß mittels Lagerergänzung zu planen. Das Schaltzentrum Fertiglager geht aus von einem Meldebestand, dessen Unterschreitung infolge Verkaufsabflüssen jeweils durch eine „lager-verbrauchs"-gesteuerte Fertigung wieder aufgefüllt wird. Entsprechend liegen gestaffelte Verbrauchsergänzungen für die betrieblichen Halbfabrikatezwischenläger und die Rohstoffläger vor. Die „verbrauchsorientierte" Lagerdisposition setzt einen niedrigen Variationskoeffizienten der Abflüsse, d. h. geringe Schwankungen, voraus. Sie ist bei Massen- oder Großserienfabrikaten (A-Artikeln) und teils bei mittleren Serien- oder Saisonfabrikaten (B-Artikeln) üblich. In Fällen hoher Variationskoeffizienten, z. B. bei teuren Sonderanfertigungen mit seltenen Lagerabgängen oder Kleinserienartikeln (C-Artikeln), wird „kundenbedarfsorientierte" Disposition zweckmäßig sein. In beiden Dispositionsarten ist der Abfluß durch Vorhersage oder direkte Bestellung gesichert. Deshalb verzichten sie auf die 100 %ige Lieferbereitschaft des Lagers.

Als zweiter Schritt erhält die Überwachung der optimalen Läger zentrale Bedeutung. Hier ist Liquidität gebunden, deren Zinslast die Rentabilität beeinflußt. Der Bestand darf deswegen nicht zu hoch sein. Andererseits darf die Lieferbereitschaft nicht sinken. Die Vertriebsdisposition hat deshalb nach Festlegung des Jahresabsatzbudgets den totalen Optimalbestand zu entscheiden. Artikel niedriger Umschlagshäufigkeiten (< 4 je Jahr) sind abzubauen. Zu geringe Artikelbestände mit häufigen Auslieferrückständen hingegen bedingen eine Lageraufstockung. Folglich gilt:

		Absatzbudget
	–	Fertiglager-Abbau
oder	+	Fertiglager-Aufbau
	=	Dispositionsbudget

Der Vertriebsdisponent plant gemäß folgender Formel bei Lagerab- und -aufbau:

	Soll-Endbestand Folgejahr
+	Soll-Abgang lt. Absatzbudget Folgejahr
–	voraussichtlicher Ist-Endbestand lt. Inventur laufendes Jahr
=	Soll-Zugang Folgejahr aus Eigenfertigung bzw. Fremdzukauf

Der Optimalbestand je Artikelnummer beträgt die halbe Anlieferlosgröße
(= $\frac{\text{Anfangsbestand + Endbestand}}{2}$) zu Standardherstellkosten.

Der dritte Schritt umfaßt das Bestellverfahren beim Betrieb. Es ist von fundamentaler Wichtigkeit, weil der Absatzrhythmus nicht exakt bekannt ist. Außerdem schwankt die Beschaffungszeit, da erst nach Erreichung eines Wiederbestellpunktes die fertigungsgünstigste Losgröße der vorangehenden Fertigungsstufe ausgelöst wird. Die Losgrößenobergrenze wird von den auftragsmengenproportionalen Lagerhaltungs- und Kapitalbindungskosten ($\frac{Z(x)}{x}$), ihre Untergrenze von den auftragsfixen Produktions- und Verwaltungsrüstkosten ($\frac{a}{x}$) bestimmt (vgl. Abb. 16). Die Optimierungsformel lautet daher:

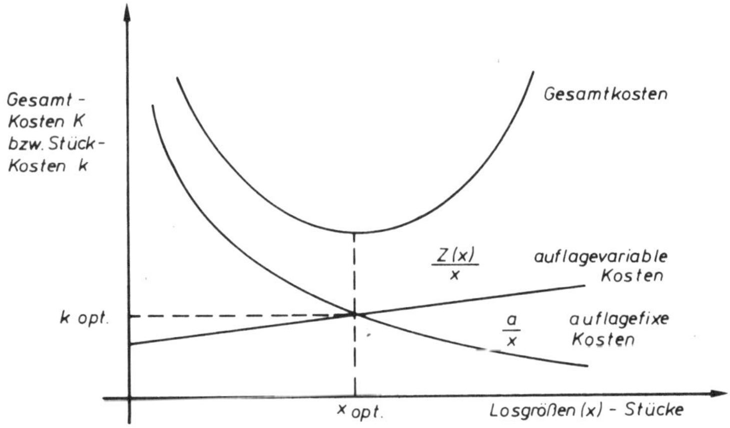

Abb. 16: Optimale Losgröße

$$L_{opt} = \frac{Z(x)}{x} + \frac{a}{x} = \min.$$

Hieraus errechnet sich die Andlersche optimale Losgrößenformel:

$$L_{opt} = \sqrt{\frac{200 \text{ x Jahresbedarf x Auftragsfixkostensatz}}{\text{HK je Stück x Zins- + Lagergemeinkostenprozentsatz}}}$$

Beispiel:

$$L_{opt} = \sqrt{\frac{200 \text{ x } 5000 \text{ Stck. x } 70 \text{ DM}}{100 \text{ DM x } 15}} = 216 \text{ Stück}$$

$$\text{Probe: Auftragsfixe Kosten/Jahr} = \frac{5000 \text{ Stück}}{216 \text{ Stück}} = 23{,}15 \text{ Lose x } 70 \text{ DM} = 1620 \text{ DM}$$

$$\text{Auftragsproportionale Kosten/Jahr} = \frac{216 \text{ Stück x } 100 \text{ DM x } 15}{2 \text{ x } 100} = 1620 \text{ DM}$$

In L_{opt} sind beide gleich groß.

Diese Formel ist nur praktikabel bei verbrauchsorientierter Jahresdisposition, wenn der Lagerbestand kontinuierlich abnimmt (vgl. Abb. 17). Bei bedarfsorientierter Disposition (z. B. Einzelbestellungen) ist ein kurzperiodigeres, dynamischeres Verfahren der „gleitenden wirtschaftlichen Losgröße" erforderlich. Dieses wird im Rahmen der Halbfabrikate- oder Teilelagerplanung beim Produktionsbudget erläutert.

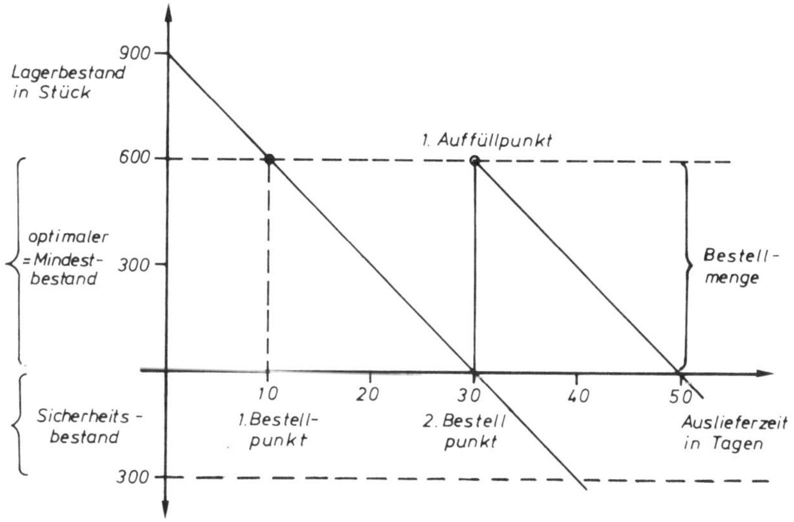

Abb. 17: Lagerbestellmodell bei kontinuierlichem Verbrauch

Die Bestellpunkte sind so festgelegt, daß ihre Bestandssummen der Zielgröße des optimalen Soll-Endbestandes des Budgetjahres entsprechen.

Der optimale Bestand (= Mindestbestand) je Artikel ist durch einen Sicherheitsbestand (Warnreserve) zu ergänzen. Er rechnet den Tagesverbrauch linear fort für die durchschnittlichen Anliefertage. Dabei können übliche Vorhersagefehler des Abflusses und Störungen der Anlieferung (wegen Ausschuß u. ä.) berücksichtigt werden. Bei fortlaufendem Lagerabbau würde bis zur Wiederanlieferung des nächsten Loses ein Lagerbestand von 0 erreicht. Je planmäßiger der Anlieferrhythmus ist, desto niedriger bleibt der Sicherheitsbestand. Der Disponent weiß aufgrund der ABC-Analyse und der Andler-Formel, in welchen Losgrößen-Stückzahlen etwa A-Artikel täglich, B-Artikel wöchentlich, C-Artikel monatlich angeliefert werden.

Für die laufende Lagerhaltung und Nachdisposition bieten die EDV-Hersteller praktikable Modularprogramme an (IBM = Inventory and Requirements Planning; Honeywell = Inventory Control).

Bei der Planung des Fertiglagerendbestandes (vgl. Anhang I, Blatt 9) sind auch die Außenläger bei Filialen, die Reisendenkollektionen, die Engroskommissionsläger und die Konsignationsläger bei Großkunden oder Auslandsvertretern hinzuzurechnen, da diese Vorräte noch nicht verkauft sind. Die Bewertung des Fertiglagers erfolgt zu kalkulatorischen Herstellungskosten, die leicht in bilanzielle Herstellungskosten überführt werden können. Die Soll-Endbestände des Budgetjahres sind in der Regel um die Jahresanfangs-Preiserhöhungen auf Endbestände des Vorjahres umzuwerten.

22133 Wöchentliche Verfügbarkeitsrechnung

Die Jahres- und Quartalsvertriebsdisposition mündet unmittelbar in die wöchentliche bzw. tägliche Feinsteuerung. Dies geschieht durch Verfügbarkeitsvergleich der jeweils im Fertiglager vorrätigen Waren mit den noch offenen Aufträgen. Die EDV-Zentraleinheit rechnet täglich die fortgeschriebenen Endbestände der Lagermengen und der Auftragsmengen aus, die angelistet oder über periphere Bildschirmterminals optisch abgerufen werden können. Andernfalls wäre tägliche manuelle Karteiführung nötig.

Erste Voraussetzung ist ein EDV-Nachweis der vorhandenen Artikelendbestände. Die wöchentliche oder tägliche „Lagerbestandsliste" errechnet ihn als Saldo aus Anfangsbestand Vorwoche bzw. Vortag ./. Abflüsse + Zugänge. Sie berücksichtigt dabei Korrekturen, wie Differenzen zwischen permanenter Inventur und Lagerfortschreibung, Umbuchungen u. ä. Alle Zu- und Abgänge liefert eine tägliche EDV-„Lagerbewegungsliste", die einen Bewegungsartenschlüssel enthält (vgl. Abb. 18).

Differenzen entstehen in der Praxis manchmal, wenn Waren für Kundenaufträge zur Expedition bereitgestellt, d. h. bereits als Lagerabgang gebucht, aber wegen fehlender Komplettierbarkeit noch nicht versandt wurden. Zur Fehlerbeseitigung wird man getrennte Lagerort-Nummern und Umbuchungsbelege unter eigener Bewegungsart vorsehen.

Als zweiter Schritt wird in dieser Wochen- bzw. Tageslagerrechnung eine Auftragsbestandsrechnung mit abgewickelt. Zum Auftragsanfangsbestand je Budgetwoche bzw. -tag kommen die unerledigten Aufträge einschließlich tatsächlicher Rückstände aus Vorwochen bzw. Vortagen. Sie erhöhen sich um die Einzelauftragseingänge bzw. den erwarteten Prognoseabfluß (= Kundenauftragseingänge). Davon sind die bestätigten

Belegart	Bewegung	Bewegungsart
Ablieferschein	Ablieferung eigene Fertigung	10
Lieferschein	Wareneingang von Lieferanten	12
Lieferschein	Rückgabe von Filiallager	14
Umbuchungsbeleg	Zugang von interner Zentralpackerei	16
Umbuchungsbeleg	+ Wertkorrektur Vormonat	18
Inventurbeleg	Positive Inventurmengendifferenz	19
Lieferschein	Verkauf an Dritte	50
Versandschein	Abgabe an Fremdkomplettierer	52
Materialrückgabeschein	Retoure zur Nacharbeit	54
Umbuchungsbeleg	Abgang an interne Expedition	56
Umbuchungsbeleg	./. Wertkorrektur Vormonat	58
Inventurbeleg	Negative Inventurmengendifferenz	59

Abb. 18: Lagerbewegungsartenschlüssel

Betriebsablieferaufträge abzusetzen. Dies ergibt den Auftragsendbestand je Budgetwoche bzw. -tag.

Die „Verfügbarkeitsrechnung" baut meist in einem EDV-Lauf lediglich den Saldo aus Auftragsab- und -zugängen in die Lagerbestandsrechnung gemäß folgender Formel ein:

  Anfangsbestand (heute)
– Sicherheitsbestand
+ Bestellausstand (heute bis Folgeperiode)
– Einzelauftrags- bzw. Prognoseabgang (heute bis Folgeperiode)
―――――――――――――――――――――――――
= Verfügbare Endbestandsmenge (Folgeperiode)

Für die wöchentliche bzw. tägliche Ermittlung je Artikel-Nummer speichert die EDV-Anlage den Teilestammsatz (Code-Nr., Mengeneinheit, Benennung, Konto) und die Bewegungsdaten (Bestand, Periodenabgänge, fortgeschriebene Durchschnittswerte). Aus dem wöchentlichen bzw. täglichen EDV-Programm „Bestandsrechnung" sind die Teilesätze aufgrund der verarbeiteten Abfluß- und Zugangskarten auf neuesten Endbestand fortgeschrieben. Zusätzlich kann eine EDV-„Bedarfsdatei" folgende Kenndaten liefern:

1. Sicherheitsbestand pro Erzeugnis: Er wird monatlich an die Absatzprognose angepaßt. Man ermittelt ihn als Prozentanteil auf den letzten Endbestand jeweils in Sonderrechnungen neu. Dabei werden berücksichtigt:
   a) die Abflußmengenprognose für den Zeitraum der Wiederbeschaffung;
   b) die mittlere, prozentuale Fehlerabweichung aus den bisherigen Prognosen;
   c) der vorgesehene Servicegrad = Sofortlieferbereitschaft des Lagers (z. B. Servicegrad 96 %). Er wird auf 150 % des Prognosewertes limitiert, um den Lagerumschlag mit einzubeziehen;
   d) ein Servicefaktor je Artikel zur individuellen Korrektur des mittleren Servicegrades des Lagers;
   e) die Wiederbeschaffungstage des Artikels.

2. Prognoseabgang pro Artikel: Er stammt aus der monatsweisen EDV-Forecaster-Liste. Sie gewichtet die Lagerabgänge der letzten 36 Monate für die folgenden 12 Monate im Fortschreibungsverfahren. Dabei sind Saisonindizes für die einzelnen Monate, Trendfaktoren für Konjunktur bzw. spezifische Marktsättigungsgrade des Erzeugnisses zu berücksichtigen; der Lagerdisponent kann die so errechneten Bestellvorschläge manuell erhöhen (z. B. wegen Auslieferrückständen) oder kürzen (z. B. wegen Stornos von Kundenaufträgen).
3. Bestellausstand je Fertigfabrikat: Er unterscheidet zwischen den
   a) zugesagten Stückzahlen bis Ende der halbmonatlichen Ablieferdispositionsfrist;
   b) Betriebsrückständen trotz rechtzeitig abgegebener Dispositionen des Vertriebslagers; sie werden bei Ablieferverzug von mehr als 4 Monaten in eine Stornoliste übertragen;
   c) Vertriebsrückständen infolge Nachbestellungen der Vertriebsdisposition; in roter Schrift werden vorzeitige Storni von Bestellungen seitens des Vertriebs ebenfalls erfaßt.

22134 Disposition der Fertigfabrikateablieferung und Handelswarenbeschaffung

Das Dispositionsbudget legt einerseits die artikelweisen Abliefermengen pro Jahr und nach Quartalen fest, die – unter Beachtung der Fertiglagerpolitik – vom eigenen Betrieb bereitzustellen sind (vgl. Anhang I, Blatt 11). Die Vertriebsdispositionen umfassen alle an das Fertiglager abzuliefernden Lagerergänzungen von A- und B-Teilen. Hinzuzurechnen sind mit Sammel-Identnummern pauschalierte Mengen der bedarfserwarteten C-Teile. Ihre Bewertung erfolgt zu Standardherstellkosten. Eigenveredelungsleistungen, welche man in bestimmten Produktionsstufen für Dritte erbringt, werden einbezogen.

Andererseits weist das Dispositionsbudget auch die vom Einkauf zu beschaffenden Handels- und Fremdwaren aus, die im Budgetjahr abgesetzt werden sollen. Auch hierfür ist die Lagerbestands-Verfügbarkeitsrechnung durchzuführen. Die Bewertung erfolgt zu Standardeinstandswerten. Preisdifferenzen gegenüber den tatsächlichen Tageseinstandspreisen werden über Preisabweichungskonten ergebniswirksam abgebucht.

222 Produktionsbudget

2221 Kapazitätsbudget der Fertigungsstellen

Die vom Vertrieb disponierten Eigenfabrikateablieferungen des Budgetjahres müssen vom Fertigungsbetrieb hergestellt werden. Die Dimensionierung der Produktionskapazitäten soll bei 1- oder 2-Schicht-Fahrweise hierauf abgestimmt sein. Fehlende Kapazitäten sind kurzfristig durch Leistungszukauf, Überhangkapazitäten durch Zusatzbeschäftigung für Dritte auszugleichen. Mittelfristig wird man hierfür Erweiterungsinvestitionen oder Desinvestitionen nicht rationaler Anlagen vornehmen. Die mögliche jährliche Ablieferkapazität bestimmt sich also nach der Formel:

Fertigproduktionsmenge gemäß vorhandener Anlagenkapazität
+ Ist-Anfangsbestand unfertige Produkte
– Soll-Endbestand unfertige Produkte
+ Produktionsmenge aufgrund Investitionen
– Abgang nicht rationaler Kapazität
+ Zukaufsleistungen von Fremdveredelung
– Eigenveredelung für Dritte

= Ablieferleistung

Die Fertigungskapazität kann für verschiedenartige Produktionsartikel nur gleichnamig und addierbar gemacht werden durch Rückgriff auf die für ihre Herstellung verbrauchbaren direkten Stunden der Produktivkräfte oder Fertigungsaggregate. Die indirekten Stunden dieser Arbeiter oder Maschinen bleiben außer Betracht, da sie bei Vollbeschäftigung ökonomisch in fester Relation zu den direkten Stunden stehen und durch einen konstanten Kostenaufschlag berücksichtigt werden können. Als direkt gelten Zeiten, während denen ein unmittelbar meßbarer Bearbeitungsfortschritt am Produkt entsteht und einzeln kalkuliert werden kann. Direkte Stunden von Arbeitskräften (= Mannstunden) oder Betriebsmitteln (= Maschinenstunden) stellen also Verbrauchsquanten einer zeitlich begrenzt nutzbaren Arbeitszeit- oder Maschinenzeitkapazität dar. Deshalb beginnt das Produktionsbudget mit der Bestimmung der verfügbaren Jahreskapazitäten. Hierbei muß man zwei Arten von Fertigungsplätzen getrennt betrachten.

22211 Jahres-Normal-Mannstunden für tempoabhängige Fertigungsstellen

In der verarbeitenden Industrie überwiegen Arbeitsplätze (Fertigungsstellen), deren Nutzungszeitkapazität infolge der Leistungsintensität der Arbeitskräfte variierbar ist. Einige Manteltarifverträge der Metallindustrie akzeptieren tempoabhängige Stellen bereits, wenn der manuell beeinflußbare Anteil der Schichtzeit über 25 % liegt. Diese Beeinflußbarkeit der Arbeitszeit wird durch den Zeitakkord- oder den Mengenprämienlohn gefördert. Kennzeichen dieser Lohnformen ist, daß durch schnellere persönliche Arbeitsgeschwindigkeit und Erfolgswirksamkeit über die fachmännisch geschätzte REFA-Normalleistung von 100 % hinaus ein Tempogewinn pro Zeiteinheit erwirtschaftbar ist.

Ein überdurchschnittlicher Leistungsgrad des Arbeitsvollzuges bedeutet, daß die Abliefermengenleistung pro Schichtdauer um den Mehrprozentsatz über 100 höher ist. Der Zeitgrad besagt entsprechend, um wieviel die Istzeitdauer der Arbeitsgangausführung unter der auf Normalleistung basierenden Vorgabezeit liegt. Wenn alle räumlich verfügbaren Arbeitsplätze mit diesem Leistungstempo genutzt werden, erhöht dies die direkte Mannstundenkapazität.

Beispiel:

100 Arbeitskräfte x 60 min/h Anwesenheit x Tempo 120 % = 7 200 min/h Leistungszeit (LE).

In der Praxis sind unter Außerachtlassung dieser Temposteigerung meist Arbeitsfläche oder Maschinenanzahl zu groß dimensioniert. Die geforderte Ablieferleistung kann nämlich auch mit weniger direktem Personal in überhöhtem Tempo erledigt werden.

Beispiel:

85 Arbeitskräfte x 60 min/h Anwesenheit x Tempo 140 % = 7 200 min/h.

Diese tatsächlich benötigte Kapazität wird für die Budgetierung üblicherweise unterstellt. Die Fixkostendeckung braucht dann nicht auf eine imaginär erhöhbare Leistungsbasis bezogen zu werden. Rechnerisch ergibt sich derselbe Beschäftigungsgrad, wenn nicht die um den mittleren Leistungsgrad erhöhte Stundenkapazität mit den Vorgabezeiten der Dispositionsbudgetaufträge verglichen, sondern die Jahresstundenkapazität mit Normalleistung angesetzt und mit den aus dem Produktionsbudget errechneten, um den mittleren Zeitgrad reduzierten Beschäftigungsstunden je Kostenstelle verglichen wird.

Die jährliche Mannstundenkapazität erhöht sich einerseits um die vorgesehenen Überstunden (z. B. wegen zu geringen Personalbestands). Andererseits ist die abteilungsdurchschnittliche Abwesenheitsdauer der direkten Arbeiter wegen Krankheit und sonstigen Fehlens abzuziehen, sofern keine Ersatzspringer zur Ausfüllung der Leerzeiten bereitgestellt sind. Generelle Betriebsurlaubszeit setzt man bereits von den Bruttojahresarbeitstagen ab. Der Begriff der Normal-Mannstundenkapazität ist also mit einem statistischen Wirkungsfaktor zu korrigieren.

Die Kapazität bestimmt sich nach der Anzahl der vorhandenen direkten Arbeitsplätze (vgl. Anhang I, Blatt 13). Diese richtet sich in der Regel nach den vorhandenen, selbständig einsetzbaren Fertigungsmaschinen – außer den tempounbeeinflußbaren Aggregaten – sowie den erzeugnisbezogenen Einrichter-, Montage-, Kontroll- und Nacharbeitsplätzen. Der Werkzeugbau gehört nicht dazu, da er direkte Stunden nur für interne Leistungsträger, nicht für absatzdisponierte Ablieferungen erbringt. Auch eventuelle externe Heimarbeiter und die dem Fertiglager zugeordnete Versandpackerei gelten als direkte Arbeitsplätze. Bei Mehrschichtbetrieb sind nicht die Plätze, sondern die Arbeitsstunden je Tag zu erhöhen.

Falls ein Mann wegen langer unbeeinflußbarer Maschinenhauptzeiten 2 oder 3 Bearbeitungsmaschinen bedient, von denen die erste mit langen, die zweite mit mittleren, die dritte mit kürzeren Zerspanungszyklen je Stück operiert und ihm dadurch insgesamt hohe beeinflußbare Maschinennebenzeiten gestatten, wird nur 1 direkter Mannplatz gerechnet. Reserve- oder Standby-Maschinen, die mit doppelt vorhandenen Werkzeugsätzen ausgestattet sind, um bei Störungen oder im Spitzenbedarfsfall ohne Rüstzeiten umspringen zu können, gelten bei der Kapazitätsermittlung hingegen als zusätzliche Mannplätze. Überalterte oder überflüssige, im harmonischen Ablauf nicht benötigte Anlagen sind als nicht rationale Kapazität auszusondern. Sie dürfen auch betriebswirtschaftlich nicht mehr abgeschrieben werden. Im Budgetjahr vorgesehene Investitionen sind zeitanteilig ab der vorgesehenen Inbetriebnahme-Woche mitzuplanen. Die Kapazitätsplanung verlangt, daß im Ablauf vorhandene Engpässe durch Rationalisierungsinvestitionen beseitigt werden, da deren Rentabilität in kurzer Rücklaufzeit nachweisbar ist.

Die Normalkapazität in direkten Mannstunden je Jahr bildet die Bezugsbasis für die Zurechnung der fixen Kosten im Kostenbudget, um die Vollkosten-Stundentarife der Fertigungsstellen zu ermitteln. Die theoretisch voll ausgenutzte Maximalkapazität wird bei 10 Arbeitsstunden/Schicht, d. h. der nach Arbeitszeitordnung zulässigen Obergrenze, erreicht. Sie liegt oberhalb der „Vollbeschäftigung“, die bei voller Ausnutzung der Kapazitäten innerhalb 8 Arbeitsstunden/Schicht angestrebt wird. Diese Normalkapazität ist also als 80 % der Maximalkapazität definiert. In den Beschäftigungsbereichen über 80 % (= „Betriebsoptimum“) liegt wegen progressiver Kosten (Überstunden) und unterhalb 50 % (= „Betriebsminimum“) wegen remanenter Kosten (Wartezeit) eine stückkostengünstigste Fertigung nicht mehr vor. Die Bewertung der Betriebsleistungen bei Annahme der Vollbeschäftigung der Kapazitäten nennt man „Optimalkostenkalkulation“.

22212 Jahres-Normal-Maschinenstunden für aggregatabhängige Fertigungsstellen

Außer den mannbezogenen direkten Arbeitsplätzen sind ergänzend jene Maschinenplätze kapazitätsmäßig zu budgetieren, die ohne oder mit geringer menschlicher Mitarbeit unmittelbar zur Produktbe- oder -verarbeitung eingesetzt sind. Das Kriterium für diese Plätze ist, daß die tempobeeinflußbare Zeit unter 25 % der Schichtzeit liegt. Deshalb ist kaum eine Überschneidung mit „Arbeitsplätzen“ gegeben. Die über Kienzle- oder VDO-Zeitschreiber erfaßte Maschinenlaufzeit ist hier die verursachungsgerechtere Maßgröße für die Kapazität. Nicht entscheidend für die Einordnung ist also der Wert einer Maschine. Meist handelt es sich um Plätze von Aggregaten mit Vorrichtungsbehältern, in denen geglüht, gestrahlt, gehärtet, gekühlt, gereinigt wird, oder um zwangsläufig getaktete Vollautomaten. Die Beeinflußbarkeit der Bedienungsnebenzeiten im Hinblick auf eine höhere Ausbringungsleistung ist so gering, daß nur eine Nutzungsprämie oder Zeitlohn anwendbar ist.

Die Grundsätze für die Definition der Normalkapazität sind dieselben wie bei Mannarbeitsplätzen. Auch bei den direkten Maschinenplätzen sind nichtrationale Kapazitäten auszusondern. Die Tageslaufzeit kann bei 1-Schicht-Betrieb über 8 Stunden bis auf 10 Stunden hinausgehen. Die Jahresarbeitstage brauchen nicht um die Urlaubszeit reduziert zu sein, wenn kein Betriebsurlaub vereinbart ist. Nur für das Personalbudget sind auch die zur Bedienung erforderlichen direkten Personen je Maschinenplatz, d. h. eine Normal-Mannstunden-Kapazität je Maschinenplatz, auszurechnen (vgl. Anhang I, Blatt 14).

Die jährlichen Normal-Maschinenstunden bei 8-Std.-Schicht bilden die Bezugsbasis für die fixen Kosten im Maschinenplatzbudget. Diese ermöglichen auch eine einheitliche, zeitbezogene Vorkalkulation. Nachkalkulatorisch wird neben der Maschinenstundensatzrechnung auch das Divisionsverfahren verwendet, wobei die Stellenkosten durch die Ausstoßmenge dividiert werden.

22213 EDV-Datei der verfügbaren Fertigungskapazitäten

Die kostenstellenweisen Normal-Mann- und Maschinenstundenkapazitäten des Budgetjahres werden bei einem EDV-Informations-und-Steuerungssystem für den Produktionsbereich in Dateiform gespeichert. Sie gestattet einen jederzeitigen Abgleich mit der Dispositionsbedarfsplanung nach Zeitmengen und Termin. Da die Platzkapazitäten für die Herstellung verschiedenartiger Erzeugnisse bereitstehen, ist eine Strukturgliederung, wie die Plätze nach- oder miteinander im Fertigungsablauf gekoppelt sind, nicht erforderlich. Allerdings empfiehlt sich eine aufsteigende Kostenstellennummern-Anordnung entsprechend dem Produktionsprozeß der Hauptkostenträger. Außerdem sollten Hinweise bei den Platzdaten angebracht sein, welche Ausweichmaschinen, Ersatzarbeitsgänge oder Möglichkeiten der Auswärtsvergabe bestehen. Ferner sind bei bekannten Kapazitätsengpässen Erläuterungen bezüglich zeitlicher Verschiebungsmöglichkeiten, Überlappungs- und Rüstzeiten zweckmäßig. Je zu verplanende Arbeitsplatzgruppe wird man schließlich maschinenabhängige Inspektions- und Wartungszeiten speichern. Dieses „Kapazitätenplanungssystem" (CPS) ist Bestandteil der allgemeinen Fertigungsdatenbank.

Für solche Verwaltungsprogrammkreise halten die EDV-Software-Anbieter praktikable Modularlösungen bereit (IBM: Capacity Loading and Scheduling System = CLASS, Honeywell: Resource File Management = RFM).

2222 Beschäftigungsbudget der Fertigungsstellen

22221 Bestätigung des Dispositionsbudget durch das Ablieferbudget

Gemäß dem Budgetnetzplan muß das vertriebsgewünschte Dispositionsbudget an einem wichtigen Terminentscheidungsknoten von der Produktionsleitung akzeptiert oder modifiziert werden (vgl. Anhang I, Blatt 19). Hierzu ist zunächst eine Umrechnung nötig. Das Dispositionsbudget enthält den Bedarf an verkaufsfähigen Eigenartikeln. Soweit Verpackungseinheiten (Garnituren) als Kostenträger angesprochen sind, sind sie über eine Stücklistenauflösung in betrieblich herzustellende Einzelprodukte aufzugliedern. Daraus sind losgrößengerechte Ablieferstückzahlen der Vorfertigung (z. B. Schmiederohlinge), der Hauptfertigung (Einzelartikel) und der Zentralpackerei (z. B. Garnitureneinheiten) zu bilden. Für die interne Arbeitsvorbereitung wird die Auflegungsstückzahl der Produktionsstufen sogleich um den mittleren Ausschußprozentsatz erhöht.

Die Ablieferwerte sind auf allen drei Stufen von Warenbeistellungen zu bereinigen, die nicht die betriebliche Wertschöpfung betreffen. In der Zentralpackerei werden die Standardeinstandswerte aller kompletten Handels- und Fremdwaren sowie der Garniturenkartons, Etuis und Verpackungsmaterialien eliminiert. In der Endfertigungsstufe sind die Standardeinstandswerte aller Zubehörteile, Veredelungsleistungen Dritter an den eigenen Erzeugnissen sowie Hilfslieferungen von mitproduzierenden Auslandsbetriebsstätten abzusetzen. Infolge des Abzuges dieser Fremdleistungen sowie der Rückrechnung der eigenen Wertschöpfung von Standardselbstkostenpreisen auf Standardherstellkosten ergibt sich ein niedrigerer Herstellkostenwert des Ablieferbudgets im Vergleich zum Dispositionsbudget.

Eine mengenmäßige Abgrenzung wird erforderlich, wenn aus dem Vorjahr Rückstände bzw. Überlieferungen oder aus der Jahresanfangsinventur des Fertiglagers Differenzen anstehen, die noch nicht im Dispositionsbudget berücksichtigt sind. Ferner können sich aus geplanten Aufstockungen oder Verminderungen der Halbfabrikatbestände zwischen Anfang und Ende des Budgetjahres Wertverschiebungen ergeben.

Die derart bereinigten Ablieferstückzahlen sind dem nachfolgend beschriebenen Prozeß der EDV-Stücklisten- und Arbeitsgangauflösung zu unterwerfen.

Erst wenn die Lieferbereitschaft der Fremdbezugsteile vom Einkauf und die Verfügbarkeit notwendiger direkter Arbeiter von der Personalabteilung bestätigt sind, können Mengen, Werte und Termine der Vertriebsdisposition rückbestätigt werden; dann steht das Jahresproduktionsbudget.

22222 Die Stücklisten- und Arbeitsgangauflösung mit EDV-Processor

Kernstück des Produktionsbudgets ist die Zerlegung aller Fertigerzeugnisse anhand der Stückliste in ihre Fertigungsmaterial- und ihre Fertigungszeiten-Bestandteile. Man spricht im ersten Fall vom eigentlichen „Stücklistenprozeß", im zweiten Fall vom „Arbeitsgangprozeß". Letzterer hat die entscheidende Bedeutung. Der organisatorische Aufwand bei einem Produktionsprogramm von mehr als 1 000 Artikeln mit einer Produktionstiefe von jeweils mehr als 30 Arbeitsgängen/Artikel ist so umfangreich, daß hierfür zweckmäßigerweise EDV-Modularprogramme eingesetzt werden (IBM: BOMP = Basic Organization and Maintenance Program, Honeywell: MARK III). Diese magnetbandorientierten Fertigungsdateien ermöglichen einerseits eine analytische Materialien- und Zeitengliederung, andererseits eine synthetische Summierung dieser Mengen. Die EDV-Stücklisten- und -Arbeitsganganalysen arbeiten jeweils mit zwei logischen Dateien:

1. Stammdateien: Sie geben an, aus welchen Materialstammteilen bzw. Einzelzeiten ein Fertigfabrikat besteht.
2. Strukturdateien: Sie zeigen, wie Materialstammteile zu Baugruppen bzw. welche Einzelzeiten zu Arbeitsstufen bei einem Produkt verknüpft sind.

Die Materialstückliste enthält also mehrstufige Stammdateien mit gleichen Haupt-Code-Nummern für das Produkt (z. B. Haushaltschere), mit zusätzlichen Unter-Code-Nummern für die darin enthaltenen Baugruppen (z. B. Ober- und Unterbeck, Schraube) und für Einzelteile (z. B. Spaltstücke für Becke, Vernickelungsbad). Hierzu gehört eine pyramidenartige Erzeugnisstruktur, nach welchem Arbeitsgang wie viele Einzelteile (z. B. 250 qcm Rutenstahl) benötigt werden, um daraus eine Komponente (z. B. 2 Scherenbecke) und schließlich im mehrstufigen Teileverwendungsnachweis das Abliefererzeugnis (z. B. 1 Schere) herzustellen. Das EDV-Programm „Stücklistenprocessor" zerlegt das Dispositions-Produktionsbudget anhand dieser Materialdateien in seine Komponenten. Bewertet man die Mengen dieser Fertigungsmaterialarten mit ihren Standardeinkaufspreisen, ergibt sich der Jahreswert des direkten Zukaufsbudgets.

In analoger Weise enthält die Arbeitsgangliste mehrere gestaffelte Vorgabezeiten-Stammdateien. Das Fertigprodukt erhält zur Haupt-Code-Nummer ein Arbeitsgangkennzeichen nach letzter Fertigungsstufe. Die Baugruppen weisen Unterarbeitsgangkennzeichen für die darin enthaltenen Zwischenfertigungsstufen auf (z. B. bis Ober- und Unterbeck mit Schraube justieren). Die Teile wiederum identifizieren die Vorfertigungsstufen (z. B. bis Becke gehärtet und mechanisch bearbeitet). Auch hier ist eine Strukturpyramide erforderlich, welche die zwangsläufige Verkettung und zeitliche Reihenfolge der Arbeitsgänge an den verschiedenen Arbeitsplätzen bis zur Fertigstellung des Endproduktes aufzeigt. Das EDV-Programm „Arbeitsgangprocessor" zerlegt das Produktionsbudget anhand dieser Dateien in sein Fertigungszeitengerüst. Die summierten Zeitenmengen (Stück- und Rüstzeiten) aller Fertigungsgänge ergeben das Jahresbeschäftigungsbudget.

22223 Kapazitätsauslastungsplanung

Das Beschäftigungsbudget verfolgt das Ziel, die im Jahresproduktionsbudget festgelegten auftragsabhängigen Mengen und Termine in die gemäß Kapazitätsbudget verfügbaren Mann- bzw. Maschinen-Normalstunden je Jahr einzuplanen und dabei einen optimalen Beschäftigungsgrad sicherzustellen (vgl. Anhang I, Blatt 20). Soweit die Belastungsübersichten partielle Überbelegungen, Stauungen, Überlappungen oder Leerkapazitäten aufzeigen, sind diese noch durch Fremdzukäufe, zeitliche Umdispositionen oder zusätzliche Lagerergänzungsaufträge auszugleichen.

Bei der Kapazitätsauslastungsplanung tempoabhängiger Mannarbeitsplätze werden nicht die laut Arbeitsgangprocessor ermittelten Vorgabezeiten bei Normalleistung, sondern nur die abteilungsdurchschnittlichen Istzeiten den Kapazitätsstunden gegenübergestellt. Die „unbehinderten" Istzeiten ergeben sich aus dem Quotienten von Vorgabezeiten durch Leistungsfaktor, z. B. Vorgabezeit 100 min/Auftrag : 1,3 (= Tempo 130 %) = Istzeit 77 min/Auftrag.

Für das Beschäftigungsbudget ist allerdings vom durchschnittlichen „behinderten" Tempo der direkten Arbeitskräfte auszugehen. Jeder Akkord- bzw. Prämienlohnarbeiter verfährt während der Schichtdauer nämlich Zeiten gestörten Arbeitsablaufes. Er muß etwa wegen ungeeigneter Werkstoffe oder Maschinenstörungen Tempominderungen in Kauf nehmen, wegen Umsetzung auf andere Plätze oder Anlernung von Aushilfskräften zeitweise Zeitlohnstunden verfahren oder Einrichte- und Kontrollzeiten einlegen, wegen sonstiger Gründe sogar Wartezeiten oder unproduktive Tätigkeiten verrichten. Da die Leistungseinheiten je Stunde (LE/h) für diese behinderten Zeiten nicht immer meßbar sind, setzt man vereinfacht Mittelwerte an. Zeitlohn wird mit Tempo 100 % = 60 LE/h, Rüstzeit mit Tempo 50 % = 30 LE/h, Wartezeit mit Tempo 0 % = 0 LE/h bewertet.

Beispiel:

Std./Monat		LE/h		Arbeitsart		LE
125	x	78	(= 130 %)	unbehinderter Akkord	=	9 750
+ 20	x	60	(= 100 %)	Zeitlohn, Nacharbeit	=	1 200
+ 15	x	30	(= 50 %)	Rüst- und Kontrollarbeit	=	450
+ 10	x	0	(= 0 %)	Ausschuß, indirekte Arbeit	=	0
170	x	67	(= 112 %)	behinderter Akkord	=	11 400

Den Verlustfaktor zwischen unbehindertem Tempo und behindertem Tempo muß man, wenn die Zeitwirtschaftsstelle nur ersteres festhält, vorkalkulatorisch im Kostenbudget als „Anomalzuschlag" (AZ) berücksichtigen (z. B. 78 LE/h : 67 LE/h x 100 = + 16 % AZ). Das behinderte Tempo stellt den positiven Wirkungsgrad dar, um welchen die behinderte Istleistung die Normalleistung überschreitet bzw. die behinderte Istzeit die Normalzeit unterschreitet. Die Arbeitszeit direkter Meister und mitarbeitender Auszubildender setzt man unverändert außerhalb der Fertigungszeitbedarfsrechnung zu (vgl. Anhang I, Blatt 20).

In umgekehrter Weise tritt bei der Kapazitätsauslastungsplanung tempounabhängiger Maschinen ein negativer Wirkungsgrad auf. In der Praxis entsteht oft zwischen unbehinderter Laufzeit und mittlerer behinderter Laufzeit der Aggregatplätze ein Zeitverlust.

Beispiel:

Std./Monat		Wirkungsgrad	Arbeitsart	Wichte-Wirkungsgrad
140	x	100 %	unbehinderte Laufzeit	= 14 000
+ 4	x	50 %	Anlauf- und Überlappungszeit	= 200
+ 10	x	0 %	Einrichtezeit	= 0
+ 9	x	0 %	Reparatur- und Instandsetzungsrate	= 0
+ 7	x	0 %	Stör-, Putz-, Wartezeit	= 0
170	x	83 %	behinderte Laufzeit	= 14 200

Wenn die Zeitwirtschaftsstelle nur ersteres festhält, ist vorkalkulatorisch ein „technisches Rendement" (TR) zu berücksichtigen (z. B. 100 min/h unbehindert : 83 min/h behindert x 100 = 20,5 % TR). Die laut Arbeitsgangprocessor ermittelten unbehinderten Maschinenbedarfsstunden sind um diesen TR-Faktor zu beaufschlagen. Auch die Chargendauer eines Aggregates pro Gesamtfüllmenge gilt als Maschinenbeschäftigungszeit.

Die behinderten Jahresleistungsstunden je Kostenstelle sind die Bezugsbasis für die Zurechnung der variablen Kosten im Kostenbudget. Da sie unterhalb der verfügbaren Normal-Kapazitätsstunden je Kostenstelle liegen, ist die nicht ausgelastete Leerkapazität als fixer „Unterbeschäftigungszuschlag" (UBZ) im Deckungsbeitrag hereinzuholen.

22224 Optimale Lagerplanung unfertiger Erzeugnisse

Auch die Halbfabrikatbestände im Teilelager sind bis Budgetjahresende zu optimieren (vgl. Anhang I, Blatt 16). Die Lagerhaltungspolitik für Fertig-, Unfertig- und Rohstoffläger steht einheitlich unter den drei Zielen, Kapitalbindung, Kosten und Lieferbereitschaft optimal sicherzustellen. Unfertigteilläger sind oft stärker differenziert als Fertigläger, so daß ca. 80 % des Durchschnittsbestandswertes von ca. 10 % der Positionen aufgebracht werden (= A-Artikel) und weitere ca. 15 % des Lagerwertes von zusätzlichen ca. 30 % der Positionen herrühren (= B-Artikel). Die restlichen ca. 5 % des

Vorratswertes stammen von ca. 60 % der Positionen (= C-Artikel). Die stückzahlintensiven A- und B-Artikel, welche lediglich 25 % der Artikelnummern ausmachen, haben meist niedrige Abliefer-Variationskoeffizienten, d. h., sie werden regelmäßig (täglich oder wöchentlich) aus der vorgelagerten Fertigungsstufe lager-verbrauchsorientiert abgerufen. Die stückzahlschwachen C-Artikel mit hohen Variationskoeffizienten, d. h. unregelmäßiger (z. B. monatlicher oder quartalsweiser) Anlieferrhythmik, werden dagegen meist kunden-bedarfsorientiert disponiert.

Durch diese Bestellverfahren zur Lagerergänzung ergibt sich eine zwangsläufige Verknüpfung der Fertigläger mit den Halbfabrikatteilevorräten. Diese sind offiziell registriert in Zwischenlägern oder unkontrolliert in Abteilungsbeständen gebunden.

Da Betriebsaufträge in allen Fertigungsstufen in optimalen Fertigungslosgrößen, aber in verschiedenen Auflegungsrhythmen hergestellt werden, sammeln sich in ökonomisch erwünschter Weise Montagepartien mit geringsten Stückzahlen und höchsten absoluten Wertschöpfungsbeträgen im Fertiglager. Die Endbearbeitungsstufe liefert schon größere Losstückzahlen in die Teileläger. Sie binden wegen des nur mittleren Reifegrades keine hohen Wertbeträge. Zur besseren Vorratsüberwachung empfiehlt sich die Errichtung gestufter Zwischenläger in der Produktion (z. B. I = nach Vorfertigung, vor mechanischer Bearbeitung, II = nach Hauptfertigung, vor Montage, III = nach Justage, vor Packerei), die Zählstellen für Abliefer- und Entnahmemengen sind. Sie sind immer dort zweckmäßig, wo infolge neuer Rüstvorgänge im Arbeitsprozeß nachfolgend kleinere Losgrößen gebildet und mit Materialentnahmescheinen exakt vorgesetzt werden. In den Rohstofflägern schließlich sollten die größten Einkaufspartien gebunden sein, die allerdings noch die geringste Wertschöpfung aufweisen.

Eine systematische Planung der Halbfabrikateläger erfordert – wie beim Fertiglager –

a) die Vorhersage des Abflußbedarfs,

b) das richtige Bestellverfahren und

c) die Überwachung der Optimal- und Minimalbestände.

a) Die Abschätzung der Lagerabgänge braucht nicht mittels EDV-Forecasting-Programm zu erfolgen, da die Jahresdisposition seitens des Fertiglagers bereits bekannt ist. Die Betriebsarbeitsvorbereitung teilt diese Jahresstückzahl durch die optimale Losgröße je Fertigungsstufe und ermittelt damit die Anzahl und die Auflegungstermine der Lose. Diese werden definitiv allerdings erst ausgelöst, sobald der Mindestmeldebestand infolge Abflusses in die Montage unterschritten ist. Dessen Überwachung kann ab einer bestimmten Sortimentsbreite nicht mehr kartei- oder listenmäßig erledigt werden. Für solche Teileläger sind periphere Kleincomputer mit Bildschirmterminals rentabel. Sie rufen den täglichen Abgang ab und listen ihn auch an. Denn jedes Halbteil bzw. jede Komponente hat aufgrund der Stücklistenidentifikation ein Lagerdateiblatt in der Zentral-EDV.

b) Die Bestelldisposition zur Auffüllung der Zwischenläger kann kaum manuell vom Disponenten in der Arbeitsvorbereitung, sondern nur durch Einsatz von EDV-Programmen aktuell gehalten werden. Hierfür bieten die Computerhersteller eine bewährte Software an (IBM = IRP oder IMPACT, Honeywell = INC). Für jede Teile-Nummer ist eine zusätzliche Dispositionsdatei anzulegen, welche u. a. die Bestelldauer, die wirtschaftliche Anlieferlosgröße, den Sicherheitsbestandsprozentsatz und die Dispositionsart enthält. Für jeden Stammsatz zeigt dann die wöchentliche Dispositionsrechnung durch Vergleich zwischen Anfangsbestand laut fortgeschriebener Lagerdatei plus erfolgten Bestellaufträgen abzüglich der eingetroffenen Ablieferungen, wo Über-/Unterbestände vorliegen.

Die Bestellhöhe richtet sich bei den verbrauchsorientierten Lagerergänzungen der Teileläger ebenfalls nach der Andlerschen Losgrößenformel:

$$B_{opt} = \sqrt{\frac{200 \text{ x Jahresbedarf x Rüstkosten aller Auflegungen der Vorstufe}}{\text{Standardherstellkosten je Stück des abzuliefernden Halbfabrikats x Lagerkostenprozentsatz}}}$$

Mit ihr lassen sich optimale Bestellmengen berechnen, sofern die Lagerzins- und die Umrüstkosten auf die Jahresbestellmengen bezogen sind und der Lagerbestand sich während des Bestellzeitraumes gleichmäßig abbaut. Schon bei einem Satz von 15 % Lagerzins- und -gemeinkosten müssen die technischen Wunschlosgrößen meist deutlich eingeschränkt werden.

Bei ungleichmäßigen Monats- oder Wochenablieferungen oder bedarfsgeplanten Dispositionen des Teilelagers an die vorgelagerten Fertigungsstufen muß man das periodisch dynamisierte Verfahren der „gleitenden wirtschaftlichen Losgröße" anwenden. Hierbei wird der bei Andler auf das Jahr bezogene Lagergemeinkostensatz auf die individuelle Länge der Ablieferperiode umgerechnet. Die für die einzelnen Periodenbedarfsmengen anfallenden Lagerungsstückkosten werden iterativ so lange mit den auftragsfixen Bestellkosten pro Stück verglichen und zu Losen kumuliert, bis beide Parameter gleich groß und die optimalen Stückkosten gefunden sind. Man disponiert dann den Bedarf für die kostengünstigste Stückzahl.

Beispiel:

LB = UF-Lager-Bedarfsstückzahl je Monatsperiode

A = Auflagefixkosten = 300 DM (Auftragsannahme, Rohstoffeinkauf, Eingangskontrolle, Fertigungspapiere, Rüstkosten, Abtransport, Nachkalkulation)

K = Lagerproportionalkosten/Stück bei 1-Monats-Periode

$$= \frac{H \cdot L}{\text{Monatsanzahl}} = \frac{60 \cdot 20}{12 \cdot 100} = 1 \text{ DM x } \phi \text{ LE}$$

Es bedeutet:

H = Standard-Herstellkosten-Wert des Halbfabrikats = 60 DM

L = Lager-, Raum-, Transport-, Versicherungs-, Inkuranz- und Zinskostenprozentsatz = 20 %

LE = Lagerendbestand je Monatsperiode

Periode = Monat	1	2	3	4	Stückkosten
UF-Lagerbedarf (Stck.)	60	30	80	50	(A+K) : LB = DM/Stck.
Losalternative 1 (Stck.)	60				
A (DM)	300				
K = (0 + 60) : 2 (DM)	30				330:60 = 5,50
Losalternative 2	60 + 30 = 90				
A	300				
K = (60 + 90) : 2 (DM)	30	75			405:90 = 4,05
Losalternative 3	90 + 80 = 170				Optimum!
A	300				
K = (90 + 170) : 2 (DM)	30	75	130		535:170 = 3,15
Losalternative 4	170 + 50 = 220				
A	300				
K = (170 + 220) : 2 (DM)	30	75	130	195	730:220 = 3,31

Abb. 19: Optimale Bestellhöhe für Halbfabrikate nach gleitender wirtschaftlicher Losgröße

c) Die Planung optimaler Halbfabrikatvorräte erfolgt nach denselben Grundsätzen wie für Fertigbestände. Sie muß auch die nicht in Zwischenlägern befindlichen Abteilungsbestände umfassen. Wenn wirtschaftliche Losgrößen innerhalb einer Fertigungsstufe abgeliefert werden, tritt hier kein Problem auf. Erfahrungsgemäß werden durch Ausschuß und Nacharbeit oder Störungen bei Betriebsmitteln, Material oder Fehlpersonal immer wieder Serien zerrissen. Außerdem entstehen durch Zeithortungen, mit welchen die Akkordarbeiter Leistungsschwankungen ausgleichen, unkontrollierte Abteilungsvorräte. Sie binden Kapital und verlängern die mittlere Produktionsdauer.

22225 Voraussetzungen und Folgerungen des Produktionsbudgets

Im Produktionsbereich steht sowohl für die Entscheidungen des jährlichen Budgets als auch für die wöchentliche Auftragsfeinterminierung ein integriertes Steuerungssystem unter EDV-Einsatz zur Verfügung (vgl. Abb. 20). Die Verpflichtung der technischen Leitung zur Ablieferung der im Produktionsbudget zugesagten Liefermengen, -werte und -termine setzt aber eine Reihe von Vorentscheidungen voraus.

222251 Eigenfertigung oder Fremdbezug

Mit der Entscheidung über die Herstellung kompletter Erzeugnisse oder ihrer Baugruppen muß eine ergebnisoptimale Arbeitsteilung zwischen eigenen und fremden Kapazitäten erfolgt sein. Dabei bleiben Fälle außer Betracht, in denen wegen Wahrung des Produktionsgeheimnisses, wichtiger Termineinhaltung oder hoher eigener Leerkapazitäten billigere Fremdlieferanten nicht in Frage kommen. Natürlich müssen die Fremdpreise inhaltlich vergleichbar sein mit den eigenen Herstellkosten.

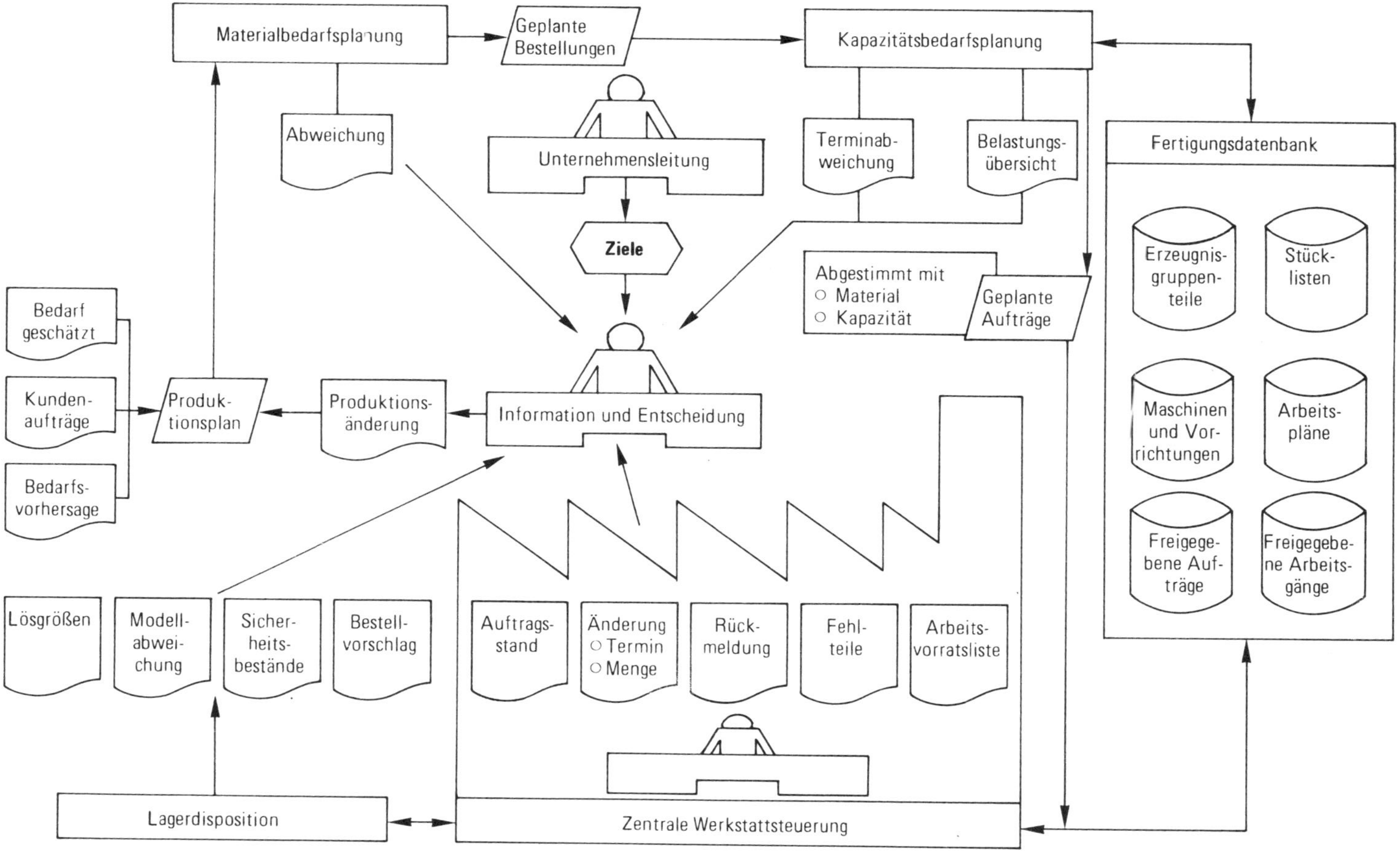

Abb. 20: Informations- und Steuerungssystem für den Produktionsbereich

Der Einkaufsgrundsatz beim „Make-or-buy"-Vergleich lautet:

Fremdbezug = falls Herstellkosten Eigenfertigung ⩾ Fremdeinstandspreis.

Diese Regel gilt bei guter Beschäftigung der betrieblichen Kapazitäten. Bei Unterbeschäftigung bringt jede Abliefergutschrift oberhalb der variablen Herstellkosten einen Deckungsbeitrag für die vorhandenen Fertigungsfixkosten. Als Sonderregel gilt dann:

Fremdbezug = falls variable Herstellkosten ⩾ Fremdeinstandspreis.

Dieses Grenzkriterium ist nicht ganz exakt. Die Problematik liegt in der richtigen Ermittlung der eigenen HK-Grenzpreise. Die herkömmliche Kostenrechnung mit abteilungsdurchschnittlichen Gemeinkostenzuschlägen oder -stundentarifen zeigt nicht genau die verursachungsgerechten Kosten. Die variablen Kostenarten sind lediglich im Verhältnis zur monatlichen Gesamtablieferung eines Kostenträgers proportional abgerechnet. Sie werden aber nicht nur von der Monatsproduktion, sondern auch von der Auftragsgröße veranlaßt.

Durch eine Sonderuntersuchung kann man feststellen, daß oberhalb des jahresmittleren Bestellwertes je Position bzw. der betriebsdurchschnittlichen Losgröße liegende Aufträge prozentual geringere auftragsfixe Kosten verursachen. Unterdurchschnittliche Auftragspartien dagegen bewirken prozentual erhöhte Fixkosten pro Auftrag. Für jede Positions-Nummer fallen im Fertigungsbereich Rüstzeiten an. Aber auch der Fixkostenbereich der Hilfsstellen wird beansprucht, da die Abteilungen Kalkulation, Arbeitsvorbereitung, Versand, Fakturierung, Buchhaltung für Kleinaufträge den gleichen Zeitaufwand benötigen wie für Großserien.

Trägt man diese absoluten auftragsabhängigen Fixkosten in Abhängigkeit vom Auftragswert auf, dann erkennt man leicht den progressiven Kosteneinfluß der Mindermengen und den nur geringen degressiven Kostenverlauf bei Übermengen. Die Gemeinkostenverrechnung laut BAB-Tarif deckt nur den Mittelwert pro Auftrag. Für Kundenaufträge unterhalb des jahresdurchschnittlichen Bestellwertes wird bei Eigenfertigung Kapital verschleudert, wenn der Erlös keinen progressiv steigenden Zuschlag für auftragsfixe Kosten einspielt (vgl. Abb. 21).

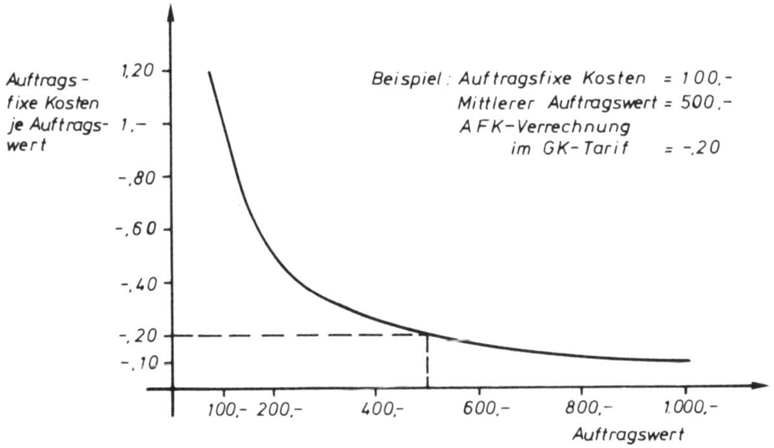

Abb. 21: Einfluß des Bestellwertes auf Stück-Herstellkosten

Dieselbe Fehlkalkulation gilt für Zwischenfabrikate (z. B. Ersatzteile) oder gangweise Eigenveredelungsarbeiten (z. B. Vernickeln). Da auch die Fremdlieferanten normalerweise nur die mittleren Gemeinkostensätze ihrer Monatsabrechnung kalkulieren, empfiehlt sich trotz Unterbeschäftigung eine Fremdvergabe bei Kleinaufträgen. Umgekehrtes gilt bei überdurchschnittlichen Serien, falls die mittleren Standard-VHK gleich oder höher als der Fremdeinstandspreis liegen.

222252 Lösung von Produktionsalternativen (Linear Programming)

Unter den fixierten Budgetzielsetzungen (z. B. optimale Kapazitätsauslastung mit niedrigsten Stückkosten) ist jeweils eine optimale Zuteilung von Maschinen, Arbeitskräften und Rohmaterialien zur Herstellung der Produkte unter Beachtung von Mengen, Terminen und Erträgen ./. Kosten vorzunehmen. Dabei sind in gewissen Grenzen nur alternative Einsatzmöglichkeiten vorhanden. Sie werden durch Nebenbedingungen – zwangsläufige Kuppelproduktion oder Vertriebskoppelung zweier Alternativartikel oder Limitierungen von Produktionsfaktoren (z. B. bei unteilbaren Maschinenlaufzeiten) – eingeschränkt.

Zuteilungsentscheidungsmodelle sind bei wahlweisen Programmzusammensetzungen wichtiger A-Artikel, bei Versandalternativen in verschiedene Außenläger, bei Verschnittfragen u. a. zu lösen.

Beispiel:

Die Herstellung von 100 Stück der Produkte A und B erfordert unterschiedliche, aber in starrer Relation zueinander stehende Maschinen-, Arbeits- und Rohmaterialeinheiten, die unterschiedliche Stückgewinne bringen. Welche Mengen A und B sind bei begrenzter Kapazität gewinnmaximal zu produzieren?

	Produkt A	Produkt B	Maximal-kapazität
Benötigte Arbeitszeiteinheiten Z	500	200	= 1 000
Benötigte Rohmaterial-Mengeneinheiten M	300	800	= 1 200
Gewinn (= Ablieferwert ./. Stückkosten)/ Stück	5 DM	3 DM	

a) Man kann das Problem (Gewinn-Zielfunktion unter Zeit- bzw. Stoffrestriktionen) mathematisch mit der Simplexmethode exakt lösen. Vereinfacht läßt sich aber – bei Annahme von je 100 Stück A + B pro Auftrag – formulieren:

$$500\ A + 300\ B = \text{Gewinn (max)}$$

$$300\ B = \text{Gewinn (max)} - 500\ A$$

$$B = \frac{1}{300}\ \text{Gewinn (max)} - \frac{500}{300}\ A$$

Diese Gleichung entspricht der Geraden $y = bx + a$, deren Steigungsmaß $-\frac{500}{300}$ ist:

b) Bei graphischer Darstellung muß die gewinnmaximale Kombination unterhalb der Zielgeraden zwischen B = 500 und A = 300 liegen. Durch Zielannahme verschiedener Gewinnvorstellungen, z. B. 1 000 = 500 A + 300 B, entsteht

$$A = 2 - \frac{300}{500} B$$

Durch Parallelverschiebung dieser und ähnlich gewählter Zielgeraden zeigen sich mögliche Optima, die aber erst im Schnittpunkt der Z- und M-Geraden das Gewinnmaximum bringen (vgl. Abb. 22).

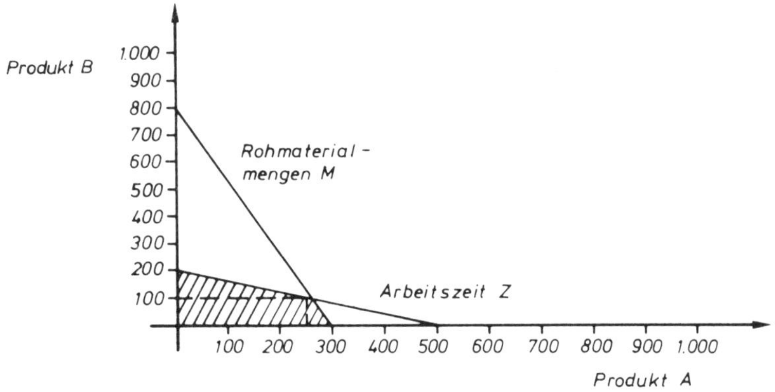

Abb. 22: Optimaler Lösungsraum für Alternativfertigung zweier Produkte

Für die Betriebspraxis braucht keine exakte Lösung gefunden zu werden; doch sollten die Grundsatzalternativen bei knappen Kapazitäten (Vollbeschäftigung) geprüft sein. Die EDV-Hersteller stellen für dieses Linear Programming geeignete Modularprogramme (IBM = Mathematical Programming System) und für komplizierte produktionstechnische Entscheidungen integrierte Spielsimulationen (IBM = FAME) bereit. Voraussetzung ist aber immer, daß die Zuordnungsstruktur von Maschinenzeit, Arbeitszeit und Rohmaterialmenge für jedes Produkt in jedem Arbeitsgang mit vorkalkulierten Stückkosten und Abliefergutschriften fixiert ist.

222253 Auflösung des Produktionsbudgets in die wöchentliche Auftragsterminierung

Die jährliche Kapazitätsauslastungsplanung muß ihre Fortsetzung in der quartalsweisen, monatlichen und wöchentlichen Feinsteuerung finden. Andernfalls kann der optimale Einsatz des Fertigungsmaterials, der direkten Gewerblichen und der Betriebsmittel nicht realisiert sowie die errechnete Ablieferleistung und die beabsichtigte Halb- und Fertigfabrikatbestandsveränderung nicht erreicht werden.

Deshalb sind die Dispositionsstückzahlen des Jahres- bzw. Quartalsvertriebsbudgets identnummernweise in Wochenaufträge aufzulösen. Die Vertriebsleitung hat die Fertiglagerergänzungsdispositionen in optimalen Ablieferlosen verbindlich bei der Produktion mit festen Ablieferterminen geordert. Damit sind etwa 80 % des Quartalsvolumens in Form von A- und B-Artikel-Lageraufträgen artikelweise bestellt. Für die restlichen etwa 20 % C-Artikel ist nur ein Rahmenauftrag mit fiktiver Repräsentanten-Nummer fixiert, um Materialwert, Fertigungszeitenbedarf und Betriebsmittelkapazität reserviert zu halten. Sie werden kurzfristig durch die tatsächlichen Kundenaufträge für C-Artikel ausgefüllt. Dies setzt voraus, daß anhand einer EDV-„Renner"-Liste der Vorjahresauftragseingänge je Artikel-Nummer klassifiziert ist, welcher Artikel zur A-, B- oder C-Kategorie zählt.

Bei der Auftragsterminierung wird für einen begrenzten Terminhorizont (z. B. 1 Woche) je Arbeitsplatz bzw. Maschinengruppe eine Auftragsvorratsliste mit Prioritätenrangreihe erstellt. Hierzu ist der Bedarf an fest terminierten Maschinenzeiten, Arbeitskräftezeiten und Rohmaterialmengen manuell (z. B. Eichner-Leitstand) in die verfügbaren Betriebsmittel-, Arbeitsgang- und Stücklistenkapazitäten einzuplanen. Entsprechend ermittelt man bei Engpaßkapazitäten die unfixierbaren Terminaufträge. Die Betriebsleitung hat außerdem vorher zu melden, ob infolge Maschinenstörung, Werkzeugbruchs, Arbeitskräftefehlstands, erhöhten Ausschusses oder fehlender Materialversorgung noch Umdispositionen erforderlich sind. Dann schreibt man in der Auftragsbestandsliste je Platz bzw. Arbeitsgang die „freigegebenen Aufträge bzw. Arbeitsgänge" mit Start- und Endterminen laufend fort.

Für die Durchlaufterminierung müssen die EDV-Anwendungsprogramme (IBM = CLASS, Honeywell = MIACS-SAL) individuell weiterentwickelt werden. Jedes Unternehmen kann anhand seiner Fertigungsstruktur – getrennt nach Arbeitsplätzen der Vor-, Haupt-, Endfertigung – die betriebstypischen Korrekturen für behinderte Tempoleistung bzw. maschinentechnisches Rendement einbauen.

223 Zukaufsbudget

2231 Einkaufsplanung für Rohmaterial, Bezugsteile und Fremdveredelungen

22311 Vorbereitungen zur Bruttomaterialdisposition

Die Aufgaben der Zukaufsbudgetierung direkten Materials obliegen dem Materialwirtschaftsbereich. Er umfaßt die Rohmaterialdisposition, welche meist der betrieblichen Arbeitsvorbereitung zugeordnet ist, den Einkauf und die Rohstofflagerverwaltung. Die Materialdisposition hat den Rohstoff-Nummerncode zu pflegen und Ergänzungsnummern für Konstruktions-, Verpackungs- oder fakultative Fremdveredelungsänderungen zu vergeben. Die Tätigkeit des Einkaufs besteht in der Auffindung der qualitätsentsprechenden Lieferanten, der Aushandlung günstigster Einstandspreise und der Verkürzung der Lieferzeiten. Er hat auch einen preisgünstigeren Fremdbezug oder die Teilveredelung bei Dritten als Substitutionsalternative anzuregen. Die Rohstofflagerwirtschaft hat die ständige Lieferbereitschaft bei möglichst niedriger Kapitalbindung sicherzustellen.

Die Materialbeschaffungsinstanzen erledigen heute etwa zu 60 % ihrer Zeiten Routinearbeiten und höchstens zu 40 % Verbesserungen des Einkaufsgeschäfts. Primäre Einkaufsbudgetaufgabe ist deshalb, der Einkaufsförderung mehr Bedeutung einzuräumen. Da der Wareneinsatz in der verarbeitenden Industrie etwa 30–40 % des Umsatzes ausmacht, ist die weitere Zielvorgabe, diesen Anteil zu senken. Dem Materialbeschaffungsbereich wird im Einkaufsbudget deshalb die Senkung des wertmäßigen Bruttobedarfs der A-Rohstoffe um beispielsweise 5 % vorgegeben, wobei eine inflatorische Preiserhöhungsrate von vielleicht 3 % konzediert ist. Zur Erreichung der Budgetziele darf der Einkauf neue Lieferanten suchen, Einkaufskooperationen eingehen sowie Abschlußmengen und -zeitpunkte variieren.

Die Materialplanung wird sich bei der Normung von Rohstoffeinzelteilen und bei der Typisierung von Baugruppen und Endprodukten einschalten. Sie kann die Konstruktionsabteilung zur Einführung von Baukastensystemen mit Hilfe von Zeichnungscomputern anregen. Im Wertanalysekomitee schlägt sie vor, ob die qualitative Funktion des Fabrikates nicht auch durch Verwendung billigerer Werkstoffe (z. B. Kunststoff statt Schmiedeteile), durch kostensparende Werkzeuge (z. B. Mehrfachgesenke) oder durch arbeitsvereinfachende Fertigungsverfahren (z. B. Aufspritzen statt Galvanisieren) erreicht werden kann.

Die Funktion des Beschaffungsbereichs für die integrierte Budgetierung besteht darin, aus dem Produktionsbudget den normativ bereinigten Bruttobedarf an Zukaufteilen zu ermitteln. Diese Operation erfolgt durch Stücklistenauflösung mit Hilfe des EDV-Programms „Stücklistenprocessor". Das EDV-Stammband der vom Produktionsbetrieb zur Ablieferung an den Vertrieb bestätigten Artikelnummern wird mit dem Stücklistenstammband verglichen. Dann lösen weitere EDV-Durchläufe diese identifizierten Bedarfsmengen in Baugruppenbestände, anschließend in Einzelteile auf. Das EDV-Einzelteilebedarfsband der Rohmaterialien ist nach Eigenfertigungs-, Fremdveredelungs- und Handelswarenbezugsteilen zu sortieren. Das Mengengerüst ist um die mittlere Ausschußquote zu erhöhen.

22312 Nettobedarfsermittlung durch EDV-Simulation

Der Bruttobedarf an Rohstoffeinzelteilen ermäßigt sich wegen des budgetierten Abbaues vorhandener oder des Aufbaues umschlagerforderlicher Rohstofflagerbestände auf einen Nettobedarf (vgl. Anhang I, Blatt 23). Der artikelweise Rohstofflagerbestand zum Monatsende innerhalb eines Budgetjahres ist aber unbekannt. Er schwankt als Saldo von Abflüssen für losgrößenbedingte Unfertigteilebedarfe in die Fertigung und intermittierender Partienanlieferung vom Markt. Er kann allerdings in einer Zeitablaufanalyse vorsimuliert werden. Über die Höhe der erwarteten Rohstofflagerabgänge gibt die Disposition des Teilelagers Anhaltspunkte. Die Höhe der Rohstofflagerergänzungen nach Unterschreitung der Mindestmeldebestände richtet sich nach der Wiederbestelldauer.

Für die optimale Rohstofflagerhöhe gelten die früher schon erläuterten Grundsätze der Lagerplanung. Im Beispiel zeigt sich, daß voraussichtlich an 2 Terminen der Mindestbestand unterschritten und die Lieferbereitschaft gefährdet ist. Der Bestelltermin

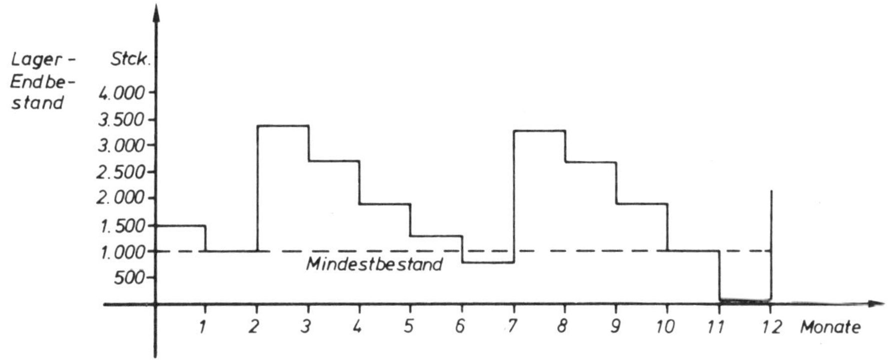

Anfangsbest.	2.000	1.500	1.000	3.400	2.700	1.900	1.300	800	3.300	2.700	1.900	1.000
Abgänge	500	500	600	700	800	600	500	500	600	800	900	1.000
Zugänge			3.000					3.000				
Netto - Saldo	-500	-500	+2400	-700	-800	-600	-500	+2500	-600	-800	-900	-1.000

Abb. 23: Simulation des monatlichen Nettobedarfs im Rohstofflager

für die Lagerergänzung müßte korrigiert werden. Für das rechtzeitige Erkennen von Über- oder Unterbeständen sind brauchbare Modularprogramme im Handel (IBM: IRP = Inventory and Requirements Planning; Honeywell: NRC = Net Requirement Calculation). Sofern die Prozentsätze für Minimumbestand, Sicherheitsreserve und Servicegrad je Artikel-Nummer definiert sind, errechnet das Nettobedarfsprogramm einen Lagerergänzungsplan, der sich fortlaufend verbessert. Für jede Artikel-Nummer werden wöchentlich – bei Kenntnis der mittleren Bestellmenge und des mittleren periodischen Verbrauchs – die Lagerverfügbarkeit und die Nettoveränderung geprüft und neue Bestellvorschläge gemacht.

Diese Systeme stellen eine logische Fortsetzung des EDV-Stücklistenprocessors dar. Sie können noch verfeinert werden durch Berücksichtigung der Halbfabrikatebestände in den Betriebsabteilungen. Der Nettobedarf muß dann die Eindeckungszeiten mehrerer Fertigungsstufen berücksichtigen, wobei die Bruttomengenanforderungen der nächsthöheren Bearbeitungsstufen aus den Teilestammdateien und der Strukturdatei erkennbar sind. Dabei sind stufenweise differenzierte Ausschußfaktoren zu beachten. Mit Hilfe der Nettobedarfsrechnung werden im Zukaufsbudget die Quartalsbedarfe der Fertigungsmaterialien festgelegt.

22313 Festlegung der Standardpreise

Für die wichtigsten Rohstoffe und Zubehörteile rechnet man während des Budgetjahres mit festen Einkaufsstandardpreisen, um die Preis- und die Verbrauchsabweichungen ungestört beobachten zu können. Einstandspreisabweichungen zum Standardpreis fängt man in Preisdifferenzkonten auf und bucht deren Saldo zu Lasten des kalkulatorischen Materialwagnisses.

Die Standardpreise sollen erwartbare Preisveränderungen bereits gewichtet berücksichtigen. Sie legen also eine Durchschnittsbewertung nach dem gewogenen Mittel der im Laufe des Budgetjahres zu erwerbenden Vorräte zugrunde. Dies entspricht auch den ertragsteuerlichen Vorschriften (Abschn. 36 Abs. 2 EStR).

Grundsätzlich ist jede Artikel-Nummer mit ihrem eigenen Standardpreis einzeln zu bewerten. Lediglich bei annähernd gleichartigen Waren oder bei nach Maß, Zahl oder Gewicht gleichwertigen Vorräten mit Durchschnittswerten ist eine Gruppenbewertung zulässig (Abschn. 36 Abs. 3 EStR). Roh-, Hilfs- und Betriebsstoffe, deren Bestand in Größe, Wert und Zusammensetzung nur geringen Schwankungen unterliegt, können – wie für bilanzielle Zwecke (§ 40 Abs. 4 Nr. 2 HGB, Abschn. 36 Abs. 4 EStR) – mit einem Festwert angesetzt werden.

2232 Artikelabhängige Werkzeuge, Handels- und Fremdwaren

Die in enger Abhängigkeit von der Produktion sich verbrauchenden, artikelgebundenen Werkzeuge (z. B. Gesenke, Schnitte), Betriebsstoffe (z. B. Polierscheiben) und Hilfsstoffe (z. B. Spezialschleiffette) kann man ebenfalls budgetieren, wenn ihre Kosten bedeutsam sind. Die Werkzeugdisposition führt über die „Standzeiten" dieser indirekten Materialien Kartei, so daß hieraus hinreichende Verbrauchsschätzwerte ableitbar sind.

Auch die nicht eigengefertigten Handelswaren des Absatzbudgets werden von der Vertriebsdisposition als Fertiglagerergänzungsaufträge geplant. Hier hat der Einkauf die Liefermengen, -preise und -termine zu bestätigen. Er wird dies durch Jahresrahmenaufträge an die Zulieferanten sicherstellen. Das EDV-Instrumentarium von Absatz-Forecaster und Nettobedarfsermittlung ist einsetzbar. Fremdwaren, welche das Kernsortiment abrunden, laufen in der Regel bedarfsgesteuert direkt an das Fertiglager. Sie berühren das Produktionsbudget nur als durchlaufende Posten.

2233 Fremdvergebener Werbeetat und sonstige Dienstleistungen

Das Zukaufsbudget sollte auch die wichtigsten Ausgaben für fremdbezogene Dienstleistungen umfassen. Falls die Verkaufsförderung einen Marketing-Etat an fremde Werbeagenturen vergibt, wird man diesen Aufwand als Vertriebssondereinzelkosten dem geplanten Mehrumsatz gegenüberstellen. Er ist bei Imagewerbung den begünstigten Vertriebswegen, bei Produktwerbung den begünstigten Kostenträgern oder Artikelgruppen zurechenbar.

Aus gleichen Überlegungen sind sonstige Fremdleistungen, die von wertmäßiger Bedeutung und klar abgrenzbaren Unternehmensfunktionen zurechenbar sind (z. B. Warenzeichenschutz auf Exportmärkten, Beratung für Fertigungsabläufe bestimmter Abteilungen), als Sondereinzelkosten der Fertigung oder des Vertriebs zu budgetieren.

224 Personalbudget

2241 Planungsaufgaben im Personalbereich

Das Personalwesen hat die Aufgabe, die für das Budgetjahr benötigten Mitarbeiter (Führungskräfte, Angestellte, Arbeiter, Teilzeitkräfte, Auszubildende) in qualitativer und quantitativer Hinsicht zu ermitteln und bereitzustellen. Es stützt sich auf das vorhandene Potential, welches entsprechend der jährlichen Unternehmenszielsetzung quantitativ zu erweitern bzw. einzuschränken oder qualitativ umzuschichten ist. Dabei sind die Vorschriften des Arbeitsrechts – Sozialgesetze, Tarifverträge, Betriebsvereinbarungen u. a. – zu beachten.

Die Aktivitätenplanung umfaßt alle Maßnahmen zur externen Personalbeschaffung und zur internen Erhaltung und Förderung des Personalbestandes. Dies schließt die Verminderung der Fluktuationsabgänge und des Krankheitsfehlstandes sowie vielfältige Programme zur Ausbildung, Umschulung und Fortbildung ein. Dazu gehört ebenfalls die Möglichkeit, auf externe Heimarbeiter auszuweichen, um die Flexibilität bei Beschäftigungsschwankungen zu erhöhen.

Aus dem Verhältnis von verfügbarem Personalbestand und erforderlichem Personalbedarf läßt sich der Deckungsgrad an personaler Leistung bestimmen. Er wird zweckmäßigerweise nach Lohn- und Gehaltsgruppen differenziert und nach Abteilungen gegliedert. Für die Zwecke eines integrierten Jahresbudgets interessieren primär die beschäftigungsproportionalen, direkten Arbeitskräfte der Produktion.

2242 Direkter Personalbedarf laut Arbeitsgangprocessor

Der Bedarf an direktem Fertigungspersonal darf nicht freihändig und kostenunabhängig von der technischen Leitung festgelegt werden. Er läßt sich anhand der Auflösung des Produktionsbudgets in Kostenträger-, Baugruppen- und Einzelteilevorgabezeiten mit Hilfe des EDV-Programms „Arbeitsgangprocessor“ exakt errechnen. Dieser Schritt ist eine entscheidende Weichenstellung für das gesamte Budget und Ausgangspunkt für das Personalbudget.

Die je Fertigungsstelle ermittelten Mannstunden-Vorgabezeiten für das Jahresproduktionsprogramm einschließlich Halbfabrikateveränderungen gelten für einen Normalleistungsgrad von 100 % (= 60 LE/h). Da bei tempobeeinflußbaren Tätigkeiten erfahrungsgemäß ein höherer Leistungsgrad erreicht wird, reduziert sich die Istzeit entsprechend. Hierbei ist der durchschnittliche „behinderte“ Zeitgrad des laufenden Jahres zu verwenden. Die richtige Personalplanung erfordert eine zusätzliche Zeitpauschale, wenn nachhaltig produktive Stunden für unproduktive Tätigkeiten verlorengehen. Der tempoverkürzte Istzeitenbedarf direkten Akkord- und Prämienlohnpersonals ist um die Rüstzeiten der direkten Einrichter an den Fertigungsplätzen zu erhöhen und um eventuelle Mitarbeitszeit angestellter Meister zu kürzen. Weiterhin sind etwaige im Arbeitsgangdrehbuch nicht enthaltene Zeitlohntätigkeiten (Kontroll-, Nacharbeiten u. ä.) sowie die direkten Bedienungszeiten an tempounbeeinflußbaren Maschinenplätzen hinzuzurechnen. Schließlich sind jene Plan-Zeiteinsparungen abzusetzen, welche wegen Rationalisierung, Mechanisierung oder Wertanalyse entfallen werden.

Dieser Netto-Jahresstundenbedarf an direkten Fertigungskräften wird dem Angebot an Jahresanwesenheitsstunden des bereits verfügbaren direkten Personals gegenübergestellt (vgl. Anhang I, Blatt 21). Man geht dabei von den Normalleistungs-Jahresarbeitsstunden/Mann (z. B. 225 Arbeitstage x 8 Std./Tag) aus, die bereits um den Urlaubsanspruch gekürzt sind, und zieht hiervon noch den mittleren Krankenstandsprozentsatz ab. Bei stärkerer Fluktuationsrate ist auch ein Abschlag für Personalstandsverminderung zu berücksichtigen.

Die Differenz zwischen Sollzeitbedarf und Istzeitangebot in den Fertigungsstellen, dividiert durch die bereinigte mittlere Jahresanwesenheitszeit/Mann (z. B. 1 650 Stunden), ergibt den Fehl- oder Mehrbestand an direktem Personal. Hier ist nun zu entscheiden, ob im Falle von Fehlpersonal eher 1 bis 2 teure Überstunden je Schicht in der Fertigungsstelle verfahren als Neueinstellungen mit Tempoverlusten durch Anlernung veranlaßt werden. Sofern Spezialtätigkeiten mit wechselndem Arbeitsumfang, die nicht in der EDV-Arbeitsgangstrukturdatei aufgeführt sind, von externen Heimarbeitern oder Leihkräften ausgeführt werden, rechnet man den vergüteten Lohn nach Division durch den Stundenkostensatz in direkte Zeit bzw. direkte Kopfzahl um.

Bei der Budgetierung plant man nicht mit arbeitsvertraglichen, sondern mit betriebswirtschaftlichen (bw.) Köpfen. Teilzeitkräfte, Auszubildende, nur anteilig für das Unternehmen tätige Heimarbeiter werden vereinfacht mit 0,5 Kopf angesetzt. Gastarbeiter, Frauen, ältere Mitarbeiter zählen, unabhängig von der Leistung, jeweils mit 1 Kopf.

Die direkten Leistungsstunden der Fertigungsarbeiter bilden die Stundenbasis für die Budgetierung der variablen Platzkosten. Die Fertigungslöhne enthalten allerdings außer dem Produkt von erwirtschafteten Tempominuten mal betrieblicher Geldfaktor/Minute noch tarifvertragliche Beibezahlungen (z. B. wegen Störzeiten ohne Leistung). Hier muß kalkulatorisch ein „Tarifwagniszuschlag“ den Unterschied zwischen erwirtschafteter und bezahlter, behinderter Leistung zusätzlich berücksichtigen.

2243 Köpfe- und Entgeltplanung der Kostenstellen

Nach Errechnung des Bedarfs an direktem Personal kann die Personalabteilung eine Köpfe- und Entgeltübersicht für das Budgetjahr kostenstellenweise spezifizieren. Wichtig ist die gleichbleibende Abgrenzung der direkten Kräfte (einschl. Einrichter) von den indirekten. In Unternehmen mit Frauenarbeitsplätzen (z. B. Montagebändern) trennt die Planung männliche und weibliche Plätze wegen unterschiedlicher Fehlstände, Lohn- und Sozialkosten. Ferner unterteilt man entsprechend der Lohngruppenzugehörigkeit in deutsche Fachkräfte (LGr 7–9), Angelernte und Gastarbeiter (LGr 4–6) sowie Anlernfrauen (= LGr 3). In Nebenaufstellungen zur Personalübersicht weist die Personalstelle das in Anlernung befindliche direkte Personal (Neueinstellungen, Umsetzungen) während der zeitlich limitierten „Anlerntreppe“ aus.

Das in Hilfsstellen (z. B. Sozialdienst, Reparaturwerkstatt) tätige sowie in Fertigungsstellen für Transporte und andere Hilfsarbeiten eingesetzte indirekte Personal wird fix budgetiert. Sein Abbau durch Reorganisation, Mechanisierung oder Fremdvergabe ist ständige Aufgabe. „Monatslöhner", meist Vorarbeiter und Gruppenführer, sind in einer Stammkostenstelle je nach Arbeitsbeschreibung als direkte oder indirekte Köpfe zu berücksichtigen. Dauerkranke oder typische Sozialfälle, die nach langer Betriebszugehörigkeit eine Versorgungslohngruppe zugewiesen erhalten, führt man betriebswirtschaftlich richtiger auf Kostenstelle „irrationale Personalkapazität". Die Umsetzung bedarf der Mitbestimmung des Betriebsrates.

Für Angestellte des Verkaufs-, Produktions- und Verwaltungsbereiches fehlen in mittleren Unternehmen oft Stellen- und Funktionsbeschreibungen. Ihre Arbeitsgeschwindigkeit und -wirksamkeit ist wegen wechselnder Auftragszusammensetzung selbst vom unmittelbaren Vorgesetzten schwerlich zu beurteilen. Erfahrungsgemäß sind hier immer 20 % Zeit- bzw. Kopfreserve noch einsparbar. Wichtiger als die Sollkopfzahl ist die Sollgehaltssumme je Kostenstelle. Durch scharfe Limitierung nahe der Vorjahreshöhe wird dieses Ziel leichter erreicht.

Getrennt nach Kostenstellen der Vertriebswege, budgetiert die Personalstelle schließlich separat die direkt dem Umsatz zurechenbaren Köpfe und Kosten der angestellten Vertriebsreisenden und der selbständigen Provisionsvertreter.

225 Investitionsbudget

2251 Objektauswahl im Vertriebs-, Produktions- und Finanzbereich

Investitionen werden aus drei Gründen geplant und vorher betriebswirtschaftlich analysiert:

1. Sie haben langfristige Auswirkung, da sie nur mit finanziellen Verlusten nachträglich korrigierbar sind.
2. Sie verursachen zusätzliche Belastungen mit Fixkosten (Amortisation, Zinsen) und verringern die Anpaßbarkeit.
3. Sie bedeuten bei der Knappheit des Kapitals den Verzicht auf andere, rentable Verwendungsmöglichkeiten.

Investitionen sind möglichst aus dem mittelfristigen (5-Jahres-)Unternehmensplan abzuleiten. Investitionen in den Vertriebsapparat, in Produktionsanlagen oder in Finanzbeteiligungen werden als gleichrangig erachtet. Die drei Ressorts unterbreiten deshalb vor Budgetjahresbeginn Investitionsvorschläge mit Kennzeichnung ihrer Priorität. Hierbei ist nach Zwecken zu unterscheiden, deren Nutzen mit verschiedenen Maßstäben nachzuweisen ist (vgl. Abb. 24).

Daraus folgt, daß eine gesamtunternehmerische Betrachtung stattfinden muß, obwohl die Rentabilität der Kapitalanlage im Vordergrund stehen soll. Deshalb geschieht die Prüfung organisatorisch in drei Schritten: Investitionsbeantragung durch die Ressortleitung, Investitionsprüfung durch eine Finanzstabsstelle, Investitionsgenehmigung durch die Geschäftsführung.

Dringlichkeit	Vertriebsbereich	Produktionsbereich	Finanzbereich
0		Vorschriftsinvestition	
1	Umsatzsicherungsinvestition	Ersatzinvestition	Sozialinvestition
2	Modernisierungsinvestition	Rationalisierungsinvestition	Organisationsinvestition
3	Vertriebsnetzinvestition	Erweiterungsinvestition	Beteiligungsinvestition

Abb. 24: Priorität der Investitionsvorschläge

2252 Begründung der Investitionsanträge

Der Investitionsbedarf soll sich planmäßig ergeben, um seine Risikohaftigkeit zu begrenzen. Deshalb muß der Antrag zwangsläufig aus der Auswertung von Informationsunterlagen folgen: z. B. Unfallmeldungen, hohe Ausschußzahlen, häufige Reparaturen, Maschinenstillstände, Terminengpässe, zu hohe Fertigungskosten, wachsender Zulieferanteil. Hierbei geben Kennzahlen oft ein Indiz, z. B. Instandhaltungskosten : Abschreibungen, effektive Nutzungsdauer : bilanzielle oder kalkulatorische Nutzungsdauer (ND), mögliche Betriebskostenersparnis je Jahr : 1/2 Anschaffungskosten. Sie führen zur Begründung der Dringlichkeit des Investitionsantrages (vgl. Abb. 25).

Der Investitionsantrag muß Angaben über folgende Wertkomponenten enthalten:

1. Höhe des Kapitaleinsatzes: Anschaffungswert bzw. Herstellkosten, Bezugs-, Installierungs-, Finanzierungs-Kosten.
2. Mindestnutzungsdauer für die Erwirtschaftung der bilanziellen Abschreibungen bzw. steuerlichen AfA-Quoten, wobei die erwartete wirtschaftliche Einsatzzweckmäßigkeit (= ökonomische ND) gegenüber der tatsächlichen Leistungsfähigkeit (= technische ND) vorrangig abzuwägen ist.
3. Mehrjährige Ertragsaussichten der hiermit erstellten Produkte aufgrund von Absatzmarktuntersuchungen. Vereinfacht sollte gelten: Jahresertrag = 0,5 Anschaffungswert (AW).
4. Erwartete Kosten je Jahr = AfA (aus AW x AfA-Satz) + Zinsen (aus 1/2 Kapitaleinsatz x Bankzinssatz + Risikozuschlag 20 %) + laufende Betriebsgemeinkosten.
5. Restwerte einer substituierten Anlage sollen, falls noch nicht verbraucht, dem AW zugeschlagen werden.

Selbst mittelmäßige Zahlenvoraussagen bei einleuchtender Begründung tragen zur Minderung von Investitionsirrtümern mehr bei als scheinbar zutreffende Wertfaktoren bei einem irrelevanten Konzept.

Rheinische Werkzeugfabrik GmbH Beantragende KSt:	**Investitionsantrag** **Wirtschaftlichkeitsrechnung**	Inv.-Objekt: Inv.-Nr.:

Zeile	Bezeichnung	vor der Investition	nach der Investition	(Veränderung: + = günstiger – = ungünstiger)
	1. **Erweiterungsinvestition**			
1	Kapazität (im Jahr) (div. Std.)			
2	Auslastung (ϕ - Jahr) (Arb.-Tage)			
3	Ausnutzungsgrad $\frac{\text{Zeile 2 x 100}}{\text{Zeile 1}}$ (%)			
	Personalbedarf nach Qualifikation			
4	a)			
5	b)			
6	c)			
7	Summe Personalbedarf (Zeile 4–6)			
	2. **Rationalisierung**			
8	Personalstand			
	Ermittlung von Gewinnzuwachs bzw. Kostenersparnis			
		DM/Jahr	DM/Jahr	DM/Jahr
9	Erlöse (Zeile 2 x ϕ Erlös DM/E)			
	Direkte Kosten:			
10	Fertigungsmaterial			
11	Fertigungslohn			
12	Sonstige Einzelkosten (Werkzeugkosten u.ä.)			
	Gemeinkosten:			
13	Hilfslöhne (und -gehälter)			
14	Hilfs- und Betriebsstoffe			
15	Energie			
16	Verwaltungs- und Vertriebskosten			
17	Zinsen = $\frac{\text{Kapitaleinsatz x Zinssatz}}{\text{2 x 100}}$			
18	Zwischensumme Veränderung			
19	Abschreibungen = $\frac{\text{Objektsumme}}{\text{Nutzungsdauerjahre}}$			
20	Gesamtkosten			
21	Saldo Veränderungen = $\frac{\text{Gewinnzuwachs}}{\text{Kostenersparnis}}$			

22	Verwertung der Altanlage: Verkauf/Stillegung/Verschrottung/in Zahlung	Restbuchwert:
A	**Rentabilität:** $\frac{\text{Zeile 21 x 100}}{\text{Kapitaleinsatz}}$ = ______ x 100 ______ = ______ %	Aussteller Datum Signum
B	**Amortisationszeit:** $\frac{\text{Kapitaleinsatz}}{\text{Zeile 18}}$ = ______ = ______ Jahre	Bereichsleiter Datum Signum
C	**Ertragsüberschuß** UE = n • G – I – Z = ______ DM hierin: UE = Ertragsüberschuß über Marktverzinsung hinaus n = Investitionsdauer in Jahren G = jährlicher Nutzen I = Investitionsbetrag Z = Zinsbetrag = $\frac{1}{2}$ • I • n • i	Geschäftsführung Datum Signum

Abb. 25: Wirtschaftlichkeitsrechnung zum Investitionsantrag

2253 Investitionsprüfungsmethoden

Die Vorteilhaftigkeit von Investitionen ist vor der Durchführung rechnerisch nachzuweisen. Sie wird in mittleren Unternehmen vereinfacht nach sog. statischen Investitionsprüfungsverfahren entschieden[1]. Sie messen Kostenersparnis, Gewinnunterschied oder Rentabilität.

1. *Kostenvergleichsrechnungen* (= meist für Rationalisierungsinvestitionen). Sie vergleichen die jährlichen Betriebskosten (alle Kostenarten) + Kapitalkosten (kalkulatorische AfA + 15 % Planzinsen x $\frac{1}{2}$ AW) für die Altanlage und für die Investition. Zeigt das Investitionsobjekt (trotz Zinseinrechnung auf höhere Neuanlage) niedrigere absolute Kosten, ist eine Durchführung berechtigt.
2. *Gewinnvergleichsrechnungen* (= meist für Erweiterungsinvestitionen). Sie vergleichen die jährlichen Erträge mit den jährlichen Betriebskosten (alle Kostenarten) + Kapitalkosten (kalkulatorische AfA + 15 % Planzinsen x $\frac{1}{2}$ AW) einmal für die vorhandene Anlage, zum anderen zuzüglich Kapazitätserweiterung nach dem Staffelschema einer GuV-Rechnung. Zeigt sich danach ein höherer Gewinn (Ertrag ./. Kosten), ist die Investition zweckmäßig.
3. *Kapitalrenditerechnungen* (= Return on Investment). Für Rationalisierungsinvestitionen wird die jahresdurchschnittliche Kostenersparnis, für Erweiterungsinvestitionen wird der jahresdurchschnittliche Gewinnzuwachs auf 1/2 Kapitaleinsatz bezogen. Man geht vom hälftig gebundenen Kapital aus, weil durch die AfA jährlich wieder ein Rückfluß über die Nutzungsdauer erfolgt. Außerdem sind in die Kosten noch 5 % kalkulatorische Zinsen eingerechnet. Hiermit ist ein unmittelbarer Rentabilitätsvergleich alternativer Kapitalverwendungen gegeben.
4. *Amortisationsrechnungen* (= Payoff). Der Kapitaleinsatz wird bei Rationalisierungsinvestitionen auf die jährliche Kostenersparnis zwischen Alt- und Neuanlage + AfA für Neuanlage, bei Erweiterungsinvestitionen auf den jährlichen Gewinnzuwachs im Vergleich ohne und mit Erweiterung + AfA für Zusatzanlage bezogen. Auch hierbei sind in die Kosten 5 % kalkulatorische Zinsen eingerechnet. Der Wiedergewinnungsfaktor zeigt den Zeitraum an, in dem die Investition sich auszahlt, z. B. Kapitaleinsatz 100 000 DM: jährliche Kostenersparnis 37 500 DM + AfA für Ersatzanlage 12 500 DM = 2 Jahre.

2254 Rangreihe der genehmigten Investitionsprojekte

Die Geschäftsleitung genehmigt im Rahmen des festgelegten Eckwertes der Gesamtinvestitionshöhe (z. B. Vorjahresabschreibungsvolumen) zunächst die Vorschriftsinvestitionen (kraft Gesetz, Vorschriften der Gewerbeaufsicht oder Berufsgenossenschaft). Die Ersatz-, Umsatzsicherungs- und Sozialinvestitionen müssen ebenfalls ohne exakte Wirtschaftlichkeitsrechnung akzeptiert werden, sie können jedoch hinausgezögert wer-

1 H. Brandt, Investitionsplanung, in: K. Agthe/E. Schnaufer, Unternehmensplanung, Baden-Baden 1963, S. 400.

den. Alle Rationalisierungsinvestitionen, die eine Payoffdauer bis 2 Jahre haben, wird man wegen der erkennbaren Rentabilität sofort freigeben. Bei Erweiterungsinvestitionen erstellt man eine Projektrangreihe abnehmenden Gewinnzuwachses quer über alle Ressorts, bis die marktübliche Kapitalrendite festverzinslicher Rentenpapiere unterschritten wird.

Die genehmigten Projekt-Nummern gliedert man nach Produktsparten oder Verantwortungsbereichen Vertrieb, Produktion und Finanzen, hierin wiederum nach Kostenstellen auf. Dabei ist eine Trennung von Fremd- und Eigenleistungen zweckmäßig; letztere gehen in die GuV-Position „aktivierte Eigenleistungen" ein. Für den Finanzplan ist wichtig, in welchem Quartal die Ausgabe für Fremdleistungen erfolgt (vgl. Anhang I, Blatt 27). Die Fertigungszeiteinsparungen durch Rationalisierungen sind bei der Ermittlung der Kapazitätsauslastung und des erforderlichen direkten Personals sofort zu berücksichtigen.

Das Investitionsbudget geht vom Ausgabe-, nicht vom Genehmigungsvolumen aus. Deshalb sind noch nicht bezahlte Überhänge aus dem Vorjahr wie ein Neuantrag in den Gesamtrahmen einzubeziehen. Erkennbar ins Folgejahr reichende Projektausgaben sind analog abzusetzen. Bei terminlichem Entfallen eines Projektes rückt die nächste Rangreihenpositions-Nummer nach.

2255 Einbeziehung von Initialkostenprojekten

Als betriebswirtschaftliche Investition, deren Kosten ebenfalls über mehrere Nutzungsjahre zu verteilen sind, kann man Stoßausgaben für Sonderaktivitäten eines Jahres ansehen. Hierzu zählen u. a. Werbekampagnen, neue Produktentwicklungen, Konstruktionsversuche für Spezialanlagen, Anläufe neuer Fertigungen, mit Krediten finanzierte Beteiligungserwerbungen. Man muß auch auf diese intern aktivierbaren Kosten kalkulatorische Zinsen bis zur Tilgung einrechnen. Ein solches „Initialkosten"-Tilgungsverfahren ist sinnvoll, wenn derartige Kostenprojekte nicht jedes Jahr in ähnlicher Höhe anfallen. Denn durch die ergebnisneutrale Wegspeicherung der Tilgungsbestände bleibt eine gleichmäßige Produktpreiskalkulation gewährleistet.

Um auch diese Kosten möglichst durch eine Vorgabe zu begrenzen, empfiehlt sich eine genaue Projektplanung, bei welcher das Projektziel definiert, die Plankosten limitiert und eine Zwischenerfolgsrechnung festgelegt werden. Für diesen Entscheidungsprozeß ist das „Phasen-Projektmanagement" mit Netzplantechnik ein geeignetes, über EDV Programme abwickelbares Verfahren. Es beinhaltet eine Planungs-, eine Realisierungs- und eine Nutzungsphase. Nach 25 %, 50 % und 75 % der Projektdauer prüft der Projektleiter den Soll- und den Ist-Stand von Reifegrad und Kosten und entscheidet über Fortsetzung oder Abbruch. Die Kosten werden über „interne Order-Nummern" erfaßt.

Bei Marketingkampagnen ist das Konzept schon nach der Machbarkeitsstudie auf das Reaktionsverhalten von Händlern oder Endverbrauchern zu testen, um erforderlichenfalls Sensitivitätsanpassungen vorzunehmen. Bei Entwicklungen muß das neukonstruierte Wirtschaftsgut in jeder Phase (Detailzeichnung, Prototyp, Nullserie) als brauchbar erkennbar sein. Bei Fertigungsanläufen sollen das mittlere Arbeitstempo

(Einübungsgrad bei Akkord) gemäß einer Anlerntreppe gesteigert und Verlustzeiten sowie Materialausschuß planmäßig auf das normative Maß zurückgeführt sein. Trotzdem sind erfahrungsgemäß nach Projektabschluß etwa die Hälfte der Kosten als „laufender Aufwand" in die Gemeinkosten abzubuchen.

Bei jeder phasenweisen Nachkalkulation von Initialkosten-(IK-)Projekten ermittelt man eine IK-Quote, wobei die bereits ausgegebenen und die noch zu erwartenden Kosten durch die Anzahl der erwarteten kostentragungsfähigen Produkte der Tilgungszeit dividiert werden. Liegt der Produktherstellkostenpreis einschließlich IK-Quote über vergleichbaren Marktpreisen, war die IK-Investition unrentabel. Die Mehrkosten mal Stückzahl sind zu Lasten des Jahresergebnisses abzubuchen.

Die IK-Beträge für Anlagenprojekte (Eigenkonstruktionen, Finanzanlagen, Imagewerbung) verteilt man vorsichtshalber auf fünf Jahre, diejenigen für Produktprojekte (Innovationen, Produktreklame, neue Modellanläufe) auf drei Jahre. Das Investitionsbudget hält dann 4/5 bzw. 2/3 der Auflaufkosten als Tilgungsbestände evident, die von dort jährlich mit einer Rate in das Kostenbudget abgerufen werden. Die Geschäftsleitung muß entscheiden, ob die vorwiegend als Eigenleistung angefallenen IK-Projekt-Tilgungsbestände auf die Eckwertsumme des Investitionsbudgets angerechnet werden.

226 Kostenbudget

Die Budgetkostenrechnung hat die Aufgabe, den für die Erreichung der jährlichen Planziele im Vertriebs-, Produktions-, Beschaffungs- und Finanzbereich erforderlichen normativen Einsatz von Material, Personal, Betriebsmitteln, sonstigen Lieferungen und Dienstleistungen sowie Unternehmenslasten mit zeitanteiligen Verbrauchsquanten vorzugeben und die im Wirtschaftsprozeß hierbei auftretenden Abweichungen nachzuweisen.

Die innerhalb einer Jahresperiode anfallenden, mit Standardpreisen bewerteten Planeinsatzfaktoren (= Plankostenarten) werden in einem ersten Umformungsschritt auf die verursachenden Verbrauchsplätze (= Plankostenstellen) aufgeteilt. Die dort ermittelten Standardtarife = Stellenverrechnungssätze je Platzstunde werden in einem zweiten Umformungsschritt den Planausbringungsmengen (= Plankostenträger) im Wege der Kalkulation zugerechnet. Da ein Teil der fixen Plankostenarten jedoch unabhängig von der betrieblichen Ablieferungsleistung und der vertrieblichen Verkaufsleistung auftreten, läßt man diese in einem dritten Retrogradschritt vom Planerlös abdecken (= Plandeckungsbeiträge).

2261 Kostenartenbudgets

22611 Mengenansätze der Plankostenarten

Das Mengengerüst des Kostenbudgets des Folgejahres wird im 4. Quartal jedes Jahres aus den Istkosten von 9 Monaten des laufenden Jahres unter Berücksichtigung der hier verfahrenen Beschäftigungsstunden abgeleitet. Diese Kosten bereinigt man von Zufälligkeiten und rechnet sie hinsichtlich tariflicher Lohn- oder Beschaffungspreiserhöhungen oder mit Hilfe des offiziellen Preisindexes in aktuelle Beträge um. Dann überschlägt man vereinfacht im Dreisatz die bei der neuen Planbeschäftigung erwartbaren Kosten.

In jedem Unternehmen fallen regelmäßig etwa 25 verschiedenartige Kostenarten an, die man in 6 Gruppen gliedern kann: Fertigungsmaterial, Fertigungslöhne, personalabhängige Gemeinkosten, materialabhängige Gemeinkosten, kapazitätsabhängige und unternehmensabhängige Gemeinkosten. Sie entsprechen den Aufwandarten der Finanzbuchhaltung (GKR, Kontenklasse 4). Sie sind jedoch sachlich durch Ansatz der Wiederbeschaffungswerte anstelle bilanzieller Anschaffungs- oder Herstellungskosten und zeitlich durch ratenweise Verteilung stoßartig anfallender Ausgaben abgegrenzt (= kalkulatorische Kostenarten). Für jede Kostenart ist möglichst die verursachende technische Haupteinflußgröße zu ermitteln (z. B. Fertigungslohn = direkte Mannstunden; Stromkosten = Kwh-Anschlußwert x Laufzeit x Wirkungsgrad).

Aus der mehr oder minder linearen Beziehung zwischen diesen kann graphisch die Kostenveränderlichkeit abgelesen werden: Abszisse = z. B. Mannstunden; Ordinate = Fertigungslohn. Bei 45° liegt volle Proportionalität vor. Oder man prüft rechnerisch durch Zuwachsanalyse („proportionaler Satz" nach Schmalenbach), in welchem Prozentsatz sich die Kostenarten zur Ausbringungsleistung bzw. den Beschäftigungsstunden verändern. Man stellt vollvariable (= Variator 10), semivariable (= Variator 2 bis 9) und fixe Kostenarten (= Variator 1) fest. Die anfangs im Dreisatz ermittelten Zuwachskosten sind deshalb zur Beschäftigungsstundenveränderung zu korrigieren, bei semivariablen Vorjahreskosten mit Faktoren 0,2 bis 0,9, bei fixen Vorjahreskosten mit Faktor 0,1.

Die Mengenansätze werden nochmals kontrolliert. Die vollvariablen Fertigungsmaterialien und Fertigungslöhne sind durch den EDV-Stücklisten- und Arbeitsgangprocessor des Produktionsbudgets individueller bestimmt. Die semivariablen lohn- und materialabhängigen Gemeinkosten lassen sich durch Bezug auf die künftigen Fertigungslohnstunden, die Ausstoßleistung (z. B. Schleifscheibenverbrauch je 1 000 geschliffene Messer) oder als Durchschnittsprozentsatz der Wertschöpfung (z. B. indirekte Löhne : Rohertragswert · 100) kennzahlenweise verifizieren. Den Wertansatz der fixen Kostenarten leitet man aus den Vorjahreswerten + Zugängen (z. B. Investitionsbudget) + wertmäßige Zuschreibung wegen Preiserhöhungen ./. Einsparungsaktivitäten ab. Die weitgehend fixen Sekundärkostenarten = Standardumlagekosten der Hilfsstellen wird man nach den gleichen technischen Bezugsgrößen (z. B. Kosten des allgemeinen Werkdienstes je qm genutzte Fläche) der Vergangenheit aufschlüsseln.

22612 Ergänzende Finanzdaten

Vor Ausrechnung der Stellenbudgets hat sich die Ermittlung gewisser Kostenrelationen für zweckmäßig erwiesen, da einige Kostenarten in prozentualem Verhältnis zu anderen anfallen. Die personalabhängigen Gemeinkosten hängen als „Sozialrate" von den Fertigungslöhnen ab. Der Sozialkostenplan (vgl. Anhang I, Blatt 31) ermittelt, getrennt für Betriebsarbeiter, Heimarbeiter, Angestellte, Auszubildende und Pensionäre, diese Sozialkostenprozentsätze auf Lohn bzw. Gehalt. Dazu sammelt man die gesetzlichen Sozialabgaben, die tariflich vorgeschriebenen Nebenleistungen, die Kosten sozialer Betriebseinrichtungen und betriebsvereinbarter Leistungen sowie die freiwilligen Personalausgaben. Diese Spezifikation bietet zugleich das Datenmaterial für das Unternehmensziel „Sozialsicherung".

Die kalkulatorischen Zinsen, Abschreibungen und Wagnisse hängen von der Höhe des betriebsnotwendigen Vermögens ab. Die Höhe des betriebsbedingten Kapitals (vgl. Anhang I, Blatt 33) und insbesondere der kalkulatorisch notwendigen Zinsen jeder Produktionssparte begrenzt die Rentabilitätszielsetzung des Unternehmens. Der erzielte Gewinn ist um so vorteilhafter, mit je weniger Vermögensbindung er erreicht wird. Zahlreiche Wahlalternativen, z. B. Mechanisierungsinvestitionen, Eigen- oder Fremdfertigung, werden kritischer geprüft, wenn für das eingesetzte Kapital kalkulatorische Zinsen anzusetzen sind. Das investierte Anlagevermögen (zum preisindizierten Vorjahresrestbuchwert) steht in der Anlagenkartei fest. Das durchschnittliche Vorratsvermögen für Rohstoffe, Halb- sowie Fertigfabrikate wird aus 12 Vorjahres-Monatsendbeständen ermittelt. Das kurzfristig gebundene Vermögen läßt sich nur insgesamt aus der monatlichen Differenz von Debitoren und Kreditoren oder kostenstellenweise nach den monatlichen variablen Herstellkosten nachweisen.

22613 Organisation der Planbetriebsabrechnung

Die zeitraubendste Arbeit bei der Kostenbudgetierung ist die Verteilung der Gemeinkosten im Planbetriebsabrechnungsbogen (BAB). Sie vollzieht sich in drei Schritten, um eine möglichst verursachungsgerechte Lösung zu erreichen (vgl. Anhang I, Blatt 79).

1. Alle indirekten Primärkostenarten, die mehrere Abteilungen betreffen, sind mittels Schlüsseln den Kostenstellen zuzurechnen. Wenn keine eindeutigen Beziehungen zur Zeit-, Mengen- oder Wertinanspruchnahme bestehen, muß man Prozentanteile verwenden, z. B.

Gemeinkostenlöhne	=	nach Einsatz lt. Lohnzettel auf mehrere Stellen,
Urlaubslöhne	=	mit Monatsraten nach Lohnsumme jeder Stelle,
Hilfsstoffe	=	nach Entnahmescheinen auf Verbrauchsstellen,
Wasser	=	nach verbrauchten cbm auf geschätzte Bedarfsstellen,
Miete	=	nach qm Nutzfläche,
Gewerbekapitalsteuer	=	nach Vermögenswertschlüssel,
Abschreibungen	=	nach Anlagenkartei auf Kostenstellen.

2. Nach Addition der Primärkostenarten in den Kostenstellen sind zunächst die innerbetrieblichen Leistungen zwischen den Kostenstellen zu verrechnen. Dieser Leistungsaustausch zwischen zwei Hauptstellen (z. B. Nachstrahlen angerosteter Stahlhalbfabrikate) oder einer allgemeinen Stelle und einer Hilfsstelle (z. B. Werkzeugbau erstellt Vorrichtung für Fuhrpark) ist mit internen Orders zu festen Verrechnungstarifen je Stunde abzurechnen.

3. Schließlich werden die allgemeinen Kostenstellen und die Hilfskostenstellen der Fertigung und des Vertriebes durch Umlage (Stellenkosten-Kostenartenumwandlung) auf die Hauptkostenstellen aufgelöst, da nur deren Verrechnungssätze für die Kostenträgerrechnung kalkulierbar sind. Man verwendet feste Verrechnungspreise (z. B. Raumkosten je qm) oder Prozentaufteilungen der Leistungen (z. B. bei Werksinstandhaltung).

Umfang und erforderliche Genauigkeit der Gemeinkostenverteilung erfordern den Einsatz von EDV-Programmen, welche die gegenseitige Leistungsverflechtung in linearen Gleichungen formulieren und nach dem Iterationsprinzip laufend die Preise je Leistungseinheit korrigieren. Die EDV-Softwarehersteller bieten Module für die Betriebsabrechnung mit Ist- oder Plankosten auf Voll- oder Grenzkostenbasis an (IBM = BUDPLAN, Honeywell = Cost calculation, Univac = UNIREB). Man muß hier außer den Bestandsdaten der aufgelaufenen BAB-Zahlen und den aus der Auftragsabwicklung neu hinzutretenden Bewegungsdaten (aus der Finanzbuchhaltung, Lohnabrechnung und Materialskontration) noch Steuerungsdaten für die Programmfunktionen der Umlagetechnik bereitstellen.

2262 Kostenstellenbudgets

22621 Grundlagen der flexiblen Plankostenstellenrechnung

Bei der Kostenstellenrechnung — besonders im betrieblichen Bereich — steht die Wirtschaftlichkeitskontrolle im Vordergrund. Man sammelt in den Stellenbudgets deshalb Vollkosten. Sie sind wegen ihrer Beschäftigungsabhängigkeit in leistungsproportionale und leistungsfixe Plankostenarten aufzuspalten. Fixkosten lassen sich nicht verursachungsgerecht auf die Kostenstellen zurechnen. Man kann sie dennoch zuteilen (= Vollkostenrechnung) oder sie gänzlich weglassen (= Deckungsbeitragsrechnung) oder sie im Betriebsbereich einbeziehen und im Vertriebsbereich vom Erlös abdecken zu lassen (= Stufendeckungsbeitragsrechnung).

Die fixen Kostenarten bezieht man bei tempoorientierten Stellen auf die Mannstundenkapazität, bei nutzungsorientierten Stellen auf die Maschinenstundenkapazität bei Normalbeschäftigung. Die variablen Kostenarten — mit Ausnahme der einzeln abzurechnenden direkten Material- und direkten Lohnkosten — orientiert man hingegen auf die Budgetbeschäftigung. Wegen der unterschiedlichen Beschäftigungsbezugsbasen hat sich der Begriff „flexible Plankostenrechnung“ eingebürgert. Somit ist zu unterscheiden zwischen:

1. Plankosten bei Vollbeschäftigung = variable Plankosten x Maximalstückleistung bei Normalkapazitätauslastung + fixe Kosten der Vollkapazität,
2. Standardkosten bei errechneter Budgetbeschäftigung = variable Plankosten x budgetierte Stückleistung + fixe Kosten der Vollkapazität,
3. tatsächliche Kosten bei Istbeschäftigung = variable Istkosten x tatsächliche Stückleistung + fixe Kosten der Vollkapazität.

Es wird unterstellt, daß die Mindernutzung der Vollkapazität bei Standard- oder Istbeschäftigung quantitativ nicht aussonderbar ist.

Die Differenz zwischen 1 und 2 heißt vereinfacht „Beschäftigungsabweichung“, diejenige zwischen 2 und 3 „Verbrauchsabweichung“ (vgl. Abb. 26). Konkreter definiert: Beschäftigungsabweichung = Standardkosten – Plankosten bei theoretischer Maximalablieferung, Verbrauchsabweichungen = Istkosten – flexibel zulässige Standardkosten der budgetierten Beschäftigung.

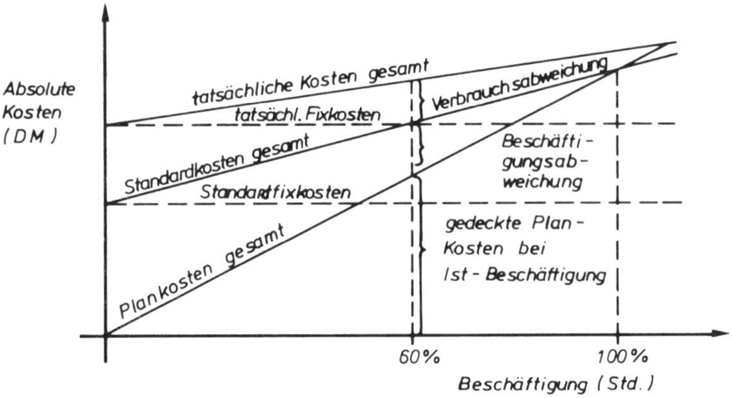

Abb. 26: Zusammenhang zwischen Ist-, Standard- und Plankosten

Beispiel:

Plankosten 10 000 DM bei 100 % Normalkapazität von 5 000 Masch.-Std. ergeben Plansatz/Normal-Masch.-Std. 2 DM/Std. Bei 60 % Budgetbeschäftigung ergeben 3 000 Masch.-Std. x theoretischer Plansatz/Normal-Masch.-Std. 2 DM/Std. die relativen Plankosten von 6 000 DM. Wegen höheren Fixkostengewichts aber x 2,33 DM/Std. Standardsatz/Masch.-Std. bei flexiblem Kostenbudget betragen die zulässigen Standardkosten 7 000 DM. Die Istbeschäftigung 60 % mit 3 000 Masch.-Std. führte jedoch nur zu tatsächlichen Kosten von 6 800 DM. Hier sind
- Gesamtabweichung = 6 800 DM – 6 000 DM = – 800 DM,
- Beschäftigungsabweichung = 7 000 DM – 6 000 DM = – 1 000 DM,
- Verbrauchsabweichung = 6 800 DM – 7 000 DM = 200 DM.

Bei flexibler Plankostenrechnung wird der Stellenkostenstundensatz zwischen Voll-, Budget- und Istbeschäftigung variabel angepaßt (vgl. obiges Beispiel: 2,– DM/Std. → 2,33 DM/Std. → 2,26 DM/Std.). Dies ist notwendig, weil die vorhandenen Fixkosten bei geringerer Stundenbasis progressiver steigen und sonst nicht gedeckt würden. Die Verbrauchsabweichungen sind nur die Restgröße, die nach Aussonderung der Kapazitätsleerkosten vom Stellenleiter zu verantworten sind. Hierbei wird unterstellt, daß die übrigen Gemeinkosten verbrauchsproportional zur Ablieferleistung bzw. zum Fertigungsstundenverbrauch laufen.

Es sei jedoch erwähnt, daß dies nicht immer zutrifft und die Rechnung dann durch Berücksichtigung weiterer Verbrauchseinflußgrößen korrigiert werden muß (mehrfach flexible Budgetierung). Wenn z. B. in einer Gießerei nur die schwierigkeitsabhängigen Personalgemeinkosten proportional zum Mannstundenverbrauch verlaufen, die materialabhängigen Gemeinkosten sich aber proportional zum Formstoffgewicht und fix zum Mannstundenverbrauch verhalten, wirkt sich dieser Einfluß progressiv bzw. degressiv ab einer bestimmten Schnittpunktstelle auf den variablen Mannstundentarif aus. Die Verbrauchsstundenabweichung muß weiter aufgespalten und um diese Gewichtsabweichung bereinigt werden. Ähnliches gilt für den Einfluß der Losgröße oder der Marktpreisveränderungen auf die Kostenhöhe.

Alle Abweichungen müssen letztlich – zur Kapitalerhaltung – von den Ablieferoder Verkaufsleistungen getragen werden. Lediglich die Beschaffungspreisabweichungen hält man von den Kostenstellen fern und berücksichtigt sie als Preisdifferenzwagniszuschlag. Für die Wirtschaftlichkeitskontrolle bei der Kostenstellenrechnung reicht es aus, die Verbrauchsabweichungen in den Einzelabteilungen zu zeigen. Die Beschäftigungsabweichung hat zwar kausal mit der Leistungserstellung der Kostenstelle nichts zu tun. Da die Fixkosten der ungenutzten Kapazität = Leerkosten der Abteilung aber kalkulatorisch für die Plankostenträgerrechnung benötigt werden, deckt man sie durch einen „Unterbeschäftigungszuschlag" (UBZ).

Beispiel:

Variable Kosten
= 180 000 DM; Jahres-Auftrags-Std. = 8 000 Std. = 22,50 DM/Std.

Fixe Kosten
= 120 000 DM; Jahres-Normal-Std. = 10 000 Std. = 12, – DM/Std.

UBZ auf fixe Kosten
= (10 000 – 8 000) : 8 000 x 100 = 25 % = 3, – DM/Std.

Gesamtstundentarif
= 300 000 DM : 8 000 Std. = 37,50 DM/Std.

Sobald die nachfolgend beschriebene Plankostenbetriebsabrechnung abgeschlossen ist, teilt die Planungsabteilung der Vorkalkulationsstelle die normalisierten variablen und fixen Gemeinkostenverrechnungstarife nebst UBZ jeder Endkostenstelle für das Budgetjahr mit. Sie bilden die Grundlage für die Angebotskalkulationen sowie für die Kostenträgerdeckungsgutschriften.

22622 Verrechnung der Allgemeinen, Materialneben- und Fertigungshilfsstellen

Die Gemeinkostenverteilung auf kalkulierfähige Endkostenstellen wird erleichtert, wenn man diese Kosten zunächst in möglichst homogenen Funktionsbereichen vorerfaßt und dann nach deren spezifischen Leistungsmaßstäben weiterverrechnet. Üblicherweise trennt man drei Hilfskostenstellenbereiche, die bei der umlagenmäßigen Weiterverrechung (= Sekundärkosten) als Fixkosten angesehen werden.

Die *Allgemeinen Kostenstellen*, deren Leistungen allen anderen Stellen dienen, umfassen den Werkdienst und den Personal- und Sozialdienst. Beim Werkdienst (Werkschutz, Gebäudereinigung u. ä.) gibt es drei Verteilungsbasen: die qm ungereinigte und unbeheizte Fläche (für die Zurechnung auf Gänge, Keller, Vorrichtungen), die qm gereinigte Fläche (für die Zurechnung auf Läger usw.), die qm beheizte Fläche (für die Zurechnung auf menschlich genutzte Räume). Beim Sozialdienst (Kantine, Ausbildung u. ä.) kann man Verrechnungssätze für vollwertige betriebswirtschaftliche Köpfe und halbwertige (Auszubildende, Teilzeitkräfte) bilden.

Die *Materialnebenstellen* erbringen Hilfsleistungen für Roh-, Halbfertig- oder Verkaufsprodukte und werden deshalb nur den Materialkosten zugerechnet. Hierzu gehören die Kosten des Transportdienstes, die nach differenzierten km-Sätzen der einzelnen Kraftfahrzeuge abzurechnen sind. Der Einkaufsetat wird vereinfacht auf den budgetierten Einkaufswert aller direkten Materialien bezogen. Die Kosten der Lagerwirtschaft schlägt man, unterteilt nach Materiallagerorten, dem Verbrauchsvolumen der Roh-, Hilfs- und Betriebsstoffe laut Stücklistenprocessor zu. Die Qualitätskontrolle ist mit getrennten Leistungstarifen für Wareneingangsprüfung und für Fertigungsendkontrolle abzurechnen.

Die *Fertigungshilfsstellen* (vgl. Anhang I, Blatt 42) werden ausschließlich für die Produktionsabteilungen tätig. Die Kosten der Fertigungsvorbereitung deckt man vereinfacht hinsichtlich der Materialdisposition zu 35 % als Zuschlag auf Fertigungsmaterialien der Materialnebenstellen, hinsichtlich der Auftragsterminierung zu 65 % auf die Fertigungskostensummen der Fertigungsstellen. Die Zeitwirtschaft und Kapazitätsplanung tilgt ihre Kosten entsprechend dem Arbeitsgangprocessor gemäß Fertigungsstellen- und Werkzeugbaustunden. Die Werkserhaltung ermittelt feste Stundentarife für Schlosser-, Elektriker-, Schreinerleistungen, die nach Maßgabe der budgetierten Instandhaltungs- und Reparatur-(I+R-)Kosten und der aktivierten Eigenleistungen umgelegt werden. Die Kosten der Anlagen- und Produktentwicklung werden den budgetierten Initialkostenprojekten zugeteilt, auch wenn sie bei späterer Budgetkontrolle teilweise zu Lasten Entwicklungswagnis auszubuchen sind. Die Plankosten der Betriebsleitung tragen alle Fertigungsstellen entsprechend ihren Fertigungskosten. Der Werkzeug- und Vorrichtungsbau ist eigentlich eine Endkostenstelle, die aber keine ablieferfähigen, sondern interne Aufträge erledigt; die budgetierten Gemeinkosten werden mit festem Verrechnungspreis je Mannstunde zuzüglich direktem Lohn laut Lohnzettel sowie direktem Material laut Entnahmeschein für die fertigzustellenden Werkzeuge kalkuliert.

22623 Fertigungsstellen (Platzkostenrechnung)

In den Fertigungsstellen müssen die Kostenverbräuche möglichst proportional zu den Soll-Produktionsmengenansätzen errechnet sein. Deshalb sehen die Fertigungslöhne auf Basis des Arbeitsgangprocessors über das vorkalkulierte Fertigungswagnis hinaus keine Zugaben für Nacharbeit oder Ausschuß vor, da diese als Verbrauchsabweichung anfallen.

Die Kosten der Fertigungsstellen werden am sinnvollsten auf die verfahrenen Mann- oder Maschinenstunden abgerechnet (vgl. Anhang I, Blatt 50). Die variablen Kosten der geplanten Beschäftigungsstufe – ausschließlich des direkten Materials – ergeben dann getrennte Tarife für direkt kalkulierfähige Löhne sowie für Gemeinkosten. Die

Standardkostenumlagen der Hilfskostenstellen sind bereits eingerechnet; sie haben – mit Ausnahme der eigene Leistungsmengen verrechnenden Stellen (z. B. Werkzeugbaulieferungen) – vorwiegend Fixkostencharakter. Die variablen Standardkosten bezieht man auf die Planbeschäftigung, die fixen Plankosten auf die Normalbeschäftigung. Die Leerkosten der nichtbeschäftigten Kapazität werden durch den Unterbeschäftigungszuschlag abgedeckt. Der komplette Stellentarif beinhaltet den variablen, den fixen und den UBZ-Kostensatz.

22624 Vertriebshilfs- und -hauptstellen

Auch im Vertriebsbereich gliedert man Funktionen in Hilfsstellen aus, die in unterschiedlicher Weise für die Verkaufsendkostenstellen tätig werden. Die Marketing-Abteilung deckt ihre budgetierten Kosten gemäß Aktivitätenschlüssel oder nach prozentualer Aufteilung auf die Nettoumsätze für Eigenprodukte und Handels- bzw. Fremdware der Vertriebswege; auch eine Umlage auf Initialkostenprojekte (für Werbeetat) ist vorstellbar. Die Kosten einer Dekorationsabteilung werden aus Vergütungen des unterstützten Fachhandels finanziert und in Resthöhe gemäß Beanspruchungsschlüssel auf die Vertriebshauptstellen verteilt. Die Hilfsstellen Vertriebsdisposition, Fertiglager, Versand rechnen die geplanten Kosten für Versandverpackung, Ausgangsfrachten und Transportversicherung als Sondereinzelkosten des Vertriebes kundenauftragsweise ab; die Restgemeinkosten schlüsselt man nach Vertriebswegen gemäß Planumsätzen (vgl. Anhang I, Blatt 58).

Die Hauptstellen des Vertriebes gliedert man entsprechend den Vertriebswegen Fachhandel Inland, Verkaufsbüros Inland, Export (vgl. Anhang I, Blatt 60). Zur Wirtschaftlichkeitskontrolle ist eine Trennung in umsatzvariable Kostenarten (z. B. Reisendengehälter, Fahrtspesen) und fixe Kostenarten zweckmäßig. Für die Zwecke der Preiskalkulation und Kostenträgerrechnung ist dies weniger von Bedeutung, da für den Vertriebsbereich die Deckungsbeitragsrechnung angewendet wird.

22625 Verwaltungs- und neutraler Bereich

Die Kosten der *Verwaltungsstellen* Rechnungs- und Finanzwesen, Organisation und Information (EDV), Rechtsabteilung, Unternehmensleitung haben überwiegend fixen Charakter (vgl. Anhang I, Blatt 64). Da der Teil der handels- und steuerbilanziell in die Herstellkosten einrechenbaren Verwaltungsfunktionen bereits in den Allgemeinen Hilfsstellen (z. B. Personalwesen), den Materialnebenstellen (z. B. Einkauf) oder den Fertigungshilfsstellen (z. B. Betriebsleitung) erfaßt ist, werden die übrigen Verwaltungskosten vom Deckungsbeitrag der verkauften Eigen- und Fremdwaren getilgt. Soweit Sonderleistungen an Dritte verrechenbar sind – z. B. EDV-Kooperantenerlöse, Konzernumlagen für Tochtergesellschaften –, wird man diese vorher mit den Verwaltungskosten saldieren.

Zweckmäßig erscheint die Führung eines *neutralen Bereichs* (vgl. Anhang I, Blatt 67). Er sammelt die betriebsfremden und die außerordentlichen Kosten und Erlöse.

Hierzu zählen Spekulationsgeschäfte oder die remanenten Kosten der irrationalen Kapazität (z. B. überflüssige Maschinen, sozial unkündbares Personal), ferner die Pflege neutralen Vermögens (z. B. Instandhaltungen und Mieterträge aus Werkswohnungen und -grundstücken), schließlich durchlaufende Posten (z. B. weiterberechnete Energie für gewerbliche Untermieter auf dem Werksgelände). Diese Kosten sind nicht betriebsnotwendig. Sie dürfen nicht auf die Kostenträger weiterkalkuliert, sondern müssen zu Lasten des Unternehmensergebnisses gebucht werden.

2263 Kostenträgerbudgets im Fertigungsbereich

22631 Grundlagen der flexiblen Plankostenträgerrechnung

Für die betriebliche Kostenträgerrechnung sind zur Verbuchung oder Statistik zwei Kontenklassen reserviert. Nach dem Gemeinschaftskontenrahmen Industrie von 1950 übernimmt die Klasse 6 aus Klasse 4 die tatsächlichen direkten Kosten und aus Klasse 5 die normalisierten Gemeinkostentarife der „in Arbeit genommenen Kostenträger". Die Entlastung der Klasse 6 erfolgt mit den Plankostengutschriften der abgelieferten Kostenträger, welche in die Fertigfabrikatvorräte der Kontenklasse 7 eingestellt werden. Auch für die unfertigen Kostenträger kann man in Kontenklasse 7 Bestandskonten einrichten. Sie übernehmen die in Zwischenläger abgelieferten Halbfabrikate zu Teilherstellkosten. Den Wertefluß der Kosten bei der Leistungserstellung und -verwertung zeigt ein Kontenschaubild (vgl. Abb. 27).

Die Plankostenträgerrechnung kann in dreierlei Formen gestaltet werden:

1. *Vollplankostenrechnung:* An die Kostenarten-/Stellenkosten-Transformation sämtlicher Gemeinkosten zum Zwecke der Betriebsabrechnung (Hauptziel = Wirtschaftlichkeitskontrolle) schließt sich die Stellenkosten-/Trägerkosten-Transformation sämtlicher Gemeinkosten zum Zwecke der Leistungskalkulation (Hauptziel = Preisbildung) an. Alle direkten Materialien, direkten Löhne, Sondereinzelkosten sowie die variablen und fixen Verrechnungssätze für Stellengemeinkosten sind den im Budgetjahr geplanten Leistungen monatlich in Rechnung zu stellen. Jeweils zum Periodenende sind die Betriebsablieferungen gemäß Produktionsbudget und die noch nicht gutschriftsfähigen Halbfabrikatbestände zu Vollkosten zu bewerten.
2. *Grenzplankosten- oder Deckungsbeitragsrechnung:* Die fixen Gemeinkostenarten sind weder auf Kostenstellen noch auf Kostenträger zuzurechnen, sondern unmittelbar zu Lasten Betriebsergebnis abzubuchen. Nach herrschender Lehre können diese für die Betriebsbereitschaft „investierten" Kosten nicht verursachungsgerecht (kausal), sondern nur gemäß Markttragfähigkeit (final) von den innerhalb der Budgetperiode verkauften Kostenträgern en bloc gedeckt werden. Die zu Grenzkosten bewerteten Kostenträger verhindern allerdings in Kontenklasse 7 die Ermittlung bilanzieller Herstellkosten der Erzeugnisse. Auch die Ansteuerung des Kostenoptimums ist erschwert, da kein Beschäftigungsgrad kontrolliert und keine Beschäftigungsabweichung ausgewiesen wird. Die Preispolitik erhält oberhalb der direkten Kosten keine Orientierungshilfe mehr.

GuV-Klasse 2 Abgrenzungskonten Preisdifferenzen		**Bilanz-Klasse 3** Roh-, Hilfs-, Betriebsstoffe Handels- und Fremdware		**GuV-Klasse 4** Kostenarten		**GuV-Klasse 5** Stellenkosten		**GuV-Klasse 6** Trägerkosten		**Bilanz-Klasse 7** Leistungsbestände Kostentilgungsbestände		**GuV-Klasse 8** Erlöse Vertriebsergebnis	
Kosten- fremde Aufwand- arten	Verrechnete kalkulierte Kosten- arten	AB: RHB zu Standard- preisen + Zukauf	./. Verbrauch = EB: RHB	Plankosten- arten variabel	Endstellen- FM, FL, VFG, SEV	Verrechnete Stellen-FM, FL, VFG, SEV	Partielle Gutschrift VHK (FM, FL, VFG), DB IIa (= SEV)	Hergestellte Ablieferung zu Standard- VHK	Verkaufte Ablieferung zu DB I	AB: UF, FF zu HK + Zugang UF + Zugang FF	./. Abgang UF ./. Abgang FF = EB: UF, FF	HK + SEV verkaufte Eigenpro- dukte + DB II	Verkaufs- erlös Eigen- produkte
RHB/FW Einkauf zu Tagespreisen	RHB/FW- Einkauf zu Standard- preisen	AB: HW, FW zu Standard- preisen + Zukauf	./. Verbrauch = EB: HW,	Standard- kosten- arten fix	Fertigungs- stellen-FFG + UBZ	Verrechnete Stellen-FFG	Partielle Gutschrift FFG, Deckungs- beitrag IIb (= V + V)	Hergestellte Ablieferung mit FFG	Verkaufte Ablieferung zu DB II	AB: IK, EL zu HK + Zugang IK, EL	./. Kostentil- gung IK, EL = EB: IK, EL	Einstands- kosten HW, FW + DB II	Verkaufs- erlös HW, FW
										AB noch nicht erlöst. DB II + Zugang	./. Abgang noch nicht erlöst. DB II = EB		

Betriebsabrechnung | Leistungskalkulation | DB-Erfolgsrechnung

Abweichungserfassungskonten für Betriebsergebnis

	Ist-Mehr kosten variabel	Verrechn. Ist-Mehr- kosten variabel	Kalkulat. Ist-Mehr- kosten variabel	Kalkulat. Ist-Mehr- kosten variabel
	Plan/Stand.- Leer- Kosten der Ferti- gung + UBZ	Verrechn. Plan/Stand.- Leerkosten der Ferti- gung	Ist/Stand.- Leerkosten der Fertigung	

Gesamt-Ergebnis

Verkf.Ver- lust ./. Preisdiff.- Abw. ./. Verbrauchs- Abw. ./. Beschäft.- Abw. ./. Best.-Ver- änd. a) UF b) FF c) IK-Tilgung d) DB II	Verkf.Ge- winn + Preisdiff.- Abw. + Verbr.- Abw. + Beschäft.- Abw. + Bestd.- Veränd. a) UF b) FF c) IK-Tilg d) DB II

Abkürzungen:

AB = Anfangsbestand
DB I = Deckungsbeitrag Erlös ./. VHK
DB II = Deckungsbeitrag Erlös ./. Herstellkosten
EB = Endbestand
EL = Eigenleistungen (aktiviert)
FF = Fertigfabrikatbestände
FFG = Fixe Fertigungsgemeinkosten
FL = Fertigungslohn
FM = Fertigungsmaterial
IK = Initialkosten
RHB = Roh-, Hilfs-, Betriebsstoffe
SEV = Sondereinzelkosten Vertrieb
UBZ = Unterbeschäftigungszuschlag
UF = Unfertigfabrikatbestände
VFG = Variable Fertigungsgemeinkosten
VHK = Variable Herstellkosten
V+V = Verwalt.- u. Vertriebsgemeinkosten
HW/FW = Handelsware/Fremdware

Abb. 27: Werteflußschema einer zweistufigen Plankosten- und Deckungsbeitragsrechnung im Kontenrahmen

3. *Gestufte Vollkosten-/Deckungsbeitragsrechnung:* Dieses Verfahren arbeitet in der Fertigungsstufe nach dem ersten, in der Vertriebsstufe nach dem zweiten Prinzip. Die betrieblichen Fixkosten werden also bei den abgelieferten Fabrikaten oder selbsterstellten Anlagen mit kalkuliert, um einen Anhaltswert für die bilanzielle Herstellkostenbewertung der Erzeugnis- und Leistungsbestände zu gewinnen. Die vertriebs- und verwaltungsbedingten Fixkosten bleiben beim Verkauf dieser Kostenträger außer Betracht und finden ihre mögliche Abgeltung aus dem Rohüberschuß (= Deckungsbeitrag) = Verkaufserlös ./. Standardherstellkosten. Diese Methode erscheint praktikabler für kalkulatorische, bilanzielle und preispolitische Zwecke. Sie wird anschließend dargestellt.

Bei der flexiblen Plankostenrechnung werden die Beschaffungspreisabweichungen (Istmenge x Istpreis ./. Planpreis) in der Kostenartenrechnung, die Beschäftigungsabweichungen (Istablieferung x Standardkosten ./. Plankosten) in der Kostenstellenrechnung, die Verbrauchsabweichungen (Istablieferung x Istkosten ./. Standardkosten) in der Kostenträgerrechnung ausgewiesen und dort zu Lasten des Betriebsergebnisses abgespalten. Abweichungen aus veränderter Auftragsgröße und -zusammensetzung kann man im allgemeinen bei der Bewertung der Leistungsbestände vernachlässigen.

Der Verkaufsgewinnzuschlag muß eine normalisierte Wagnisrate für Preis-, Beschäftigungs- und Verbrauchsabweichungen beinhalten, da sonst das investierte Kapital nicht erhalten würde.

22632 Auftragsabrechnung mit Plan- und Istwerten (Vor- und Nachkalkulation)

Die in der Plankostenartenrechnung ermittelten direkten Materialien, Löhne, Sondereinzelkosten und die aus der Plankostenstellenrechnung gewonnenen Gemeinkostenverrechnungssätze sind allen im Budgetzeitraum geplanten Betriebsleistungen (herzustellende Artikel, aktivierbare Eigenleistungen, Initialkostenprojekte) im Wege der Einzelvorkalkulation mit Planwerten zuzurechnen.

Der Umfang dieser Rechenoperationen zwingt bei manueller Vorkalkulation zur Beschränkung auf die wichtigsten Repräsentanten. Durch Analogie mit Hilfe von Äquivalenzziffern kalkuliert man Nachbarprodukte. Bei einer EDV-Vorkalkulation wird hingegen für jeden Betriebsauftrag ein Einzelnachweis tabelliert. Der Computer bewertet alle laut Stücklisten- und Arbeitsgangauflösung erforderlichen Einsatzmengen bzw. -zeiten je 100 Stück (z. B. Stahlsorten, Niete, Einrichterstunden, Schmiedestunden, Glühöfenstunden, Montagestunden) mit Standardpreisen bzw. -löhnen und ergänzt sie um normalisierte Gemeinkostensätze sowie Sondereinzelzuschläge; alle Stammdaten hierfür sind gespeichert.

Im „Vorkalkulationseinzelnachweis" sind dann für jede erwartete Auftragsposition die Bestellstückzahlen mit diesen Standardwerten multipliziert und die absoluten Standardherstellkosten ermittelt.

Darüber hinaus wird vom Rechenzentrum für die Budgetperiode eine „Plankostenträger-Erfolgsübersicht" angelistet, welche sämtliche Vorkalkulationen geplanter Betriebsauftragslose, die zu einem Kostenträgeroberbegriff gehören, zusammenfaßt. Sie zeigt also kostenträgerweise die erforderlichen Plankosten für Fertigungsmaterial, fixe Materialgemeinkosten, Fertigungslohn, variable Fertigungsgemeinkosten, fixe Fertigungsgemeinkosten, Sondereinzelkosten und Gesamtherstellkosten. Diese EDV-Planübersichten müssen alle im Plan-BAB für die Betriebskostenstellen ausgewiesenen Kosten, nunmehr auf die Kostenträger umgeformt, enthalten.

Der gleiche EDV-Programmlauf wird nach Ablauf der Budgetperiode anhand der tatsächlichen Faktoreinsatzmengen laut auftragsweise abgerechneter Materialentnahmescheine, Fertigungslohnbelege (Akkordscheine, Zusatzlohnscheine) gefahren und wiederum mit den Standardpreisen bzw. Planverrechnungstarifen bewertet. Im Nachkalkulationseinzelnachweis je Auftrags-Nummer ist zugleich die Verbrauchsabweichung in DM und Prozent ausrechenbar.

Zusammengefaßt wird ferner eine Kostenträgererfolgsübersicht für alle Auftrags-Nummern eines Kostenträgers tabelliert. Hierbei stehen den Erlösen zunächst die Standardherstellkosten bzw. -selbstkosten gegenüber. Die Verbrauchsabweichungen erscheinen separat bei jedem Kostenträger. Die Beschäftigungsabweichung wird als Bereichsunter-/-überdeckung ausgewiesen. Die Verbrauchsabweichungen der Fertigungshilfs-, Materialneben-, Verwaltungs- und Vertriebsabteilungen sind ebenfalls anteilig zu tragen (vgl. Abb. 28).

22633 Partielle Kreditierung der Betriebsablieferungen mit EDV

In der Plankostenträgerrechnung wird die Betriebsleistung den Kostenstellen erst mit der Ablieferung an das Fertiglager gutgeschrieben. Diese Plandeckungsgutschrift je Auftrag bzw. Artikel-Nummer stellt den innerbetrieblichen Erlös für das ausgeführte Produktionsbudget dar. Er ist unabhängig von dem Markterlös, den der Vertrieb in der zweiten Wirtschaftsstufe der Leistungsverwertung erzielt. Die Ablieferungsgutschrift je Stück entspricht den Standardherstellkosten der Vorkalkulationsdatei. Dieser normative Stückverrechungspreis pro Artikelnummer ist mit den tatsächlich abgelieferten Stückzahlen zu multiplizieren. Die EDV-Aufspaltung der gesamten Verrechnungsgutschrift in ihre einzelnen Kalkulationspositionen nennt man ,,partielle Kreditierung''. Das mathematische Produkt aus Ablieferstückzahl mal Positionsgutschrift ergibt buchungstechnisch die Entlastung des Herstellkontos (Kontenklasse 6), welchem auf der Sollseite die Istkosten der Ablieferung gegenüberstehen. Der Saldo weist den Gewinn oder Verlust auf Ablieferungen des betreffenden Zeitabschnittes aus.

Sobald ein Eigenfertigungsteil mit Ablieferungsbeleg dem Fertiglager übergeben wird, reicht dieses die Belegkopie an die EDV-Abteilung weiter, welche monatlich aus der Vorkalkulationsdatei die Ablieferpreisspaltung beimischt. Die EDV-Liste ,,Ablieferungsgutschriften'' wirft je Artikel-Nummer die Wertvergütungen für gedecktes Produktionsmaterial, gedeckte Material-GK, auf Basis von Mann- oder Maschinenstunden gedeckten Fertigungslohn nebst variablen und fixen FGK jeder Fertigungsstelle sowie den gedeckten Ausschuß und andere gedeckte Zuschläge (UBZ, IK) aus. Falls der Betrieb einen nicht geplanten Artikel abliefert, erfolgt wegen fehlender partieller Kreditierung keine Gutschrift. Erst ein Preisanforderungsformular setzt ggf. einen Disposi-

Rheinische Werkzeugfabrik GmbH Geschäftsbereich Chemie/Kunststoff-Verarbeitung		**Kostenträgererfolgsübersicht** EDV-Liste März 1977								ZD: gez. Datum: 20. 4. 1977		
Ktr.-Nr.	Kostenträgergruppen	Brutto-erlöse TDM	Standard-Herstell.-K. TDM	Deckungsbeitrag II – Soll TDM	%	Standard-VuV-Kosten TDM	Standard-Selbstkosten TDM	Deckungsbeitrag III – Soll TDM	%	Unter-/Über-deckung TDM	Deckungsbeitrag III – Ist TDM	%
200	Gummiplatten I	106,05	35,88	70,17	66	20,13	56,01	50,04	47		50,04	47
205	Gummiplatten II	170,30	62,00	108,30	64	34,78	96,78	73,52	43		73,52	43
210	Asbestpackungen I	14,50	6,26	8,24	57	3,51	9,77	4,73	33		4,73	33
213	Asbestpackungen II	159,43	96,18	63,25	40	53,96	150,14	9,29	6		9,29	6
216	Asbestpackungen III	53,89	23,71	30,18	56	13,30	37,01	16,88	31		16,88	31
220	Gummi-Textilgewebe I	61,79	22,54	39,19	63	12,64	35,18	26,55	43		26,55	43
225	Gummi-Textilgewebe II	0,22	0,09	0,13	59	0,05	0,14	0,08	36		0,08	36
230	IT-Platten I	3,59	1,72	1,87	52	0,96	2,68	0,91	25		0,91	25
233	IT-Platten II	11,19	5,10	6,09	54	2,86	7,96	3,23	29		3,23	29
236	IT-Platten III	68,99	31,35	37,64	55	17,59	48,94	20,05	29		20,05	29
240	Öl-/Säureplatten	18,93	8,13	10,80	57	4,56	12,69	6,24	33		6,24	33
250	Drahtgewebe	35,30	21,68	13,62	39	12,16	33,84	1,46	4		1,46	4
299	Unter-/Überdeckung Bereich 2									– 94,95	–94,95	
2	Summe	704,12	314,64	389,48	55	176,50	491,14	212,98	30	– 94,95	118,03	17
500	Duriplaststangen	9,14	6,51	2,63	29	3,86	10,37	–1,23	–13	– 8,08	–9,31	–102
510	Duriplastplatten	24,05	10,26	13,79	57	1,15	12,64	11,41	52		11,41	52
520	Duriplast- sonstiges Halbzeug	27,43	12,59	14,84	54	1,54	13,30	14,13	51		14,13	51
540	DP-Dichtelemente	88,60	45,63	42,97	48	12,05	57,68	30,92	35	– 1,66	29,26	33
550	DP-Formteile	109,00	51,11	57,89	53	13,49	64,60	44,40	41	– 3,77	40,63	37
570	FEP-Kunststoffteile	52,41	26,99	25,42	49	7,13	34,12	18,29	35		18,29	35
599	Unter-/Überdeckung Bereich 5									– 25,31	–38,82	
5	Summe	310,63	153,09	157,54	51	39,22	192,31	118,32	38	– 38,82	79,50	26
992	Unter-/Überdeckung Fertigungshilfsbereich									– 1,62	–1,62	
995	Unter-/Überdeckung Materialsiebenbereich									– 5,33	–5,33	
996	Unter-/Überdeckung Verwaltungsbereich									– 10,85	–10,85	
997	Unter-/Überdeckung Vertriebsbereich									– 17,02	–17,02	
999	Unter-/Überdeckung neutraler Bereich											
	Geschäftsbereichserfolg	1 014,75	467,73	547,02	54	215,72	683,45	331,30	33	– 168,59	162,71	16

Abb. 28: Kostenträgererfolgsübersicht

tionsbudgetnachtrag der Fertiglagerverwaltung und eine Vorkalkulationsanfertigung in Bewegung.

Das Budgetergebnis auf Fertigungskosten zeigt die bei der partiellen Kreditierung der tatsächlichen Ablieferstückzahlen nicht vergüteten Abweichungen. Meist handelt es sich um Verbrauchsabweichungen, wenn die variablen Kostengutschriften der Planstückzahlen nicht ausreichen. Verbrauchsabweichungen treten auch bei Über-/Unterschreitungen von eigenerstellten Investitionen und IK-Projekten auf. Ferner können losgrößenbedingte oder unerwartete interne Verrechnungspreisabweichungen entstehen. Außerdem mögen Kostenüber-/-unterdeckungen der Allgemeinen, Materialneben- und Fertigungshilfsstellen zu tragen sein. Alle Abweichungen sind im Betriebsergebniskonto auf Unterkonten zu erfassen, damit man die Vorkalkulationswerte für die nächste Abrechnungsperiode aktualisieren kann.

22634 Unfertige Erzeugnisse und noch zu tilgende Kostenbestände

Die noch nicht abgelieferten Betriebsleistungen sind abrechnungstechnisch zum Monatsende aus der laufenden Kostenträgerrechnung der in Fabrikation befindlichen Aufträge (Kontenklasse 6) auf Schlußbestandskonten (Kontenklasse 7) zu übernehmen. Zu Beginn der Folgeperiode sind sie von dort wieder statistisch zurückzubuchen. Die Umbuchung setzt eine zeitanteilige Losabrechnung voraus, welche in der Praxis kaum durchgeführt wird. Man nimmt eher Ungenauigkeiten in Kauf.

Analog den Halbfabrikaten werden auch die noch im Bau befindlichen eigenerstellten Anlagen nicht monatlich, sondern lediglich zur Jahresinventur nach dem erreichten Reifegrad bewertet. Hingegen kann man monatlich auf internen Kostenträgerbestandskonten jene Restraten der eigenen Initialkostenprojekte evident halten, welche durch die partielle Kreditierung noch nicht gedeckt wurden.

2264 Deckungsbeitragsbudgets im Vertriebsbereich

22641 Grundlagen der Stufendeckungsbeitragsrechnung

Die flexible Plankostenträgerrechnung erreicht ihre Ziele (Preisbildung, Beständebewertung, Wirtschaftlichkeitskontrolle) am besten mit Hilfe einer gestuften Vollkosten-Deckungsbeitragsmethode. Im Bereich der Fabrikation führt man die Fixkosten auf die Kostenträger mit. Theoretisch sind diese bei 80 %- oder Standardbeschäftigung auch einigermaßen verursachungsgerecht, weil nutzungsdauerproportional, zuteilbar. Im Bereich des Absatzes treten aber zusätzliche Kosten überwiegend fixen Charakters hinzu, die an keiner einheitlichen Verbrauchsursache (z. B. investierte Kapazität) gemessen werden können. Sie würden durch einen prozentualen Wertaufschlag auf die Herstellkosten der Eigenprodukte oder auf die Wareneinstandswerte der Fremdware nicht überzeugend kalkuliert.

In der Wettbewerbswirtschaft ist der durch die Vertriebsaktivitäten realisierbare Markterlös die einzige adäquate Maßgröße dieser Bemühungen. Aus dem „Deckungsbeitrag", d. h. der Differenz zwischen Erlös und auftragszurechenbaren Kosten (= Rohertrag), sind die restlichen Vertriebs- und Verwaltungsgemeinkosten und der Reingewinn zu befriedigen. Als zurechenbar gelten die im Fabrikverrechnungspreis enthaltenen normativen Standardherstellkosten sowie die im Vertriebsbereich erfaßbaren Sondereinzelkosten (Vertreterprovisionen, Versandverpackung, Ausgangsfrachten und -versicherungen). Die übrigen fixen Gemeinkosten analysiert man in einer Planstufendeckungsbeitragsrechnung (vgl. Anhang I, Blatt 74). Hierbei sind folgende DB-Begriffe üblich:

	Nettoumsatzerlös
./.	Variable Herstellkosten des Umsatzes und Sondereinzelkosten Vertrieb
=	Deckungsbeitrag I
./.	Auftrags- bzw. platzbezogene Fixherstellkosten
=	Deckungsbeitrag IIa
./.	Kostenträger- bzw. bereichsbezogene Fixherstellkosten
=	Deckungsbeitrag IIb
./.	Sortiments- bzw. bereichsbezogene Vertriebsgemeinkosten
=	Deckungsbeitrag IIIa
./.	Unternehmensbezogene Verwaltungskosten
=	Deckungsbeitrag IIIb = Reingewinn

22642 Beschäftigungsorientierte Deckungsbeitragsrechnung für verkaufte Eigenprodukte

Die Gemeinkosten der Endkostenstellen „Vertriebsweg Inland", „Vertriebsweg Export" sowie „Verwaltung" werden buchungstechnisch nicht über die noch in Fabrikation befindlichen Kostenträger (Kontenklasse 6), sondern unmittelbar über Kostentilgungsbestandskonten der Vertriebsbereiche (Kontenklasse 7) in budgetierter Höhe entlastet. Diese durch Rohaufschläge zu deckenden Tilgungsbestandskonten nehmen – von den Standardbeträgen getrennt – monatlich im Soll auch die Verbrauchsabweichungen dieser VuV-Stellen aus der periodischen Betriebsabrechnung auf. Sie werden aber zum Jahresende zu Lasten des Vertriebsergebniskontos abgebucht. Die durch Verkauf abgerechneten Tilgungsbeiträge mindern im Haben jeweils das VuV-Kosten-Deckungssoll. Auch dieses Bestandskonto ist beim Jahresabschluß aufzulösen, da es nur ein internes Konto der Betriebsbuchhaltung ist.

Der Vertrieb hat die Aufgabe, durch optimale Rohspannenaufschläge je nach Marktlage einen möglichst hohen Deckungsbeitrag hereinzuholen. Eine Produktgruppe kann gleichzeitig den höchsten absoluten und prozentualen Deckungsbeitrag I, aber den geringsten Reinertrag (= DB IIIb) bringen. Die Entscheidung, welches Produkt bei gleichem absolutem Deckungsbeitrag I gefördert werden muß, hängt deshalb vom Beschäftigungsgrad (= Kapazitätsauslastung) des jeweiligen Fertigungsbereiches sowie mitbeschäftigter Vertriebs- und Verwaltungsbereiche ab. Wo die Stückkosten der Zusatzproduktion den Grenzkosten der Zusatzaufträge am nächsten kommen, ist – bei konstantem Grenzertrag (Verkaufspreis bzw. Abliefergutschrift) – auch der vergleichsweise günstigste Deckungsbeitrag III b zu erwarten[1].

Hohe fixe HK- und VVK-Quoten zeigen, daß eine Artikelgruppe in den Produktionskapazitäten und im Vertriebsapparat schlecht ausgelastet ist und relativ hohe Stückkosten bewirkt. Die Vorkalkulation kann dann eine vorübergehende Kampfpreisbildung unterstützen, indem sie nur die auftragsvariablen VVK angibt (z. B. 15 % auf Herstellkosten). Sie werden entsprechend dem Auslastungsgrad der Produktionskapazitäten (z. B. 60 % bis 90 %) gestuft modifiziert. Beispiel: Rohaufschlag (15 x 60) : 100 = 6,9 %; (15 x 70) : 100 = 8,0 %; (15 x 80) : 100 = 9,2 %; (15 x 90) : 100 = 10,4 %. Der absolute Deckungsbeitrag III b steigt, der prozentuale DB III b sinkt dann leicht. Diese Preispolitik verbessert sukzessive den Reingewinn. Entscheidend ist der zusätzliche absolute Deckungsbeitrag bis zur Hereinholung des Tilgungssolls.

Bei Eigenfabrikaten ist der prozentuale Deckungsrohaufschlag für jeden erwünschten Kostenträger-Zuwachs also zu differenzieren, bis er die Vollbeschäftigung der Produktionskostenstellen sicherstellt. Liegt er trotz voller Kapazitätsauslastung unter dem deckungserforderlichen Planspannensatz, muß der Vertrieb Werbemix-Maßnahmen durchführen. Strebt er bei niedriger Kapazitätsauslastung über den Normalspannensatz, ist eine Verkaufspreissenkung geboten.

22643 Grenzertragsorientierte Deckungsbeitragsrechnung für verkaufte Fremdwaren

Handels- und Fremdwaren verursachen Kosten nur im Bereich der Materialnebenstellen (Einkauf, Transport, Eingangskontrolle, Lager), der Vertriebswege und der Verwaltung. Die hieraus gebildete normative Rohaufschlagsspanne auf den Einstandswert gibt eine Vollkostenorientierung. Bei dieser Kalkulation mit Durchschnittssätzen werden in der Regel kapazitative Aspekte nicht berücksichtigt. Auch hier wirken aber limitierende Einflüsse ein, etwa die fixe Lagerkapazität der Außenläger, die zeitlich beschränkte Distribution durch die Reisenden, das progressive Kostenverhalten eines verbreiterten Sortiments mit geringen Bestellstückzahlen, wechselnde Einkaufspreise bei Importwaren. Im Handelsbereich brauchen diese Faktoren wegen der erlösorientierten Deckungsbeitragsrechnung nicht kausal zugerechnet zu werden. Grundsätzlich nimmt man nur solche Artikel ins Verkaufssortiment, deren mittlerer Auftragswert über jenem für Eigenprodukte liegt. Der je Vertriebsweg von Eigenfabrikaten nicht getilgte Spannendeckungsbestand (Plangemeinkosten-Unter-/Überdeckung) muß oft durch die Umsätze der Handels- und Fremdware eingespielt werden. Solange die Vertriebskapazitäten dies gestatten, forciert man deshalb jene Fremdartikelumsätze, deren Grenzertrag den Deckungsbeitragsprozentsatz des Gesamtunternehmens noch maximiert.

2265 Gesamt-Plankosten-/Plandeckungsvergleich

Zum Abschluß des Kostenbudgets ist eine positionsweise Verprobung von Plankosten und Plandeckungen im zweistufigen Kalkulationsprozeß erforderlich (vgl. Anhang I,

1 H. H. Böhm/F. Wille, Deckungsbeitragsrechnung und Optimierung, München 1967, S. 60.

Blatt 75). Sie wird nach dem Gesamtkostenverfahren aufgebaut, da die Deckungsgutschrift auch in aktivierten Fabrikatbeständen enthalten sein kann. Die Bestandsveränderungen der unfertigen Erzeugnisse und der Vertriebskostentilgungsbestände sind durch periodische EDV-Skontration oder Inventur nachweisbar.

Die Deckungsgutschrift für die Kostenverbräuche der Eigenprodukte bis zu den Herstellkosten kommt aus der partiellen Kreditierung der Betriebsablieferungsverrechnungspreise. Für die sonstigen Kostenverbräuche im Vertrieb fällt der Deckungsbeitrag aus den Nettoumsätzen der Vertriebswege frei. Spezielle weitere Gutschriften liefern die neutralen Sondererlöse, z. B. Schrott-, EDV-Kooperations-, Wohnungsmiet-, Beteiligungserlöse. Auch die geplanten Aktivierungen eigenzuerstellender Investitionen oder Initialkostenprojekte und selbst die vorgesehene Reservierung von Gemeinkosten in Tilgungsbeständen stellen in gleicher Höhe Plandeckungen dar. Falls beim Kosten-/Gutschriftenvergleich noch etwaige neutrale Kostenpositionen offenbleiben, sind diese zu Lasten der GuV-Rechnung abzudecken.

Mit vollendeter Budgetierung sind sämtliche geplanten Betriebs- und Vertriebskosten durch die geplante Leistungserstellung und -verwertung abgedeckt. Das Unternehmen wird als „cost-center" gesehen, dessen Werteverzehr voll von den Leistungsträgern übernommen wird.

227 Ergebnis- und Finanzbudget

Die geldmäßigen Auswirkungen der Aktivitätenplanung äußern sich in der abschließenden Ergebnis- und Finanzbudgetierung. Denn mittelfristig steht immer die Ergebnismaximierung im Vordergrund. Wegen der zahlreichen Störfaktoren im Erlös- und im Kostenbereich empfiehlt sich eine Variationsrechnung bei alternativem Budgeterfüllungsgrad.

2271 Plan-Gewinn- und -Verlustrechnung

22711 Überleitung des kalkulatorischen in das bilanzielle Planergebnis

Das Unternehmensbudget ist im Prinzip als Kosten-/Erlösplanung konzipiert, um den Werteverzehr und die Preisbildung zu Tageswerten darzustellen. Das handels- und steuerbilanzielle Jahresergebnis ist dagegen auf der Basis einer Aufwand-/Ertragsplanung auszuweisen. Die Wertansätze müssen wegen der externen Interessenten – Kapitalgeber, Fiskus, Gläubiger – vorsichtiger Beurteilung entsprechen. Während in der Plankosten-/Erlösrechnung das Prinzip der tatsächlichen Substanzerhaltung gilt, geht der bilanzielle Jahresabschluß von der nominellen Kapitalerhaltung aus. Erstere hat konstante Bewertungsregeln, letztere läßt Bewertungsalternativen mit der Bildung stiller Rücklagen zu. Erstere betrachtet das Betriebsergebnis unter Einbeziehung bilanzfremder Zusatzkosten (kalkulatorische Mehrabschreibung, Mehrzinsen, Wagnisse, Unternehmerlöhne), letztere ermittelt das Unternehmensergebnis unter Einbeziehung betriebsfremder Aufwendungen und Erträge. Schließlich ist die ordnungsgemäße Bilanzierung unter Beachtung der aktienrechtlichen Gliederungsstaffel der GuV-Rechnung vorzunehmen (§ 157 AktG, § 5 EStG). Das kalkulatorische Planergebnis muß deshalb mittels einer Brücke in das bilanzielle Planergebnis übergeleitet werden.

Das kalkulatorische Ergebniskonto umfaßt – besonders deutlich darstellbar beim Zwei-Kontenkreis-System (äußerer Kontenkreis = Finanzbuchhaltung, innerer Kontenkreis = Betriebsbuchhaltung) – das Betriebs- und das Vertriebsergebnis. Das Betriebsergebniskonto sammelt die Abweichungen zwischen Istkosten und Gutschriften gemäß partieller Kreditierung der Ablieferungen des Produktionsbereiches (Preis-, Beschäftigungs-, Verbrauchsabweichungen) sowie durchlaufend die aktivierbaren Bestandsveränderungen an Fabrikaten, im Bau befindlichen Eigenleistungen und Initialkostenprojekten. Das Vertriebsergebniskonto erfaßt den Deckungsbeitrag des Vertriebsbereiches, welcher zwischen Standard-HK der Betriebsablieferungen bzw. Einstandswert der Fremdwaren zuzüglich Verbrauchs- bzw. Preisabweichungen der Vertriebsstufe und ihrem Nettoverkaufserlös erzielt wird.

Die bilanzielle Planergebnisrechnung übernimmt diese Zwei-Stufen-Ergebnisse und korrigiert sie zunächst um das bewertungsbedingte neutrale Ergebnis. Dazu ist eine stellenintegrale Herauslösung der kalkulatorischen Zusatzkostenarten nötig, wofür man globale Abschläge ermittelt. Weiterhin sind die mehrjährigen betriebswirtschaftlichen Initialkostentilgungsbestände, die jährlichen Kalkulationsgegenposten (Unterbeschäftigungszuschlag, Preisdifferenzzuschlag, Budgetrisiko u. a.) und die quartalsüberschreitenden zeitlichen Abgrenzungsraten (Urlaubslöhne, Instandhaltungen, Versicherungen u. a.) pauschal auf die ursprüngliche Anfallhöhe aufzulösen.

Weiterhin sind die betriebsfremden Aufwände bzw. Erträge vom Betriebsergebnis abzuziehen bzw. hinzuzufügen. Hierzu zählen eventuelle Kundenskonti, staatliche Investitionsprämien, Gewinne oder Verluste aus Beteiligungen, aus Nebengeschäften (Schrottverkäufe), Aufstockung der Pensionsrückstellungen nach Tageswerten (Teilwerten) u. a. Auch aus steuerlichen Bewertungsfreiheiten gebildete Sonderposten mit Rücklageanteil (z. B. § 6 Abs. 2, § 7 Abs. 2 und 5 EStG, § 80 EStDV) mindern das Ergebnis.

Als nächsten Umwertungsschritt zieht man die außerordentlichen Aufwendungen abzüglich Erträge vom Betriebsergebnis ab. Sie betreffen nach Art oder Höhe einmalige Vorgänge, welche in der Betriebsergebnisrechnung nicht berücksichtigt werden, z. B. Feuerschäden, Abgang uneinbringlicher oder Zahlungseingänge auf abgeschriebene Forderungen, Veräußerungserlöse von Anlagenkapazitäten. In Sonderrechnungen sind ferner die Gewinnsteuern zu ermitteln, welche bei der geplanten Gewinnausschüttung anfallen. Dabei bestimmt man zunächst die Gewerbeertragsteuer (vereinfachte 9/10-Methode gemäß Abschn. 22 Abs. 2 EStR), anschließend die mit 36 % bzw. 56 % Körperschaftsteuer belasteten auszuschüttenden bzw. zu reservierenden Einkommensanteile (§§ 23 Abs. 1, 27 Abs. 1 KStG).

Zusammengefaßt entsteht somit ein Aufwand-/Ertragsrechnungsschema, welches das nach dem Gesamtkostenverfahren ermittelte betriebswirtschaftliche Ergebnis gestaffelt in das bilanzielle GuV-Ergebnis überleitet (vgl. Anhang I, Blatt 77):

	Nettoumsatzerlöse ex Rabatte, Boni, Skonti
+	sparteninterne Lieferungsgutschriften
±	Bestandsveränderungen UF und FF
+	Andere aktivierte Eigenleistungen
=	Gesamtleistung
–	Materialaufwand (einschl. Doppelzählung für Interspartenlieferung + Einstand Handelsware ± Inventurdifferenz – Skontierlöse)
=	Rohertrag
–	Personalaufwand
–	Sonstige betriebliche Gemeinkosten
±	Bewertungsunterschiede (kalkulatorisch/bilanziell) bei Aufwand bzw. Ertrag
=	Betriebsergebnis (bilanziell)
±	Beteiligungserträge/-aufwendungen
+	Sonstige betriebsfremde Erträge (Zinserträge, Investitionsprämien)
–	Sonstige betriebsfremde Aufwendungen (handelsbilanzielle Wertkorrekturen zum Finanzvermögen, z. B. Vorratsabwertung, Inkuranz, Pauschalwertberichtigungen)
±	Erträge/Aufwendungen durch steuerbilanzielle Sonderposten mit Rücklageanteil
+	Außerordentliche Erträge (Schrotterlöse, Vorratsaufwertung)
–	Außerordentliche Aufwendungen (vorzeitige Abschreibungen, Prozeßrückstellungen, Betriebsprüfungsnachzahlungen)
=	Unternehmensergebnis vor Gewinnsteuern
–	Gewinnabhängige Steuern
=	Unternehmensergebnis nach Steuern

22712 Ergebnisvarianten bei unzureichender Budgeterfüllung

Jede Planung muß berücksichtigen, daß die Ziele trotz aller Aktivitäten nur teilweise erreicht werden. Ergibt sich eine Streubreite von mehr als ± 15 % des Betriebsgewinns, waren in der Regel die Mengen- oder Wertansätze nicht exakt genug ermittelt. Man plant das Ergebnisbudget deshalb alternativ auf 95 %, 90 %, 85 %, 80 % Treffsicherheit des Planumsatzes (vgl. Anhang I, Blatt 78). Das Betriebsergebnis verschlechtet sich wegen des unterbeschäftigten Fixkostenblocks hierbei progressiv. Die Gewinnabweichungen resultieren meist aus Unterschreitungen der Umsatzziele (Absatzmengen- oder Preisrückgänge). Andere Hauptursachen sind die Überziehung der variablen Kostenbudgets im Vergleich zur disponierten Leistung bzw. die Nichteinhaltung des Ablieferbudgets im Produktionsbereich oder die unkontrollierte Ausweitung der Fixkosten.

Die Variantenergebnisrechnung kann man in den Eckwerten hochgerechnet oder abgekürzt anhand eines Break-even-point-Schemas manuell durchspielen. Diese statischen Erkenntnisse berücksichtigen noch nicht das daraus folgende Anpassungsverhalten des Unternehmens bei rückläufiger Planabsatzsituation.

Bereits nach Ablauf von 3 bzw. 6 Monaten des Budgetjahres sind Hochrechnungen des Jahresergebnisses mit eventuellen Variantenrechnungen der Unternehmensleitung vorzulegen. Sie trifft die Entscheidungen zum Gegensteuern.

2272 Planbilanz

Die Budgetierung zielt auf eine laufende Ergebnissteuerung hin. Deshalb sind die Erstellung einer zeitpunktbezogenen Planbilanz und ein Betriebsvermögensvergleich von Bestandsposten zwischen Budgetperiodenende und Vorperiodenende in mittleren Personengesellschaften weniger üblich. Die interne Bilanzierung ist eher ein Mittel des Controllings, um mit Hilfe von Strukturkennzahlen die erstellten Teilpläne zu verproben.

Bei mittleren Kapitalgesellschaften mit größerem Gesellschafterkreis ist hingegen eine externe Bilanzplanung im Hinblick auf die Bewertungs-, die Ausschüttungs- und die Rücklagenpolitik bedeutsam. Hier sind die Zielsetzungen der Unternehmensführung auch mit jenen der Eigentümer, der Gläubiger und der Imagepublizierung abzustimmen. Ausgehend von der Aufwand-/Ertragsplanung des Unternehmensergebnisses wird deshalb zuerst die Aktiv-, dann die Passivseite geplant.

Das Sachanlagevermögen entwickelt man aus der Vorjahresbilanz unter Hinzunahme des Investitionsbudgets in einem „Bilanzspiegel" aus Zugängen, Umbuchungen, Abgängen und Abschreibungen fort. In gleicher Weise ist beim Finanzanlagevermögen vorzugehen, wobei noch das Finanzbudget beachtet wird. Das am Bilanzstichtag erwartete Vorratsvermögen ergibt sich aus der Rohstoff-, Halbfabrikate- und Fertiglagerplanung, deren Bestände über Lagerumschlagskennzahlen verifiziert werden. Das übrige Umlaufvermögen steht meist in konstantem Verhältnis zu Anlage- und Vorratswerten.

Die Planung der Passivseite erfolgt unter Beachtung der Kapitalstruktur- und Finanzierungsplanung. Die handelsbilanzielle Gewinnbudgetierung zeigt die voraussichtliche Erhöhung des Eigenkapitals. Legt man einen Ausschüttungsbetrag zugrunde, welcher unter Berücksichtigung der Geschäftsentwicklung das Grund- bzw. Stammkapital in angemessener Höhe verzinst, läßt sich der Ertragsteuersatz (Körperschaftsteuer + Gewerbeertragsteuer) bei Ausschüttungen bzw. bei Rücklagenbildung ausrechnen. Bei ungünstiger Ergebnisbeurteilung sind Rücklagenauflösungen oder Eigenkapitalerhöhungen zu berücksichtigen. Aus der Differenz zwischen handelsrechtlich bewerteten Aktiva und Endstand der Eigenkapitalkonten ergibt sich die Deckungslücke, welche durch weitere Fremdkapitalaufnahme kurz- oder langfristig zu finanzieren ist.

Von besonderem Interesse ist immer die Steuerbilanzplanung. Die Finanzverwaltung läßt zur Gewinnermittlung einen breiteren Bewertungsspielraum zu als bei der Handelsbilanz, wenngleich deren Wertansätze zunächst maßgeblich sind (§ 5 EStG, § 60 EStDV). Bei der steuerlichen Gewinnplanung sind einerseits die Aufwand- und Ertragsarten auf die engeren steuerlichen Begriffe der Betriebsausgaben und -einnahmen abzugrenzen. Andererseits können gewinnmindernd beim Anlagevermögen unter bestimmten Voraussetzungen erhöhte oder Sonderabschreibungen (§§ 79, 82 EStDV, 14 Berlin-FG, 3 Zonen-RFG) oder steuerfreie Übertragungen auf Ersatzwirtschaftsgüter (§ 6 b EStG, Abschn. 35 EStR) eingeplant werden. Auch beim Vorratsvermögen sind erhöhte Bewertungsabschläge (§ 80 EStDV), Rücklagen für Preissteigerungen (§ 74 EStDV) sowie generelle Ansätze zum niedrigeren Teilwert (§ 6 Abs. 1 S. 2 EStG = eingeschränkter Wertzusammenhang) zulässig. Die auf diese Weise erzielbaren Gewinnverlagerungen in spätere Besteuerungszeitabschnitte können wiederum gewichtige Auswirkungen auf das Finanzbudget haben.

2273 Zahlungsbudget

Die Jahresaktivitäten des integrierten Budgets – Beschaffung, Produktion, Verkauf – führen zu Auszahlungs- und Einzahlungsströmen. Hierbei muß das finanzielle Gleichgewicht ständig aufrechterhalten bleiben. Das Liquiditätsziel ist der generellen mittelfristigen Budgetzielsetzung der Ergebnissteigerung zwar untergeordnet, kann aber in der kurzfristigen Jahresplanung gleichrangig sein oder – etwa bei allgemeiner Kreditverknappung der Wirtschaft – sogar übergeordnete Priorität erhalten. Zur Bestimmung des monatlichen Liquiditätssaldos wird im ersten Schritt das Zahlungsbudget aus den bereits mengen- und wertmäßig fixierten Teilbudgets abgeleitet. Im zweiten Schritt muß das Kapital- und Kreditierungsbudget zeigen, ob diese Leistungsaktivitäten durch Außenfinanzierungsmöglichkeiten gesichert oder limitiert sind.

22731 Cash-flow-Planung

Das Zahlungsbudget umfaßt als wichtigsten Detailplan die Planung von Ausgaben, Einnahmen und des Überschußsaldos (vgl. Anhang I, Blatt 76). Der monatliche bzw. quartalsweise Einzahlungsüberschuß = Finanz-cash-flow ist ein Maßstab des Innenfinanzierungsvermögens und der Ertragskraft des Unternehmens. Er wird aus dem Bruttoergebnis abgeleitet, welches erst zum Brutto-Cash-flow, dann zum Netto-Cash-flow umgeformt wird. Basis sind also die güterwirtschaftlichen Umsätze bzw. Kosten. Dazu kommen finanzwirtschaftliche Posten, nämlich aus dem Ergebnisbudget die Ausschüttungen, Ertragsteuern und neutralen Zahlungen, ferner aus dem Kreditbudget die Fremdzinsen.

In der deutschen mittelständischen Industrie entwickelt man den Finanz-Cash-flow vereinfacht aus einer Verbindung der aktienrechtlich gegliederten Plan-Gewinn-und Verlustrechnung mit einer Planfinanzflußrechnung. Dabei wird auf ein periodengerechtes Gesamtleistungs-Gesamtkostenverfahren abgestellt.

Beispiel:

			TDM
	Jahresüberschuß		300
+	Steuern EEV und LAG-Abgabe		200
=	Bruttoergebnis		500
–	Ao. betriebsfremder und Zins-Ertrag	–	120
–	Gewinnvortrag	–	30
=	Bereinigtes Bruttoergebnis		350
+	Rücklagenzuweisung		40
+	Erhöhung Pensionsrückstellungen		148

+	Abschreibungen und Wertberichtigungen Sachanlagen	1 122
+	Abschreibungen und Wertberichtigungen Finanzanlagen	12
+	Wertberichtigung Umlaufvermögen	43
=	Brutto-Cash-flow	1 715
–	Steuern EEV und LAG-Abgabe	– 200
=	Netto-Cash-flow	1 515
–	FF-UF-Bestandserhöhung	– 613
–	Aktivierte Eigenleistungen	– 212
+	Sonstige Abgrenzungen	20
=	Finanz-Cash-flow	710

22732 Planung der Investitionszahlungen

Außer den an die Verbrauchs- und Leistungsbudgets anknüpfenden Zahlungsplänen sind die langfristig orientierten Ausgaben für Investitionen (bzw. Einmaleinnahmen aus Desinvestitionen) von besonderem Interesse. Die Auszahlungen für Betriebsmittelanschaffungen oder Festwertaufstockungen in Lägern und umgekehrt die Einzahlungen aus Anlagenverkäufen oder Lagerauflösung dürfen aber nicht schon in der Finanz-Cash-flow-Planung enthalten sein. Für interne Initialkostenprojekte (Entwicklungen, Produktionsanläufe, Werbekampagnen u. ä.) bereitzustellende Auszahlungen können berücksichtigt werden.

Die Investitionszahlungen umfassen außerdem die in Finanzanlagen zu investierenden Finanzmittel bei Beteiligungsnahme oder bei über ein Jahr hinausreichenden Gesellschafter-, partiarischen oder sonstigen Darlehenshingaben. Umgekehrt sind Veräußerungen oder Abbau von Beteiligungen sowie die Zuflüsse bei Tilgung der Darlehen durch Dritte als Einzahlungen zu berücksichtigen.

	Beispiel:	TDM
	Finanz-Cash-flow	710
–	Sachinvestitionen	– 530
+	Darlehensrückflüsse	20
=	Investitionskorrigierter Finanz-Cash-flow	200

2274 Kapitalbedarfsbudget

Das Finanzbudget muß neben den Zu- und Abflüssen des Kapitalfonds, die aus güterwirtschaftlicher Aktivität herrühren, die rein finanzwirtschaftlichen Ströme in das und aus dem Unternehmen vorplanen[1]. Das Kapitalbedarfsbudget hat deshalb die Aufnahme und die Rückzahlung von langfristigem Eigen- und Fremdkapital zur Sicherstellung einer optimalen Kapitalstruktur abzudecken. Außerdem muß durch Bereitstellung eines kurzfristigen Kreditrahmens eine ständige Liquiditätsreserve gegeben sein.

1 E. Gutenberg, Grundlagen der Betriebswirtschaftslehre, 3. Bd.: Die Finanzen, Berlin 1969, S. 303.

Die Planung der reinen Eigen- und Fremdfinanzierung bzw. -definanzierung im Verhältnis zu den Gesellschaftern und den lang- bis mittelfristigen Kreditgebern läßt sich zunächst als isolierte Kapitalstrukturrechnung der Passivseite der Planbilanz darstellen. Sie dient in erster Linie der strategischen Zielsetzung, um die vertikale Bilanzstruktur zur Stärkung der Haftungsbonität, aus Publizitätsgründen oder für Kreditaufnahmeverhandlungen in optischer Hinsicht zu verbessern. Eine Relation von Fremd- zu Eigenkapital zwischen 1 : 1 bis allenfalls 2 : 1 wird als optimal angestrebt. Bei Kapitalgesellschaften erfolgt die erforderliche Eigenfinanzierung im Wege der Kapitalerhöhung, bei Personengesellschaften durch Einlagen. Ist dies nicht möglich, muß die Finanzkraft durch lang- oder mittelfristig gebundenes Fremdkapital in Form von Hypotheken, Schuldverschreibungen oder Gesellschafterdarlehen gestärkt werden.

Die Außenfinanzierungsplanung ist jedoch meist durch Zielvorstellungen einer besseren horizontalen Bilanzstruktur geprägt. Die Zuführung längerfristigen Kapitals wird nötig zur Finanzierung sprungweise ansteigender, länger gebundener Aktiva. Die Ermittlung des künftigen Kapitalbedarfs in Abhängigkeit von geplanten Umsatzsteigerungen läßt sich am leichtesten mit einer Zuwachsumschlagsrechnung durchführen[1]. Der Kapitalmehrbedarf ermittelt sich nach dem in Abb. 29 gezeigten, an die Einzelbudgets angeknüpften Schema:

I.		Nettoeinkaufspreis der Anlageinvestition	=	DM
	+	Bezugsspesen, Installationskosten	=	DM
	+	Personalkosten für Neueinstellung	=	DM
	+	Produktionsausfall während Installation	=	DM
	+	Kosten der Vorfinanzierung	=	DM
	+	Kosten für zwangsläufige Sekundärinvestitionen	=	DM
	=	Anlagevermögenzuwachs		DM
II. a)		Täglicher Aufwand an Material	=	DM
	+	Täglicher Aufwand an Löhnen	=	DM
	+	Täglicher Aufwand an Fremdleistungen	=	DM
	+	Täglicher Aufwand an sonstigen ausgabewirksamen Kosten	=	DM
	=	Täglicher Aufwand für Mehrleistung	=	DM
b)		Produktionsdauer	=	Tage
	+	Lagerdauer	=	Tage
	+	Debitorenziel	=	Tage
	=	Kapitalbindung Umlaufvermögen	=	Tage
c)		Täglicher Aufwand x Kapitalbindung = Umlaufvermögenzuwachs		
III.		Δ Anlagevermögen + Δ Umlaufvermögen = variabler Kapitalbedarf		

Abb. 29: Schema der Ermittlung des Kapitalmehrbedarfs

1 Institut der Wirtschaftsprüfer, WP-Handbuch 1973, Düsseldorf 1973, S. 1205.

22742 Liquiditätsreserveplanung

Die Kapitalbedarfsplanung hat auch die Bereithaltung einer Liquiditätsreserve einzubeziehen, welche zur Risikoabsicherung gehalten wird. Diese Zielsetzung kann im Unternehmensbudget als eigenständige Alternative neben den auf Gewinnmaximierung ausgerichteten Aktivitäten stehen. In Zeiten mit hohen Habenzinssätzen der Kreditinstitute ist die verzinsliche Ansammlung größerer liquider Mittel sogar rentabler als die Gewinnerwirtschaftung aus betrieblich investiertem Vermögen.

Die Budgetierung der Liquiditätsreserve umfaßt einmal den „eisernen“ Barzahlungsbestand, welcher über die zur Abdeckung der kurzfristigen Verbindlichkeiten (= Liquidität 1. Grades) erforderlichen Gelder hinaus eingeplant wird. Ihm liegen Vorsichts-, Spekulations- oder Ein-/Auszahlungsspitzenausgleichsmotive zugrunde. Man kann diese Reserve wie ein Lagerhaltungsproblem durch Simulation zu erwartender Zu- und Abflüsse zu optimieren versuchen. Hiernach sind rechnerisch die fixen Opportunitätskosten (= Ertragsverzicht der Eigenmittel) den Eigenmittel ersetzenden Fremdkreditkosten (abzüglich Zinserträgen der Eigenmittel) gegenüberzustellen. Damit sind aber nicht alle Risikodeterminanten der Liquiditätsreserve erfaßbar. In der Praxis verwendet man deshalb branchen- oder unternehmensspezifische Erfahrungswerte, welche den eisernen Bestand in fester Relation zur Umsatzentwicklung (z. B. 50 % eines Monatsumsatzes) fixieren.

Zur Kapitalbedarfsreserve gehört zum anderen die Kreditrahmenreserve, welche man bei Kreditinstituten vorsorglich mit vertraglich gesicherten Fristen einräumen läßt. Sie ermöglicht eine entsprechende Reduzierung der eigenen Barliquiditätsreserve. Ihre maximale Höhe richtet sich nach der Haftungsbonität des Unternehmens und den verfügbaren dinglichen oder privaten Sicherheiten (Privatvermögen, Bürgschaften). Solange noch keine Inanspruchnahme = Einzahlung in das Betriebsvermögen vorliegt, ist allenfalls eine Bereitstellungsprovision zu budgetieren. Die offenen kurzfristigen Kreditreserven werden in der Finanzplanung wie Zahlungsmittelbestände ausgewiesen.

23 Dynamisierte Monats- und Quartalsfortschreibung des Jahresbudgets

231 Notwendigkeit rollender Aktualisierung

Je weiter Prognosen in die Zukunft hineinreichen, desto größer wird die Wahrscheinlichkeit von Abweichungen zwischen Plan und Ist. Selbst beim Jahresbudget treten schon am ersten Arbeitstag Änderungen der tatsächlichen Absatz-, Produktions- und Beschaffungsverhältnisse auf, welche Kurskorrekturen erforderlich machen können. Bei der Komplexität der Rechenoperationen einer Planung wird eine Planänderung in mittleren Unternehmen aber erst in Erwägung gezogen, wenn trotz Gegensteuerung seitens der Unternehmensleitung das durch die Aktivitäten fixierte Ziel auch auf Umwegen nicht mehr erreichbar erscheint. Dabei ist eine Reaktionszeit zu berücksichtigen, die sich aus der Monatsberichtszeit, der Analysezeit und der Korrekturentscheidungszeit zusammensetzt.

Modifizierende Aktivitätenänderungen beschränken sich auf eine Korrektur der Mengeneckwerte und deren Hochrechnung auf das Jahresplanergebnis. Außerdem ist ein Jahresbudget immer eingebettet in den mittelfristigen 5-Jahres-Plan, in welchem Überhänge aus dem Vorbudget und Einwirkungen in das Folgebudget bestehen. Bei mittleren Industriebetrieben mit einer Produktionsdurchlaufdauer zwischen 3 und 6 Monaten, einer mittleren Materialverweildauer in Rohstoff-, Zwischen- und Fertiglägern von je etwa 1 bis 3 Monaten und einer Bestell- bzw. Verkaufsdauer von je etwa 2 Monaten ist die 12-Monats-Periode fast eine Zeitpunktplanung. Auch die Betriebsmittel erfordern eine längerfristige Disposition ihrer Gesamtnutzungsdauer hinsichtlich Instandsetzung, rechtzeitiger Ersatzbestellung oder technisch-ökonomischer Substitution. Die Bereitstellung und Ausbildung von Fachpersonal und ihre optimale Einübung am geeigneten Arbeitsplatz benötigen eine mehrmonatige Dauer. Werbekampagnen, neue Produktionsverfahren oder Kreditrahmenverhandlungen müssen von der Unternehmensleitung mit vom Budgetjahr abweichenden Fristigkeiten neu terminiert werden.

Bei der Möglichkeit der Einwirkung so verschiedener Planänderungen und Fristen auf die Jahresbudgetziele ist eine rollende Anpassung der Jahres- und Quartalsbudgets notwendig. Dabei bleibt der ursprüngliche Ansatz unverändert. Die Änderungen werden monatlich separat vorgegeben und im Schleppverfahren fortaddiert. Das erfordert die Soll-Ist-Kontrolle aller wichtigen Entscheidungsänderungen mit Mengen- und Wertangabe. Die Jahresabweichungen resultieren dann getrennt aus dem Ursprungsbudget und aus dem kumulierten Nachtragsbudget.

2311 Absatz- und Dispositionsänderungen

Vom Absatzmarkt her laufen täglich Kundenaufträge ein, die nach Artikel-Nummer, Stückzahl, Verkaufspreis und Liefertermin mit den EDV-Forecaster-Erwartungen des Jahresbudgets verglichen werden. Der Vertrieb hat zwar die erwarteten Bestellungen bei der Produktion bzw. beim Einkauf disponiert. Die Betriebsleitung hat nach Abgleichung des EDV-Stücklistenprocessors mit den verfügbaren Betriebsmittel-, Vor-

Rheinische Werkzeugfabrik GmbH **Köln** Antragsteller: Vertrieb Schneidwerkzeuge	**Vertriebsdispositionsbudget 1978** Änderungsantrag Nr. 7/78		Datum: 1.3.1978 gez.:
Budget-Zusatz / Storno / Verschiebung	von Montage an Fertiglager	von mechan. Fertigung an Teilelager	von Einkauf an Rohlager
I. Zusatz-Artikelnummer	250 7332	250 73	250
Erforderl. Abliefer-Kalenderwoche	13. KW	12. KW	10. KW
II. **Erforderl. Bedarfsstückzahl gesamt**	+ 4 500	+ 4 800	+ 2 500 kg
Tatsächl. Auftragseingang Stück	16 410	17 650	9 300 kg
./. 2/12 = Monatsablief. lt. Disp.-Budg.	12 000	13 200	7 500 kg
./. Verfügbarer Lagerbestand	135	820	30 kg
= Erforderl. Fehldifferenz 3. Monat	4 275	3 630	1 770 kg
± Auf-/Abrundung Losgröße	225	1 170	730 kg
III. Zusätzliches Zukaufsmaterial	100 Garnituren Verpack	--	10 000 Nieten
Beschaffbares Zukaufsmaterial von	gesichert	gesichert	erst 11. KW
Zusätzliche direkte Mann-Stunden	45	220	--
Beschaffbare direkte Mann-Stunden von	(s. u. =) Storno = 45	(s. u. =) Storno = 220	--
Zusätzliche Maschinenkapaz.-Std.	--	25	--
Beschaffbare Maschinenkapaz.-Std. von	--	(s. u. =) Storno = 10 Nickelei ÜStd. = 15	--
I. Storno/Verschiebe-Artikelnummer	320 4615	320 46	320
Spätere Abliefer-Kalenderwoche	entfällt	30. KW	26. KW
II. **Entfallende Bedarfsstückzahl gesamt**	– 600	– 1 200	– 2 400 kg
Tatsächl. Auftragseingang Stück	210	1 360	3 370 kg
./. 2/12 = Monatsablief. lt. Dispo.-Budg.	1 200	2 400	4 800 kg
./. Verfügbarer Lagerbestand	990	1 040	1 430 kg
= Freie Überdifferenz 3. Monat	600	1 360	1 430 kg
± Auf-/Abrundung Losgröße	--	– 160	970 kg
III. Überzähliges Zukaufsmaterial	Abverkauf	verwendbar	verwendbar
Sistierbares Zukaufmaterial auf	--	26. KW	20. KW
Überzählige direkte Mann-Stunden	50	300	--
Umsetzbare direkte Mann-Stunden auf	(s. o. =) Zusatz-Dispo = 45	(s. o.) Zusatz-Dispo = 220	--
Überzählige Maschinenkapaz.-Std.	--	40	--
Disponierbare Maschinenkapaz.-Std. auf	--	(. o.) Zusatz-Dispo = 10	--
Prüfung Datum Signum	Arbeitsvorbereitung 2. 3. 78	Einkauf 3. 3. 78	Personalwesen 5. 3. 78
EDV-Ablochung f. StückList./ArbgangProz.	7. 3. 78	7. 3. 78	7. 3. 78
Genehmigung Datum Signum	Vertriebsleitung 1. 3. 78	Produktionsleitung 6. 3. 78	Finanzleitung 7. 3. 78

Abb. 30: Dispositionsänderungsantrag

rats- und Personalkapazitäten die Abliefermengen konkreter Artikel-Nummern bestätigt. Der Vertriebsdisponent erhält aber die Freiheit, geringfügige Substitutionen der bereits an die Betriebsarbeitsvorbereitung (AV) georderten Bestellungen mit den tatsächlich bei ihm eingetroffenen Kunden-Artikelnummern vorzunehmen, wenn der hierin enthaltene direkte Material- und Lohnaufwand nur wenig von dem ursprünglich erwarteten abweicht. Die Freigabe geschieht durch unmittelbare Gegenbestätigung seitens der betrieblichen AV in der Wochendisposition. Die Abweichung ist allerdings in einer nachträglichen monatlichen Kontrollbewertung der EDV festzuhalten.

Bei mutativen Substitutionen, Zusatzaufträgen oder Auftragsstornierungen ist jedoch ein Dispositionsänderungsverfahren zu durchlaufen. Mit Dispositionsänderungsantrag (vgl. Abb. 30) fragt die Vertriebsdisposition bei der Betriebs-AV an, ob diese wesentliche Auftragsänderung mengenmäßig, kostenmäßig und terminlich realisierbar ist. Bei Bestätigung ist der Auftrag noch von der Personalstelle und dem Materialeinkauf verbindlich abzuzeichnen. Bei Ablehnung wird der Einkauf mit Fremdbeschaffung betraut. Bei Terminsubstitution anderer Aufträge muß die Vertriebsdisposition selbst die Prioritätenverschiebung schriftlich akzeptieren. Bei Dispositionsstornos hat die Geschäftsführung die Genehmigung zu erteilen.

Die genehmigten Dispositionsergänzungen oder -stornos werden monatlich in separater EDV-Liste „Dispositionsnachtrag" artikelweise mit Nettoerlös, Deckungsbeiträgen IIb, IIIa, IIIb angelistet und nach Kostenträgern addiert. Außerdem wird automatisch für die Substitution eine ergänzende EDV-Liste „Nachtragsablieferungsdeckung" mit partieller Kreditierung nach Artikel- und Kostenträger-Nummer ausgefertigt. Eine Änderung von Jahresbudgeteckwerten erfolgt hieraus allenfalls zum Quartalsende.

2312 Abliefer- und Produktionsänderungen

Soweit aus dem betrieblichen Bereich mutative Substitutionen des Mengen- und Zeitenverbrauchsgerüstes oder der zugesagten Ablieferstückzahlen entstehen, sind auch diese über einen Dispositionsänderungsantrag oder über Stücklisten- bzw. Arbeitsgangänderung den betreffenden Instanzen zur Kenntnis bzw. zur Genehmigung zu bringen. Wesentliche Input-Veränderungen der Produktion sind Korrekturen des EDV-Stücklisten- und Arbeitsgangprocessors, welche die verfügbare Stundenkapazität oder den Beschäftigungsgrad der Fertigungsstellen beeinträchtigen, z. B. Anlagenstillstände, Krankheitsepidemien, Werkstoffsubstitution. Zu den wesentlichen Output-Änderungen zählen deutliche Überlieferungen nicht bestellter Artikel-Nummern während der Ablieferperiode, aber auch klare Ablieferrückstände. Die unfertigen Bestände haben hier eine Pufferfunktion wahrzunehmen, obwohl dadurch deren Budgetansätze ebenfalls über- bzw. unterschritten werden.

2313 Material- und Personalbeschaffungsänderungen

Das verabschiedete Jahresbudget kann während der Planungsperiode auch seitens des kaufmännischen Bereichs modifiziert werden. Vielleicht stößt der Einkauf plötzlich auf lagerseitig nicht kompensierbare Lieferzeitverlängerungen bei Produktionsmaterialien (z. B. Spezialedelstähle). Oder die Personalabteilung kann trotz aller Aktivitäten (Anwerbung, Umschulung u. a.) die vorausgeplante Aufstockung des direkten Personals nicht sicherstellen oder muß eine hohe Fluktuation in Kauf nehmen. Diese Instanzen informieren dann mit einem Einkaufsbudgetänderungsantrag oder Personalbudgetänderungsantrag unter Angabe der spezifischen Mengen- oder Terminabweichung das EDV-Rechenzentrum bzw. den Controller. Hier wird über die Stücklisten- bzw. Arbeitsgangauflösung ermittelt, welche Artikel-Nummern, -mengen oder -termine verspätet abgeliefert und welche Planänderungen erforderlich werden.

232 Änderungshochrechnung auf das Jahresergebnisbudget

Die monatlichen Änderungsanzeigen der Vertriebs-, Produktions- und Beschaffungsseite werden quartalsweise auf ihre wertmäßigen Auswirkungen bis zum Jahresergebnis hochgerechnet. Auch dies bleibt ein relativ überschlägliches Verfahren, um die Wirtschaftlichkeit der Rechnungen nicht zu beeinträchtigen. Im wesentlichen werden einerseits die Erlöse und Bestandsveränderungen, andererseits die Wareneinsätze, Lohnkosten, Zinskosten und ferner die Stundenauslastung extrapoliert. Die Hochrechnung knüpft also nur an Umsatz-, Lager-, Kosten-, Ergebnis- und Finanzbudgets an. Die Kostenartenzuwächse lassen sich anhand ihrer Variatoren einzeln oder summarisch auf Beschäftigungsänderungen im Plan-BAB ansprechen. Das Finanzbudget ist zu überprüfen, wenn durch die Anpassungsentscheidungen die Kapitalbedarfsplanung beeinflußt wird. Dies ist der Fall bei Lageraufstockungen, Kapazitätsveränderungen oder unplanmäßigen Debitorenausfällen.

Die Änderungshochrechnungen infolge der Budgetfortschreibung arbeiten mit abnehmenden Unsicherheiten während des Planjahres im Gegensatz zur Budgetvariantenrechnung vor Beginn des Planjahres. Führen die Änderungsanträge zu erhöhter Beschäftigung, so wird über das Anpassungsverhalten sofort mit entschieden. Der Betrieb fährt Überstunden oder stellt zusätzliche Arbeitskräfte ein, sofern die verfügbaren Kapazitäten dies zulassen. Andernfalls vergibt man Veredelungsaufträge oder kauft Handelsware hinzu. Ein quartalsweiser Lauf des EDV-Arbeitsgangprocessors für die Zusatzstückzahlen gibt einen genauen Hinweis auf die direkten Mehrstunden und damit auf die Fertigungskosten.

Wenn die während des Jahres vorgenommenen Budgetfortschreibungen zu rückläufiger Beschäftigung führen, sind drei Maßnahmenphasen zu unterscheiden:

- In Phase I = 95 bis 100 % Planumsatzrealisation passiert wegen akzeptierbarer Fehltoleranz nichts.
- In Phase II = 85 bis unter 95 % Umsatzzielerreichung werden die Vertriebsaufwendungen intensiviert, vermeidbare Kosten des Betriebes abgebaut. Die kostenoptimale Fertigung bei Kapazitätsauslastung wird nicht aufgegeben, sondern lieber Kurzarbeit oder eine Fertiglageraufstockung in Kauf genommen (= intensitätsmäßige Anpassung).

– In Phase III, bei Hochrechnung auf ein Rohergebnis nach weniger als 85 % der Umsatz-Planung, muß wegen drückender Kapitalbindung und Lagerzinsen die Produktion eingeschränkt werden. Die Entlassung direkten Personals erfordert wegen der Steigerung der fixen Stückkosten ergänzend einen scharfen Abbau indirekter Kosten (= quantitative Anpassung).

Diese Mechanik drückt sich im Varianten-GuV-Ergebnis aus. Bei Phase II beeinflussen sowohl die Mindererlöse als auch die Fixkosten in Vertrieb, Produktion, Verwaltung von zwei Seiten das Bild. Die Bestandserhöhungen Fertigfabrikate (zu bil.HK[1]) können dagegen ergebniserhöhend wirken. In Phase III sinken die Erlöse weiter, die Bestände an Fertig- und Halbfabrikaten steigen wegen Kurzarbeit kaum, während die Zinsen hierfür die Verluste erhöhen. Das Betriebsergebnis galoppiert in die roten Zahlen.

Für Gegensteuerungsaktivitäten wird der Controller anhand der Gewinnschwellenrechnung Hilfestellung geben, um die Umsatzbudgetrealisierung wieder auf 95 % zu bringen. Das folgende Beispiel erläutert dies näher. (Vgl. auch das Beispiel in Abschnitt 3212.)

Beispiel:

1. Die Preise sollen bei einer um 20 % steigenden Absatzmenge um 10 % vermindert werden. Zu lösende Aufgabe:
   a) Wo liegt die Gewinnschwelle (Break-even-point)?
   b) Wie ist die neue Gewinnsituation?
   c) Welche Mindestmenge muß verkauft werden, damit die Vollkosten gedeckt werden?

	Ausgangssituation (1)	Neue Situation (2)
m	10 000 Stck.	12 000 Stck.
e	4,– DM/Stck.	3,60 DM/Stck.
k_v	2,20 DM	2,20 DM
K_f	13 000 DM	13 000 DM
d	1,80 DM	1,40 DM
$E = m \cdot e$	40 000 DM	43 200 DM

Es bedeutet:
BEP = Break-even-Point
m = Absatzmenge
e = Stückpreis
E = Umsatz
K = Kosten
K_f = gesamte Fixkosten
d = Fixkosten je Stück
k_v = variable Kosten je Stück

1 = bilanzielle Herstellkosten, ohne Vertriebs- und Verwaltungskosten sowie Reingewinn

2. Lösung

a) Ermittlung des Gewinnpunktes:

$$BEP = E - \frac{m \cdot k_v}{m \cdot e} - K_f$$

$$E_{BEP1} = \frac{K_f}{1 - \frac{k_v}{e}} \qquad E_{BEP2} = \frac{K_f}{1 - \frac{k_v}{e}}$$

$$= \frac{13\,000}{1 - \frac{2{,}20}{4{,}-}} \qquad = \frac{13\,000}{1 - \frac{2{,}20}{3{,}60}}$$

$$= \underline{\underline{28\,900 \text{ DM}}} \qquad = \underline{\underline{33\,420 \text{ DM}}}$$

b) Gewinnerrechnung

$$\begin{aligned} G_1 &= m \cdot e - (K_f + k_v \cdot m) \\ &= 40\,000 - (13\,000 + 2{,}20 \cdot 10\,000) \\ &= 40\,000 - 13\,000 - 22\,000 \\ &= \underline{\underline{5\,000 \text{ DM}}} \text{ (= 12,5 \% von E)} \end{aligned}$$

$$\begin{aligned} G_2 &= m \cdot e - (K_f + k_v \cdot m) \\ &= 43\,200 - (13\,000 + 2{,}20 \cdot 12\,000) \\ &= 43\,200 - 13\,000 - 26\,400 \\ &= \underline{\underline{3\,800 \text{ DM}}} \text{ (= 8,8 \% von E)} \end{aligned}$$

c) Mindestmengenbestimmung

$$m_1 = \frac{E_{BEP}}{e} \qquad m_2 = \frac{E_{BEP}}{e}$$

$$= \frac{28\,900}{4} \qquad = \frac{33\,420}{3{,}60}$$

$$= \underline{\underline{7\,220 \text{ Stück}}} \qquad = \underline{\underline{9\,280 \text{ Stück}}}$$

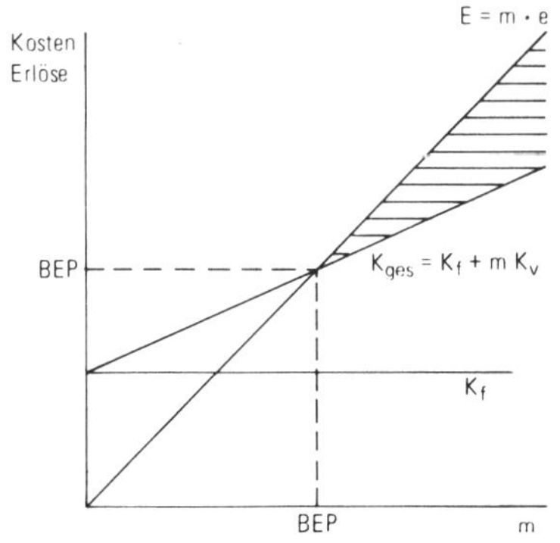

Abb. 31: Gewinnschwellendiagramm

3. Aussagen: Die Umsatzkorrektur wird erreicht, jedoch zeigt sich:

a) Trotz des um 20 % höheren Stückumsatzes wird durch die 10 %igen Preisnach lässe der Break-even-Punkt verschoben, nämlich von 28 900 DM auf 33 420 DM.

b) Der Gewinn hat sich verschlechtert, nämlich von 5 000 DM auf 3 800 DM, also um etwa 25 %. Er beträgt jetzt nur noch 8,8 % statt 12,5 % vom Erlös.

c) Es müssen jetzt 28 % mehr Stück verkauft werden als vorher, um die Gesamtkosten zu decken.

Die Auswirkungen sind mit 5 % Preisnachlaß erneut durchzurechnen.

Wenn man dem ursprünglich als optimal anvisierten Jahresbudgetergebnis möglichst nahe kommen will, muß mit den mathematischen Beziehungen zwischen Reingewinn, Erlös, variablen Kosten und Fixkosten ($G = E - mK_v - K_f$) mittels EDV-Programm oder manuell eine Näherungslösung simuliert werden. Dabei sind allerdings Entscheidungen zur Umsatz-, Kosten- oder Vermögensanpassung, also die veränderten Budgetprämissen (Verkaufspreis, Fertiglagerbestände, Programmzusammensetzung u. ä.), klar zu definieren und in ihrer Wertauswirkung zu ermitteln.

Das Beispiel in Abb. 32 verdeutlicht, welche Ergebniskonsequenzen aus einer Umsatzbudgetrealisierung von nur 90 % nach dem flexiblen Budget entstehen. Daraus ergeben sich während des Jahres korrigierende Maßnahmenentscheidungen, um das Ergebnis doch noch annähernd zu erreichen.

Die Gegensteuerung besteht hier darin, daß der geplante Fabrikatbestandsabbau etwas gedrosselt wird, um die Belegschaft weiter zu beschäftigen. Dabei wird an einem Wochentag Kurzarbeit beantragt. Um die Produktivität zu verbessern und die Ablie-

Budgetsteuerung		Vor Jahresbeginn	Jahresmitte	2. Jahreshälfte
Ertragsuntergrenzen/Aufwandlimit	Einheit	100 % Umsatz-Budget	90 % Umsatz-Ist-Hochrechnung	90 % Umsatz-Maßnahmen
1. Waren-Nettoerlöse	Mio DM	36,3	32,7	33,0
2. Werbeetat	Mio DM	0,6	0,6	0,8
3. Unfertig- und Fertigfabrikate sowie Handelswaren-Vorräte	HK - Mio DM	12,2	14,0	12,7
4. Produktionsablieferung	VHK - Mio DM	11,2	10,0	10,5
5. Direkte Fertigungs- und Einrichterzeit	TStd	611,0	550,0	530,0
6. Gesamtbelegschaft	Köpfe	695,0	675,0	650,0
7. Einkaufsvolumen Rohstoffe und Handelswaren	Mio DM	6,7	6,2	7,5
8. Investitionsausgaben	Mio DM	1,4	1,4	1,1
9. Betriebsnotwendiges Anlagevermögen	Mio DM	13,7	13,7	13,4
10. Deckungsbeitrag II	Mio DM	23,6	21,3	21,5
11. Betriebsergebnis	Mio DM	1,8	1,4	1,7
12. Bilanzergebnis	Mio DM	2,5	1,8	2,5
13. ROI	%	9,6	6,5	9,6

Abb. 32: Maßnahmeneckwerte bei Umsatzbudgetunterschreitung 1978
Rheinische Werkzeugfabrik GmbH

ferzusage einzuhalten, werden Engpaßarbeiten nach außen vergeben. Diese Veredelungsaufträge kommen in das UF-Teilelager zurück und münden damit in die variablen Herstellkosten. Die Investitionen werden auf Rationalisierungs- und Ersatzprojekte beschränkt, um die Liquidität zu steigern.

Wird das Jahresergebnisbudget regelmäßig nicht erreicht, ist der vorkalkulatorische Reingewinnzuschlag um einen „Budgetrisiko-Zuschlag" in Höhe der durchschnittlichen Abweichungen zu beaufschlagen. Hier verzahnen sich bereits Budgetierung und Controlling.

3

Praxis des Controlling in mittleren Unternehmen

31 Methodik eines Informations- und Kontroll-Systems (MICS)

311 Organisation der integrierten Budgetkontrolle

3111 Umfassende und fallweise Controllingaufgaben

Aufgabe und Begriff des Controllings umfassen in mittleren Industrieunternehmen alle Maßnahmen, mit denen die Abweichungen zwischen Planungsvorgabe und Zielrealisierung schnell und aussagefähig überprüft werden. Da die im Jahresbudget formulierten Aktivitäten auf einer Vielzahl von Wahlhandlungen beruhen, beinhaltet die Budgetkontrolle praktisch einen Nachvollzug dieser Entscheidungen. Hierbei verwendet sie als Meßlatte für die Treffsicherheit die tatsächlich eingetroffenen Istdaten. Controlling erstreckt sich nicht nur auf die Auswertung periodisch anfallender Zahlensummen, sondern auch auf die Analyse spezieller Störungen. Es beinhaltet demnach sowohl die zeitbezogene, umfassende Ergebniskontrolle der Zielsetzungen (im Rahmen des Management by Objectives) als auch die projektbezogene, fallweise Revision bedeutsamer Fehlerursachen (im Rahmen des Management by Exception).

31111 Periodische Ergebniskontrollen

Die Zielvorgaben und die Zielerreichung müssen in allen Führungsebenen meß- und kontrollierbar sein. Entsprechend der Entscheidungspyramide ist ein integrales System einer Informations- und Controllingpyramide (control by results) zu organisieren.

Das Regelkreisprinzip verlangt für die obersten Führungsetagen ein Rückmelde- und Beurteilungsverfahren, welches in kürzesten Abstanden die wesentlichen neuen Fakten in absoluten Zahlen oder Veränderungsprozenten umfassend erkennen läßt. Zur hierarchischen Spitze gehören die Unternehmensinhaber oder die Geschäftsführung, bei ergebnisabrechnenden Geschäftsbereichen, Sparten bzw. Profitcenters auch die Produktgruppenleitungen. Die Aussagen betreffen das Unternehmen oder die jeweilige Produktlinie insgesamt.

Für die obere Führungsebene ist bereits eine Ressort- oder Spartenspezialisierung des Management-Informations-und-Controlling-Systems (MICS) notwendig. Die Hauptabteilungsleiter (Vertriebsmanager, Betriebsleiter usw.) müssen kurzfristig die für ihren Verantwortungsbereich maßgeblichen Veränderungsdaten erhalten. Das Controlling wird auf die Planerreichung der von diesen Führungskräften kooperativ mitformulierten Eckwerte abheben. Dabei sind Mengen- und Wertabweichungen der Vertriebswege, der Kostenträger oder sonstiger Leistungsfunktionen bedeutsam.

Bei den mittleren Führungsinstanzen (Vertriebswegleitern, Meistern usw.) muß der periodische Informationshorizont alle Verbrauchs- und Leistungsveränderungen der zur eigenen Abteilung gehörenden Kostenstellen erfassen.

Für die materiellen Aussagen gilt die alte Controllerfaustregel, daß in der ersten Jahreshälfte hauptsächlich der Umsatz, in der zweiten Jahreshälfte überwiegend die Kosten zu kontrollieren sind, um das Planjahresergebnis sicherzustellen.

31112 Projektweise Kontrollrevisionen

Das Controlling ergänzt seit jeher die periodischen Ergebnisberichterstattungen durch ein zweites System Abweichungsgründe analysierender Stichproben (control by exception). Diese werden projektweise durch die Innenrevision veranlaßt. Soweit diese im Zeitpunkt des ,,Zahlenproduzierens" eingreift, beschränkt sie sich meist auf formelle Ordnungsmäßigkeitsprüfungen der Buchführung, der Belegorganisation und der EDV-Programme. Das Internal Control System umfaßt alle Methoden zur Erreichung folgender Ziele[1]:

1. Sicherung und Schutz des vorhandenen Vermögens vor Verlusten aller Art,
2. Gewinnung genauer, aussagefähiger und zeitnaher Aufzeichnungen,
3. Förderung des betrieblichen Wirkungsgrades durch Auswertung der Aufzeichnungen,
4. Unterstützung der Befolgung der vorgeschriebenen Geschäftspolitik.

Neue materielle Aufgaben werden der Innenrevision im Rahmen eines integrierten Unternehmensbudgets zugewiesen. Einerseits verliert die Zufallsauswahl kasuistischer Untersuchungsfragestellungen an Bedeutung, da die erkennbaren Entscheidungseventualitäten bereits systematisch vorbedacht sind. Andererseits sind zusätzliche, weit in den vertrieblichen und technischen Prozeß übergreifende Stichprobentechniken anzuwenden, um den Optimalgehalt dortiger Entscheidungen zu überprüfen. Durch Diagnose spezifischer Projektstörungen und Beobachtung über längere Zeitperioden werden jene Einflüsse aufgedeckt, welche in den summarischen, periodischen Kostenrechnungen nicht zum Vorschein kommen. In Mittelbetrieben nimmt der Inhaber (,,Auge des Herrn") diese Funktion selbst wahr, wenn er den Betrieb in unregelmäßigen Abständen inspiziert.

3112 MICS-Durchführung unter EDV-Einsatz

Das periodische und das fallweise Controlling setzen umfassende Rückinformationen von den Verbrauchs- bzw. Leistungsstellen über den tatsächlichen Datenverlauf voraus, damit der Grad der Abweichung von den Planvorstellungen feststellbar ist. Entspre-

1 H. Neubert, Internal Control, Düsseldorf 1959, S. 9.

chend diesen Aufgabenstellungen knüpft die Überwachung sowohl an die monatlichen Zahlenauswertungen der Verbrauchsvorgänge (z. B. Lagermaterialbewegungen, Bruttolöhne, Betriebsabrechnung) und der Leistungsgutschriften (z. B. Betriebsablieferungen, Fremdfakturierung) als auch an spezifische Sonderrechnungen (z. B. Investitionsbegründungen) an. In mittleren Industrieunternehmen mit Budgetierung kommen dabei zwei prinzipielle Organisationsgrade der Informations- und Controllingsysteme vor, das partielle und das integrierte Controlling.

31121 Partielles Controlling mit EDV als Abrechnungsinstrument

Diese Entwicklungsstufe ist dadurch gekennzeichnet, daß die Sachgebiete des Verkaufs, der Produktion und der buchhalterischen Abrechnung separat auf quantitative Soll-Ist-Abweichungen überwacht werden. Man untersucht für jedes Teilgebiet die spezifischen Auftragsbelege (z. B. Versandscheine, Materialentnahmen, Fertigungslohnzettel), vielleicht nur bezüglich der kritischen Monate. Deren Urbelegdaten werden maschinell oder mit Hilfe eines EDV-Programms mit jenen einwandfreier Monate verglichen. Jeder Auswertungslauf erfolgt nur für den speziellen Informationszweck, ohne daß die Ergebnisse auch für andere Kontrollziele verwendbar wären.

Man stützt sich auf die EDV lediglich als periodisches Abrechnungssystem für isolierte Aufgabengebiete. Die Arbeitstechnik des Computers ist bei der Dateneingabe lochkarten-, band- oder lochstreifenorientiert und an sequentiellen Reihenfolgezugriff (Magnetbänder) gebunden. Die Datenausgabe findet überwiegend auf peripheren Schnelldruckgeräten statt. Querproben zu benachbarten Sachgebieten lassen sich nur in geringem Umfang durchführen.

Fallweise Sonderrevisionen gewinnen deshalb eine größere Bedeutung. Sie müssen infolge der geringen Verzahnung der Gebiete manuell erledigt werden. Der Organisationsgrad reicht nicht aus, um bereits aus den Urbelegen Zusammenhänge abzuleiten.

31122 Integriertes Controlling mit EDV als Entscheidungsinstrument

Durch die Markteinführung von Computern der 3. Generation in Modelltypen, die besonders den Erfordernissen der mittleren Unternehmensgrößen gerecht werden, lassen sich zusammenhängende Aufgabengebiete teilintegriert lösen. So können beispielsweise bei einem Verkaufsauftrag periodisch die Lagerabgangsbewegung, die Debitorenbuchung, die Kostenträgererfolgsrechnung und der Finanzplan mit fortgeschrieben werden.

Die organisatorischen Voraussetzungen für teilintegrierte Informationen verlangen, daß die Daten mit umfassenden Codes an den Ursprungsplätzen registriert werden, daß sie möglichst ohne manuellen Eingriff jederzeit in die vernetzten Programme des Integrationskreises einspeisbar sind (Magnetplatten) und daß man diverse Auswertungsläufe unter sofortiger Hinzuziehung von Dateien über Vergangenheitssummen u. ä. anhängen kann.

Bei der mittleren Datentechnik (MDT) verfügt die Hardware der EDV-Anlage über eine Zentraleinheit, deren Rechenwerk mindestens 32 K-Bytes umfaßt, d. h. 32 000 arithmetische Operationen pro Minute abwickeln kann, und jeglichen logischen Steuerungsbefehlen gehorcht. Die Operationsanweisungen (maschinenbezogene Programme) erlauben iterative Abgleichungen der Istdaten mit vorgegebenen Sollgrößen, so daß während des Prozesses über das gewünschte Treffsicherheitsoptimum entschieden werden kann. Die Peripherieeinheiten zur Eingabe von Daten sind durch umfangreiche externe Speicher (Magnetplattendateien) gekennzeichnet. Hier dominieren die auswechselbaren Random-Access-Speicher, welche einen sofortigen Zugriff vorhandener Sammeldaten sowie nachgeschaltete Auswertungsprogramme nach jeweils gewünschten Fragestellungen erlauben. Die Ausgabe der Daten ist mit Dialoggeräten (z. B. Bildschirm) möglich, welche sofort on line oder in der Nachtschicht off line eine direkte Informations- oder Kontrollabfrage über tägliche Veränderungen zulassen.

Die problembezogene Software wird bei einem teilintegrierten MICS so komponiert, daß mehrere im industriellen Ablauf zusammenhängende Aufgaben nach dem Baukastenverfahren verzahnt sind. So kann ein Systemkomplex (z. B. Honeywells MIACS = Manufacturing Information and Control System) beispielsweise das Auftrags-Forecasting, die Stücklisten- und Arbeitsplananalyse, die Produktionskapazitätenverwaltung und die Auftragszeiteinplanung in die vorhandenen Kapazitäten, ein anderer die Bestandsführung der Fertig-, Halbfabrikate- und Rohstoffläger, ein weiterer die Kostenstellen- und Kostenträgerrechnung beinhalten. Sämtliche Budgeteinzelziele sind dadurch angesprochen. Die Informationen jedes Schrittes sind nach Spalten oder Zeilen für Folgeprogramme verfügbar. Da die Abrechnungsergebnisse wiederum Vorgabegrößen für andere Programmabläufe zur Planzielrealisierung sind, wird das integrierte MICS zum Entscheidungsinstrument. Das Controlling ist in den laufenden Prozeß automatisch institutionalisiert.

3113 Positionelle Einordnung des Controllers

Der Erfolg der Controllertätigkeit hängt in starkem Maße von der richtigen positionsmäßigen Etablierung dieser Instanz im Unternehmensgefüge ab. Da das Controlling im wesentlichen als Budgetkontrolle, d. h. als essentieller zweiter Schritt im Regelkreis von Steuerung und Abweichungsüberwachung, verstanden wird, ist dem Leiter dieser Stelle normalerweise auch der erste Schritt der Unternehmensplanung übertragen. Sofern aber im Industriebetrieb ein Budgetierungssystem eingeführt ist, erhält auch die herkömmliche interne Revision neue Aufgaben der Ursachenanalyse zugewiesen und wird mit der Planungs- und Kontrollstelle verschmolzen. Schließlich muß sich der Controller sehr stark der Auswertungen der EDV-Anlage bedienen, weswegen auch dieses Instrument eng mit der Position verbunden wird.

Die Funktion des Controllers hat deshalb im Lauf der 70er Jahre einen immer bedeutenderen Gestaltungsspielraum erlangt. Neben der materiellen Steuerungskompetenz gewinnt die Rückinformationsfunktion einen quasi-disziplinarischen Aspekt, ohne in den Instanzenzug der kontrollierten Vertriebs- und Produktionsbereiche einzugreifen. Das Ausüben von Kritik an anderen Instanzen von Amts wegen, wenn die hohen

Ziele aus objektiven oder subjektiven Gründen nicht realisiert werden konnten, erschwert die Aufgaben des Controllers. Da niemand gern auf seine Fehler hingewiesen wird, ist die Position des Controllers zwangsläufig menschlichen Mißverständnissen ausgesetzt. Sie erfordert eine souveräne Persönlichkeit von integrer, sozialer Haltung und einem alle Ressortaufgaben umfassenden Fachwissen. Der Controller darf sich einerseits der Sachziele wegen nicht scheuen, als Kontrolleur der normativen, mit allen Führungsebenen gemeinsam vereinbarten Planvorgaben tätig zu werden. Andererseits muß seine aktive Kritik immer konstruktiv, unterstützend und mit leichter Hand lenkend sein. Kein Mitarbeiter darf in seiner Leistungsmotivation verletzt werden, denn jeder Mensch macht hin und wieder Fehler.

In der Praxis mittlerer Industriebetriebe mit 100 bis 1 000 Beschäftigten haben sich im Hinblick auf die Diffizilität dieser Controllingaufgabe zwei Organisationstypen ausgeprägt: der Stabs-Controller und der Geschäftsleitungs-Controller. Daneben gibt es zahlreiche Zwischenformen. Grundsätzlich ist immer zu erkennen, daß das Controlling möglichst weit oben in der Unternehmenshierarchie zugeordnet ist, um nicht Ressortinteressen zu unterliegen. Die Aufbaugliederung nach Vertriebs-, Produktions- und Finanzressorts mit zentralgeführtem Stabliniensystem oder nach divisionaler Matrixorganisation bleibt erfahrungsgemäß ohne Einfluß auf die Controllerposition.

31131 Finanzgeschäftsführung mit Budgetstabsstelle

In mittleren Unternehmen mit personenbezogenen Gesellschaftsformen (OHG, KG, GmbH & Co KG), in welchen der Inhaber bzw. Hauptgesellschafter an der Managementspitze tätig ist oder neben sich einen Finanzgeschäftsführer in die Unternehmensleitung berufen hat, obliegt letzterem meist die Durchführung der Planaufstellung und -kontrolle. Während dem Vertriebs- und dem Produktionsgeschäftsführer die Durchführungsentscheidungen bei den Unternehmensaufgaben zufallen, obliegen dem Finanzgeschäftsführer die Freigabeentscheidungen für die Material-, Personal- und Zahlungsbereitstellungen. Zur arbeitsmäßigen Entlastung wird üblicherweise eine Stabsstelle „Unternehmensplanung" etabliert, welcher keine disziplinarischen Befugnisse eingeräumt sind.

Bei dieser verbreiteten Organisationsform überwiegen zwangsläufig die herkömmlichen Aufgaben des Finanzchefs, die in der Kapitalbeschaffung, Finanzplanung und Liquiditätskontrolle bestehen. Die Planung der Vertriebsaktivitäten und der Produktionsauslastung erhält günstigenfalls eine gleichrangige Priorität. Dementsprechend orientiert sich das Controlling nicht so intensiv an den Störursachen bei der Ergebniserwirtschaftung als vielmehr an liquiditätsorientierten Informationen. In der Managementterminologie könnte man diese Situation auch so definieren, daß die Funktion des Treasurers vorrangig gegenüber jener des Controllers bleibt.

31132 Erweiterte Geschäftsleitung mit Controller

In kapitalbezogenen Gesellschaftsformen (GmbH, AG, KGaA), in welchen ein gesellschafterfremdes Management die Geschäfte führt, hat sich eine neuere Organisationsform herauskristallisiert. Oftmals ist dem Finanzvorstand die Koordinationsaufgabe des Vorsitzenden oder Sprechers der Geschäftsführung zugewiesen, der die Unternehmenszielsetzung konzipiert. In eine erweiterte Geschäftsleitung wird der Controller bzw. kaufmännische Direktor als beratendes Mitglied einbezogen. Er ist oft personell identisch mit dem Leiter des Rechnungs- und Finanzwesens, welchem zugleich die EDV-Zentrale und eventuelle Stabsstellen „Betriebswirtschaft" und/oder „Unternehmensplanung" unterstellt sind. Er unterstützt die Durchführungsinstanzen des Vertriebs und der Produktion bei ihren Entscheidungen beratend.

Die zweistöckige Vertretung der kaufmännischen Führung gibt dem Geschäftsführungssprecher die erforderliche Autorität zur Durchsetzung von Budgetierung und Controlling, während der Controller die Sachentscheidungen vorbereitet und als Informationszentrale der Führungsebenen tätig wird. Die Controllerfunktion hat dadurch einen gleichrangigen Einfluß wie die Treasurerfunktion gewonnen. Sie trägt dem Primat der Gewinnmaximierung bei der Jahreszielsetzung Rechnung, dem alle Anstrengungen im Vertrieb, in der Produktion und in der kaufmännischen Führung untergeordnet sind. Dagegen nimmt der Finanzgeschäftsführer mehr die ergänzenden „Schatzmeister"-Aufgaben der Finanzierung und Liquiditätssicherung wahr, trägt zugleich aber die Verantwortung für das Jahresergebnis mit. Diese Organisationsform hat sich in den größeren Mittelbetrieben als recht effizient erwiesen.

312 Prinzipien der Kontrolldurchführung

3121 Zielkontrolle mit dem ROI-System

Beim Budgeting sind die Aktivitäten aller Ressorts auf die Erreichung der Unternehmenszielsetzung ausgerichtet. Sie besteht langfristig in der Substanzerhaltung der Gesellschaft durch optimale Kapitalrentabilität. Kurzfristig können Unterziele, nämlich maximales Umsatzwachstum, technische Vollbeschäftigung oder elastische Finanzreservenhaltung, vorrangig sein. Das Controlling knüpft an jene materiellen Zielvorgaben an und entwickelt retrograd Normativzahlen für die zielbeeinflussenden Komponenten.

Das in den USA vom Chemiekonzern DuPont entwickelte System of Financial Control des Return on Investment (ROI) bietet hierfür das beste Gedankenschema. Es zeigt die logischen Abhängigkeiten auf, nach denen die wichtigsten Einzelziele eines Unternehmens auf das Primärziel der Gewinnplanung einwirken.

Mit dem ROI-Rentabilitätsdiagramm kontrolliert man zunächst die Strategieentscheide der Gesamtunternehmung. Ausgangspunkt ist die Rentabilität des investierten Kapitals gemäß der Grundformel

$$\text{Rentabilität} = \frac{\text{Gewinn x 100}}{\text{Kapital}}.$$

Diese Formulierung hebt ab auf den bilanziellen Unternehmensertrag = Bilanzgewinn vor Steuern · 100 : Eigenkapital. Sie läßt sich in Industrieunternehmen aber auch konkretisieren als Betriebsertrag = Betriebsergebnis · 100: investiertes betriebstätiges Vermögen. Diese Kennzahl ist aufspaltbar in die Umsatzgewinnrate und den Kapitalumschlag;

$$\text{ROI} = \frac{\text{Gewinn x 100}}{\text{Umsatz}} \text{ x } \frac{\text{Umsatz}}{\text{investiertes Betriebsvermögen}}$$

Beispiel:

Umsatz-rentabilität	x	Kapital-umschlag	=	Kapital-rentabilität
3		1,5		4,5
5		1,2		6,0
10		0,8		8,0

Das weitere Controlling der Umsatzgewinnrate führt im Zähler zur Analyse des Reingewinns als Saldo von Erlösen und Kosten. Andererseits erlaubt der Nenner eine Beurteilung des Unterzieles Umsatzwachstum, welches als erreichter Marktanteil vom verfügbaren Marktpotential definiert ist. Die nähere Untersuchung des Nenners des Kapitalumschlages bezieht auch das Sekundärziel Vollbeschäftigung in die Kontrolle ein, da dieses nichts anderes als die Auslastung des investierten Anlagevermögens darstellt. Der Kapitalumschlag ist um so höher, je weniger Vermögen in Anlagen, Vorräten oder Debitoren investiert ist. Schließlich kann auch das Subziel der Liquiditätsreservierung kontrolliert werden. Diese erreicht man einerseits aus der Gewinnrate (Selbstfinanzierung), andererseits aus dem flüssig verfügbar gehaltenen Eigenkapital (Eigenfinanzierung) (vgl. Abb. 33).

Der ROI-Controlling-Rahmen erlaubt die Nachprüfung der Entscheidungen jedes internen Profitcenters, etwa von Produktlinien. Dies setzt allerdings die Ermittlung eines Produktspartenvermögens und des Spartenprofits voraus. Dann sind alle getroffenen Budgetentscheide hinsichtlich des benötigten Anlage-, Vorrats- und Debitorenvermögens, hinsichtlich der angesetzten Verkaufspreise und hinsichtlich der Bereithaltung von variablen Kosten (vorwiegend Personal) und fixen Kosten (vorwiegend Anlagen) auf ihre Vorteilhaftigkeit kontrollierbar.

Besonders instruktiv ist das in der Praxis eines mittleren Unternehmens der Investitionsgüterindustrie entwickelte „Klinger-Rentabilitätskontrolldiagramm" (vgl. Abb. 34). Es analysiert den ROI des Gesamtvermögens aus den Leitlinien einer 4-Quadranten-Darstellung.

$$\text{ROI}_G = \frac{G}{V} = \frac{\text{Umsatz} - \text{Kosten}}{\text{Umlaufvermögen + Anlagevermögen}} = \frac{(1 - K)}{\Sigma ui + \Sigma ai} = \frac{1 - (K_v + K_f)}{\Sigma ui + \Sigma ai}$$

Im Quadranten I werden die Produktlinien oder Hauptkostenträgergruppen mit unterschiedlichen Anteilen des investierten Betriebsvermögens aus Umlauf- (Σui) und Anlagekapital (Σai) in Mio. DM aufgetragen. Quadrant II ermittelt den Reziprokfaktor des Betriebskapitals = $\frac{1}{\Sigma ui + \Sigma ai}$, der nach der ROI-Formel benötigt wird. Im

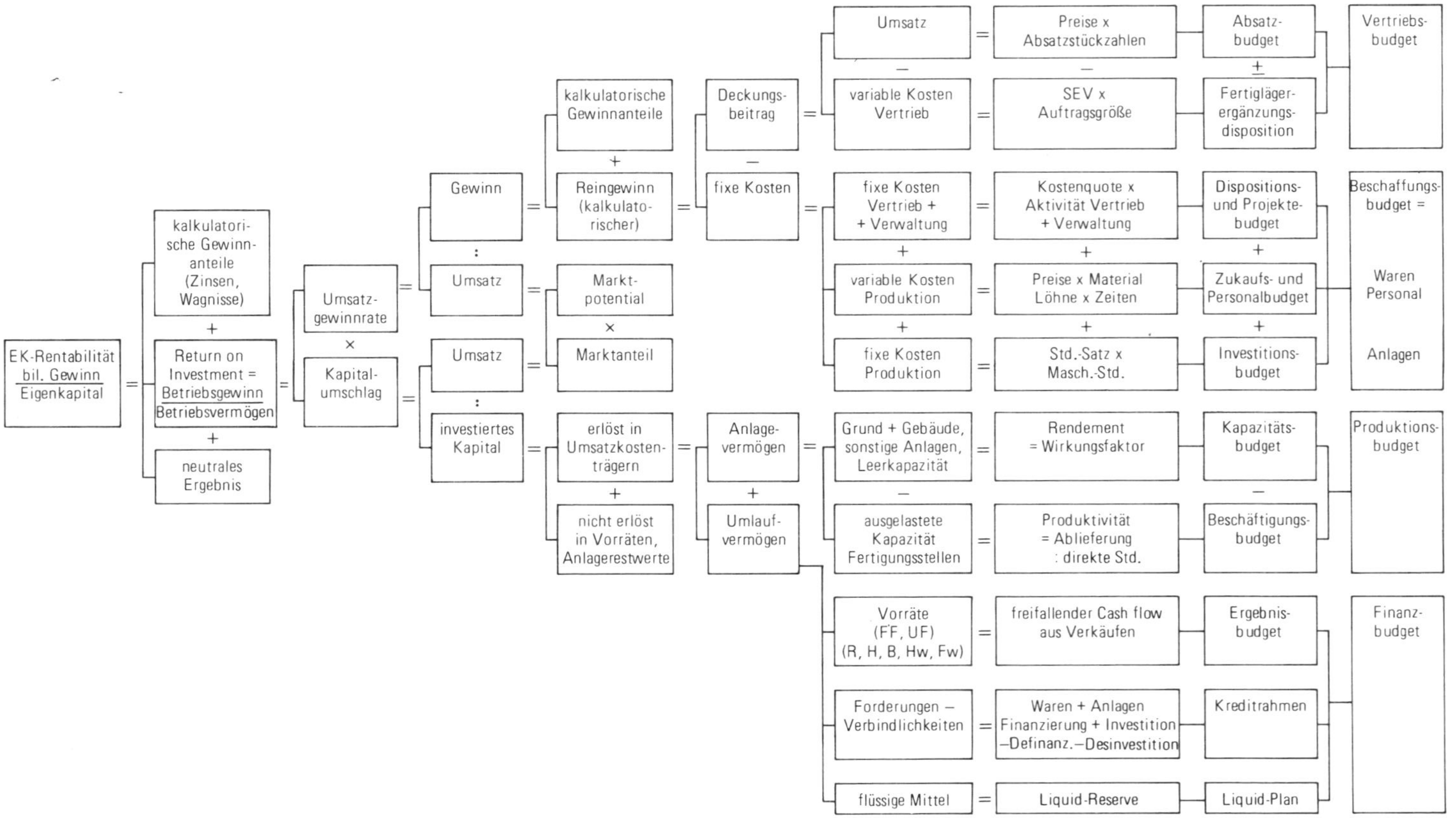

Abb. 33: ROI-Controlling-Schema

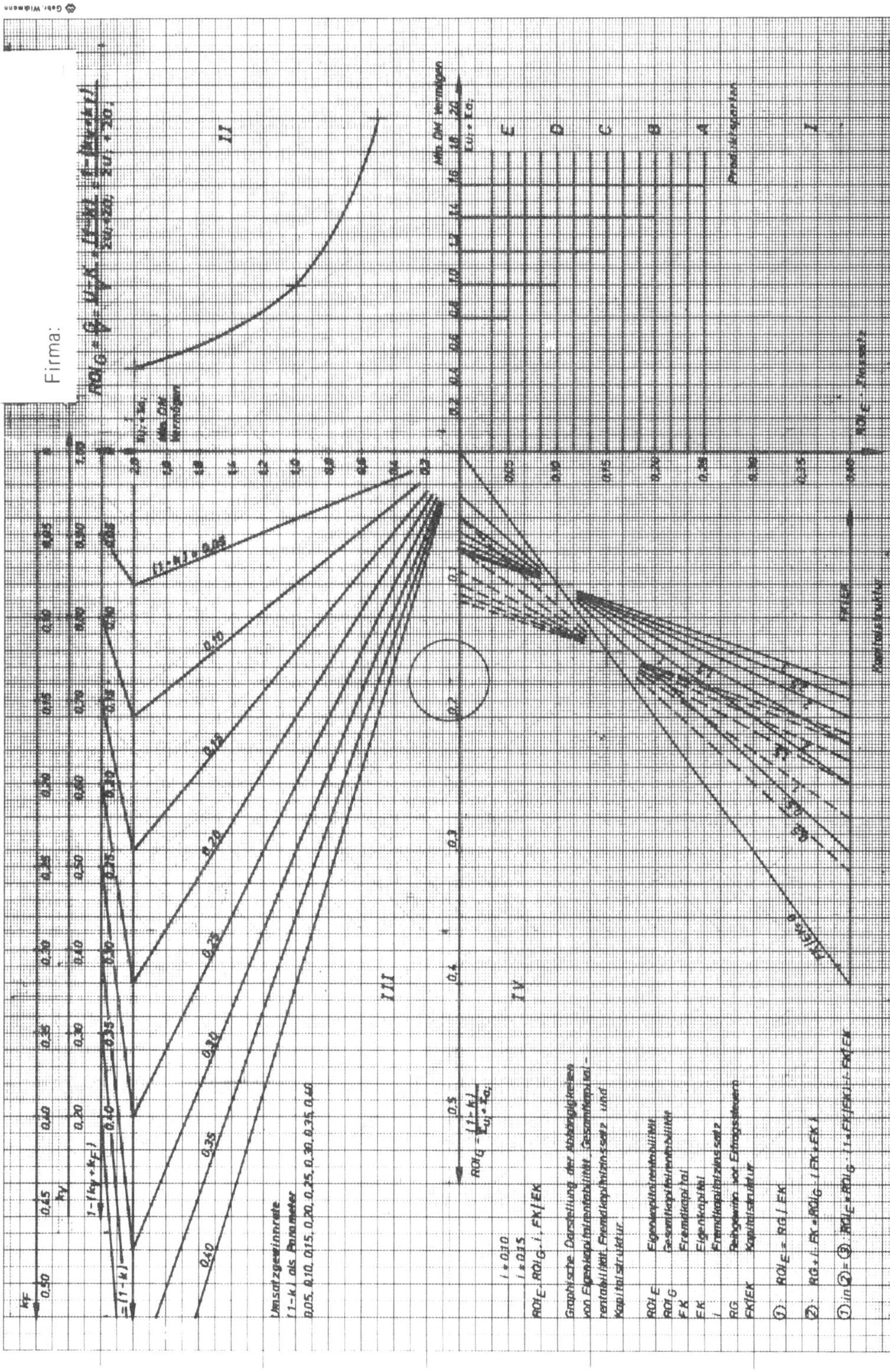

Abb. 34: Klinger-Rentabilitätskontrolldiagramm

Quadranten III werden zunächst die alternativen fixen und variablen Kosten als Dezimalfaktoren vom Umsatz ausgewiesen, der hieraus resultierende alternative Reingewinndezimalfaktor (1–K) wird als Parameter entwickelt. Die möglichen Umsatzgewinnraten zwischen 5 und 40 % vor Ertragsteuern definieren die Gesamtkapitalrentabilität ROI_G des eingesetzten Betriebskapitals. Quadrant IV errechnet die Eigenkapitalrentabilität ROI_E in Abhängigkeit von der Gesamtkapitalrentabilität $\frac{1-K}{\Sigma ui + \Sigma ai}$, nachdem alternative Fremdkapital-/Eigenkapitalrelationen zwischen 0,5 und 3 als Parameter eingespielt sind.

Beispiel:

Welches Anlage- und Umlaufvermögen darf in der Produktsparte A maximal eingesetzt werden, um einen ROI_E = 20 zu erreichen, wenn die Fremdkapital-/Eigenkapitalrelation = 2 : 1 und der Fixkostenanteil vom Erlös = 25 %?

a) Im Quadranten IV lotet man vom negativen Vertikalachswert des Plan-ROI_E = 0,20 auf die Parameterlinie FK/EK = 2 und ermittelt von dort den korrespondierenden Horizontalachswert ROI_G = 0,135.

b) Im Quadranten III peilt man von der geplanten Gesamtkapitalrentabilität = 13,5 der negativen Horizontalachse auf die Parameterlinie der Umsatzgewinnrate 25 %. Diese entspricht nämlich dem Reingewinnzuschlag von 30 %, der sich errechnet aus

$$G = \frac{\text{Erlös-(fixe + variable Kosten)} \cdot 100}{\text{Kosten}} = \frac{100\text{-}(25 + 50) \cdot 100}{75} = \frac{25 \cdot 100}{75}$$

Dieser Gewinnfaktor 0,25 ist erreichbar bei einem Reziprokfaktor des Vermögens von 0,68 der positiven Vertikalachse.

c) Im Quadranten II spiegelt man den Vermögensreziprokfaktor an der Umkehrfunktionskurve und erhält auf der positiven Horizontalachse das zulässige Betriebsvermögen = 1,48 Mio. DM.

d) Im Quadranten I kann das Betriebsvermögen in alternative Kombinationen aus Anlagevermögen = z. B. 0,5 Mio. DM sowie Umlauf-(Vorrats- und Debitoren-)Vermögen = z. B. 0,98 Mio. DM aufgespalten werden.

3122 Gewinnung sicherer bzw. normativer Daten

Der Sinn eines permanenten Kontrollsystems besteht darin, die Risiken von Entscheidungen unter Unsicherheit immer weiter zu vermindern. Deswegen muß an jeden Regelkreis zwischen Budgetvorgabe und Abweichungskontrolle ein neuer Regelkreis mit verbesserten Plandaten anschließen. Man kann somit von drei Phasen der Kontrolle sprechen:

1. nach dem ersten Ereignis (Analysenphase),
2. vor dem nächsten Ereignis (Korrekturphase),
3. während des nächsten Ereignisses (Nachkontrollphase).

Denn der Hauptzweck des Controllings lautet: Überraschungen verhindern!

Die Analysenphase erhält die zentrale Funktion zugewiesen. Die Ursachen der bisherigen Entscheidungsfehler sind zu ergründen. Hierüber werden Statusreports erstellt. Auf das Überwachen (Control) sollen korrektive Maßnahmen (action) folgen. Deren Ergebnisse sind in Contact-Reports festzuhalten.

Die Korrekturphase dient der Schaffung noch sicherer Steuerungsstandards. Zunächst spaltet man von Wertgrößen die Preiskomponente ab, wodurch man Mengen- oder Zeitenstandards erhält. Durch diese ständige Verfeinerung der Vergangenheitskennzahlen entstehen normative Daten, etwa für Absatzstückzahlen, Fertigungszeiten oder Lagerabflußmengen. Durch Bewertung mit Standardpreisen bauen sich Standarderlöse, Standardabliefercleistungen oder Standardkosten auf. Bei ihrer Verwendung in Forecast-Rechnungen für die nächste Budgetierungsphase ist eine noch höhere Treffsicherheit zu erwarten. Die Fortführung der Kontrolle in den nächsten Planungsprozeß bedeutet, daß jede Istzahl als bereinigte Normativzahl in eine neue Vorschau für die nächste Planungsperiode münden muß. Dadurch kann deren Abweichung wiederum nicht nur am Soll dieser Periode, sondern auch an den Folgerungen aus dem Ist der Vorperiode gemessen werden.

Für das Controlling während des folgenden Prozeßablaufes hat die Praxis Frühwarnbegriffe entwickelt, welche als optimistische bzw. pessimistische Hochrechnungen oder als „hardspots" bzw. „softspots" bezeichnet werden[1]. Hardspots sind wahrscheinliche positive Budgetabweichungen, die aber nur tendenzweise erkennbar sind. Softspots umfassen wahrscheinliche Negativeinflüsse, für welche gedanklich Rückstellungen gebildet und bereits wieder Korrekturmaßnahmen vorbereitet werden. Man nimmt bei diesen Anlässen noch keine Planänderung vor, sondern beobachtet das Ereignis kontinuierlich weiter. Sobald der Trend gesichert erscheint, wird der Planungseckwert hieran angepaßt.

3123 Entscheidungsverbesserung durch Verprobungsrechnungen

Das Controlling erhält seine Aussagefähigkeit dadurch, daß die Soll-Ist-Abweichungen nicht nur in absoluten Zahlen, Prozentveränderungen oder Bezugskennzahlen festgehalten und analysiert werden. Vielmehr versucht man auch, Verprobungen vorzunehmen, Plausibilitätsaussagen zu erreichen und Extrapolationen auf Schlußergebnisse durchzuführen. Dabei kommen Sonderrechenverfahren zum Zuge, die bei den routinemäßigen Kosten- oder Einsatz-/Ausbringensmengenrechnungen keine Anwendung finden. Mit ihrer Hilfe läßt sich der Entscheidungsprozeß nachvollziehen.

In erster Linie sind hier die mathematischen Methoden wissenschaftlicher Unternehmensführung zu erwähnen, wofür auch in der mittleren Datentechnik einsatzfähige Modularprogramme marktgängig sind. Sie beinhalten zunächst statistische Häufigkeitsanalysen von Ereignissen, aus welchen mittels Regressionsrechnungen die künftige Wahrscheinlichkeitsverteilung hochrechenbar ist (z. B. Absatzmengen). Weiterhin verwendet man Simulationsmodelle, mit welchen die zufälligen oder die gewünschten Auswirkungen eines Aktionsprogramms (z. B. Einkaufsrhythmus von Rohstoffen) bei

1 G. Danert/D. Solaro, Das integrierte Planungs- und Kontrollsystem SEL/ITT, in: Dietger Hahn, Planungs- und Kontrollrechnung, a.a.O., S. 817.

experimentellen Veränderungen nachprüfbar sind. Schließlich wurden Methoden linearer Programmierung entwickelt, um die günstigsten Faktorenkombinationen zur Lösung von Zuteilungsproblemen (z. B. Produktion auf Engpaßanlagen) bei bestimmten Geschäftsprojekten herauszufinden.

Ein zweiter Bereich von Rechenoperationen betrachtet jeweils auf speziellen Gebieten (z. B. Produktsortiment, Lagervorräten, liquide Mittel) die Abhängigkeiten zwischen dieser Basis und Korrespondenzgrößen (z. B. Wertbindungsanteil, Altersschichtung, Realisierbarkeit). Dabei sind Mengen-/Wert- oder Mengen-/Mengen- oder Wert-/Wert-Diagramme, bei welchen zwei signifikante Größen unter vereinfachten Prämissen in ihrer Funktionalbeziehung dargestellt werden (z. B. Gewinnschwellendiagramm), praktikabel. Man versucht auch, Indikatoren über gewisse Ereigniswahrscheinlichkeiten (z. B. Insolvenzgefahr) zu gewinnen, indem man die wichtigsten Einflußkomponenten gewichtet und addiert. Schließlich kann der Controller das kritische Abstimmungsmaß zwischen zwei gegenläufigen Detailzielen (z. B. jederzeitige Lagerverfügbarkeit kontra fertigungsgünstigste Losgröße) durch Nachverprobung der Istzahlen anhand mathematischer Differenzierungsformeln überprüfen.

Der dritte Betrachtungskomplex geht vom Zeitvergleich derselben Daten aus. Einerseits werden zentrale Sammelbegriffe (z. B. Wertschöpfung je Kopf) in ihrer Entwicklung verfolgt. Weiterhin analysiert man aus Veränderungen mehrerer zusammenhängender Zahlen zweier Zeitpunkte, aus welchen Quellen sich die neuen Daten dynamisch aufgebaut haben (z. B. Bewegungsbilanzen). Noch differenzierter sind schließlich Kontrollberechnungen, wie trotz zunehmenden Einsatzes von Mengen- oder Wertfaktoren für eine Aktivität die Effizienz in Folgeperioden immer geringer wird, weil ein Sättigungsgrad nahezu erreicht ist (z. B. Produktwerbung bei konstantem Marktpotential).

313 Die periodischen Budgetkontrollen als Informationssystem

3131 Die Kritik der statistischen Vernunft

Erfahrungsgemäß erhält die Unternehmensleitung entweder zu wenige oder zu viele Informationen über den abgelaufenen Berichtszeitraum. Sind die Statistiken aber optimal strukturiert, dann ist ihr qualitativer Gehalt oft problematisch. Unzureichende Tages-, Wochen- oder Monatsstatistiken rühren meist aus fehlenden oder ungenauen Uraufschreibungen her. Man braucht kein Wort zu verlieren über Unternehmen, die zwangsläufig eine „Blindsteuerung" ohne fundierte Zahlen praktizieren. Manchmal wird auch bewußt auf „Zahlenfriedhöfe" verzichtet, weil man die Kosten der Datenauswertung scheut und ihnen sowieso keine Aussagefähigkeit beimißt. Diese Einstellung erscheint nur gerechtfertigt, wenn der Chef alle wichtigen Details selbst im Auge behält. Bezieht er sich aber schon auf mündliche Angaben der Abteilungsleiter, dann muß er ressortbedingte Gewichtungen oder Färbungen einkalkulieren, welche einer objektiven Gesamtschau entgegenstehen. Grundsätzlich gleicht ein Zuwenig an notwendigen Informationen einer unterdimensionierten Sachinvestition; sie erfüllt ihren Zweck unvollständig. Leider ist ein „optimales Preis-Leistungs-Verhältnis", unterhalb und oberhalb dessen Kosten und Informationen in unangemessener Relation stehen, kaum allgemein definierbar. Die erforderlichen Aussagen hängen unternehmenstypisch von der jeweils gegebenen Vertriebs-, Produktions- und Finanzstruktur eines Unternehmens ab. Je breiter das Sortiment und je verästelter die Produktionstiefe ist, desto umfangreicher ist die Nachverfolgung. Die Weiterentwicklung eines Unternehmens hängt heute auch vom Informationsvolumen und von der Häufigkeit der Informationsverarbeitung ab.

Zu detaillierte Informationssysteme verwirren Geschäftsleitungen, die nicht gewohnt sind, aus der vergleichenden Betrachtung von Zahlenveränderungen Schlüsse zu ziehen oder das Wesentliche eines Trends zu erkennen. Hier sind gleichbleibende Systematik, Erläuterung der Begriffsinhalte und farbliche Markierung der wertmäßig wichtigsten Daten zu empfehlen. Eine aussagefähige Statistik über die wichtigsten Unternehmensbereiche braucht wenige Seiten nicht zu überschreiten. Keinesfalls zumutbar ist es, lediglich EDV-Listen oder verdichtete Summenblätter für bestimmte Programmgebiete vorzulegen.

Die an die Unternehmensleitung gegebenen Informationen müssen außerdem durch Plausibilitätsrecherchen gesichert sein. Dies setzt die Kenntnis funktionaler Zusammenhänge voraus. So brauchen die prozentuale Entwicklung von Umsatz und Deckungsbeitrag eines Kostenträgers nicht parallel zu verlaufen. Stimmen bei einem anderen Hauptprodukt die stückzahlenmäßigen Auftragseingänge, Verkäufe und Betriebsablieferungen an das Fertiglager in der Größentendenz nicht überein, dann liegt der Verdacht einer Fehlsteuerung nahe. Eine Produktivitätsbeurteilung der Fabrikation allein anhand der Ablieferungszahlen bzw. -werte reicht nicht aus, wenn dabei die Halbfabrikatbestände wesentlich schwanken. Besonders bei Einsatz von EDV-Anlagen, wo durch falsche Ablochung, Datenspeicherung oder Tabellierung zusätzliche Fehler auftreten können, muß der materielle Zahlengehalt jeweils geprüft sein. Dann wird kein Unternehmenschef dazu neigen, die Statistik als besondere Art der Lüge zu qualifizieren.

3132 Umfang und Inhalt der Tagesinformationen

Der Regelkreis zwischen Budgeting und Controlling erfordert ein abgestimmtes Informationsinstrumentarium. Die Daten müssen im zeitlichen Anfall geordnet sein. Sie sollen zu gestuften Zeitpunkten summierte Aussagen treffen und sind entsprechend der vertikalen Verantwortlichkeit zu komprimieren oder zu detaillieren.

Je kurzfristiger die Berichterstattungsperiode, desto knapper und umfassender muß der Informationsgehalt sein. Das Wirtschaftlichkeitsprinzip verbietet in Mittelbetrieben eine Real-time-Kontrolle aller Mengen- und Wertbestände.

In den unteren Etagen der Betriebshierarchie kontrolliert bei Stücklohn jeder Arbeitsplatz die Leistung des im Arbeitsfluß vorhergehenden Platzes zwangsläufig; z. B. Mitarbeiter B zählt, ob A vom Ursprungsauftrag mit Auflegungs-Stückzahl 100 – Ausfall 5 = 95 Stück abgeliefert hat. Sämtliche Zeiten- und Mengenverbräuche sowie Leistungsablieferungen werden von abteilungsinternen Registrierstellen erfaßt; z. B. Werkstattschreiber rechnen die abgegebenen Lohnbelege ab, Magazine buchen die Materialentnahmescheine, Reparaturwerkstätten notieren die Maschineninstandhaltungsstunden. Diese operativen Veränderungsdaten interessieren jedoch nur die jeweiligen arbeitsteiligen Funktionsstellen.

Die mittleren Linieninstanzen verfolgen täglich die Operationen ihres Frontabschnittes, sofern sie zur Einhaltung der strategischen Planung beitragen. Dazu zählen hauptsächlich die Gesamtleistung ihrer Abteilungen und die Einhaltung der Auftragstermine. Diese Informationen geben Hinweise auf die tatsächliche Kapazitätsauslastung, da das mengenmäßige Leistungspensum der Budgetperiode vom Zeitbedarf abhängt. Die Stabsabteilungen (z. B. Personalwesen, Lagerbuchhaltung) stellen die Wertbeträge und absolute oder prozentuale Soll-/Ist-Differenzen der Abteilungen zusammen.

Die Unternehmensleitung ist in der Tagesberichterstattung nur an wenigen Istdaten interessiert, welche prägnant den Status im Rahmen der generellen Zielplanung sowie repräsentative Indikatoren der Veränderung anzeigen. Letztere enthalten täglich greifbare, meist über EDV aufgelistete Zahlen. Sie werden nach monatlichen Arbeitstagen gewichtet. Die Planwerte sind monatssaisonal differenziert. Die Ausweisung der seit Jahresbeginn aufgelaufenen Schleppsummen nivelliert einmalige Tagesabweichungen, während der Vergleich mit den kumulierten Zahlen bis Vortag auch leicht den Zuwachs erkennen läßt. Im Mittelbetrieb erweist sich die Kontrolle von sieben Kardinalzahlen als zweckmäßig: Auftragseingang, Nettoerlös, Abliefergutschrift, Anwesenheitszeit direkten Personals, Fehlstand gewerblichen Personals, Zahlungsausgänge, Zahlungseingänge (vgl. Anlage II/1).

3133 Die Monatsberichtserstattung als zentrales Kontrollinstrument

Der Monatszeitraum ist der praktikabelste Termin für die Unternehmensüberwachung, da sich Zahlungsvorgänge (z. B. Entlohnung, Kreditorenziele, Zinstermine), Buchhaltungsabschlüsse (z. B. kurzfristige Erfolgsrechnung, Finanzstatus, Monatsbilanz) sowie Mengenrechnungen (z. B. Stillstandszeiten, Ausbringungsstückzahlen, Reisendenprovisionen) üblicherweise hierauf beziehen. Der Umfang der Berichterstattung ist deshalb wesentlich breiter angelegt. Die Daten sind nach Hauptkostenstellen oder Hauptkostenträgern zusammengefaßt. Sie stammen aus den fertiggestellten Abrechnungsbereichen (z. B. Bruttolohnabrechnung, Monatsfakturierungen im Hauptbuch, Projektauftragsnachkalkulation). Sie liegen meist Mitte des Folgemonats vor, was aber im Hinblick auf höhere Genauigkeit vertretbar ist. Die Zahlen sollten im Soll die absoluten Monatsdaten sowie die seit Jahresbeginn aufgelaufenen Per-Summen, im Ist ebenfalls die absoluten Monatsdaten sowie Auflaufsummen, ferner die Auflaufsummenabweichung absolut und in Prozenten enthalten. Sinnvoll ist zugleich die Gegenüberstellung mit Vorjahres-Ist der Monatsdaten sowie der Auflaufsummen. Bei eklatanten Abweichungen empfehlen sich Texterläuterungen.

In dem Muster-Controlling-Beispiel „Rheinische Werkzeugfabrik GmbH“ zeigt die Monatsstatistik Blatt 1 (vgl. Anhang II/2) die wichtigsten Einsatzzahlen über Personalstand sowie verfahrene Mann- und Maschinenstunden. Der Personalstand wird nach direkten Arbeitern der einzelnen Fertigungsabteilungen, ferner nach indirekten Arbeitern der Hilfsstellen und der Fertigung, schließlich nach Angestellten der Hilfs-, Fertigungs-, Vertriebs- und Verwaltungsbereiche gegliedert. Dann verfolgt man die direkten Mannstunden der Fertigungsstellen (einschl. Projektstunden der Anlagenentwicklung und des Werkzeugbaues) und hierin deren Überstunden. Wichtig sind auch die Lauf- und Stillstandsstunden der wichtigsten Maschinenplätze.

Die Monatsstatistik Blatt 2 (vgl. Anhang II/3) zeigt die Betriebsausbringung kostenträgergruppenweise. Der Vergleich von Stückzahlen und variablen Herstellkosten läßt Schlüsse über Änderungen der Sortimentszusammensetzung zu. Ferner stehen ihnen die kostenträgergruppenweisen Verkaufsstückzahlen korrespondierend gegenüber. Daraus werden Ablieferrückstände ersichtlich. Die Standard-VHK kontrolliert man mit den Isterlösen auf Blatt 3. Man vergleicht diese ferner mit den kostenträgerweisen Kundenauftragseingängen, was den Auftragsendbestand sowie eventuelle Auslieferrückstände des Fertiglagers erläutert. Zur Ergänzung dienen Einsatzfaktorenkennzahlen über Stundenverdienste, das erzielte direkte Stundentempo und den erreichten Verdienstgrad des produktiven Personals.

Auf Blatt 3 (vgl. Anhang II/4) vermindert man die Nettoerlöse um die Standard-VHK der Produktion und gewinnt dadurch die Deckungsbeiträge I der verkauften Ware. Diese werden getrennt nach Vertriebswegen sowie Kostenträgergruppen analysiert. Deckungsbeiträge unter 30 % der Nettoerlöse weisen auf potentielle Verlustkostenträger bereits hin. Auch lassen sich bereits nach vier Monaten der mutmaßliche Jahresumsatz und -gewinn bzw. -verlust näherungsweise hochrechnen, was bei Gefahr der Abweichung vom Soll entsprechende Maßnahmen abfordert.

Der Entwicklung der Warenbestände wird Monatsstatistik Blatt 4 (vgl. Anhang II/5) gewidmet, da diese die Lieferbereitschaft, das Kostenbudget und die Liquidität stark beeinflussen. Man beobachtet die Roh-, Hilfs- und Betriebsstoffe laut Materialabrechnung (EDV-Magazinskontration). Wichtig sind die unfertigen Erzeugnisse je Kostenträgergruppe in Lägern nach der Vorstufe, Endstufe und Zentralpackerei. Zu den Fertigfabrikaten in den Fertig- und Außenlägern, kostenträgergruppenweise getrennt, kommen schließlich noch die Handels- und Sortimentsfremdwaren.

In Blatt 5 (vgl. Anhang II/6) zeigt die Finanzbuchhaltung die kurzfristige Erfolgsrechnung des Unternehmens nach dem aktienrechtlichen GuV-Gliederungsschema (= Gesamtkostenverfahren). Angefügt ist eine Überleitungsbrücke zum Ergebnis der Betriebsbuchhaltung, welche alle neutralen Aufwendungen bzw. Erträge eliminiert. Daneben sind die kalkulatorischen Aufwandabgrenzungen und die nur betriebswirtschaftlich zu aktivierenden Initialkostentilgungsbestände ausgewiesen.

Schließlich weist Monatsstatistik Blatt 6 (vgl. Anhang II/7) den Finanzstatus zum Monatsende aus. Eine Einnahme-Ausgaben-Rechnung ermittelt die Liquiditätsveränderung des Kreditreservesaldos. Repräsentative Leistungskennzahlen über die tägliche bzw. kopfweise Arbeitsproduktivität, die Beschäftigungsgrade der Fertigungsstufen, die Verkaufsleistung je Tag bzw. Kopf und den Lagerumschlag runden die Information ab.

3134 Abteilungsanalysen der Quartalskontrolle

Die Quartalsbudgetkontrolle verfeinert die Untersuchungen der laufenden Monatsstatistik bis zur Kostenstellentiefe des Budgets. Im Beispiel der Rheinischen Werkzeugfabrik GmbH analysiert man folgendes:

Im Vertriebsbereich werden die einzelnen Vertriebswege „Inland", „Export", „Außenstellen" mit Soll, Ist und Abweichung für Absatzmenge, Nettoerlös und Deckungsbeitrag spezifiziert (vgl. Anhang II/8). Für jeden Außendienststützpunkt findet eine besondere Erfolgsrechnung statt. Dabei werden die effektiven Kosten dieser nachfolgenden Handelsstufe ermittelt und den Nettoverkaufspreisen gegenübergestellt. Außerdem beurteilt man mit Kennzahlen die Umschlagsleistung (vgl. Anhang II/9).

Im technischen Bereich finden Abweichungsanalysen jeder Fertigungsstelle statt. Dabei stehen die einzelnen Kostenarten im Mittelpunkt der Auswertung (vgl. Anhang II/10). Die für das Jahresergebnis maßgeblichen Verbräuche können vom Abteilungsleiter positiv oder negativ beeinflußt werden. Allerdings ist zunächst der Ist-Beschäftigungsgrad zu ermitteln, um die zulässigen variablen Kosten der Standardbeschäftigung hierauf umzurechnen. Als Verbrauchsabweichung der Lohn- und Materialkostenarten gilt nur der Unterschiedsbetrag zwischen Istkosten und flexiblen Standardkosten des effektiven Beschäftigungsgrades. Auch der Differenzbetrag zwischen geplanten und tatsächlichen „Leerkosten" ist zu ermitteln, da er durch einen höheren Unterbeschäftigungszuschlag hätte hereingeholt werden müssen. Hierzu zählt außerdem die schlechtere Auslastung der als fix angesehenen Hilfsstellen und damit der sekundären Umlagekosten. Diese Fixkostenwirkungen hat der technische Dienststellenleiter nicht zu verantworten.

3135 Die Jahresabschlußprüfung als Gegenkontrolle

Die interne Jahreskontrolle erhält bei Anwendung eines Budgetierungssystems einen anderen Akzent. Da die wichtigsten Informationen über den tatsächlichen Geschäftsverlauf bereits aus der Tages- bzw. Monats- bzw. Quartalsstatistik bekannt sind, erfolgt hier lediglich eine summarische Jahresbetriebsabrechnung. Sie soll zugleich Orientierungsdaten, d. h. Standardkosten, für das nächste Budgetjahr liefern. Ihr Aufbau ist derselbe wie beim Plan-BAB des abgeschlossenen Jahres. Die Verbrauchs- und Beschäftigungsabweichungen werden – wie beim Quartalsbudget – auf separaten Kostenstellenblättern ausgewertet.

Für externe Zwecke (Aktionäre, Kreditgeber, Publizität) erstellt die Unternehmensleitung jährlich einen Geschäftsbericht. Hier erfolgt eine Nachschau über den geplanten Unternehmenszielerfolg. Man kommentiert, inwieweit die Kardinalziele im Finanz-, im Produktions- und im Vertriebsbereich erreicht wurden. Bei der Vielzahl mustergültiger Veröffentlichungen kann hier auf ein Beispiel verzichtet werden. Tenor sind die Fragen: Hat die industrielle Betätigung eine Eigenkapitalrentabilität gebracht, die über der marktüblichen Verzinsung mündelsicherer Wertpapiere liegt? Wenn nicht, waren die Umsatzgewinnrate oder der Kapitalumschlag zu ungünstig? Zum Vertrieb äußert man sich vornehmlich über die Veränderung des eigenen Marktanteils. Die Betriebsleistung setzt sich aus Ablieferungen, Bestandsveränderungen sowie Eigenleistungen zusammen und läßt Aussagen über die Produktivität zu. Man beurteilt schließlich die Entwicklung des Cash flow und der Liquiditätsreserve.

Bei mittleren Gesellschaften mit freiwilligen Prüfungen der Handelsbilanz und der GuV-Rechnung durch externe Wirtschaftsprüfer kann ein auf das Budget abgestimmtes Kontrollpendant geschaffen werden. Der Abschlußprüfer wird auf Wunsch in seinem Erläuterungsbericht gern detailliert Bezug nehmen auf die betriebswirtschaftlichen Zielsetzungen zu Jahresbeginn. Da der WP-Bericht auf die Aufwand-/Ertragsrechnung abstellt, während die interne Geschäftsjahresrechnung mit Kosten und Erlösen operiert, ergibt sich eine zusätzliche Gegenkontrolle des nominellen Wertsystems.

32 Instrumentarium zur Ursachenanalyse der Budgetabweichungen

321 Controlling-Mix des Vertriebes

3211 Analyse von Absatzmengenänderungen

32111 Marktsättigungsgrad und Anteilskontrolle

Der quantitative Erfolg der eigenen Verkaufsanstrengungen hängt zunächst von externen Einflußgrößen ab. Die wichtigste ist die Aufnahmefähigkeit der in- und ausländischen Teilmärkte für die Erzeugnisse eines Unternehmens. Sie verläuft nach einer produktaltersbedingten Sättigungskurve der Nachfrage. Vor der Budgetierung wurden die Marktpotentials mit Hilfe regionaler Kaufkraftkennzahlen für Konsumgüter bzw. Investitionsbedarfskennzahlen für Produktivgüter geschätzt. Die Ex-post-Analyse dient der Treffsicherheitskontrolle dieser Absatzmöglichkeiten und der prognostizierten eigenen Marktanteile.

Der Controller prüft zunächst Konjunktur und Verbraucherverhalten. Er zieht Vergleiche zwischen der Soll-/Ist-Entwicklung des realen Bruttosozialproduktes und des verfügbaren freien Einkommens der Haushalte der Teilmärkte; die Daten stammen aus Veröffentlichungen des Statistischen Bundesamtes oder der Bundesbank. Er schließt darauf auf das Wachstum des Marktpotentials. Davon sind die durchschnittlichen Exporte abzusetzen, und die Importe sind hinzuzurechnen.

Dann beurteilt man die in der Budgetperiode auf diesen speziellen Binnenmärkten verkauften Erzeugnismengen laut Auswertung des zuständigen Wirtschaftsverbandes oder der lokalen Industrie- und Handelskammer. Der Vergleich zwischen Marktpotentialwachstum und Gesamtabsatzmengenzuwachs zeigt den Sättigungsgrad, jener zwischen Gesamtverkäufen und Unternehmensverkaufsstückzahlen den Marktanteil in der Erzeugnisgruppe. Hohe Marktanteile bei niedrigem Sättigungsgrad sind ertragsfördernder als solche bei hoher Bedarfssättigung.

Weiterhin sind Strategie und Absatztaktik der Konkurrenz systematisch zu untersuchen. Ihre Werbekampagnen nutzen allen Wettbewerbern in der Phase der Markteröffnung, weil sie die allgemeine Kaufbereitschaft erhöhen. Sie schaden ihnen in der Phase der Hochsättigung, weil sie deren Anstrengungen kompensieren. Die Konkurrenz kann ihre Erfolge oder Mißerfolge einer anderen Gewichtung ihres absatzpolitischen Instrumentariums verdanken. Durch Checklistenbefragung der Händlerkundschaft oder der Endverbraucher müssen Controller und Marketingabteilung herausfinden, ob die Mehrabsatzmengen der Konkurrenz eher durch Produktänderungen, Intensivierung der Vertriebsorganisation, werbliche Aktivitäten oder preispolitische Maßnahmen gefördert wurden (vgl. Abb. 35).

Rheinische Werkzeugfabrik GmbH Köln	Checkliste Abnehmerwünsche/Eigeninteressen I. Vertriebsweg Händler	Datum:

Nr.	Kundenbedürfnisse – Maximalwünsche	Eigene Erfüllungsmöglichkeiten
1	**Marketinghilfen**	
11	Marktuntersuchung seiner Liefermatrix	Jährlich durch zentralen Marke-
111	Marktpotentialermittlung nach Segmenten	ting-Service in belieferten Seg-
112	Marktpotentialermittlung regional	menten möglich
113	Marktanteilstransparenz	—
114	Wettbewerbsanalyse	—
115	Schwächenanalyse seines Vertriebs	Endkundenbefragung möglich
12	Sortimentsgestaltungshilfen	
121	Full-line-Angebot für Segmentzielgruppen	Laufendes Wechselgespräch
122	Konstruktiv beste Anwendungslösung	durch Produktmanagement
123	Innovative Neuigkeiten/Spezialitäten	Möglich
124	Umweltfreundliche Produkte	Möglich
125	Lohnsparende Produkte	Möglich
13	Distributionshilfen	Nur begrenzt möglich, da kein
131	Stützpunkthändler/Alleinvertriebsrecht	Gebietsvertretungs-, sondern
132	Konsignationslager/Sofortbelieferung	Einzelhändlersystem
133	Zuführung eigener Kunden	—
134	Individuelle technische Kundenberatung	Erwünscht
135	Vollrabattierte Streckengeschäfte	—
14	Werbehilfen	Nur Einbeziehung in
141	Produkt- bzw. Händlermarkenwerbung	Markenwerbung des Herstellers
142	Technische Kataloge/Einkäufer-Leaflets	Möglich
143	Verkäufer- und Kundenschulung	Möglich
144	Permanente Marketingaktionen/PR	Möglich
145	Display-Material/Sonderpackung/Geschenke	Möglich
15	Preishilfen	Hochqualitätsgenres schließen
151	Niedrigster Nettopreis/höchster Rabatt	Niedrigpreispolit. weitgehend aus
152	Jährliche Preissenkung/keine Teuerungszuschläge	—
153	Keine Umsatz- oder Auftragswertdifferenzierung	—
154	3 % Skonto nach 14 Tagen/60 Tage Ziel	Möglich
155	Projekt-Kaufpreis-Nachlässe	Möglich
2	**Entwicklungshilfen**	Produzierende Händler sind –
201	Lizenzfreie Freigabe von Konstruktions-Know-how	außer für lokalen Anpassungs-
202	Förderung von Standardisierung und Normung	bedarf – unerwünscht
3	**Bearbeitungshilfen**	Produzierende Händler sind –
301	Weitergabe von (Teil-)Aufträgen	außer für lokalen Anpassungs-
302	Lizenzfreie Information, Verfahrens-Know-how	bedarf – unerwünscht
303	Kulanzersatz von eignem Ausschuß	—
4	**Beschaffungshilfen**	
401	Übernahme Lagerfunktion nach Mengen	Rücküberwälzung Lieferkondi-
402	Übernahme Lagerfunktion nach Sortiment	tionen entspräche Rabattein-
403	Frankoanlieferung	stufung nicht
404	Übernahme Endverpackungsbeistellung	—
405	Sofortanfertigung von Sonderwünschen	Möglich
5	**Organisations- und Rechtshilfen**	Fallweise Informationen durch
501	Kostenlose Budgetierungsberatung	zentrale Betriebswirtschaftsstelle
502	Kostenlose EDV-Beratung/Lager Kontrolle	Organisationsabt. möglich
503	Kostenlose Mahn- und Delkredereübernahme	—
504	Kostenlose Rechts- und Steuerhinweise	—
505	Übernahme Produkthaftpflicht	—

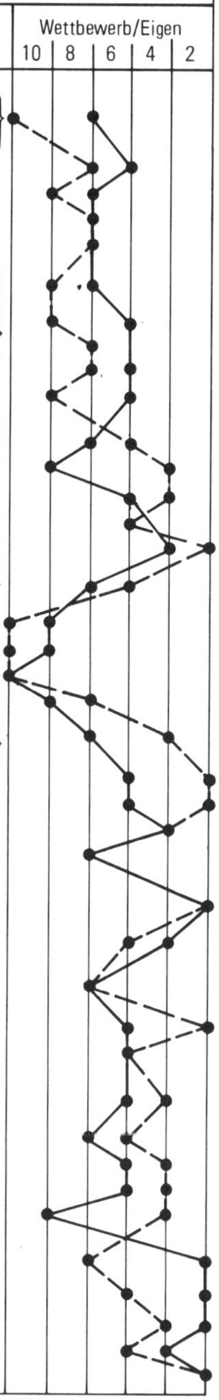

Abb. 35: Checkliste Abnehmerwünsche/Eigeninteressen

32112 Bestsellerliste mit Produktaltersschichtung

Die Absatzstückzahlen können von den Budgetvorstellungen abweichen, wenn die Produkte bzw. das Sortiment überaltert sind. Die Existenzfähigkeit mittelständischer Unternehmen beruhte immer auf einer hohen Innovationsfähigkeit. Ihre Produktkreativität, d. h. die Anzahl in einer Zeitperiode neu entwickelter Produkte höherer Gewinnerwartung im Verhältnis zu schon verkaufsfähigen Sortimentstypen, ist erfahrungsgemäß hoch. Der Innovitätsdurchsetzungsgrad, d. h. die Anzahl auf dem Markt eingeführter Neuerungen in Relation zu den schon vorhandenen, ist wesentlich geringer. Dies führt dazu, daß ältere Erzeugnisse im Fertigungs- und Verkaufsprogramm bleiben, bei welchen eine weitgehende Marktsättigung eingetreten ist. Diese Mumien bringen kein Umsatzwachstum und wegen Preisverfalls bei ausgereizter Konkurrenz oft nicht einmal einen Reinertrag. Eine Promotion durch werbliche Maßnahmen würde nur den Verlust erhöhen (vgl. Abb. 36).

Verkaufsstückzahl pro Typenfamilie Vorjahr : lfd. Jahr	Gesamt	unter 3 000		3 000 bis 10 000		über 10 000	
		davon steigend	davon fallend	davon steigend	davon fallend	davon steigend	davon fallend
% vom Umsatz	100	5	5	15	15	30	30
% von Artikelanzahl	100	20	40	20	10	3	7
Kernprogramm	KP	–	KP	–	KP	KP	KP
Ergänzungsprogramm	EP	EP	–	EP	–	–	–
⌀ Produktalter Jahre	4	unter 2	über 5	2	5	3	4
⌀ Deckungsbeitr. II %	35	30	15	35	20	40	25
⌀ Marktanteil %	17	10	1	17	13	22	18
Förderungsvorschlag		Produktverbesserung	Eliminierung	Produktwerbung	Preissenkung	Distributionssteigerung	Qualitätsförderung

Abb. 36: Altersprüfliste der Sortimentsstruktur

Die natürliche Sortimentsalterung kann durch Qualitätsverbesserungen oder Produktvariation hinausgeschoben werden. Wenn man die Erzeugnisse im Dialog mit den Abnehmern an die technischen Erfordernisse spezieller Marktlücken anpaßt, entsteht quasi wieder ein neues Produkt. Derselbe Effekt ergibt sich durch zielgruppenorientierte Differenzierung der Formgestaltung oder verkaufsfördernde neue Verpackungseinheiten. Auch mit juristischer Durchsetzung und Absicherung von Warenzeichen bilden sich im Käuferbewußtsein vermeintliche Präferenzen für Produktfamilien, welche deren Sättigungs- und Stagnationsphasen verzögern.

Das Controlling muß eine EDV-Liste „Bestseller" auswerten lassen, welche die Umsatzerlöse je Artikel-Nummer innerhalb einer Zeitperiode rangreihenmäßig aufträgt. Für jede Produktfamilie ist dabei das Jahr der Markteinführung mit anzulisten. Bei normalen Verhältnissen sollen die „Renner" an der Tabellenspitze im mittleren Alter (Altersphase III + IV der Abbildung 15) stehen. Da sich das Sortiment verkaufsbedingt jedes Jahr erweitert, muß der Controller jährlich eine Zurückstutzung auf ein Kernprogramm verlangen. Die Streichung darf nur die mengenmäßig absterbenden Artikel der Altersstufen über 5 Jahre umfassen, deren Grenzerträge bereits negativ sind. Eine Aussortierung der noch absatzschwachen, aber hoffnungsvollen Artikel der Altersphasen I und II, deren Grenzertrag noch ansteigt, würde hingegen jegliches Wachstum zerstören.

32113 χ^2-Signifikanztest des Absatz-Forecasters

Die richtige Marktbedarfsvorhersage ist eines der Zentralprobleme der Budgetierung. Die Genauigkeit der Prognose hängt vom Umfang der Stichprobe, d. h. von der Häufigkeitsverteilung und exponentiellen Gewichtung der ausgewerteten Vergangenheitsdaten, ab.

Der Vertrauensbereich, in welchem die künftigen Absatzmengen mit größter Wahrscheinlichkeit um einen Mittelwert streuen, bewegt sich im Rahmen der Gaußschen Normalverteilung. Die Standardabweichung (σ) der Istzahlen (x) von der Vorhersage hat bei Betrachtung nur des engeren ± 15 %-Bereiches (1 σ) vom mittleren Erwartungswert (E) bereits einen Wahrscheinlichkeitsbereich von 68,3 %. Erweitert man den Beobachtungsbereich auf etwa ± 25 % vom Erwartungswert (2 σ), beträgt der Vertrauensbereich bereits 95,5 %. Bei Einbeziehung der Streuwerte bis etwa ± 35 % (3 σ) steigt die Treffsicherheit sogar auf 99,7 % (vgl. Abb. 37).

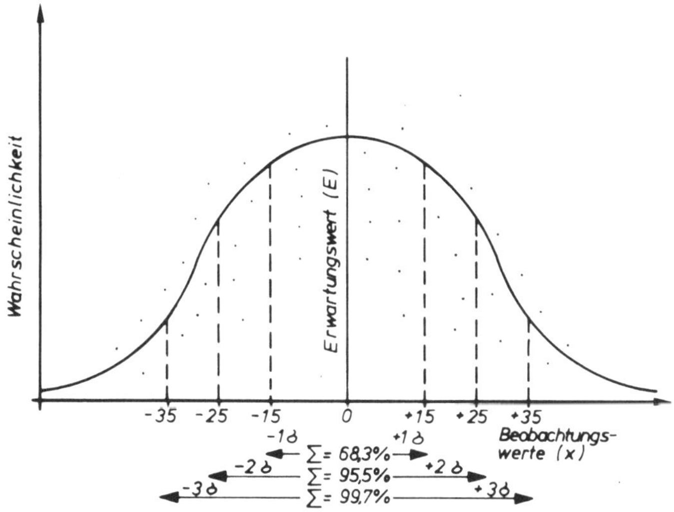

Abb. 37: Vertrauensbereiche um den Forecastwert

Die statistische Signifikanz (= Zufallsunabhängigkeit) der Prognosedaten läßt sich mit dem Chi-Quadrat-Verfahren testen. Es ermöglicht dem Controller einen Vergleich der eingetretenen (X) mit den erwarteten (E) Kundenaufträgen. Man stellt für jeden

Artikel zunächst die tatsächlichen Absatzstückzahlen fest und prüft nach, ob sie ebenfalls einer Normalverteilungskurve entsprechen oder völlig zufällig sind. Dann ermittelt man artikelweise die Differenz zwischen Ist- und Prognosestückzahlen und quadriert diese zur Fehlerausschaltung. Die Summe aller oder der stichprobenhaft ausgewählten Abweichungen im Verhältnis zum budgetierten Absatz zeigt dessen Treffsicherheit an gemäß der Formel $\chi^2 = \Sigma \frac{(X \cdot E)^2}{E}$. Je höher der Chi-Quadrat-Wert, desto unsicherer war der Forecast[1]. Der in Abbildung 38 errechnete Wert $\chi^2 = 2{,}52$ ist relativ niedrig und zeigt eine große Übereinstimmung zwischen beobachteten und erwarteten Absatzergebnissen. Dabei wird die Abweichung am stärksten von der Stichprobe 2, am wenigsten von der Stichprobe 3 beeinflußt, was zu näheren Kontrollen Anlaß geben kann.

Schneidwaren 10 TStck.		Tatsächliche Verkaufsanzahl X	Prognostizierte Verkaufsanzahl E	Abweichung X – E	Quadratabweichung $(X - E)^2$	χ^2-Wert $(X - E)^2 : E$
Probe 1	Kinderlöffel	12,0	9,8	+ 2,2	4,84	0,49
	Σ Bestecke	86,0	88,2	– 2,2	4,84	0,06
Probe 2	Nagelschere	5,4	8,6	– 3,2	10,24	1,19
	Σ Scheren	76,0	77,4	– 1,4	1,96	0,02
Probe 3	Schlachtmesser	11,1	9,6	+ 1,5	2,25	0,23
	Σ Gewerbemesser	89,0	86,4	+ 2,6	6,76	0,08
Probe 4	Schneidwerkzeuge	9,3	12,0	– 2,7	7,29	0,61
	Σ Industriemesser	106,5	108,0	– 1,5	2,25	0,02
Gesamtproben		37,8	40,0			2,52
Gesamtprogramm		355,5	360,0			0,18

Abb. 38: χ^2-Test zur Absatzprognose

Der Controller wird zur weiteren Interpretation des χ^2-Tests die Anzahl der mathematischen Freiheitsgrade der Stichprobe definieren. Dies sind die voneinander unabhängigen Möglichkeiten zur Kombination der Datenmengen ohne Wiederholungen. Sie betragen hier 4 – 1 = 3, da von den vier Stichproben die Summe bekannt und damit bereits eine Probe terminiert ist. Man braucht jenen Begriff bei der EDV-Lösung des Signifikanztests, um das spezifische Problem einer Forecast-Kontrolle exakt beschreiben zu können. Heute liegen bereits gebrauchsfähige Software-Pakete (Programme mit Unterroutinen) für Chi-Square-Values vor.

In der Praxis ist ebenfalls zu prüfen, ob der richtige exponentielle Glättungsfaktor im Vergleich zu den tatsächlichen konjunkturellen, saisonalen oder Investitionszyklen der Abnehmerbranchen gewählt wurde. Manchmal sagt eine lineare Trendkurve, ergänzt um eine 3-Monats-Schleppwertkurve (= differenzierte Grenzumsatzkurve), für bestimmte Kostenträger mehr aus. Auch sollten mindestens 36 Monatswerte der Auftragseingänge an Stelle von nur 3 Jahreswerten verwendet sein.

1 Honeywell-Bull GmbH, Wissenschaftliche Unternehmensführung, Köln 1970, S. 7.

32114 Quartalsweiser Auftragseingang-/Dispositionsabgleich

Da die metallverarbeitende Mittelindustrie vielfach eine Lagerergänzungsproduktion disponiert, erhält der Vergleich der tatsächlichen Auftragseingänge (AE) mit den auf Verdacht beim Betrieb bestellten Artikelstückzahlen enorme Bedeutung. Fehldispositionen würden einerseits zu Lieferunfähigkeit für die tatsächlichen Auftragseingänge, andererseits zu teuren Lageraufbauschungen für Irrläufer führen.

Spätestens quartalsweise tabelliert man deswegen zunächst einen „Auftragseingang-/Planumsatzabgleich" an. Er zeigt für alle Fertigartikel-Identnummern, welche tatsächlichen Auftragsstückzahlen bzw. AE-Nettowerte in dieser Periode eingingen. Daneben unverändert stehen die ursprünglich je Quartal budgetierten Absatzmengen und Nettoerlöse. Weitere Spalten erfassen ab dem 2. Jahresquartal die aufgrund der AE-Abweichungen des Vorquartals flexibel fortgeschriebenen Umsatzbudgetänderungen in Stückzahlen und Erlöswerten. Letztere werden in ± %-Zahlen im Vergleich zum tatsächlichen Auftragseingang, sowohl für Mengen als auch für Werte, ausgedrückt. Damit kann die Treffsicherheit der Forecast-Erwartungen kontrolliert werden.

Anschließend erfolgt ebenfalls quartalsweise eine separate EDV-Liste „Ablieferungs-/Dispositionsabgleich". Sie enthält für alle Fertigartikel-Identnummern die tatsächlichen Betriebsablieferungen aller A-, B- und C-Artikel in Menge und Standardherstellkosten. Hier münden auch Außen- und Konsignationslageraufstockungen bzw. -kürzungen ein. Dagegen weisen die Folgespalten die ursprünglich je Quartal disponierten Stückzahlen und Werte aus. Weiterhin sind die über Dispositionsänderungsanträge fortgeschriebenen Dispo-Budgetierungen nach Mengen und Standard-HK antabelliert. Letztere beide sind zusätzlich in ± %-Zahlen im Vergleich zur tatsächlichen Ablieferung ausgedrückt. Damit läßt sich die Treffsicherheit der Dispositionen beurteilen, die durch Auftragseingangsänderungen, Produktionsstörungen/-überlieferungen oder finanzielle Lagerbestandskorrekturen beeinflußt sein können.

Bei mehrstufiger Fertigungsweise muß die Produktionsleitung analog für das Teilelager vor der vertriebsbedarfsorientierten Montage eine quartalsweise EDV-Liste „Montage-/UF-Dispositionsabgleich" antabellieren lassen. Da die Unfertigteile eigene Identnummern haben, ist für diese Ist- und Solldaten jeweils der EDV-Stücklisten- bzw. Arbeitsgangprocessor einzusetzen.

32115 Verprobung der Lieferbereitschaft mit Variations- und Sicherheitskoeffizienten

Die Einhaltung der budgetierten Absatzmenge ist auch ein logistisches Problem richtiger Lagerhaltung. Im Rahmen der Budgetierung wurde erläutert, daß die Lieferbereitschaft aus einem optimal sortierten Lager von den periodengerecht prognostizierten Kundenbestellungen, den darauf basierenden Anlieferrhythmen der Produktion bzw. des Einkaufs sowie von dem als Puffersaldo gewählten Mindestbestand des Fertiglagers abhängt. Die Feinsteuerung erfolgt durch tägliche Verfügbarkeitsrechnungen gemäß der Formel:

Verfügbare Menge je Artikel = Bestand + Bestellausstand Betrieb –
Prognose Vertrieb – Sicherheitsanteil

Trotz monatlicher Berücksichtigung der neuesten Markt-, Betriebs- und Beschaffungsgegebenheiten in Budgetergänzungen treten in der Praxis Rückstände auf. Dabei sind zu unterscheiden: (1) Lieferrückstände gegenüber bestätigtem Jahresdispositionsbudget einschl. Budgetergänzungen, (2) Nachtragsrückstände aufgrund unbestätigter kurzfristiger Zusatz- oder Substitutionsbestellungen des Vertriebes, (3) automatische Stornos bei einem Lieferverzug von mehr als 4 Monaten. Umgekehrt kommen Überlieferungen des Fertiglagers vor, die zwei Ursachen haben können: (1) kurzfristige Stornos des Vertriebes trotz bestätigter Budgetdisposition, (2) minderausschußbedingte Mehranlieferung des Betriebes. Diese 5 Gruppen werden bei der wöchentlichen Dispositionsbestandsrechnung nach Fälligkeitsterminen mit separater Bewegungsart-Nummer ausgewiesen (EDV-Rückstands-/Überhang-Liste).

Der Controller beurteilt jene Abweichungen vom vorher erwarteten Mittelwert der Lieferbereitschaft = Servicegrad des Fertiglagers auf ihre Streubreite. Hieraus ergeben sich drei Folgerungen:

1. Je ungünstiger sich die Marktposition des Unternehmens im Verhältnis auf Kundenterminwünsche bzw. die Dispositionen des Vertriebes an die Produktion entwickelten, desto höher wurde der tatsächliche Variationskoeffizient der Lagerabflüsse und um so geringer war die Lieferbereitschaft. Der Varationskoeffizient δ drückt hier die Summe aller artikelweisen Ist-Lagerbestände X gegenüber den erwarteten, aus N abgeschlossenen Perioden abgeleiteten Beständen E aus gemäß der Formel:

$$\delta = \left(\sqrt{\frac{\sum_{i=1}^{N} (X - E_N)^2}{N}} \right) : E_N$$

Aufgrund früherer Beobachtungswerte hatte man beispielsweise mit einer Streuvariation $\delta = + 0{,}25$ vom wahrscheinlichen Mittelwert 0 gerechnet, der – bei hierfür berechnetem Sicherheitsbestandsfaktor $S = \delta \cdot \chi = 0{,}41$ – eine Lieferbereitschaft von 95 % verbürgt hätte. Bei effektiv festgestelltem Variationskoeffizienten von $\pm\ 0{,}5$ und gleichgebliebenem Sicherheitszuschlag von 0,41 auf den Lagermindestbestand ergibt sich jedoch nur eine Lieferbereitschaft von 79 %. Die Unsicherheit des Absatzmengen-Forecasters muß deshalb durch erneuten Signifikanztest überprüft und beseitigt werden.
2. Erfahrungsgemäß liegen die Variationskoeffizienten der Wiederbeschaffungszeiten von Auftragsstückzahlen aus der Fertigung (bei Eigenfertigung) bzw. aus dem Einkauf (bei Fremdbezug) wesentlich niedriger als jene der Lagerabflüsse. Da beim Lagerzufluß nicht der Zufall, sondern die Planablieferung vorherrscht, können diese geringfügigen Schwankungen – nach dem Gesetz der quadratischen Fehlerfortpflanzung – vernachlässigt werden. Beim Controlling ist jedoch monatlich zu prüfen, ob die Artikel mit nunmehr höheren Variationskoeffizienten noch der richtigen Dispositionsart zugeordnet sind. Üblicherweise werden die seltenen, mit hoher Wertschöpfung oder Kapitalbindung hergestellten Erzeugnisse nur nach direktem Kundenauftrag, d. h. bedarfsorientiert, disponiert. Dagegen ergänzt man alle gängigen, niedrigerwertigen Lagerbestände verbrauchsorientiert unter Verwendung von EDV-Absatzvorhersagen. Sobald der Variationskoeffizient über $\delta \geqq 0{,}67$ oder sogar

$\delta \geqq 1$ hinausgeht, kann auch bei einfacheren Produkten eine handgesteuerte, mehr bedarfsorientierte Dispositionsart zweckmäßiger erscheinen.

3. Die nachträglich festgestellte geringere Lieferbereitschaft des Fertiglagers erfordert eine schnelle Korrektur für die Folgeperiode. Wünscht das Vertriebsbudget beispielsweise für bestimmte Artikel a einen ständigen Soll-Lagerservicegrad von 95 %, während die Ist-Lieferbereitschaft bei 70 % liegt, so muß ein höherer Sicherheitsbestand neben dem während der Wiederbeschaffungszeit benötigten Mindestvorrat aufgebaut werden. Er errechnet sich mittels des Sicherheitszuschlagskoeffizienten σ, welcher sich als Produkt von Variationsfaktor δ und Fehlerabweichungsfaktor χ darstellt. Der Koeffizient der Fehlerabweichung ist ein aus bisherigen Kontrollperioden aufgebauter Fortschreibungswert, welcher die Treffsicherheitsdifferenz sämtlicher früheren Prognosen angibt. Die Formel lautet:

$$\chi_N = \left(\sqrt{a\,(X - E)^2 + (1 - a) \cdot X^2_{N-1} \cdot E^2_{N-1}}\right) : E_N .$$

Er korrespondiert jeweils mit einem Häufigkeitswert der Lagertreffsicherheit, so daß man beide in Tabellen einander zuordnen kann[1]. Der prognostizierte Marktbedarf ist mit dem Sicherheitsfaktor σ zu multiplizieren, um den erforderlichen Sicherheitsbestand zu erhalten. Je höher man σ wählt, desto größer werden die Lieferbereitschaft aber auch die sicherheitsbedingten Lagerkosten.

Beispiel:

δ	=	Erwarteter Variationskoeffizient je Artikel-Nr.		= 0,5
ϕ_x	=	Gewünschte Lieferbereitschaft des Lagers		= 95 %
χ	=	Fehlerabweichungsfaktor lt. Abbildung 39 bei 95 %		= 1,65
σ	=	Sicherheitszuschlagskoeffizient	= 0,5 x 1,65	= 0,825
ΔE	=	Vorhergesagter Lagerabfluß		= 4 000 Stück
S_E	=	Erforderlicher Sicherheitsbestand	= 4 000 x 0,825	= 3 300 Stück

χ	ϕ_x	χ	ϕ_x	χ	ϕ_x	χ	ϕ_x	χ	ϕ_x	χ	ϕ_x
0,00	0,500000	0,50	0,691463	1,00	0,841345	1,50	0,933193	2,00	0,977250	2,50	0,993790
0,05	0,519939	0,55	0,708840	1,05	0,853141	1,55	0,939429	2,05	0,979818	2,55	0,994614
0,10	0,539828	0,60	0,725747	1,10	0,864334	1,60	0,945201	2,10	0,982136	2,60	0,995339
0,15	0,559618	0,65	0,742154	1,15	0,874928	1,65	0,950528	2,15	0,984222	2,65	0,995975
0,20	0,579200	0,70	0,758036	1,20	0,884930	1,70	0,955434	2,20	0,986097	2,70	0,996533
0,25	0,598706	0,75	0,773373	1,25	0,894350	1,75	0,959941	2,25	0,987776	2,75	0,997020
0,30	0,617911	0,80	0,788145	1,30	0,903200	1,80	0,964070	2,30	0,989276	2,80	0,997445
0,35	0,636831	0,85	0,802338	1,35	0,911492	1,85	0,967843	2,35	0,990613	2,85	0,997814
0,40	0,655422	0,90	0,815940	1,40	0,919243	1,90	0,971283	2,40	0,991802	2,90	0,998134
0,45	0,673645	0,95	0,828944	1,45	0,926471	1,95	0,974412	2,45	0,992857	2,95	0,998411
										3,00	0,998650

Abb. 39: Mittlere Lieferbereitschaft ϕ_x bei Dispositionsfehlerfaktor χ

1 R. G. Brown, Statistical Forcasting for Inventory Control, New York 1959.

3212 Analyse von Verkaufspreisänderungen

32121 Break-even-point-Diagramm der Gewinnschwelle

Der Vertrieb steht bei Absatzmärkten mit mehr oder minder vollkommener Konkurrenz vor der Aufgabe, den Umsatz und den Gewinn im Rahmen einer erwarteten Preis-Absatz-Funktion zu maximieren. Er muß aus den Alternativen von großer Absatzstückzahl mal niedrigem Verkaufspreis oder geringen Verkaufsmengen mal hohem Stückerlös die günstigste Kombination für jeden Artikel auswählen. Da der im Umsatzerlös erwirtschaftete Gewinn von der Höhe der Gesamtkosten abhängt, hat die Preisstellung unterschiedliche Auswirkungen. Die Gesamtkosten enthalten variable Stückkosten und fixe Periodenkosten, die sämtlich eingeplant werden müssen. Kurzfristig kann ein Unternehmen auf die Einrechnung der Fixkosten verzichten, wenn dadurch eine Vollauslastung der sonst leerstehenden fixen Kapazitäten erreicht wird (Schmalenbachs Preisbildung nach dem „proportionalen Satz“). In Unternehmen mit zweistufiger Kalkulation – Produktionsstufe zu Vollkosten (Standardherstellkosten), Vertriebsstufe zu Deckungsbeiträgen – darf der Vertriebschef zunächst nur den Vertriebsdeckungsbeitrag (außer Vertriebssondereinzelkosten) in seine preispolitischen Manöver einbeziehen.

Der Controller überprüft diese Gewinnentscheidungen nach Kostenträgern und Vertriebswegen mit Hilfe des BEP- oder Gewinnschwellendiagramms. Unter der Annahme eines linearen Gesamtkostenverlaufes, was in den Beschäftigungsgrenzen zwischen 50 % und 80 % wirklichkeitsnah ist, vermittelt er zunächst jene Absatzstückzahl, bei welcher diese Kurve die ebenfalls linear anwachsende Gesamterlöskurve schneidet. Dazu mußten vorher alle Kostenarten in variable, d. h. zur Absatzmengenänderung voll oder weniger proportionale, und fixe eingeteilt worden sein (mathematische oder graphische Kostenauflösung). An diesem Punkt ist der Gewinn Null. Da der Gewinn aber als Umsatz abzüglich Kosten definiert wird, ergibt sich folgende Formel für den Break-even-point:

$$G = E - m \cdot K_v - K_f$$

$$0 = E\left(1 - \frac{K_v}{e}\right) - K_f$$

$$K_f = E\left(1 - \frac{K_v}{e}\right)$$

$$\boxed{E_{BEP} = \frac{K_f}{1 - \frac{K_v}{e}}}$$

Begriffe:

m = Absatzmenge = $\frac{E}{e}$

e = Stückerlös

$m \cdot e \quad = \text{Gesamterlös} = E$

$K_f + m \cdot K_v = \text{Gesamtkosten} = K$

$K_f \quad = \text{Fixkosten}$

$K_v \quad = \text{variable Stückkosten}$

$1 - \frac{K_v}{e} \quad = \text{Deckungsbeitrags-I-Koeffizient}$

Mathematische Unterstellung:

Da die Erlösgerade bei 45° ansteigt (Steigungsmaß $\frac{E}{m} = 1$), müssen die variablen Kosten als Erlösanteile angegeben werden. Durch die absolute Größe ($K_v = m \cdot k_v$) würde die Steigung der variablen Kosten nicht mehr bestimmt.

Folgerungen:

Die Gewinnschwelle liegt jeweils bei einem Vielfachen der absoluten Fixkosten, wobei das Vielfache sich aus dem Reziprokwert des DB-I-Koeffizienten ergibt. Sie verschiebt sich bei Veränderungen dieser beiden Parameter.

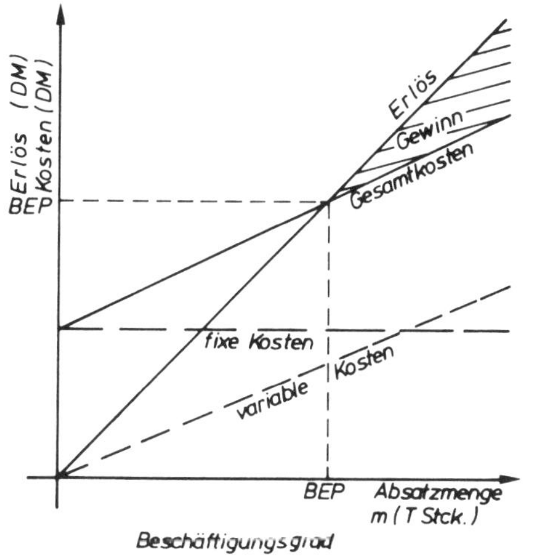

Abb. 40: Gewinnschwellendiagramm

Das Diagramm zeigt die Abhängigkeit des DB I und des Reingewinns von Umsatz, Absatzmengen bzw. Beschäftigungsgrad und variablen sowie fixen Kosten. Dabei wird als Prämisse die Konstanz der übrigen Bedingungen innerhalb der Rechnungsperiode unterstellt. Die Absatzleistung entspricht der Produktionsablieferung. Fertigungsverfahren und Verkaufsprogramm bleiben unverändert. Anhand der BEP-Formel können

Optimalstrategien getroffen und die Entscheidungen nachträglich kontrolliert werden. Damit lassen sich komplizierte Fragestellungen auf der Produktionsseite lösen (vgl. auch Beispiel in Abschnitt 232)[1].

Beispiel:

Soll das Unternehmen 10 % Überstunden fahren, wenn diese 10 % Mehrmengenleistung zu gleichen Preisen voll verkaufbar ist?

Fragen:

a) Wohin verschiebt sich der Break-even-point?
b) Wie verändern sich der Deckungsbeitrag absolut (= DB) und prozentual (= DBS)?
c) Steigt der Reingewinn?

Ausgangsdaten (in DM/TStck.):	Situation 1		Situation 2
Umsatz	170	+ 10 %	187
Fertigungsmaterial	68	+ 10 %	
Fertigungslöhne	14	+ 13 % w. ÜStZ	
Variable Lohn- und Gehaltskosten	10	+ 13 % w. ÜStZ	
Variable Fertigungsgemeinkosten	33	+ 11 %	
Variable Herstellkosten	125	+ 11,2 %	139
Fixe Fertigungskosten	9	+ 0 %	
Fixe Gemeinkosten Vertrieb u. Verwaltung	20	+ 5 %	
Fixe Gesamtkosten	29	+ 3,5 %	30
Gesamtkosten	154	+ 9,1 %	169
Deckungsbeitrag I	45	+ 6,7 %	48
Deckungsbeitragsspanne I	26,5 %		25,7 %
Reingewinn	16	+ 12,5 %	18
Reingewinnspanne	9,4 %		9,6 %

Berechnungen für Situation 2:

a)
$$E_{1BEP} = K_f : (1 - \frac{K_v}{e}) = 29 : (1 - \frac{125}{170}) = 29 : 0{,}265 = 109{,}5 \text{ TDM}$$

$$E_{2BEP} = K_f : \text{DB-I-Koeffizient} = 30 : 0{,}257 = 116{,}8 \text{ TDM}$$

Die Gewinnschwelle tritt erst bei um 7,3 TDM höherem Umsatz ein.

b)
$$DB_1 = m_1 \cdot (e_1 - K_{v1}) = 170 \cdot (1 - 0{,}735) = 45 \text{ TDM}$$
$$DB_2 = m_2 \cdot (e_2 - K_{v2}) = 187 - 139 = 48 \text{ TDM}$$
} absolute Verbesserung

$$DBS_1 = \frac{DB_1 \cdot 100}{m_1 \cdot e_1} = 26{,}5\ \%$$
$$DBS_2 = (DB_2 : E_2) \cdot 100 = 25{,}7\ \%$$
} prozentuale Verschlechterung

1 Kramer/Kranz, Kosten- und Leistungsrechnung auf Datenverarbeitungs-Anlagen, S. 308.

c) $G_1 \quad = E_1 - (K_f + m \cdot K_v) = 170 - (125 + 29) = 16$ TDM

$G_2 \quad = E_2 - K_2 \quad = 187 - (139 + 30) = 18$ TDM

Der Gewinn steigt um 2,0 TDM, d. h. + 12,5 %, bei + 10 % Mehrablieferung durch Überstunden.

32122 Grenzertragsdifferenzierung auf unelastischen Spezialmärkten

Mit dem BEP-Diagramm kann man die Preisbildungsentscheidungen auf jenen Teilmärkten nicht hinreichend überprüfen, in welchen entweder die Anbieter oder die Nachfrager mit oligopolistischer Verhaltensweise operieren. Das Controlling muß deswegen für künftige Preisverhandlungen deutlich machen, auf welchen regionalen Märkten oder in welchen produktbezogenen Marktnischen die Nachfrage- oder die eigene Absatzelastizität etwas starrer ist. Zu ihrer Offenlegung macht man Grenzertragsvergleiche mehrerer Verkäufe, die sich zwar in der Absatzmenge oder in der Verkaufsperiode unterscheiden, aber repräsentativ sein müssen. Der Deckungsbeitragsprozentsatz kann hier deutlich oberhalb oder unterhalb der durchschnittlichen Spanne für diesen Kostenträger liegen.

Günstigere Stückerlöse sind um so eher möglich, je unvollkommener die Markttransparenz für die Abnehmer ist. Diese liegt etwa bei ländermäßig abgegrenzten Verkäufen vor (räumliche Preisdifferenzierung). Auch saisonal oder zwischen Weihnachten und Frühjahr variiert man für dasselbe Produkt oft den Verkaufspreis (zeitliche Preisdifferenzierung). Durch Veränderung in der Verpackung, Kennzeichnung mit anderen Handelsmarken oder werbliche Unterstützung lassen sich Produktpräferenzen ebenfalls erreichen. Auch der Snob-value-Effekt erlaubt Preisanhebungen bei Mengenlimitierung (distributive Preisdifferenzierung).

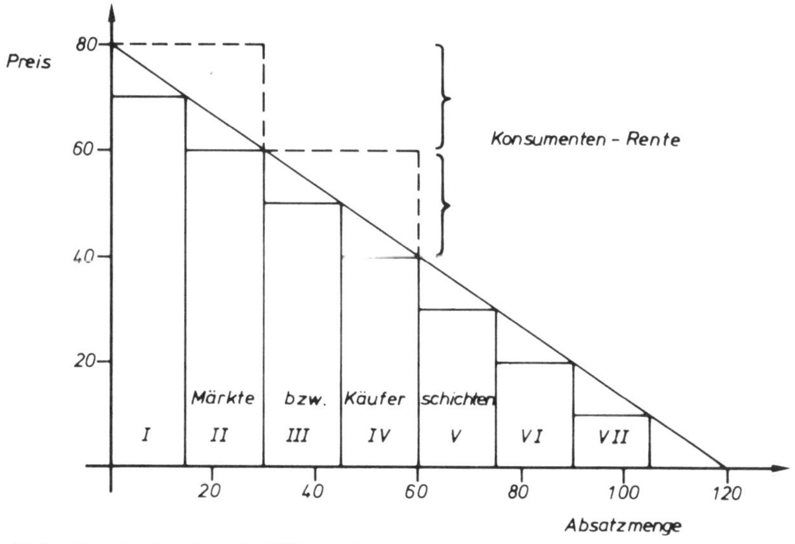

Abb. 41: Verkaufspreisdifferenzierung

Der Gesamtabsatzmarkt wird somit nach Käuferschichten unterschiedlicher Preisklassen aufgeteilt, bei welchen oberhalb des normal kalkulierten Selbstkostenpreises „Konsumentenrenten" abschöpfbar sind. Diese werden benötigt, um die bei scharfer Grenzkostenpreispolitik auf anderen Märkten verlorengegangenen Deckungsbeiträge wieder auszugleichen (vgl. Abb. 41).

Unterdurchschnittliche Verkaufspreise werden dort erzielt, wo die eigenen Lieferbedingungen nicht durchsetzbar bleiben oder die Konditionen sich verschlechtern. Auf die Fakturenbruttopreise muß man vielleicht überhöhte Rabatte einräumen, nachträgliche Jahresboni gewähren oder noch verspätet Skonto zulassen. Ein Vergleich der effektiven Nettoerlöse bei Großkunden oder wettbewerbskritischen Kostenträgern mit den Verkaufspreislisten, jeweils mit den Jahresabsatzstückzahlen gewichtet, zeigt an, mit welchen Erlöseinbußen die höhere Absatzsicherheit erkauft wurde.

3213 Analyse der Vertriebskostenänderungen

32131 Werbeerfolgskontrolle

Das Ergebnis der Vertriebsstufe in Mittelbetrieben wird ebenfalls von den Marketingkosten beeinflußt. Der Controller kann eine eindeutige Beziehung zwischen Unternehmenserfolg und Werbemitteleinsatz nicht feststellen. Zu viele gleichzeitige Einwirkungen verhindern eine isolierende Betrachtung. Außerdem wird die eigene Werbung durch die Konkurrenzwerbung beeinträchtigt. Sie erfordert auf reinen Wettbewerbsmärkten mit zunehmendem Grenzumsatz steigende Werbeausgaben. Die in der Praxis übliche, je nach Produktanonymität unterschiedliche (z. B. Waschmittel = 25 %, Geschenkartikel = 2,5 %, Investitionsgüter = 0,25 % des Umsatzes) feste Prozentbemessung des Verhältnisses zum Planumsatz trägt dieser Relation nicht Rechnung.

Bei der Werbekontrolle muß man zwischen Produkt- und Imagewerbung trennen. Der Produktwerbeerfolg läßt sich wie bei einem Investitionsprojekt nach der Rückflußdauer der Werbeausgaben aus dem Mehrgewinn berechnen. Der Mehrgewinn wird aus dem Mehrumsatz bzw. -deckungsbeitrag eines Zeitraumes von drei Monaten vor und neun Monaten nach der Werbekampagne, abzüglich der Mehrkosten einschließlich Werberate, abgeleitet. Ein Zusatzumsatz vor Werbebeginn resultiert meist aus rechtzeitiger Lageraufstockung des bereits informierten Fachhandels.

Die Imagewerbung will den Firmennamen oder ein Warenzeichensymbol des Unternehmens durch Fernsehspots, Radiohinweise oder Zeitungs-Public-Relation bekannt machen. Der Aufmerksamkeitserfolg kann bei TV-Werbung aus der Anzahl der einschaltenden Haushalte grob geschätzt werden. Der Streuerfolg als Relation der Anzahl der durch die Werbeträger erreichten zu der Anzahl der kaufenden Adressaten ist bei gewissen Werbemethoden (z. B. Preisausschreiben) feststellbar. Hier ist der Werbeerfolg als Differenz zwischen Mehrumsatz und Werbekosten einigermaßen quantifizierbar. Die Formel lautet:

$$R = a \cdot g - b \cdot k$$

wobei R = Werberendite, a = Anzahl der Bestellungen, g = Stückgewinn, b = Anzahl der Adressaten, k = Stückwerbekosten

Bei der kritischen Werberendite 0 ist $b \cdot k = a \cdot g$ oder $\frac{a}{b} = \frac{k}{g}$.

Beispiel:

$$\frac{\text{Anzahl der Bestellungen}}{20\,000} \cdot 100 = \frac{-{,}20 \text{ DM}}{3{,}- \text{ DM}} \cdot 100$$

$$\frac{a}{20\,000} \cdot 100 = 6{,}6$$

$$a = 1\,320 \text{ Bestellungen}$$

Ergebnis:
Erst wenn über 1 320 Bestellungen eingehen, entsteht eine positive Werberendite.

32132 Prüfung des kritischen Auftragswertes

Zur Erreichung der Umsatzziele neigen Verkäufer gerne dazu, jeden Kundenauftrag kommentarlos anzunehmen. Grenzumsätze führen dann zum Überhandnehmen von Kleinaufträgen. Bei gleichbleibenden Verkaufspreisen erhöhen sich die Vertriebskosten überproportional. Der Controller prüft, ob die mittlere Auftragsgröße und -zusammensetzung sich verschlechtert hat. Hierzu sind Sonderrechnungen über die durchschnittliche Bestellposition-Stückzahlen eines Kostenträgers in einer Referenzperiode nötig, da die Betriebsabrechnung hierüber nichts aussagt.

Gemäß dem Verursachungsprinzip werden alle Kostenarten möglichst den sie veranlassenden betrieblichen Maßgrößen proportional zugerechnet. Die nicht beschäftigungsabhängigen Fixkosten der Betriebsstellen umfassen einen Gemeinkostenblock, welcher bei näherer Analyse eine Proportionalität zur Anzahl bearbeiteter Aufträge zeigt. Zu diesen auftragsproportionalen Fixkosten zählen u. a. die Gemeinkosten des Verkaufsaußendienstes, der Vorkalkulation, der Fabrikationsvorbereitung, des Umrüstens in der Fertigung, des Versandes, der Fakturierung und der Debitorenbuchhaltung.

Das Controlling hat festzustellen, wieviel derartige Operationen in diesen Abteilungen während einer Rechnungsperiode anfielen und welche Kosten sie verursachten.

Beispiel:

Die Außendienstakquisition veranlaßt einen monatlichen Aufwand von 19 600 DM und hat 700 Bestellpositionen hereingeholt. Dann betragen die Durchschnittskosten je Bestellposition = 19 600 DM : 700 = 28 DM. Analog ergeben die spezifischen Kosten pro Kalkulation = 4 DM, pro Herstellungsplan = 20 DM, pro Einrichtzeit = 35 DM, pro Auslieferung = 5 DM, pro Rechnungsausstellung = 2 DM und pro Buchung mit Mahnung = 6 DM.

Bezieht man diese auftragsfixen Kosten von beispielsweise 100 DM je Bestellposition auf den Auftragswert jeder Bestellung, dann offenbart sich die Nachteiligkeit der

Kleinaufträge. Da üblicherweise jede Bestellung nur mit dem durchschnittlichen Gemeinkostensatz der erwähnten Unternehmensabteilung kalkuliert wird, sind die Auftragseingänge mit niedrigem Bestellwert optisch zu günstig, jene mit hohem Auftragswert zu teuer abgerechnet.

Bei Aufträgen mit einem Positionswert unterhalb eines Faktorenerlöses von beispielsweise 500 DM, welcher die durchschnittlichen Gemeinkostenzuschläge gerade deckt, entstehen progressive Stückkosten gemäß einer hyperbolischen Funktion (vgl. Abb. 21 u. 42).

Stück	Verk. preis je Stück	Wert der Bestellung DM	Auftragsfixe Kosten (AFK) DM	AFK-Anteil je Stück Bestellposition DM	– = zu hohe / + = niedrigere Kosten – = MW-Zuschlag / + = ÜW-Rabatt
1 000	10	10 000	100	–,01	+ –,19 DM/Bestellposition überdeckt
500	10	5 000	100	–,02	+ –,18 DM/Bestellposition überdeckt
100	10	1 000	100	–,10	+ –,10 DM/Bestellposition überdeckt
50	10	500	100	–,20	AFK im Gem.-Kost.-Stell.-Tarif genau gedeckt
10	10	100	100	1,–	– –,80 DM/Bestellposition unterdeckt
5	10	50	100	2,–	– 1,80 DM/Bestellposition unterdeckt
1	10	10	100	10,–	– 9,80 DM/Bestellposition unterdeckt

Abb. 42: Ermittlung des mittleren und des kritischen Auftragswertes

Wegen dieses progressiven Kostenanstieges muß der Controller darlegen, daß das Unternehmen unterhalb des kritischen Bestellpositionswertes $\leqq$ 500 DM Verluste erleidet und unter $\leqq$ 100 DM die variablen Kosten nicht mehr hereinholt. Der Verkauf dürfte derartige Aufträge nur akzeptieren, wenn der Kunde mit einem Positions-„Minderwertzuschlag" einverstanden ist. Bei Großaufträgen können dafür ansporneninde „Überwertrabatte" eingeräumt werden. Der Mindestpositionswert ist – was in der Praxis meist falsch gehandhabt wird – nicht durch einen Fakturenmindestwert egalisiert, wenn dieser die Auffüllung durch mehrere Artikelpositionen zuläßt.

32133 ABC-Analyse der Fertiglagerbestände

Einen wesentlichen Einfluß auf die Höhe der Vertriebsgemeinkosten können Vorräte und Umschlagsgeschwindigkeit der Fertigläger gewinnen. Der Plandeckungsbeitrag der Vertriebsstufe geht von einer Wunschgröße und -zusammensetzung der Bestände zum Budgetjahres- bzw. -quartalsende aus. Die Wirklichkeit stimmt hiermit nicht immer überein.

Quartalsweise oder monatlich empfiehlt sich eine ABC-Analyse. Sie wird aus der seit Jahresbeginn fortgeschriebenen EDV-Lagerbestandsliste, die mit Stückzahlen und Stückpreisen ausgestattet sein muß, abgeleitet. In erneutem Sortierlauf erstellt man eine Rangreihe der Artikel mit wertgrößter Vorratsmenge. Im allgemeinen zeigt die

Praxis, daß ca. 70 % des Jahresumsatzes und des Durchschnittsbestandswertes von ca. 20 % der Anzahl der Positionen präsentiert werden. Man nennt diese Materialien A-Waren, die meist aus größeren Mengen mal mittelhohem Stückwert, seltener aus niedrigeren Mengen mal höherem Stückwert bestehen. Bereits etwa 90 % des mittleren Vorratswertes werden von etwa 50 % der Artikelanzahl aufgebracht. Der Zuwachsbestand von 30 % mittelwertiger Positionen heißt B-Ware. Der Gesamtbestandswert ergänzt sich auf 100 % durch die C-Waren, welche weitere 50 % der Artikel ausmachen, dabei niedrige Stückmengen mal niedrigem Stückwert verkörpern.

Diese empirisch feststellbare Häufigkeitsverteilung zeigt bereits eine Abweichung von den Budgetierungsvorstellungen an. Da A-Artikel mit hohem Umsatzanteil in der Regel verbrauchsorientiert disponiert werden, sollten sie sofort abfließen. Die Verweildauer dürfte sich nur versandbedingt verlängern. Der Lagerumschlagsfaktor müßte im Idealfall dem Anlieferungsrhythmus der Produktion oder des Einkaufes entsprechen. C-Artikel mit niedrigem Umsatzanteil werden eher kundenbedarfsorientiert zur Fertiglagerergänzung bestellt. Das Ziel permanenter Kontrolle muß dahin gehen, den Wert des Fertiglagers – auf Basis Standardherstellkosten bzw. gewichteter Durchschnittsanschaffungspreise – durch Überwachung besonders der umschlagschwachen C- und B-Waren zu senken. Dadurch sollte die Positionsschichtung der idealen Wertschichtung A = 50 %, B = 35 %, C = 15 % alle 5 Jahre durch Sortimentsbereinigung wieder nähergebracht werden.

322 Controllingverfahren der Produktion

3221 Analyse der Fertigungsmaterialabweichungen

32211 Ursachenschlüssel der Stoffmehrverbräuche

Der Controller führt monatlich eine Soll-Ist-Vergleichsrechnung über Materialverbräuche durch. Die EDV-Liste „partielle Kreditierung" der Betriebsablieferungen an Fertiglager enthält je Artikel-Nummer bzw. Kostenträger einerseits die Gutschriftsanlistung aus Ablieferstückzahl mal vorkalkuliertem Materialwert je Stück laut Stücklistenauflösung, Materialgemeinkostenzuschlag je Stück und Materialwagnisrate je Stück. Andererseits weist eine EDV-Liste die Istverbräuche laut Materialentnahmeschein (MAS) je Auftragsartikel-Nummer aus. Durch Einspielung von Anfangs- und Endbeständen an unfertigen Erzeugnissen in den Abteilungen werden die Bestandsveränderungen abgezogen. Die Verbräuche sind mit Standardeinstandspreis je Stück zuzüglich vorkalkulatorischem MGK-Zuschlag in % bewertet. Das aus dem Listenvergleich resultierende Ordererergebnis Material je Artikel-Nummer ist für das Gesamtsortiment zu summieren.

Zur Ursachenanalyse der Abweichungen ist ein Ursachen-Nummernschlüssel festgelegt. Bei der Materialanforderung wird diese Kenn-Nummer von der Bedarfsstelle auf den MAS eingetragen und in der EDV abgelocht. Er wird hinter der 7stelligen Code-Nummer des Materials durch Anhängen von 3 Ziffern charakterisiert. Die erste Ziffer beinhaltet die Unterkostenträger-Zuordnung „0 = gute Ware" bzw. „5 = Ausschuß". Der Ist-Ausschuß wird über den Materialwagniszuschlag der guten Ware gedeckt. Die beiden nächsten Ziffern geben die in Abb. 43 genannten Ursachenkriterien wieder.

KTr	Ursachen-kennziffer	Ursachentext	Verantwortlichkeit
0	00	Vorkalkulierter Verbrauch laut Stückliste	
0	10	± Verbrauch wegen abweichenden Einsatzmaterials	einkaufsbedingt
0	11	Verbrauch wegen nach Güte ungeeigneten Einsatzmaterials	einkaufsbedingt
0	12	Verbrauch wegen nach Abmessung ungeeigneten Einsatzmaterials	einkaufsbedingt
0	13	Verbrauch wegen Restposten	einkaufsbedingt
0	20	Verbrauch wegen Werkzeugfehler	wartungsbedingt
0	25	Verbrauch wegen Maschinenfehler	wartungsbedingt
5	30	Verbrauch wegen ungeübten Personaleinsatzes	aufsichtsbedingt
5	35	Verbrauch wegen Anlernling	aufsichtsbedingt
5	39	Verbrauch wegen Anweisungsfehler Vorgesetzter	dispositionsbedingt
5	40	Verbrauch wegen Fertigungsmethodenänderung	dispositionsbedingt
5	45	Verbrauch wegen Produktionsanlauf	dispositionsbedingt
5	50	Verbrauch wegen Nacharbeit lt. Qualitätskontrolle	dispositionsbedingt
5	60	Verbrauch wegen Inventurdifferenzen	dispositionsbedingt
0	70	Verbrauch wegen Bestandsumwertung Vorperiode	dispositionsbedingt
0	80	Verbrauch wegen Preisabweichung	dispositionsbedingt

Abb. 43: Ursachenschlüssel Fertigungsmaterialabweichung

Der Controller erörtert mit den Fertigungsleitern monatlich, welcher Wertbetrag des „Orderergebnisses Material" aufgrund dieser Ursachenschlüsselung geklärt bzw. ungeklärt ist. Ersteres bedeutet, daß organisatorische Maßnahmen zur Verhinderung von Fehlerwiederholungen eingeleitet sind. Letzteres führt zu neuen Aufgabenstellungen für die technologische Qualitätskontrolle.

32212 Ausbeuteoptimierung durch Operations Research

Das Materialcontrolling erstreckt sich bei aggregatabhängigen Fertigungsprozessen (z. B. Schmelzen, Glühen, Vernickeln) und spanabhebender Bearbeitung (z. B. Spalten von Ruten, Entgraten von Angüssen, Fräsen aus Blockmaterial) auch auf die optimale Ausbeute von guter Ware aus vorgegebenen Stoffeinsätzen. Deswegen erstellt man zur Ermittlung des Stoffgrades eine gesonderte monatliche Mengenrechnung; sie erfordert Verwiegungen und Aufzeichnungen (vgl. Abb. 44).

	to		
Roheisen	400		
+ Gußbruch	250		
+ Stahlschrott	50		
+ Kreislaufmaterial	300		
= Kalter Einsatz	1 000	100 %	
– Abbrand	50	5 %	vom kalten Einsatz
= Flüssiges Eisen	950	100 %	
– Rücklaufmaterial	280		
– Betriebsausschuß	30	4,7 %	von guter Ware
= Guter Guß	640	67,5 %	vom flüssigen Eisen

Abb. 44: Schmelzbuchmengenrechnung einer Eisengießerei

Inwieweit eine Ausbeuteoptimierung etwa bei Verschnittproblemen von Materialrollen stattfand, läßt sich mit mathematischen Methoden des „linearen Programmierens" überprüfen[1]. Das Ziel einer maximalen Materialausbringung bzw. eines minimalen Abfallverlustes aus begrenzter Coil-Länge und -breite stellt sich als Dualproblem für alternative Stanzschnittwahl dar. Das lineare Näherungsverfahren zur Optimalzuteilung von guter Ware für wirtschaftlich gleichwertige Schnittaufträge zeigt beim Durchrechnen, daß mehrere durchführbare, optimale Lösungen bestehen.

Diese mathematische Kontrolle der richtigen Materialzuteilung erfolgt nach dem Simplex-Algorithmus der Matrix-Algebra. Die Zielfunktionen eines Ausbringungs-Maximums wahlweiser Produktmengen bzw. eines gleichzeitigen Verschnitt-Minimums aus unterschiedlichen Endformen werden im Hinblick auf die begrenzt verfügbare Einsatzmenge schrittweise differenziert. Die Basisvariablen der alternativen Produktkombinationen werden in iterativen Rechenschritten so lange miteinander verglichen, bis keine Ausbeutezunahme mehr möglich ist. Dabei hält man die Verschnitt-Minimierung zunächst als Nebenbasisvariable konstant. Die langen Rechenzeiten und Speicherprobleme erfordern allerdings den Einsatz von Computern ab 64 K-Bytes.

Beispiel:

Aus Edelstahl-Coils mit einer Breite von 200 cm waren mit kürzester Länge und geringstem Verschnitt alternative Streifen für fünf Aufträge zu schneiden aus Längen x Breiten = 100 000 m x 85 cm, 20 000 m x 66 cm, 60 000 m x 53 cm, 120 000 m x 48 cm, 30 000 m x 37 cm. Die ungünstigsten Lösungen, z. B. Streifenbreite 85 cm bei 115 cm Verschnitt, bleiben außer Betracht. Dann existierten 31 sinnvolle Kombinationen für die Basisvariablen zur maximalen Mindestlänge L oder die Nebenbasisvariablen zum minimalen Verschnitt V. In Abb. 45 wird die Zielfunktion der Längen-Optimierung konstant gehalten, so daß die Zielfunktion der Verschnitt-Optimierung das gleiche Minimalergebnis bringt. Die Schlupfvariablen L 85 bis L 37, die den ungünstigsten Ausgangsbreiten ent-

1 H. Müller-Merbach, Operations Research, 3. Aufl., München 1973, S. 171 ff.

sprechen, mußten in der Lösung gleich null sein, da genau die Auftragslängen geschnitten werden sollten. Die EDV-Iteration ergab 8 verschiedene Optimallösungen (X_1, X_2, X_4, X_5, X_7, X_9, X_{23}, X_{27}) mit jeweiliger Gesamtlänge 105 000 m und jeweiligem Gesamtverschnitt = 1 130 000 cm x 1 m = 11 300 m^2 = rd. 5,4 %, um die fünf Aufträge zu fertigen.

	I. Simplexproblem bei gegebenen Restriktionen							II. Gefundene Optimallösungen für 5 Streifen-Kombinationen (in Längen)							
	Optimieraufgabe		Materialknappheit für 5 Aufträge												
Alternative Streifenlängen	Verschnitt V (Minim) = 0	Länge – L (Max) = 0	L_{A1} = 100	L_{A2} = 20	L_{A3} in 1 000 m = 60	L_{A4} = 120	L_{A5} = 30	Opt_1	Opt_2	Opt_3	Opt_4	Opt_5	Opt_6	Opt_7	Opt_8
X_1	30	1	2						20	5			15	28,3	
X_2	1	1	1	1		1		20	20	20	20	20	20	20	20
X_3	12	1	1	1			1								
X_4	9	1	1		2			30	30					13,3	27,5
X_5	14	1	1		1	1				60	60	55	40		
X_6	25	1	1		1		1								
X_7	19	1	1			2		40			10	15			42,5
X_8	30	1	1			1	1								
X_9	4	1	1				3	10	10	10	10	10	10	10	10
X_{10}	2	1		3											
X_{11}	15	1		2	1										
X_{12}	20	1		2		1									
X_{13}	31	1		2			1								
X_{14}	28	1		1	2										
X_{15}	33	1		1	1	1									
X_{16}	7	1		1	1		2								
X_{17}	12	1		1		1	2								
X_{18}	23	1		1			3								
X_{19}	41	1			3										
X_{20}	4	1			3		1								
X_{21}	9	1			2	1	1								
X_{22}	20	1			2		2								
X_{23}	3	1			1	3						5	20	33,3	5
X_{24}	14	1			1	2	1								
X_{25}	25	1			1	1	2								
X_{26}	36	1			1		3								
X_{27}	8	1				4		5	25	10	5				
X_{28}	19	1				3	1								
X_{29}	30	1				2	2								
X_{30}	4	1				1	4								
X_{31}	15	1					5								
	Neben-	Basis-	L • 85	L • 66	L • 53	L • 48	L • 37	105	105	105	105	105	105	105	105
	Zielfunktionen		Gesperrte Schlupfvariable					x 1 000 m							

Abb. 45: Beispiel-Matrix einer Materialausbeute-Optimierung

3222 Analyse der Fertigungslohnabweichungen

32221 Einheitenkontrolle des behinderten Tempos (E-Liste)

Im Rahmen der Produktionsbudgetierung wurde dargelegt, daß die Fertigungslohnkosten einer Fertigungsstelle oder eines Kostenträgers aus Nettozeit x Anomalfaktor x Kosten je Nettozeit vorkalkuliert werden. In den Mittelbetrieben der verarbeitenden Industrie überwiegen die tempoabhängigen Mannstunden-Arbeitsplätze mit Akkord-

oder Prämiensystem. Die „unbehinderte" Akkordleistung auf die Dauer erreicht etwa 130 % oder 78 E/Std. Durch zeitweilige Ausübung niedrigwertigerer Tätigkeiten (Zeitlohn = 60 E/Std., Inspektion = 30 E/Std., Wartezeit = 0 E/Std.) ergibt sich eine „behinderte" Durchschnittsleistung minderen Tempos. Der Controller prüft, ob der Anomalzuschlag den effektiven Wirkungsgrad (z. B. 66,7 E/Std.) nachkalkulatorisch deckt.

Arbeitsintensive Erzeugnisse erfordern eine monatliche Spezifikation der verfahrenen direkten Stunden jeder Fabrikationsabteilung in Form der Einheitenkontrolle. Das tatsächliche behinderte Tempo wird auf dem Analysenbogen sogleich mit dem Stundenkostensatz bewertet und der vorkalkulierten Lohngutschrift für die budgetierte Ablieferung gegenübergestellt; daraus entsteht das E-Listen-Ergebnis (vgl. Anhang II/11).

Rubrik A vergleicht zunächst die monatlich erbrachten und die seit Jahresbeginn aufgelaufenen Leistungseinheiten mit dem budgetmäßig erwarteten behinderten Tempo. Dabei werden die verschiedenen Lohnarten – entsprechend ihren auf Lohnbelegen angeführten Kenn-Nummern – einzeln untersucht. Akkordarbeiten können durch Personaleinweisungen, Produktionsanläufe, Aushilfseinsatz von Jugendlichen oder schwangeren Frauen im Einübungsgrad behindert sein. Manchmal fehlen bei neuen Artikeln sogar Vorgabezeiten oder werden Methodenzuschläge wegen ungeeigneter Arbeitsmittel erforderlich. Durchlaufende Gefälligkeitsaufträge für Dritte oder Nacharbeiten zur Ausfallrettung, bei denen ein Tempo schwierig kontrollierbar ist, neutralisiert man vereinfacht mit dem unbehinderten Akkordtempo.

Die Isteinheiten und Iststunden gemäß Rubrik A sind noch zu bereinigen. Deswegen ermittelt man in Rubrik C die in den Bestandsveränderungen der unfertigen Abteilungsvorräte enthaltenen Einheiten und Stunden. Außerdem ist in Rubrik D der im Ausfall der bearbeiteten Produkte enthaltene E- und Std.-Anteil abzuziehen, da hierfür eine besondere Gutschrift vorkalkuliert ist.

Die monatlich geleisteten Einheiten werden mit dem VHK-Tarif je Mannstunde bewertet. Zur Rechnungserleichterung ist der Kostenstundentarif von 60 Normal- auf 100 Dezimal-Minuten-Tarif umgerechnet. Für die weitere Betrachtung verwendet man nebeneinander die verfahrenen direkten Stunden, die behindert geleisteten Einheiten und deren VHK-Betrag. In Rubrik B der E-Liste ist die Ablieferungsgutschrift entsprechend gegliedert in Sollstunden, Sollminuten und Soll-VHK-Betrag der partiellen Kreditierung. Dabei umfaßt sie die Deckungsgutschriften für Ablieferung zu reinen Vorgabezeiten, für kalkulierten Anomalzuschlag sowie für kalkulierten Lohnanteil im Ausfall. Dasselbe geschieht für die Auflaufsummen seit Budgetjahresbeginn.

Die Ergebniskontrolle besteht aus drei Schritten. Zunächst wird in E 1 = „Leistungsergebnis" der effektive Leistungsverlust in direkten Stunden beziffert, der zwischen tatsächlichem behindertem Tempo (z. B. 66,7 E/Std.) und gefordertem unbehindertem Tempo (z. B. 75 E/Std.) entstanden ist. Hierbei ist der Istleistung zusätzlich noch der vorkalkulierte Anomalzuschlag gutgebracht. In E 2 = „Ergebnis auf Vorgabezeiten" wird die nunmehr auf Tempo 75 E/Std. umgerechnete (z. B. Istzeit x $\frac{66{,}7\ \text{E}}{75\ \text{E}}$), gekürzte Istleistung, welche um die im Ausfall enthaltenen Iststunden bereinigt ist, mit ihrer partiell kreditierten Abliefergutschrift verglichen. Da noch unfertige Abteilungsbestände laut Rubrik C vorhanden sind, sind deren Bestandsveränderungen zu berücksichtigen. In E 3 = „Ausfallergebnis" wird schließlich der Zeitanfall für Ausschuß laut Rubrik D seiner Deckungsgutschrift gegenübergestellt. $E_1 + E_2 + E_3$ ist das „Lohntempoergebnis".

In sofortigen Untersuchungen des E2-Ergebnisses auf Vorgabezeiten ist zu klären, ob durch ausnahmsweise Zeitzulagen der Zeitwirtschaftsstelle gegenüber EDV-Arbeitsgangprocessor, durch nicht kalkulierte Zusatzakkorde oder Methodenzuschläge (in Zeitzugaben) oder sonstige bekannte Störursachen die Differenzen zwischen Ist- und Planzeiten entstanden. Hier zeigt sich auch, ob die in der Arbeitsgangstrukturdatei festgelegte, eindeutige Herstellungsweise nach dem kostengünstigsten Verfahren in der Praxis eingehalten wird.

32222 Lohnniveaukontrolle der tariflichen Beibezahlungen (L-Liste)

An die Tempoanalyse schließt sich die monatliche Lohnniveauanalyse der Fertigungsabteilungen an (vgl. Anhang II/12). Die Mitarbeiter erhalten für die betrieblicherseits zu vertretenden Zeiten mit behinderter oder ohne Leistung aufgrund der Mantel- und Lohnrahmentarifverträge in der Regel den Akkorddurchschnittsverdienst der letzten 13 Wochen vergütet. Insoweit ergibt sich bei diesen Arbeitszeitanteilen auch noch ein Auseinanderklaffen von geleisteten und zu bezahlenden Einheiten. Diese Tarifkomponente im Lohn ist bei der Budgetierung mit einem Durchschnittssatz (z. B. 10 %) im Lohnwagniszuschlag berücksichtigt (vgl. Abb. 46).

Leistungszeiten	Zeit-anteile	Leistung in Einheiten		Bezahlung in Einheiten	
		je Stunde	zeitgewichtet	je Stunde	zeitgewichtet
	a	b	$c = \frac{a \times b}{100}$	d	$e = \frac{a \times d}{100}$
Unbehinderter Akkord	80	75	60	77	61,60
Anlernakkord	5	60	3	68	3,40
Zeitlohntätigkeit	5	40	2	69	3,45
Wartezeit	6	0	0	69	4,14
Betriebsversammlungszeit	4	0	0	69	2,76
Gezahlter behinderter Akkord	100		65		75,35
Tarifliche Beibezahlung %				75,35 : 65	= 15,9 %

Abb. 46: Lohnniveaukontrolle der Beibezahlungen

Die tatsächlichen Beibezahlungen werden in einer L-Liste untersucht. In Rubrik I bewertet man die verfahrenen direkten Stunden laut Tempoanalyse einmal mit dem wirklich gezahlten, zum anderen mit dem budgetierten Stundenlohn, so daß das monatliche bzw. aufgelaufene Lohnniveauergebnis anfällt. In Rubrik II ist in Soll und Ist der Aufbau des direkten Stundenlohnes aus Akkordgrundlohn + bezahlter Tempogewinn + freiwillige Werkszulage darzulegen. Die Rubrik III dient der Errechnung, bei welchen Anwesenheitsstunden des Monats bzw. seit Jahresbeginn Beibezahlungen anfielen und wieviel E/Std. hierbei zusätzlich vergütet wurden. Auszuweisen sind einmal die betriebsbedingten Akkordstörungen (z. B. Einsatz Jugendlicher mit Tempo 30, Methodenzuschläge in Geldzulagen, Zusatzakkorde für einmalige Mehrarbeit), bei denen auf den Durchschnittsakkord des Arbeiters beizubezahlen ist. Zum anderen treten auch bei Zeitlöhnern und Spezialzeiten von Einrichtern, Qualitätskontrolleuren, mitarbeitenden Vorarbeitern Unterschiede zwischen Leistung (z. B. 30 E/Std.) und Zeitlohndurchschnittsbezahlung (z. B. 63 E/Std.) auf.

32223 Lohnartenstatistik mit Ursachenschlüssel

Zur Erforschung der Tempobehinderungen (= Anomalzuschlag) und der Beibezahlungen (= Lohntarifwagniszuschlag) sind alle betrieblichen Tätigkeiten und Lohnzahlungsmöglichkeiten in einem Lohnarten-Nummernplan zu kodifizieren.

Beispiel:

LA	01	Vorkalkulierter, unbehinderter Zeitakkord	in Min./% Stck.
	02	Vorkalkulierte, unbehinderte Rüstzeit	in Min. gesamt
	06	Unkalkulierter Methodenzuschlag Zeit	in Min./% Stck.
	07	Unkalkulierter Methodenzuschlag Geld	in DM/Std.
	11	Vorkalkulierter produktiver Zeitlohn	in DM/Std.
	12	Vorkalkulierter produktiver Monatslohn	in DM/Monat
	16	Unproduktiver Zeitlohn	in DM/Std.
	19	Wartezeit > 15 Min.	in DM/Std.
	21	Bezahlter Tarifurlaub	in DM/Std.
	26	Bezahlte Krankheit	in DM/Std.
	29	Bezahlte Feiertage	in DM/Std.
	30	Schichtzulagen	in DM/Std.

Monatlich werden im Rahmen der EDV-Bruttolohn-Abrechnung für jede Fertigungsabteilung die bezahlten Minuten bzw. Stunden und Lohnbeträge nach Schlüssel-Nummern sortiert. Die Lohnarten zeigen die Auswirkungen, wie die auf Akkord-Fertigungs-, Ersatz-, Zusatz-Lohnscheinen, auf direkten Zeit-Lohnscheinen oder auf Gemeinkosten-Lohnscheinen abgerechneten Tätigkeiten zu vergüten sind. Ergänzungshinweise erläutern, unter welchen Kostenarten-, Kostenstellen- und Kostenträger-Nummern sie kontiert werden und ob sie lohnsteuer- bzw. sozialversicherungspflichtig sind. Außerdem ist zu beachten, ob die Beträge in den Akkorddurchschnitt (AD), den Zeitlohnstundendurchschnitt (SD) und den Urlaubslohndurchschnitt (UD) münden.

Zur Analysierung der Lohnniveauabweichungen im Fertiglohnbereich wird ein Ursachenschlüssel entwickelt (vgl. Abb. 47). Er gliedert die Minderleistungen bzw. die Beibezahlungen von Zeit- oder Geldzulagen zunächst nach den vier typischen Störursachen: I = Mehrarbeiten in gleicher Lohngruppe am Arbeitsplatz; II = langsamere Arbeiten in gleicher Lohngruppe am gleichen oder anderen Platz; III = mehrtägige Umsetzungen in Tätigkeiten niedrigerer Lohngruppen bzw. anderer Lohnformen; IV =

Ursachen-nummer	Mehrbezahlungsanlaß	Vorgehensweise bei Lohnarten 01–09	11–15
	I. Mehrarbeit in gleicher Lohngruppe		
	Grund:		
01	Ungeeignetes Rohmaterial	A	
03	Materialfehler Zukaufteile	A	
05	Schlechte Fremdveredelung	A	
07	Aufwendigere Eigenbearbeitung	A	
09	Arbeitsfehler aus vorherigen Arbeitsgängen nacharbeiten	B	
11	Durch Anlernling entstandene Arbeitsfehler nacharbeiten	B	
13	Fehlerhafte Werkzeuge, Schleifmittel u. ä.	A	
15	Einrichten ablaufgestörter Betriebsmittel	A	
17	Höhere Kontrollarbeiten	A	
19	Sonstige Mehrarbeiten	A	
	II. Langsameres Tempo in gleicher Lohngruppe		
	Grund:		
21	Auftragsmangel	C	
23	Kleinere Losgrößen/Restposten aufarbeiten	E	
25	Erstausführung neuer Produkte/Anlerntreppe	D	
27	Anlaufschwierigkeiten neues Verfahren/Anlerntreppe	D	
29	Betriebsmittelengpaß	C	
31	Erhöhte Rücksprachen mit Meister/Ausschuß reparieren	B	
33	Tempolimitierung durch Qualitätskontrolle	D	
35	Längere Überlappung bei Mehrmaschinenarbeit	C	
37	Häufiger Wechsel der Einzeltätigkeiten	D	
39	Sonstige Verzögerungen	C	
	III. Mehrtägige Umsetzung in niedrigere Lohngruppe und andere Lohnformen		
	Grund:		
41	Von Akkord in niedrigere Akkordgruppen	D	–
43	Von Akkord in direkten Zeitlohn/Prämienlohn	D	D
45	Von Akkord in indirekten Stundenlohn	C	C
47	Von direktem Zeitlohn in niedrigere Zeitlohngruppen	–	E
49	Von direktem Zeitlohn in Akkord mit niedrigerem Verdienst	E	E
51	Von direktem Zeitlohn in niedriger bezahlte indirekte Tätigkeit	C	C
53	Von indirekter Tätigkeit in niedrigeren direkten Zeitlohn	–	E
55	Von indirekter Tätigkeit in niedrigeren Akkord	–	D
57	Von Gehalt bzw. Monatslohn in niedrigeren Verdienst	–	–
59	Sonstige Umdispositionen	C	C
	IV. Sozialbetätigung und mehrstündige unproduktive Tätigkeit		
	Grund:		
61	Teilnahme Betriebsversammlung, Betriebsratssitzung u. ä.	C	C
63	Erste Hilfe, Betriebsfeuerwehr	C	C
65	Anlernen von Gastarbeitern, Auszubildenden	C	C
67	Werksinterne Fortbildungskurse	C	C
69	Aushilfe in Sozialräumen/Kauenwärter	C	C
71	Heiz- und Wartungsarbeit	C	C
73	Lager- und Transportarbeit	C	C
75	Schreibarbeiten/Inventur	C	C
77	Wartezeit/Aufräumen	C	C
79	Sonstiges		
89	Unterschreitung garantierter Mindestverdienstleistungen	D	D
99	Zu hoch „geschätzte" Zeitvorgaben	C	C

Abb. 47: Lohnabweichungsursachen-Schlüssel

mehrstündige Sozialbetätigungen und unproduktive Tätigkeiten. Zahlungsauswirkungen entstehen gemäß den Tarifverträgen bzw. Betriebsvereinbarungen erst dann, wenn die Störzeiten bei Akkord über die im Verteilzeitzuschlag enthaltene Pauschale (z. B. ∅ 15 Min.) hinaus dauert bzw. den Einübungsgrad nachhaltig über längere Zeit reduziert.

Die einzelnen Ursachennummern sind vom Meister auf dem Lohnschein eingetragen. Dabei treten die Sonderfälle A, B, C, D, E für die lohntechnische Belegabrechnung auf. Die zweiziffrigen Ursachenschlüssel werden an die zweiziffrigen Lohnartenschlüssel 01 bis 15 angehängt.

A = Eintragung nur auf Zusatzlohnschein (Z); Originalfertigungslohnschein (F) darf keine Ursachennummer enthalten und muß in Soll- und Iststückzahl übereinstimmen.

B = Ersatzlohnschein tritt an die Stelle des Fertigungslohnscheines; nur letzterer erhält Ursachennummer, es sei denn, eine neue Störung tritt auf.

C = Gemeinkostenlohnschein tritt an die Stelle des Fertigungslohn- oder Z-Scheines; nur er erhält eine Ursachennummer; der ersetzte Beleg wird nicht abgerechnet.

D = Ursprünglicher Fertigungslohnschein A wird ausgetauscht durch anderen F- oder Z-Beleg mit höheren Zeiten; Ursachennummer steht auf beiden neuen; Original wird nicht abgerechnet.

E = Ursprünglicher Fertigungslohnschein Z wird ausgetauscht durch anderen Z- oder F-Beleg mit niedrigeren Zeiten; Ursachennummer steht auf beiden neuen; Original wird nicht abgerechnet.

Die monatlichen Lohnarten- und Ursachenschlüssellisten werden jedem Fertigungsleiter ausgehändigt. Er muß sie mit seinen Meistern auf Einmaligkeit oder Dauerstörung überprüfen. Ist die Störung beim Material nicht durch den Einkauf, bei Betriebsmitteln nicht durch die Instandhaltung, beim Personal nicht durch die Personalabteilung abstellbar, muß die Vorkalkulation erhöht werden. Der Controller erhält Rückmeldung über „geklärt" bzw. „ungeklärt".

3223 Spezielle Fertigungskostenprüfungen

32231 Wirkungsgradverprobung der Maschinenstundenplätze

Die Kontrolle des technischen Wirkungsgrades der nicht tempobeeinflußbaren Fertigungsaggregate (z. B. Schmelzöfen, Galvanisierbäder, Automaten) wird bedeutsam, wenn die Leistung überwiegend von der Nutzungszeit teurer Maschinen abhängt. Dort lohnen sich Sonderaufschreibungen des Einrichters oder des Bereichsmeisters, welche zur vorbeugenden Instandhaltung und zur Gewährung von Auslastungsprämien auswertbar sind. Sie enthalten Angaben über Zeitdauer und Wirkungsgrad sowie Schlüsselnummern über die Gründe der Stillstandszeiten. Dies ermöglicht eine Kontrolle, ob das vorkalkulierte „technische Rendement" die tatsächliche behinderte Leistung deckt. (Vgl. Abb. 48.)

Ursachen-nummer	Behinderungsart	Zurechenbarkeit	Wirkungs-grad %	Schicht-anteil %	Wirkungs-faktor
00	Unbehinderte Laufzeit	–	100	80,0	80,0
10	Störungen der Energiezufuhr	Betriebsbedingt	75	0,5	0,38
20	Qualitätstests	Betriebsbedingt	75	3,0	2,25
30	Anlernung von Personal	Betriebsbedingt	50	1,0	0,50
40	Abhitze/Remanenzleistung	Betriebsbedingt	50	1,5	0,75
50	Einrichten/Werkzeugmontage	Betriebsbedingt	25	7,0	1,75
60	Unerwartete Reparatur	Wartungsbedingt	25	3,5	0,87
70	Warten wg. Überlappung	Wartungsbedingt	0	2,5	–
80	Warten wg. Reinigung	Wartungsbedingt	0	2,5	–
90	Warten weg. Sozialanlaß	Personalbedingt	0	0,5	–
Σ	Technisches-Rendement-Zuschlag (00–90)		100:86,50=15,6%		86,50

Abb. 48: Störursachenschlüssel mit Wirkungsfaktor für Maschinenzeit

Bei der Leistungskontrolle maschinenzeitabhängiger Plätze muß man die Geschwindigkeit mit diesem technischen Wirkungsfaktor korrigieren und dann in die Nettozeit je 100 Stück Ausbringung umrechnen.

Beispiel:

Maximale Maschinengeschwindigkeit	=	250 Stck./Std. x 8 Std./Schicht
Wirkungsfaktor	=	0,865
Berichtigte Geschwindigkeit = 250 x 0,865	=	216,25 Stck./Std. x 8 Std./Schicht
Nettoleistungszeit der Maschine	=	27,75 Min./100 Stck.

Hängt die Leistung von der Maschine und vom Mann ab, weil beide zeitweise aufeinander warten müssen, resultieren Wirkungsgrad und Nettozeit der Maschine aus zwei Faktoren: der Maschinenhauptzeit und der Handzeit während der Maschinennebenzeit. Dieser Fall liegt in der Praxis vor, wenn außerhalb der Maschinenhauptzeit ein Akkord- oder Prämienarbeiter längere Einrichtezeiten benötigt, die nicht in den Maschinen-Wirkungsfaktor einbezogen sind. Weitere Variationen sind zu beachten, wenn dieser Maschinenarbeiter während der Maschinenhauptzeit überlappende Zusatzarbeiten – etwa Einrichten oder Maschinenbedienen an anderen Aggregatplätzen – verrichtet. Die Leistungszeit je Maschine ist dann nicht mehr an der Mann-Bedienungszeit kontrollierbar.

Beispiel:

I. Maschinentempo 250 Stck./Std. x 0,9175 Wirkungsfaktor	=	229,375 Stck./Std. x 6 Std./Schicht
Nettoleistung in Maschinenhauptzeit	=	26,15 Min./100 Stck.

II.	Einrichtezeit 2 Std./Schicht x $\frac{30}{60}$ E/Std.	=	60 Min./Schicht
	Mannleistung 60 Min. : 1 500 Stck./ Los	=	4,00 Min./100 Stck.
III.	Maschinenleistungszeit (Lauf- und Einrichtezeit)	=	30,15 Min./100 Stck.
	Mannzeit (Akkord und Einrichten 1. Maschine)	=	30,15 Min./100 Stck.
	Mannzeit (bei Einrichten 2. Maschine während Hauptzeit 1. Maschine)	=	15,07 Min./100 Stck.

32232 Losabrechnung der Abteilungsbestände

Das betriebliche Informations- und Rechnungswesen sagt über die in der Fabrikation liegenden unfertigen Bestände zwischen den Inventurzeitpunkten zu wenig aus. Die in dieser Zeit angefallenen Material-, Lohn- und Gemeinkostenverbräuche sind zwar aus den Belegen erfaßt, es fehlt aber mangels Ablieferung an einer Gutschrift für den Betrieb. Dadurch sind Produktivität und Finanzbedarf nicht eindeutig kontrollierbar. Die Ursachen einer Verlängerung der mittleren Durchlaufzeit der Aufträge liegen einerseits im Vertrieb, wenn infolge zu hartnäckiger Kundenwünsche die fertigungsoptimale Losgröße in Kleinpartien aufgelöst und der nicht termineilige Rest in den Abteilungen zurückgestellt wird. Andererseits führen Störungen in der rechtzeitigen Bereitstellung von Werkstoffen, Betriebsmitteln oder Fachkräften sowie fehlerhafte Produktionsleistungen ebenfalls zur Aufblähung der halbfertigen Aufträge.

Ein Verfahren zur UF-Teile-Kontrolle, welches besonders in Betrieben mit mehrperiodiger Einzelfertigung (z. B. Großanlagenbau) angewendet wird, ist die Losabrechnung. Hierbei werden die von der Arbeitsvorbereitung seit Jahres- bzw. Monatsbeginn in die Produktion gegebenen Auftragslose mit den Gesamtstückzahlen abzüglich durchschnittlicher Ausschußsatz in jeder Bearbeitungsstufe fiktiv als fertiggestellt monatlich abgerechnet. Die Pro-forma-Ablieferungen führen in gesondertem EDV-Durchlauf zu einer pro forma partiellen Kreditierung. Von dieser fiktiven Gesamtgutschrift je Losnummer für Fertigungsmaterial und Materialausschuß wird durch Differenzrechnung jener Wert abgezogen, welcher sich in der Kontrollperiode aufgrund der für diese Lose bereits angefallenen und abgerechneten Materialentnahmescheine an Rohstoffen, Zubehörteilen und Hilfsstoffen nach Bewertung mit Ist- oder Standardpreisen ergibt. Gleichermaßen wird von der fiktiven Vollablieferungsgutschrift für Fertigungslohn und Lohnwagnis jener Betrag abgezogen, der sich aufgrund der Bruttolohnabrechnung in der Kontrollperiode für die bereits abgerechneten Fertigungs-, Ersatz- und Zusatzlohnscheine ergeben hat. Die abgerechneten Belege beinhalten also den Reifegrad der schon angearbeiteten Halbfabrikate. Die noch nicht abgerechneten Material- und Lohnscheine müssen als noch unbearbeitete Roh- oder Vorstufen-UF-Vorräte in den einzelnen

Fertigungsabteilungen liegen. Die effektiven Verbrauchsabweichungen dürfen hierbei vernachlässigt werden.

In diesem Zusammenhang ist mindestens halbjährlich auch eine nachkalkulatorische Verprobung der optimalen Losgröße (L_{opt}) geboten. Die Losanzahl ergibt sich geplant aus der Jahresdisposition dividiert durch L_{opt}. Da die Lose im Einzelfall aber erst nach Unterschreitung des Mindest- + Sicherheitsbestandes (Wiederbestellpunkt) ausgelöst werden, wird bei verzögertem Auftragseingang nur eine geringere Jahresdispositionsstückzahl oder Losanzahl effektiv im Betrieb geordert sein. Die Daten der Andler-Formel für die Folgeperiode sind dann neu durchzurechnen.

323 Kontrolltechniken der Material- und Personalbereitstellung

3231 Controlling der Materialwirtschaft

32311 Preis-/Inflationskontrolle durch Lifo-Indizes

Aufgrund der Budgetierung zu Standardeinstandspreisen sind alle externen Abweichungen während des Jahres auf Preisdifferenzkonten zu eliminieren. Im Falle einer unerwarteten Inflationsrate über 4 % p.a. oder plötzlicher struktureller Preissteigerungen oder -senkungen auf den Weltrohstoffmärkten führt die Abbuchung der Preisänderungen über das Jahresergebnis zur Kapitalverschleuderung. Der Controller verprobt deshalb mit dem steuerlich nicht zulässigen Lifo-Verfahren (last in – first out), ob die jeweils zuletzt, also teurer, beschafften Materialien auch im Verkaufspreis der Fertigprodukte teurer angesetzt wurden. Entsprechend dem spezifischen Materialkostenanteil am Verkaufspreis ist ein Teuerungszuschlagsatz zu ermitteln.

Rohstoffe und bezogene Halberzeugnisse sind getrennt zu überprüfen. Man teilt sämtliche Rohstoffe-Code-Nummern in Gruppen nach den hauptsächlichen Metallen, z. B. Kupfer, Stahlschrott, ein und legt für diese Repräsentanten den mittleren Vorjahrespreisindex als 100 fest. Die monatlichen Wiederbeschaffungswerte werden vom Einkauf mit Indexzahlen kontrolliert. Auch bei Halbfabrikaten, welche Schwesterproduktsparten oder Drittlieferanten zu festen Verrechnungspreisen anliefern, sind Prototypen auszuwählen. Sie müssen nach Herstellungsverfahren, Material- und Lohnanteil sowie Produktcharakter repräsentativ zu ihren Varianten sein. Schnell steigende Prototypen-Preisindizes liefern zwar keine exakten Zahlen, sind aber Warnzeichen.

Preisabweichungen beim Einkauf, die durch Bestellmengen-, Liefertermin- oder Konstruktionsänderungen entstehen, bleiben unberücksichtigt.

32312 Inkuranzanalyse der Rohstoffläger

Produktionsvorräte sind lagerwagnisbehaftet. Gründe für unbewegliche Bestände sind Mehrbestellungen gegenüber Bedarf, übliche Überlieferungen, Erhältlichkeit besserer

Qualitäten, Verderb oder Diebstahl, geringerer Ausfall, als man als Ersatz disponierte, ferner Konstruktionsänderungen, Auftragsannullierungen. Für diese Risiken sind Wagnisrückstellungen in der innerbetrieblichen Rechnung zu bilden.

Die Kontrollberechnung der Wagnishöhe unterstellt, daß die Inkuranz eines Rohstoffes oder Zukaufsartikels zunimmt, wie seine Umschlagshäufigkeit abnimmt. Letztere hängt ab vom Verbrauchsprozentsatz je Jahr, bezogen auf den Anfangsvorrat. Alle Einkaufsmaterialien werden in Risikoklassen I bis IV entsprechend ihrer zunehmenden Verbrauchsmöglichkeit eingeteilt. Man unterstellt in der Praxis, daß Waren der Klasse I nach 2, der Klasse II nach 3, der Klasse III nach 4 und der Klasse IV nach 5 Jahren absterben. Die Absterbezeiten sind, bezogen auf den letzten Zugang, jedoch effektiv kürzer. Wegen der Betrachtung nur der Lagerzugänge werden die ständig bewegten Vorräte kaum erfaßt. Außerdem findet infolge des ständigen Austauschs der Zukaufswaren durch andere ein laufender Prozeß abnehmenden Verbrauchs statt. Man verringert deswegen die theoretischen Absterbezeiten um 20 %: I = 1,6, II = 2,4, III = 3,2, IV = 4 Jahre.

Daraus errechnet sich der Inkuranzprozentsatz je Jahr für die Lagerabgänge, bezogen auf den Endvorrat (vgl. Abb. 49). Er dient zur Kontrollberechnung der Mindesthöhe der Rückstellung bzw. des Wertabschlages.

Einkaufsmaterial	verwendbar in vielen Artikeln	verwendbar in wenigen Artikeln
	Risikoklassen	
Rohstoffe, soweit nicht marktorientiert	IV	III
Allgemein verkäufliche Halberzeugnisse	IV	III
Sonstige UF-Teile in Produktion für Großserienartikel	III	I
Sonstige UF-Teile in Produktion für Kleinserienartikel	III	II
Übrige Fabrikvorräte	III	II

Verbrauchsprozentsatz des Anfangsvorrates	Inkuranzprozentsatz d. Endvorrates b. Risikoklasse I	II	III	IV
0 – 5	100	100	100	100
6 – 10	95	90	80	75
11 – 15	90	75	70	60
16 – 20	90	75	50	35
21 – 25	80	55	25	15
26 – 30	80	55	25	0
31 – 40	65	25	0	0
41 – 50	65	0	0	0
51 – 65	25	0	0	0
66 und höher	0	0	0	0

Abb. 49: Risikoklassen und Inkuranzprozentsätze für Einkaufsmaterial

Beispiel:

Material Klasse I: Anfangsbestand = 100, Verbrauch = 25, Endbestand = 75.
Verbrauchsprozentsatz = 25 %, bei Absterbefaktor 1,6 x 25 % = 40 %.
Inkuranzrisiko, bezogen auf Anfangsvorrat = 100 – 40 = 60 %.
Inkuranzprozentsatz, bezogen auf Endvorrat = 60 : 75 = 80 %.

Die Kontrollberechnung ist nicht auf warenbörsennotierte Urrohstoffe, Waren mit regelmäßigen Abflüssen in den letzten 4 Monaten sowie erstmals gelistete Materialien auszudehnen. Zur Vereinfachung kann man sich nur auf Materialien mit hohem Vorratswertanteil beschränken. Die Rückstellung für Inkuranzwagnis wird aufgrund des Controlling korrigiert. Auch bei Preisniveauänderungen ist sie neu zu bewerten.

3232 Produktivitätsüberwachung im Personalbereich

32321 Einsatzoptimierung von Fertigungskräften

Das Controlling im direkten Personalbereich erstreckt sich zunächst auf den Zeitvergleich von Produktivitätskennzahlen, etwa Betriebsabliefergutschrift je direkter Kopf oder – reziprok – verfahrene direkte Fertigungsstunden je TDM Ablieferwert der Produktion. Man sollte aber auch jene Entscheidungen der Betriebsleitung überprüfen, bei welchen langfristige Personalförderungsausgaben gegenüber kurzfristigen unproduktiven Lohnbeibezahlungen abzuwägen waren.

Das typische Beispiel in mittleren Industriebetrieben ist die Institutionalisierung von universell ausgebildeten Einrichtern anstelle von Akkordarbeitern, die Rüstvorgänge am Arbeitsplatz selbst ausführen. Aus der Lohnniveaukontrolle der tariflichen Beibezahlungen und der Lohnartenstatistik mit Ursachenschlüssel mehrerer Monate kann für jede Betriebsabteilung der Mehraufwand ermittelt werden, welcher für die Ausgleichung des behinderten Tempos auf den Akkorddurchschnitt wegen Einrichte-, Umspann- oder Abrüsttätigkeiten zu vergüten ist. Weiterhin gehen aber auch zusätzliche Abliefergutschriften oder Deckungsbeiträge für betriebliche Fixkosten während Unterbrechungen bei produktiven Arbeitskräften verloren. Daraus läßt sich der kritische Kostenschnittpunkt ermitteln, ab welchem die Bereitstellung separater Einrichter – mit Bezahlung in höherer Lohngruppe wegen genereller Einsetzbarkeit an allen Maschinenplätzen – zweckmäßig ist.

Ein ähnliches Problem stellt sich bei der Umsetzung von Akkordarbeitern unter Leistungsminderung zur Ersetzung fehlenden Personals an anderen Arbeitsplätzen. Die Leistungsstundenverluste verfügbarer Fertigungskräfte gemäß Lohnursachenaufzeichnungen sind den Kosten für Mehrzweckanlernung einer Anzahl von Facharbeitern für Engpaßtätigkeiten oder von einigen generellen Springern gegenüberzustellen. Hierzu empfiehlt sich die Einrichtung einer Qualifikationskartei bei der Personalabteilung, welche die Zusatzkenntnisse und -erfahrungen des Personals in Spezialgebieten auswertet. Die Häufigkeit der Inanspruchnahme des Zusatzwissens oder der Springerausbildung hängt auch von Witterungs- und Epidemiezufällen ab. Deswegen scheuen viele Unternehmen derartige Vorsorgeförderungsmaßnahmen, da sie einerseits nie alle Fehlstände abdecken, andererseits ständige Bereithaltungslöhne in Form höherer Lohngruppen verursachen. Der Umsatzausfall und die verzögerte Produktionsgeschwindigkeit (Vorratsaufbau) werden dabei übersehen.

Hier muß der Controller Simulationen über die vorstellbaren Ausfallverluste gegenüber Anlernkosten anstellen. Wenn die Wahrscheinlichkeitsprozentsätze der Mehrzweckeinsätze gesammelt sind, kann man die Gewinnschwellen aus entgehendem Umsatz und erhöhten Leerkosten gegenüber erhöhten variablen Lohnkosten errechnen.

32322 Zeit-Belastungs-Diagramm der Verwaltungstätigkeiten

Die Funktionalbereiche Vertrieb, Produktion und kaufmännische Verwaltung binden infolge immer perfekterer Organisation und Parkinsonscher Zellteilung Kosten, welche bei Beschäftigungsrückgang remanent bleiben. Maßnahmen der Unternehmensführung, diese Gehälter und Sozialkosten etwa um 10 % zu senken, führen zu negativer Personalauslese. Sinnvoll setzt man den Hobel bei der Ausmerzung der Kleinaufträge an, welche die Zeit der Verwaltung überproportional blockieren. Der Controller widmet sein Interesse deshalb primär der Systemanalyse des notwendigen Soll-Tätigkeitsablaufs, bei welchem Routinezeiten für unterdurchschnittliche Wertaufträge unberücksichtigt bleiben. Sie besteht aus drei Schritten.

Zunächst ist die Stellenbeschreibung sämtlicher Tätigkeiten eines Angestelltenplatzes durch Mehrtagesstichproben auf ihren Wirklichkeitsgehalt zu kontrollieren. Hierbei soll zwischen regelmäßigen und Sonderaufgaben unterschieden werden. Bei ersteren ist die Einhaltung der Reihenfolge der Solleinzelabläufe maßgebend, damit produktiv gearbeitet wird. Erfahrungsgemäß werden dennoch bei routinemäßigen Tätigkeiten selten mehr als 66 bis 75 % der Schichtzeit für die Hauptaufgabe eingesetzt.

Danach ist ein Zeit-Belastungs-Diagramm für die Anforderungsarten zu erstellen, welche die Schwierigkeit der Angestelltentätigkeit definieren (vgl. Abb. 50). Die Anzahl der Bewertungsmerkmale kann zwischen 10 und 20 variieren. Ihre Gewichtung ist in analytischen Arbeitsbewertungsmethoden empirisch erprobt. Sie ist bei Wertstufenverfahren durch die Höchstpunktzahl je Anforderungsmerkmal definiert[1]. Erst aus tatsächlicher Zeitdauer und Höhe der in Anspruch genommenen Belastungsmerkmale entsteht ein zutreffendes Bild. Die Kontrolle gewinnt man durch Multimomentstudien über beanspruchtes Wissen und Werteverantwortlichkeit sowie über Sinnenbelastung und Störbelästigungen.

Die tatsächlichen Beanspruchungsprozentsätze korrigieren nochmals die Schwierigkeitspunkte, welche für die 15 Merkmale dieser Tätigkeit festgelegt sind. Der gewichtete mittlere Zeitbelastungsfaktor über 8 Stunden je Schicht gibt eine Kontrollmöglichkeit, ob die tarifliche Leistungszulage über, gleich oder unter dem Durchschnitt von 11 % auf das Tarifgehalt zutreffend eingeschätzt ist. Bei betrieblicher Einführung einer analytischen Bewertung der Angestelltentätigkeiten, ergänzt um persönliche Zulagen für die Leistungsqualität und -tempo, werden die „Gehaltsreserven" aufgedeckt. Allerdings ist dieses Entlohnungssystem in mittleren Unternehmen aufwendig und daher selten.

1 H. Euler, H. Stevens, F. Schilling, R. Schoppe, Analyse und Bewertung von Angestelltentätigkeiten, Düsseldorf 1953, S. 16.

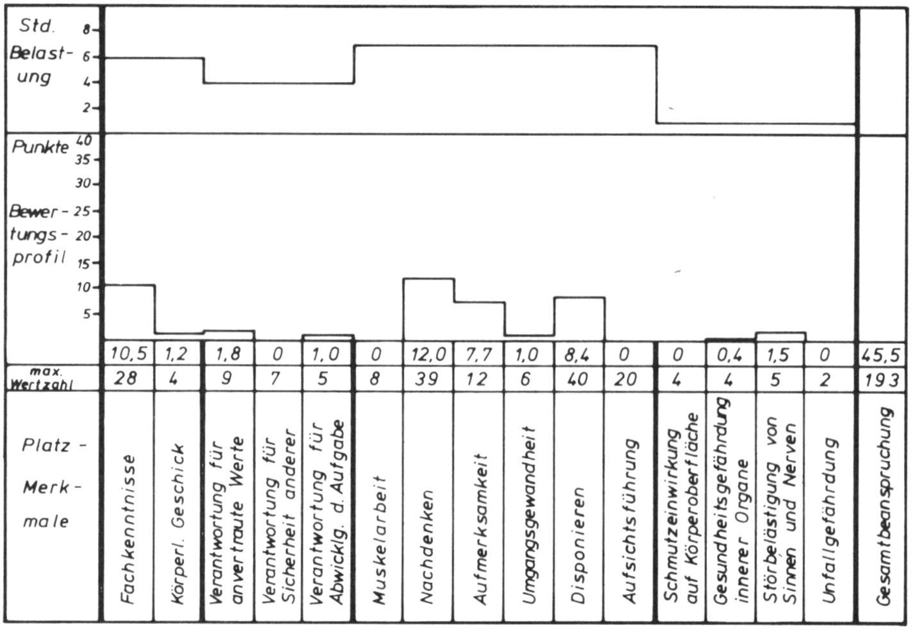

Abb. 50: Tätigkeitsbewertung „Betriebsbuchhalter" mit Zeit-Belastungs-Diagramm

324 Internal Control des Investitionserfolges

3241 Verprobung der statischen durch dynamische Investitionsrechnungen

32411 Vorkontrolle des Wiedergewinnungsrisikos

Mittlere Industriebetriebe begnügen sich bei der Prüfung von Investitionsprojekten mit der Ermittlung der Wiedergewinnungsdauer des Kapitaleinsatzes (Amortisationsmethode). Sie unterstellen in den künftigen Jahresdurchschnitten den gleichen Nutzen der Investition wie im berechneten ersten Jahr. Die Berücksichtigung der durch das Vorhaben erzielten Erträge und Kosten während späterer Jahre bereitet erfahrungsgemäß Schwierigkeiten, da Umsätze und Kapazitätsauslastung dieser Zeiträume ungewiß sind. Diese Hypothese kann allerdings Erweiterungsmaßnahmen, bei welchen erst nach einigen Anlaufjahren die Erlöse hochschnellen und eine Fixkostendegression eintritt, benachteiligen. Außerdem fehlt ein Beurteilungsmaßstab, welches von mehreren Projekten die beste und sicherste Verzinsung des Kapitaleinsatzes bietet.

Aktives Controlling will Überrachungen verhindern und setzt bereits vor Investitionsbeginn ein. Für besonders wichtige, wertintensive oder programmändernde Vorhaben führt man deshalb eine Verprobung des statischen Payoff-Ergebnisses mit Hilfe des dynamischen Kapitalwertergebnisses (present value method) durch. Hierbei wird der Kapitaleinsatz einer Neuanlage damit verglichen, ob der künftige kapitalisierte Wert aller Gewinne aus der gesamten Nutzungsdauer einen höheren Barwert ergibt. Für jedes künftige Jahr ist die Differenz zwischen Erträgen und Betriebskosten zu ermitteln und mittels Abzinsungsfaktoren auf den Gegenwartswert zu diskontieren. Dies setzt Mehrjahresbudgets des Vertriebes über realisierbare Absatzstückzahlen und der Produktion über die benötigten Einsatzkosten voraus, die notfalls für diese Investition vorzuschätzen sind. Ein eventueller Restwert der neuen Sachanlage wird im letzten Nutzungsjahr als Ertrag verrechnet. Als Beispiel ist in Abbildung 51 eine Erweiterungsinvestition von 200 000 DM bei beiden Prüfungsmethoden dargestellt.

Statische Payoff-Methode			Dynamische Kapitalwertmethode					
TDM	bisher	mit Erweiterung	Nutzungsjahr	Erträge	Kosten	Gewinn	Abzinsungsfaktor 10%	Barwert
ϕ Ertrag	200	600	1	110	70	40	0,9091	36,364
– ϕ Kosten (einschl. 10 % Zinsen)	180	490	2	150	90	60	0,8264	49,584
– ϕ AfA der Investition	–	40	3	190	120	70	0,7513	52,591
– 10 % normaler Zins auf $\frac{1}{2}$ WbW	10	30	4	160	110	50	0,6830	34,150
= ϕ Gewinn/Jahr	10	40	5	120	90	30	0,6209	18,627
ϕ Gewinnzuwachs/Jahr	–	30	Restwert	20	–	20	0,5645	11,290
Amortisation aus AfA + Gewinn	200:70 = 3,5 Jahre		Kapitalwert					202,606

Abb. 51: Verprobung des Investitions-Payoffs mit Kapitalwertmethode

Die Erträge verstehen sich immer vor Steuern und nach staatlichen Investitionsförderungsmaßnahmen. Infolge der hohen Zinseszinswirkung der Abzinsung der Einnahmeüberschüsse bei der dynamischen Investitionskontrolle sind Barwertrückflüsse, welche die Investition erst in drei Jahren egalisieren, etwa gleichrangig einer statischen Paybackperiode von zwei Jahren anzusehen. Cash flows, die diese Perioden übersteigen, werden in der Praxis als zu riskant eingestuft.

Während im Beispiel der Abbildung 51 die neue Sachanlage mit einer Kapitalrückflußdauer oberhalb von zwei Jahren bei statischer Berechnung nicht sehr vorteilhaft erscheint, zeigt die dynamische Barwertkapitalisierung einen über den Investitionswert hinausgehenden Gegenwert. Die geforderte 10 %-Verzinsung wird aufgrund der gewinnstarken Folgejahre erreicht, so daß das Projekt in die erste Ranggruppe gehört.

Je größer der Kapitalwert ist, desto höher ist natürlich die Kapitalverzinsung. Bei Rationalisierungsinvestitionen bringt die statische 1-Jahres-Betrachtung bereits vernünftige Aussagen über die Reihenfolge alternativer Vorhaben. Die Analyse des Zukunftsertrages ist zweckmäßig bei Erweiterungsinvestitionen mit mittlerer Nutzungsdauer. Für Investitionen mit unbegrenzter Lebensdauer oder bei Finanzanlagen sind außer dem Ertragswert noch der Substanzwert sowie weitere Risikoanalysen für die Unternehmensbewertung zu berücksichtigen.

32412 Simulation des Risikos interner Kapitalverzinsung

Das rechnerische Controlling der statisch ermittelten Kapitalrendite im Vergleich zum jahresdurchschnittlichen Return on Investment wird auch gern mit Hilfe des internen Zinsfußes einer Investition vorgenommen. Dies ist ein unterstellter Optimalzinssatz, bei dessen rechnerischem Ansatz (z. B. 10 %) der diskontierte Barwert aller künftigen Gewinne (= Kapitalwert) gleich dem Kapitalwert der Investition ist. Mit Hilfe der Abzinsungstabelle probiert man wahlweise alternative Grenzzinssätze (z. B. 9 %, 11 %) aus, bis der Abzinsungsfaktor gefunden ist, dessen Einnahmeüberschüsse gleich der Investitionsausgabe sind. Man erhält dadurch einen praktischen Beurteilungsmaßstab für die Rangordnung der Anlageobjekte. Wie schwierig auch die Fixierung des Zinsfußes bei Gesellschaften mit Kostenträgern unterschiedlicher Ertragskraft ist, so läßt sich doch immerhin die Marginalrendite eines Projektes und damit sein Beitrag zur Steigerung der Kapitalverzinsung des Unternehmens erkennen.

Der interne Zinsfuß i basiert auf der Grundgleichung der Kapitalwertmethode, wonach die Einnahmen E größer sein sollen als die Ausgaben K der Vorperiode:

$$E \geqq K(1 + i)$$

$$\frac{E'}{1+i} - K' \geqq 0$$

$$\frac{E' - K'}{K'} \geqq i$$

Er scheidet unteroptimale Cash-flow-Vorhaben aus.

Das Risiko schwankender künftiger Erträge und Betriebskosten und damit unregelmäßiger Überschüsse kann man mit Hilfe der Wahrscheinlichkeitsrechnung eingrenzen. Ein geeignetes Verfahren ist die Monte-Carlo-Projekt-Simulation. Sie liefert eine Wahrscheinlichkeitsverteilung des internen Zinsfußes in Form der Risikokurve (vgl. Abb. 52).

Jedem internen Zinsfuß i ist eine Wahrscheinlichkeit y zugeordnet. Das bedeutet, daß mit einer relativen Häufigkeit von y % der erwartbare Zinsfuß nicht größer als i % sein wird. Wenn das Risiko eines negativen Zinsfußes $\leqq 0$ mit 10 % anzusetzen wäre, liegt die Wahrscheinlichkeit eines positiven Zinsfußes $\geqq 0$ bei 90 %. Mit einer Wahrscheinlichkeit von 60 % (= 80 % – 20 %) oder 80 % (= 90 % – 10 %) liegt die interne Rendite zwischen 15 und 30 % bzw. zwischen 10 und 40 %. Eine Verzinsung von mehr als 40 % ist nur zu 10 % wahrscheinlich. i = 60 % ist die Höchstgrenze überhaupt.

Für die Anwendbarkeit dieser Kontrollmethode darf das Vertriebsprogramm nicht zu breit, das Fertigungsprogramm nicht zu tief differenziert sein. Im Hinblick auf das Ergebnisziel müssen die Entscheidungsalternativen relativ begrenzt sein. Nur dann lassen sich die Wahrscheinlichkeiten mit Variablen zwischen 0 und 1 gewichten.

Das Instrument der Simulation des Risikos von Investitionen setzt bei mittleren Unternehmen eine EDV-Anlage mit mindestens 64 Kernspeicher-Bytes voraus. Man braucht nicht in problemorientierter FORTRAN-Sprache zu programmieren, da spezielle „General Purpose Systems Simulators“ (GPSS) verfügbar sind. Der Entscheidungsbaum wird beim GPSS durch ein verfeinertes Blockdiagramm dargestellt. Jeder Block stellt in der Simulationssprache eine Anweisung dar, die dem Rechner etwa mit

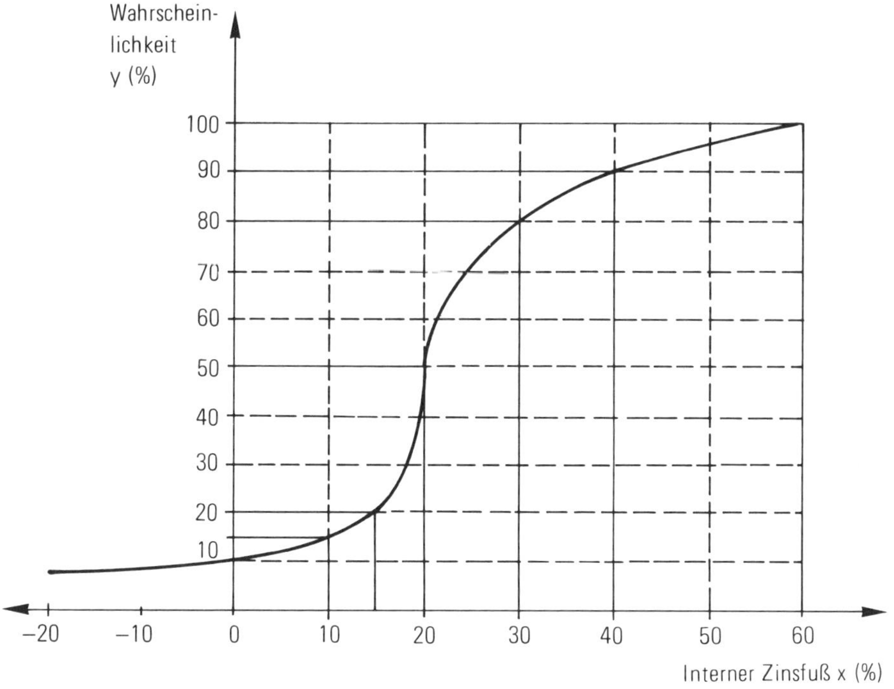

Abb. 52: Risikokurve interner Investitionszinsfüße

Lochkarte eingegeben wird. Dieser liefert einen Simulationsbericht mit alternativen Statistiken für die einzelnen Investitionshöhen, Variationsmöglichkeiten der Nachfrage und die maximale bzw. mittlere Verzögerung der Gewinnüberschüsse. Durch rechnerisches Experimentieren mit jeweils 1 Parameter (z. B. 200 TDM oder 300 TDM Anlagenerweiterung) wird die optimale Entscheidung gefunden.

3242 Projektabstimmung mit der Unternehmensstrategie

32421 Bilanzorientierte Gleichgewichtsrendite beim Wachstum

Gleichrangig mit den rechnerischen Kriterien ist die qualitative Prüfung, ob die Investitionsvorhaben in Einklang mit der Außenfinanzierung standen. Die Rangfolge der Kapitalwertraten bzw. internen Zinsfüße von Investitionen unterstellt bisher, daß unbegrenzte Kapitalbeschaffungsmöglichkeiten bestehen. Wenn das Investitionswachstum des Betriebes ohne Rücksicht auf die Dividendenwünsche der Eigentümer oder die ertrags- und vermögensabhängigen Steuern vorangetrieben wurde, entstehen leicht Investitionsruinen.

Das Controlling hat deshalb zu verfolgen, inwieweit die ergebnisoptimale Abstimmung zwischen Investitions- und Finanzierungsprogramm verlassen wurde. Diese

Gleichgewichtsrendite liegt im Schnittpunkt der ansteigenden Kapitalkostenkurve und der fallenden Investitionsrenditekurve[1].

Dazu muß geprüft sein, ob das Unternehmen die Investition durch eine Kapitalerhöhung, die Aufnahme neuer Gesellschafter oder die Heranziehung von Fremddarlehen finanziert. Wenn das Eigenkapital unverändert bleibt, ist nur die Abweichung vom kostenoptimalen Verschuldungsgrad wichtig. Dieser läßt sich als gewogener mittlerer Kostenansatz aus Eigenkapital mal Planverzinsung und Fremdkapital mal Kreditzins errechnen.

Mittelständische Unternehmen leben auf unvollkommenen Kapitalmärkten, auf denen nur zu differenzierten Kostensätzen Geld beschaffbar ist oder sogar begrenztes Kapitalangebot vorliegt. Das Optimum der Investitions- und Finanzplanung muß sich deshalb nach der klassischen Forderung: Grenzrendite der Investition (z. B. 10 % p.a.) = Grenz-Kapitalkosten (z. B. 10 % p.a.) richten (vgl. Abb. 53).

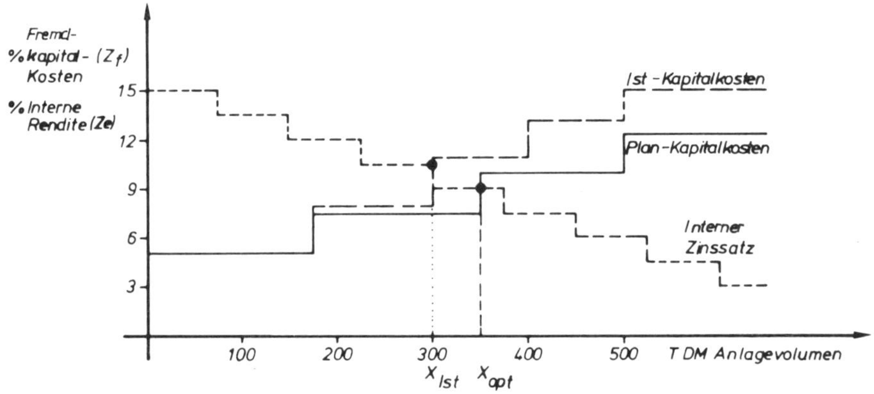

Abb. 53: Verschiebung der Gleichgewichtsrendite bei finanziell unkontrolliertem Wachstum

Eine Rentabilitätsminderung tritt auf, wenn größere unteilbare Investitionsvorhaben vorliegen oder Folgeinvestitionen zwangsläufig anfallen. Der Unternehmer kann nicht jede Mark einzeln dort investieren, wo der intern höchste Kalkulationszinsfuß liegt.

32422 Portfolio-Management synergetischer Investitionen

Für das Investitionscontrolling ist bei knappem Kapital nicht nur die rechnerische Rentabilität wichtig, sondern auch die Frage: ,,Werden die richtigen Produkte gemacht?"

1 E. Gutenberg, Grundlagen der Betriebswirtschaftslehre, Bd. 3, Die Finanzen, 3. Aufl., Berlin 1969, S. 363.

Die Anlagenplanung muß derart in die Sortimentsstrategie integriert sein, daß durch jedes Vorhaben die Kapitalrendite erhöht wird.

Erweiterungsvorhaben sollen außer einem – isoliert errechneten – hohen internen Zinsfuß bzw. Kapitalwert synergetische Vorteile für das Gesamtsortiment bringen. Sie müssen deshalb einer Produktlinienmischung dienen, die folgenden zusätzlichen Kriterien genügt:

1. Neuanlagen dürfen lediglich jene Kostenträger fördern, welche über mehrere Jahre noch ansteigende Umsätze und Grenzerträge bringen. Erweiterungen für alte Produkte, die kein Geld mehr einbringen, blockieren die knappen Kapitalmittel und Räumlichkeiten.
2. Investitionen sollten jährlich zu etwa 20 % auch Grundlagen-, Verfahrens-, Sortiments- oder Produktinnovationen vorantreiben, welche zwar anfangs geringere, später aber schnellere Umsatzsteigerungen und Kostendegressionen erwarten lassen.
3. Neben Produktlinien mit neuen Fabrikationstechnologien müssen hinreichend Produktionszweige mit gesichertem Know-how bestehen, welche eine gewisse Stabilität in der gegenseitigen Finanzierung gewährleisten.
4. Lieber weniger riskante Investitionen im Forschungs- und Entwicklungsbereich vornehmen als Geld für fremde Lizenzen oder Handelswarenzukauf ausgeben, wenn diese das Zukunftsprogramm sinnvoll abrunden.
5. Zusammenhängende Produktlinien auszubauen bringt höhere Verbundwirkung als eine Diversifikation zu größerer Fertigungsstufe und -breite für „Einzelgänger"-Artikel. Letztere sind meist Eintagsfliegen, die nicht in das langfristige Planungskonzept passen.

Das richtige „Portfolio-Management" der Investitionen liegt vor, wenn die neuen Kapazitäten keine längerfristigen Anlerntreppen des Personals zur Erreichung ihres durchschnittlichen Einübungsgrades erfordern, durch baldige Nachfrage zügig ausgelastet werden und eine Beschleunigung beim Erobern zusätzlicher Marktanteile mit sich bringen.

Unter diesem Aspekt ist auch das Pro und Kontra regionaler und sektoraler Diversifikation zu prüfen. Die betriebliche Investitionspolitik muß auch die Wahl neuer Produktionsstandorte einbeziehen, wenn Personalknappheit bzw. zu hohe Fertigungskosten am Heimatplatz oder die Nähe zu ausländischen Absatzmärkten dies erfordern. Landesstrukturzuschüsse, ERP-Kredite sowie Steueranreize in Entwicklungsländern ermöglichen höhere interne Zinsfüße von Investitionen. Außerdem müssen Produktion, Vertrieb und Verwaltungsstruktur gleichermaßen vorangetrieben sein. Der Aufbau schlagkräftiger Vertriebsapparate in den neuen Märkten sowie die Ausbildung der Mitarbeiter und die Verbesserung der Organisationsabläufe durch EDV-Einsatz sichern erst die Rentabilität neuer Fabrikationsprojekte.

3243 Ausnutzung des optimalen Ersatzzeitpunktes

32431 Kapazitätserweiterungseffekt von Reinvestitionen

Die erste Frage von Kreditinstituten bei der Erörterung der Anlagenzugänge eines Geschäftsjahres geht erfahrungsgemäß dahin, ob diese Summe über oder unter dem Abschreibungsvolumen liegt oder diesem gleich ist. Hierin äußert sich ein Controllingaspekt, den mittlere Unternehmen nicht immer beachten. Handels- und steuerliche Abschreibungen mindern nicht nur den Gewinn in der Erfolgsrechnung, sondern können auch die Kapitalbildung beschleunigen.

Diese Finanzierungswirkung rührt daher, daß in den Verkaufspreisen der hergestellten Erzeugnisse der Abschreibungswert für die Anlagennutzung früher vergütet wird, als er für eine verschleißbedingte Erneuerung erforderlich ist. Die vorweggenommene Liquidisierung des im Anlagevermögen gebundenen Kapitals vor dem Ausscheiden verbrauchter Anlagegüter führt bei fortlaufender Reinvestition zu einem Kapazitätserweiterungseffekt. Nach 10 Jahren hat man etwa 160 % der Ursprungsinvestition an Anlagegütern verfügbar (vgl. Abb. 54)[1].

Jahresende	Anzahl Maschinen	Nutzungsjahre je Maschine	Anschaffwert je Maschine TDM	Gesamtwert der Anlagen TDM	Summe der Jahresabschreibungen TDM	Reinvestition je Jahr TDM	Abschreibungsrest TDM
1	10	5	10	100	20	20	–
2	12	5	10	100	24	20	4
3	14	5	10	96	28	30	2
4	17	5	10	98	34	30	6
5	20	5	10	94	40	40	6
6	14	5	10	94	28	30	4
7	15	5	10	96	30	30	4
8	16	5	10	96	32	30	6
9	16	5	10	94	32	30	8
10	16	5	10	92	32	40	–

Abb. 54: Optimale Kapazitätserweiterung durch Reinvestitionen

Die Gesamtperiodenkapazität des Betriebes, ausgedrückt in Anlagerestwerten, bzw. die Abschreibungssumme steigt also in Zyklen jeweils bis zu einem Kapazitätsgrenzfaktor $A = \frac{2}{1 + \frac{1}{n}}$ an. Danach fallen sie wieder, wenn nicht verstärkt reinvestiert wird.

Allerdings müssen bestimmte Voraussetzungen vorliegen: Die Erlöshöhe muß alle Abschreibungen einspielen. Die Erstausstattung der Maschinen und ihr körperlicher Ersatz im kritischen sechsten Jahr ist durch Eigenkapital zu finanzieren. Wenn ein Unternehmen wegen Kreditrahmenausschöpfung das Anlagenleasing bevorzugt, kann es diesen Effekt also nicht ausnutzen.

1 H. Langen, Finanzierung von Investitionen aus Abschreibungen, in: H. Janberg, Finanzierungshandbuch, Wiesbaden 1970, S. 355 ff. sowie R. Sellien, H. Sellien (Hrsg.), Wirtschaftslexikon, 10. Aufl., Wiesbaden 1979, Bd. 2, Sp. 140 f.

Dieser bereits von Marx und Engels entdeckte, von Lohmann und Ruchti präzisierte Kapazitätserweiterungseffekt ist ein Kontrollkriterium für eine optimale Reinvestitionspolitik. Bei gebündelter Wiederanlage der frei fallenden Abschreibungsmittel kann die Unternehmenskapazität wesentlich erhöht werden, ohne daß zusätzlich Eigen- oder Fremdkapital aufgebracht werden muß. Wichtig ist ferner, daß dieser Effekt auch ohne Bilanzgewinn, wenngleich nicht bei Verlustsituation, erreichbar ist. Hier liegt also keine Selbstfinanzierung durch Nichtausschüttung von Gewinnen vor. Die Ausnutzung zulässiger, etwa degressiver Überabschreibungen (§ 7 Abs. 2 und 5 EStG) verstärkt die Akzeleration. Die Wahrnehmung steuerlicher Sonderabschreibungen (z. B. § 7d EStG) und Bewertungsfreiheiten für Anlagen (z. B. § 7e EStG, § 79 EStDV) ist hingegen als Selbstfinanzierung aus Einbehaltung von steuerbefreiten Erträgen anzusehen.

32432 Vorbeugende Investitionen und Anlageninstandsetzung

Der Unternehmer hat über Reinvestitionszeitpunkte auch zu entscheiden, wenn zwar der optimale Wiederanlagerhythmus verstrichen, die tatsächliche Schrottreife aber noch nicht erreicht ist. Dies betrifft die Fälle, in denen eine neue Anlage nicht neben eine vorhandene tritt (= Erweiterung), sondern eine ältere substituiert (= Ersatz). Meist häufen sich Reparatur- und Umstellungsaufwendungen so stark, daß eine stoßweise Geldausgabe zur Beseitigung der Störungen sinnvoller ist. Denn bei fehlenden Instandhaltungsmanagements belaufen sich die Schäden jährlich auf etwa 12 bis 15 % des gesamten Anlagewertes. Davon entfallen 3,5 bis 5 % allein auf die Reparaturzeit. Etwa gleich hoch ist der Überverschleiß an Material. Der Restverlust entsteht durch Produktions- und Umsatzausfall. Daraus ergeben sich für das Controlling zwei Prüfungsanlässe.

Im Instandsetzungs- und Reparaturbereich (I + R) besteht die Wahlmöglichkeit, ob man vorbeugend oder nach eingetretenem Schaden die durch Abnutzung verlorengegangene ursprüngliche Leistungsfähigkeit wiederherstellen soll. Dabei ist von Betriebsfortführung, also einer unendlichen Reinvestitionskette, auszugehen. Je länger man wartet, desto stärker verschleißt die Anlage und desto unregelmäßiger treten Betriebsstörungen und Umsatzausfälle auf. Demgegenüber reduziert sich der durch Abschreibungen noch nicht erlöste Restbuchwert bzw. der Verkaufswert. Außerdem steigen die Ausgaben einer Generalüberholung progressiv an. Der günstigste Zeitpunkt ist offenbar gegeben, wenn die Differenz zwischen ersparten Reparaturen plus Stillstandsverlusten einerseits sowie Instandhaltungsausgaben plus Restbuchwert andererseits ein Maximum erreicht. Die kritische Schwelle liegt dort, wo der kapitalisierte Barwert dieser Differenz dem internen Kalkulationszinsfuß entspricht. Ein Dilemma bleibt allerdings, daß man die Zahlungsüberschüsse der vorbeugenden Großreparatur erfassen soll, aber die Nutzungsdauer der alten Anlage nicht richtig abschätzen kann.

Ein ähnliches Entscheidungsproblem findet man im Anlagenentwicklungsbereich. Soll eine noch nutzungsfähige, aber zu langsame Maschine durch Verbindung mit einer selbstentwickelten Vorrichtung (z. B. Materialzuführungsvibrator, aufschraubbares Mehrfachwerkzeug, getakteter Abführschwenkarm) ertüchtigt werden? Hier lohnt der sofortige Einbau, wenn der kapitalisierte Zusatzgewinn (= gesteigerter Umsatz minus erhöhte Abschreibung und Kosten) der ergänzten Anlage größer ist als der Gewinn

(= alter Umsatz minus bisherige Kosten) aus der bisherigen Maschine. Als Faustformel kann man auch ansetzen, daß die Nutzung einer Anlage sich noch lohnt, solange ihre laufenden jährlichen Betriebskosten (= Grenzausgaben) kleiner sind als die Ausgabenannuität (= Durchschnittskosten) einer Ersatzanlage[1].

325 Kosten- und Gutschriftenkontrolle

3251 Abweichungsanalyse der Bereitstellungsfaktoren

32511 Isolierung von Faktorpreisänderungen

Die Kostenkontrolle erlaubt eine zusammengefaßte Übersicht über die Wirtschaftlichkeit der Anstrengungen aller Arbeitsplätze zur Erreichung der Abliefer- bzw. Verkaufsziele. Sie muß die Einflußgrößen herausfinden, welche die Kosten einer Abrechnungsperiode verursachen. Kosten sind das Produkt aus Faktorverbrauchsmengen und zugehörigen Faktorpreisen.

Zunächst sind die exogenen Preisabweichungen der direkten Einsatzfaktoren Material durch Marktpreisindizes, Personal durch Lohnniveauveränderungen, Betriebsmittelkapital durch Zinshöhenvergleich gegenüber ihren Verrechnungspreisen zu isolieren. Externe Preisänderungen von Gemeinkosten, die geringen Wertschwankungen unterliegen, werden vernachlässigt.

Dann prüft man die betriebsbedingten Preisabweichungen zwischen tatsächlichen Ausgaben und internen Verrechnungspreisen der Faktoreinsatzmengen.

1. Preisdifferenzen im Materialbereich:
   Hier wirkt sich die Buchungsmethode aus. Meist spaltet man die Standardpreisabweichungen beim Wareneingang auf vorgeschalteten Preisdifferenzkonten der Finanzbuchhaltung ab. Der Saldo dieser Konten wird monatlich über Betriebsergebniskonto abgeschlossen. Das Materialbestandskonto führt dann in Soll und Haben Planeinstandspreise.

   Für die Budgetierung wäre es zweckmäßiger, die Lieferantenrechnungen direkt dem Materialbestandskonto zu belasten und erst beim Verbrauch ein Preisdifferenzkonto einzuschalten. Die Finanzbuchhaltung rechnet dann den Materialvorrat mit gleitenden Durchschnittspreisen ab. In der Betriebsbuchhaltung erfolgt der Zugang auf dem Preisdifferenzkonto zu Istpreisen, der Abgang in die Kostenartenrechnung zu Planpreisen.
2. Preisdifferenzen im Lohnbereich:
   Tarifvertragserhöhungen und neue gesetzliche Soziallasten während des Budgetjahres sind meist im Kostenbudget schon berücksichtigt. Andernfalls muß man die Mehrbeträge aus den Bruttolohn- und Bruttogehaltsstunden aussondern und auf einem Tarifdifferenzkonto erfassen.

   Arbeitsmarktbedingte freiwillige Lohn- und Gehaltsaufstockungen während des Budgetjahres führt man als Verbrauchs-, nicht als Preisdifferenzen. Auch Lohn-

1 D. Schneider, Investition und Finanzierung, 3. Aufl., Opladen 1974, S. 292.

niveauunterschiede wegen betrieblich verursachter Tarifbeibezahlungen zählen zu den Verbrauchsabweichungen.

3. Preisdifferenzen im Finanzierungsbereich:
   Die aus unglücklicher Finanzierungspraxis (z. B. langfristige Engagements zu überhöhten Zinssätzen) herrührenden Abweichungen sollten auf einem Zinsdifferenzkonto isoliert werden. Sie fallen in den Verantwortungsbereich des Finanzchefs. Auch Änderungen des Bundesbankdiskontsatzes werden hierin abgespalten, da sie nicht das Betriebsergebnis betreffen.

32512 Aussonderung irrationalen Potentials

Die Budgetkontrolle hat aus dem Potential der bereitgestellten Arbeitskräfte, Betriebsmittel, Werkstoffe und Führungsmaßnahmen jene überflüssigen Anteile zu beziffern, die kapazitativ nicht benötigt werden. Ein ökonomisches Management wird immer bemüht sein, kein Personal zu horten, Sonderbedarfsmaschinen nur zu mieten, die Vorräte zu reduzieren bzw. den Organisationsgrad nicht zu komplizieren. Sind solche Kapazitäten aber vorhanden, weil quantitativ unteilbar oder zeitlich bzw. intensitätsmäßig nicht dauernd einsetzbar, dann muß man sie als „irrational" = nicht betriebsnotwendig ansehen und aus der Kostenverantwortlichkeit der betroffenen Abteilung herausnehmen. Sollte dies körperlich nicht möglich sein, sind sozial unkündbares Personal, unbelegte Räumlichkeiten oder Luxusarbeitsplatzausrüstung sowie inkurantes Spezialmaterial in den „neutralen" Unternehmensbereich umzubuchen. Derartige Kapazitäten sind disziplinarisch dem Controller unterstellt, bis die Versilberung erfolgt. Fehlplanungen bei der Bereitstellung dürfen nicht als mögliche Verlustquellen im Kostenbudget aufgeführt sein. Sonst würden Wirtschaftlichkeitskontrolle und Preisbildung unnötig erschwert.

3252 Multiflexibles Controlling von Kostenabweichungen im Fertigungsbereich

32521 Eliminierung von Programm-, Verfahrens- und Serienänderungen

Die Kostenkontrolle im Produktionsbereich befaßt sich mit der Abweichungsanalyse der fixen und der variablen Kosten. Beide Begriffe sind im Hinblick auf den Grad ihrer Linearität zur Ausbringungsmenge definiert.

Nun zeigt die Praxis mittelständischer Betriebe mit Serienfertigung, daß manche variablen Kostenarten, wenn man sie graphisch in einem Streudiagramm über anderen technischen Einflußgrößen aufträgt, hierzu einen deutlicheren Linearitätsbezug zeigen als zur Ausstoßleistung.

Diese Kostenbeeinflussungsgrößen entziehen sich der Verantwortlichkeit der Abteilungsleiter, die meist nur die Wirtschaftlichkeit der in fester Mengenrelation zur Ausbringungseinheit festgelegten Einsatzfaktoren überwachen können. Treten während des Budgetjahres Änderungen innerhalb des Produktionsprogramms, des Fertigungsverfahrens oder der Auftragsserie auf, müssen deren Mehr- oder Minderkosten eliminierbar sein.

Am bedeutsamsten sind Veränderungen des Fertigungsprogramms. Sie können von der Marktseite herrühren, indem das Verkaufsprogramm durch neue Verpackungseinheiten, Austausch eigengefertigter durch fremdbezogene Artikel, Wegfall unerwartet schlecht verkäuflicher Sortimente weiter differenziert wird.

Man kann die Programmabweichung noch weiter sezieren, um Verfahrensänderungen bloßzulegen. Sobald die ursprüngliche Verkettung der Arbeitsabläufe in Vor-, Haupt- und Endfertigung variiert wird, ohne daß man die dem Produktionsbudget zugrundeliegende Arbeitsplatzstruktur und Zeitvorgabe je Arbeitsplatz korrigiert, fallen Einsatzverbräuche und Deckungsgutschriften auseinander. Derartige Operationen kommen vor, wenn Aggregate mit anderer Leistungsfähigkeit (z. B. CNC- statt 1-Zweck-Fräsmaschinen) eingesetzt werden. Auch die verwendeten Werkstoffe (z. B. stranggepreßte statt geschmiedete Stähle) oder metallurgische Rezepturänderungen können zu geänderter Bearbeitungsdauer führen. Dasselbe gilt für Reorganisationen der Arbeitsabläufe (z. B. Einrichtung einer Vormontage). Verfahrensabweichungen werden erst dann zu echten Verbrauchsabweichungen, die der Abteilungsleiter vertreten kann, wenn die Arbeitsvorbereitung diese graduell geänderten Ablaufbedingungen wieder als Norm festgelegt hat.

Programm- und Verfahrensänderungen führen zu Abweichungen der Auftragsgröße. Aufgrund des bestätigten Jahresdispositionsbudgets hatte die Arbeitsvorbereitung optimale Losgrößen festgelegt. Wenn sich die Serienstückzahlen erhöhen oder ermäßigen, treten bei den variablen Kosten Serienabweichungen als Folge des Einübungseffektes auf. Empirische Analysen in den USA gehen davon aus, daß mit jeder Verdoppelung der Seriengröße bei Anschlußaufträgen die manuelle Bearbeitungszeit pro Stück um etwa 20 % sinkt. Diese Fertigungslohndegression und umgekehrt -progression bei Losgrößenreduktion nach einer hyperbolischen „Lernkurve" erscheint für europäische Akkordarbeiter mit hinreichender Ablauferfahrung allerdings zu hoch. Die Abgrenzung zwischen Seriengrößen- und Verbrauchsabweichung ist fließend.

Sobald demnach das ursprünglich geplante kritische Standardisierungsmaß in der Sortimentsbreite und -zusammensetzung, im Verfahrensablauf und in der Seriengröße verlassen wird, fallen Mehrkosten an. Der Controller muß die tatsächlichen Wochenpläne der Arbeitsvorbereitung mit dem bestätigten Dispositionsbudget zuzüglich genehmigter Dispositionsänderungsanträge vergleichen. Zieht er die stückzahlmäßig wichtigsten Abänderungen heraus und stellt ihr Fertigungsmaterial- und -zeitengerüst anhand des EDV-Stücklistenprocessors fest, dann ist eine näherungsweise Aussage über den Mehr-/Mindermaterialbedarf, über den Einübungsverlust/-gewinn beim direkten Lohn und über die Progression/Degression der auftragsfixen Kosten möglich.

Die Programmabweichung ΔP errechnet sich nach folgender Formel:

$$\Delta P = \sum_{v=1}^{t} \left[m_{ip} \cdot X_{ip}^{(t)} - m_{bp} \cdot X_{bp}^{(t)} \right] + \left[l_{ip} \cdot X_{ip}^{(s)} - l_{bp} \cdot X_{bp}^{(s)} \right] + \left[f_{ip} \cdot X_{ip}^{(a)} - f_{bp} \cdot X_{bp}^{(a)} \right]$$

Es bedeutet:

X = Stückzahlen, gewichtet mit

t = allen Produktarten je Jahr,

a = allen Dispositionsaufträgen je Monat,
S = allen Losgrößen je Woche;
m = Materialkosten, analog gewichtet mit
i = Istwerten bzw.
b = Budgetwerten;
l = Lohnkosten, analog gewichtet mit
i = Istwerten bzw.
b = Budgetwerten;
f = Auftragsgemeinkosten, analog gewichtet mit
i = Istwerten bzw.
b = Budgetwerten.

32522 Verbrauchsabweichungen bei variablen Standardkosten

Nachdem die Sondereinflüsse auf das Verhalten variabler Kosten isoliert sind, ergibt sich auf jeder Beschäftigungsstufe die echte Verbrauchsabweichung als Differenz zwischen Istkosten und Standardkosten. Sie ist möglich bei Fertigungsmaterialien, Fertigungslöhnen, Sondereinzelkosten der Fertigung, arbeitszeitabhängigen und materialabhängigen Fertigungsgemeinkosten jeder Kostenstelle und jedes Kostenträgers. Der Istverbrauch der direkten Kosten ist anhand der Stücklistenmengen und der Arbeitsganggliederungszeiten je 100 Produkteinheiten eindeutig kontrollierbar. Die Istverbrauchsanalyse der zur Ablieferung nur teilproportionalen Gemeinkostenarten erfordert hingegen Standards spezifischer Bezugsgrößen (z. B. 100 Kcal/h Heizverbrauch pro 100 qm beheizte Fertigungsfläche).

325221 Unwirtschaftlichkeiten bei direkten Kosten

Mehrverbräuche an Fertigungsmaterial

Sie errechnen sich nach der Formel:

Δ_M = Istproduktmenge x (Istmaterialverbrauch/Stück – Standardmaterialverbrauch/Stück) x Standardpreis/Stück.

Zur Wirtschaftlichkeitskontrolle erfolgt eine Ursachenanalyse. Sie führt zur Aufspaltung in Teilabweichungen:

1. Werkstoffbedingt: z. B.: Die physikalisch-chemischen Eigenschaften stimmen nicht mit den Wareneingangsvorschriften der Stückliste überein.
2. Betriebsmittelbedingt: z. B.: Die bereitgestellten Werkzeuge oder Maschinen erlauben infolge Wartungsmängeln u. ä. keine quantitativ oder qualitativ optimale Ausbeute.
3. Personalbedingt: z. B.: Durch Einsatz unqualifizierter Arbeitskräfte oder durch unzureichende Beaufsichtigung entsteht Ausschuß oder Nacharbeit.
4. Dispositionsbedingt: z. B.: Aufgrund obiger Störungen werden Folgeentscheidungen über Mehrarbeiten erforderlich.

Mehrverbräuche an Fertigungslöhnen

Sie beinhalten Zeiten- und Lohnniveau-Abweichungen. Die Totalabweichungen für Akkord-, Prämien- und Zeitlohnformen ergeben sich aus:

Δ_L = Istabliefermenge x Vorgabeminuten x Istbetriebsgrundlohn/Min.
– Planabliefermenge x Vorgabeminuten x Standardbetriebsgrundlohn/Min.

Zeitabweichungen einer Fertigungsstelle können auch positive Steigerungen gegenüber dem eingeplanten mittleren Wirkungsgrad = $\frac{\text{Istleistung} \cdot 100}{\text{Normalleistung}}$ beinhalten. Lernkurvendegressionen gestiegener Auftragsstückzahlen sind hingegen bei der Serienabweichung erfaßt. Denn der Arbeiter hat bei Normalleistung bereits einen solchen Übungsgrad erreicht, daß ein wesentlicher Leistungsanstieg durch weiteres Üben nicht mehr erzielbar ist.

Die Wirtschaftlichkeitskontrolle der verfahrenen Zeiteinheiten zeigt folgende Teilabweichungen:

1. Werkstoffbedingt: Mehrarbeit wegen Verarbeitung von Rohmaterial, Zukaufteilen oder Hilfsstoffen mit abweichenden Qualitätseigenschaften u. ä.
2. Betriebsmittelbedingt: Tempoverminderung infolge ungeeigneter Maschinen und Vorrichtungen u. ä.
3. Personalbedingt: Tempoverlust durch Umsetzung an ungeübte Tätigkeiten, Nacharbeit von Arbeitsfehlern aus vorherigen Arbeitsgängen u. ä.
4. Dispositionsbedingt: Mehrzeitbedarf wegen erhöhter Kontrollen, Konstruktionsänderungen u. ä.

Sofern die Arbeitnehmer die Mehrzeitenverbräuche bzw. die Minderleistungen nicht zu vertreten haben, sind diese gemäß den Manteltarifverträgen mit dem Akkord- oder Prämienlohndurchschnittsverdienst der letzten 13 Abrechnungswochen zu vergüten. Daraus entsteht eine zusätzliche Lohnniveauabweichung gegenüber den Standardleistungslöhnen.

Mehrverbräuche an Sondereinzelkosten der Fertigung

Reine Verbrauchsabweichungen fallen relativ begrenzt an. Hierher gehören z. B. erhöhte umsatzvariable Lizenzkosten. Auch die Stromverbräuche eines Induktionsschmelzofens, die in starrer Aufheizfunktion mit dem Tiegelfassungsvermögen an kaltem Einsatz gekoppelt sind, erhöhen sich für überlanges Warmhalten der flüssigen Schmelze während des Abfüllens in die Gießpfannen. Maschinengebundene Vorrichtungen, etwa Gesenke für Schmiedehämmer, halten eine mittlere Standzeit von 15 000 Rohlingen aus, sofern diese Stücke „in 1 Hitze“ ausgeschmiedet werden. Läßt der Hammerführer das Gesenk erkalten, tritt Rißverschleiß ein, der die Nutzungszeit auf vielleicht 7 000 Rohlinge beschränkt.

325222 Flexible Bezugsgrößentarifsätze variabler Gemeinkosten

Verbrauchsabweichungen treten auch bei den variablen Standardgemeinkosten jeder Beschäftigungsstufe auf.

Für die Produktionsstufe werden die variablen Gemeinkosten (VHK) in einem besonderen Stundentarif zusammengefaßt. Der bei der Budgetkontrolle ermittelte effektive VHK-Stundentarif unterstellt, daß die Verbrauchsabweichungen der einzelnen Gemeinkosten sich entsprechend ihrem Variator zur Beschäftigung verändern. Fertigungshilfsstoffe seien bei 100 % Beschäftigung mit 7 000 DM budgetiert. Bei einem Variator 6 (= 60 % ausstoßproportional, 40 % ausbringungsfix) dürfen 4 200 DM Standardkosten bei 70 % Beschäftigung flexibel anfallen. Folgt der Verbrauch aber mehreren Maßgrößen, muß ein multiflexibles Controlling innerhalb der Fertigungsstelle stattfinden.

Ein Beispiel für den Bereich der arbeitszeitabhängigen Gemeinkosten findet man in mann- und maschinenintensiven Fertigungsstellen, etwa der Spulenwickelei einer Kondensatorenfabrik mit 1 Arbeiterin für 4 Wickelmaschinen. Hier können Mannarbeitszeit und Maschinenlaufzeit differieren. Die maschinelle Wickeldauer steht wegen unterschiedlicher Kondensatorenbreite an jedem Gerät und wegen häufiger Abrisse der Feinstdrähte in keiner starren Zeitrelation zur manuellen Bedienungszeit. Beide Zeitkomponenten bestimmen mit 40 % : 60 % die Stellenleistung.

Zur Wirtschaftlichkeitskontrolle ist die Trennung der maschinenabhängigen Gemeinkosten von den lohnabhängigen notwendig. Aufsichtsgehälter, Hilfslöhne der Reparaturabteilung, Hilfsmaterialien und Energiekosten sind verursachungsgerechter in einem variablen Maschinenstundentarif zu verrechnen. Alle übrigen lohnproportionalen Primär- und Sekundärkostenarten bleiben hingegen im variablen Mannstundentarif enthalten. Sofern beide Standard- bzw. Istkosten anschließend vereinfachend auf die einheitliche Rechengröße Mannstunden bezogen werden, ergeben sich je nach den Zeitenkombinationen gleitende, variable Gesamtstundentarife. Diese Unterschiede zum monatsdurchschnittlichen Stundensatz haben nichts mit Unwirtschaftlichkeit zu tun.

Beispiel:

a) 0,5 MannStd. x 20 DM/Std. Personal-GK + 3,0 Masch.-Std. x 15 DM/Std. Aggregat-GK = 10 DM + 45 DM = 55 DM.

   55 DM : 0,5 MannStd. = 110 DM Total-GK/MannStd.

b) 2,0 MannStd. x 20 DM/Std. Personal-GK + 3,0 Masch.-Std. x 15 DM/Std. Aggregat-GK = 40 DM + 45 DM = 85 DM.

   85 DM : 2,0 MannStd. = 42,50 DM Total-GK/MannStd.

c) Mittlerer Kostenstellentarif = 66 DM/MannStd.

Eine Trennung der variablen Gemeinkosten nach mehreren Haupteinflußgrößen erweist sich auch in lohn- und materialintensiven Produktionen als notwendig. So fertigt man innerhalb der Handformerei in Eisengießereien sowohl schwere Maschinenständer einfacher Oberfläche als auch kleine, komplizierte Elektrorippen-Gußteile. Erstere erfordern beträchtliche Formsand- und -bindermengen bei relativ geringem Fertigungslohnaufwand, während letztere in niedrigeren Formkästen mit hohem Zeitaufwand ausgeformt werden. Diese wechselnde Auftragszusammensetzung rechtfertigt eine Aufspaltung in gewichts- und in schwierigkeitsabhängige Kostenarten. Für letztere bilden die Fertigungsstunden der Handformer, für erstere das Formstoffvolumen die spezifische Bezugsbasis. Das Kalkulieren mit einheitlichen und starren GK-Sätzen allein nach dem Handformerzeitbedarf würde die schwergewichtigen Gußstücke zu gering, die sperrigen Kleinabgüsse zu hoch belasten. Eine Verbrauchsabweichung wäre nicht kontrollierbar. Der durchschnittliche Lohnzuschlagsatz des BAB muß aufgespalten werden.

Beispiel:

a) 0,5 Std. Formerlohn 5 DM + 100 % zeitabhängige GK 5 DM + 300 Liter Formstoff-GK 10 DM = Fertigungskosten (ohne Fertigungsmaterial) 20 DM.

   15 DM Gesamt-GK : 5 DM Formerlohn = 300 % GK-Zuschlag

b) 2,0 Std. Formerlohn 20 DM + 100 % zeitabhängige GK 20 DM + 150 Liter Formstoff-GK 5 DM = Fertigungskosten (ohne Fertigungsmaterial) 45 DM.

   25 DM Gesamt-GK : 20 DM Formerlohn = 125 % GK-Zuschlag

c) BAB = ⌀ 175 % GK auf Fertigungslöhne

32523 Verrechnung der Fixkosten bei Beschäftigungsänderungen

Die Budgetkontrolle steht bei der Analyse jener Gemeinkostenarten, die bei planmäßiger Kostenauflösung mit Variatoren für Beschäftigungsänderungen von 0 bis 9 versehen wurden, immer vor Zurechnungsproblemen. Man spricht vom sog. Fixkostenblock, obwohl Urlaubslöhne mit Variator 9 zu 90 % bzw. Gebäudeversicherungen mit Variator 1 noch zu 10 % ausbringensproportionales Verhalten zeigen, also nur teilfix sind. Abschreibungen gelten zwar als vollfix, doch vollzieht sich die technologische Abnutzung verbrauchs- bzw. die kommerzielle Entwertung zeitkontinuierlich. Auch andere Fixkostenarten folgen offensichtlich verschiedenen Bezugsgrößen.

Es gibt kaum reinrassig unveränderliche Fixkosten. Deshalb ist eine Aufspaltung in kapazitätsfixe Gemeinkosten (anteilige Gehälter, AfA, Sekundärkosten für allgemeine, Materialneben- und Fertigungshilfsstellen u. ä.), auftragsfixe Gemeinkosten (anteilige Einrichterlöhne, Werkzeuge, Versand-, Fakturier-, Mahnkosten u. ä.) sowie unternehmensfixe Gemeinkosten (anteilige kalkulatorische Zinsen, Versicherungen, Beratungen, Beiträge, Betriebssteuern u. ä.) zweckmäßig. Nur die Kapazitätskosten sind von der Betriebsleitung mitverursacht; alle Fixkosten müssen aber von ihr getragen werden. Daher ist die Beschäftigungsabweichung keine eigentliche Kostenabweichung, sondern eine Rechengröße, wieviel Beitrag zur Deckung der (vorwiegend kapazitäts-) fixen Kosten erzielt werden.

Beschäftigungsabweichung Δ_B = Standard-Herstellkosten bei Istbeschäftigung − verrechnete Plan-Herstellkosten bei Istbeschäftigung

Diese Formel sagt aus, welcher Anteil der Fixkosten bei niedrigerer Auslastung als budgetiert in der Kostenstellenrechnung auf die Leistungen verteilt wurde. Die Fixkosten wurden in einem starren Plankostenverrechnungssatz auf die Bezugsgröße „Maximalkapazität der Fertigungsstelle" ermittelt.

Beispiel:

80 000 DM fixe Kostenanteile aller Kostenarten : 4 000 Maximal-Maschinenlauf-Std./Jahresdoppelschicht = 20 DM/Std. Plant die Abteilung nur 3 000 Std., so bleiben 1 000 Std. x 20 DM/Std. = 20 000 DM ungedeckt.

Sänke die Istbeschäftigung auf Null, dann würden sämtliche fixen Kosten als Beschäftigungsabweichung ausgewiesen. In Höhe dieser Verrechnungsdifferenz wären die Kosten nicht gedeckt und würde über die Kalkulation keine Substanzerhaltung gewährleistet.

Die Praxis hilft sich mit flexiblen Leerkostenverrechnungssätzen auch bei den Fixkosten. Der Controller prüft, ob beim tatsächlichen Beschäftigungsgrad zusätzliche ungedeckte Fixkosten mit Hilfe von Unterbeschäftigungszuschlagskorrekturen hätten gedeckt werden müssen. Sie ergeben sich als ungeplanter Leerkostenaufschlag in Höhe der Differenz zwischen Ist- und Plankapazitätsauslastung auf den bisher budgetierten Fixkostenstundentarif. Ob dieser Sonderzuschlag im Verkaufserlös hereingeholt wurde, bleibt ebenfalls nachzukontrollieren.

3253 Kontrolle der Abliefergutschriften bei Produktionsanpassungen

32531 Leistungsvariation bei zeitlicher und quantitativer Anpassung

Die Kosten- und Leistungskontrolle wird noch schwieriger, wenn das Unternehmen aufgrund nachhaltiger Konjunkturschwankungen gezwungen ist, ein neues Betriebsoptimum auf niedrigerem oder höherem Kapazitätsniveau zu etablieren. Während der Budgetperiode wird also eine neue Kombination aller Einsatzfaktoren und der Aufbau- bzw. Ablauforganisation vollzogen.

Zeitliche Anpassung

Nähert sich das Beschäftigungsniveau der kritischen Untergrenze von 50 % der Maximalkapazität, steigt die Stückkostenkurve unter dem Druck der fixen Kostenanteile progressiv an. Der nachkalkulatorische Unterbeschäftigungszuschlag für die beträchtliche Beschäftigungsabweichung ist im Verkaufserlös nicht mehr überwälzbar. Auch die variablen Kosten des Arbeitsvollzuges steigen wegen des umgekehrten Lernkurveneffektes an. Die aus den geringeren Ablieferstückzahlen frei fallenden Gutschriften zu Standardherstellkosten decken den Mehraufwand nicht.

Eine interne Änderung der partiellen Kreditierung ist unzulässig, da – aus Gründen einheitlicher Verkaufspreisbildung und Fabrikatebewertung – jedes Produkt nur eine Gutschriftshöhe haben kann. Die Unternehmensleitung wird daher zunächst die Anzahl der Wochenschichten durch Kurzarbeit reduzieren. Nach den Bestimmungen des Arbeitsförderungsgesetzes bezahlt das Arbeitsamt den Arbeitnehmern den Verdienstausfall in Höhe von 69 % der Nettobezüge. Der Controller wird das Kurzarbeitsgeld als Zusatzgutschrift den Kostenstellen honorieren. Da die Personalnebenkosten weiterhin getragen werden müssen, kann dieser erste Anpassungsschritt nur von vorübergehender Dauer sein.

Umgekehrt ermöglicht in Überbeschäftigungsphasen die Schichtverlängerung von 8 auf 10 Stunden oder die Einführung von kompletter Zweitschicht die Beibehaltung des Arbeitsablaufes mit gleichen Betriebsmitteln. Die konstanten Fixkosten bewirken eine Degression, die tariflichen Mehrarbeitslohnzuschläge (bei Überstunden 25 bis 50 %, bei Spät- und Wechselschichten 15 bis 30 %) eine Progression der Stückkosten. Eine zeitliche Kapazitätsausweitung ist jedoch dann vorteilhaft, wenn der Lohnanteil am Umsatz gering bzw. die Anlagenintensität hoch ist. Die Ablieferstückzahl steigt zwar unterproportional, weil bei Überstunden bzw. Doppelschichtbetreuung gewisse Ermüdungserscheinungen bzw. Aufsichtsfehler auftreten. Wertmäßig bringt aber die partielle Kreditierung der Zusatzleistung eine überproportionale Deckung, da alle Fixkosten schon in den Standardherstellkosten für optimal kalkulierte 8-Stunden-Schicht gutgeschrieben sind.

Quantitative Anpassung

Reichen zeitliche Kapazitätsanpassungen zur Ergebnisverbesserung nicht aus, ist die Betriebsgröße zu variieren. Bei Erweiterungen kostet ein neuer Arbeitsplatz ca. 60 TDM/Jahr an Personalkosten, ferner zusätzliches Kapital für Investitionen, Vorrats- und Debitorenaufstockung. Dadurch ändert sich sprunghaft die Fixkostenstruktur. Nur die geplanten Veränderungen der Personal-, Vorrats- und Kreditkapazitäten sind in den Kostenstellentarifen berücksichtigt. Die partielle Kreditierung der zusätzlich erwirtschafteten Ablieferungen deckt die tatsächlichen Gemeinkosten nicht immer. Dann liegen negative Verbrauchsabweichungen wegen positiven Leistungsabweichungen vor.

Eine analoge Situation tritt ein, wenn eine Nachfrageflaute zum Personal- und Betriebsmittelabbau zwingt. Der Einschränkungsprozeß läuft wegen der Entlassungsverhandlungen mit dem Betriebsrat nicht schlagartig ab. Bei Lagerergänzungsfertigung wird die zwischenzeitlich abgelieferte Produktion mit budgetierten Stückgutschriften vergütet. Der Controller muß hier zunächst die Gutschriftshöhe der partiellen Kreditierung korrigieren, da die drastischen Sparmaßnahmen in allen Fertigungs-, Hilfs- und -Verwaltungsstellen zu niedrigeren Gemeinkostentarifen geführt haben. Weiterhin wird er die Ergebnisverbesserung, welche aus der Fabrikataufstockung zu bilanziellen Herstellkosten resultiert, um den Inkuranzabschlag für eventuelle Unverkäuflichkeit und um die erhöhten Lagerzinsen berichtigen. Dadurch treten die Verbrauchsabweichungen gegenüber den normativ reduzierten Abliefergutschriften zutage, bis der Betrieb sein niedrigeres Kosten- und Leistungsniveau gefunden hat.

32532 Kosten- und Gutschriftenabweichungen infolge Intensitätsanpassung

Die Leistungskontrolle trifft in der Metallindustrie auf eine weitere Abweichungskategorie, die noch komplizierter zu isolieren ist. Diese intensitätsmäßige Ausbringungsanpassung ist typisch bei Auslastungen innerhalb der kostenoptimalen Beschäftigungsstufe, d. h. zwischen 50 und 80 %. Ihre Ursachen sind bei manuellen Arbeitsplätzen mehr psychologischer Natur, bei Maschinenplätzen mehr dispositiver Art.

1. Planbeschäftigungsgrad/Schicht	(Schmelz-Stunden)	Minim. 50 %		Optim. 80 %		Maxim. 100 %	
2. Phasenintensitätsvariation flüssiges Eisen	(Schicht = 8 Stunden)	20–30 t		–		45–55 t	
3. ϕ Plan-Ausbringung flüssiges Eisen		25 t		40 t		50 t	
4. Häufigste Intensitätsausbringung flüssiges Eisen	(wegen Futteraufheizung)	22 t		40 t		53 t	
5. Ist-Intensitätsausbringung flüssiges Eisen		22 t		40 t		53 t	
6. ϕ-Plan-Füllkokskosten	Std./Schicht x 100 DM/t Koks	500,–	DM/tfl.E.	500,–	DM/tfl.E.	500,–	DM/tfl.E.
7. ϕ-Plan-Satzkokskosten	0,2 t Koks/1 t fl. Eisen	500,–		800,–		1 000,–	
8. ϕ-Plan-Gesamtschmelzkosten (= Gutschrift)	Koks + 80 DM/t + 2 000 fix	5 000,–	200,–	6 500,–	162,50	7 500,–	150,–
9. Häufigste Intensität Kokskostenverbrauch	0,22 t bzw. 0.18 t Satzkoks/	984,–		1 300,–		1 454,–	
10. Häufigste Intensität Gesamtschmelzkosten	t fl. Eisen	4 744,–	215,64	6 500,–	162,50	7 694,–	145,17
11. Ist-Kokskostenverbrauch	0,25 t bzw. 0,15 t Satzkoks/	1 050,–		1 350,–		1 295,–	
12. Ist-Gesamtschmelzkosten (zu Planpreisen)	t fl. Eisen	4 810,–	218,64	6 550,–	163,75	7 535,–	142,17
13. Verbrauchsabweichung	(Z 12–10) Δ DM/E x Intens. t	+ 66,–	+ 3,–	+ 50,–	+ 1,25	–159,–	–3,–
14. Abweichung ungleicher Intensität	(Z 10–8) Δ DM/t x Intens. t	+ 344,–	+15,64	–	–	–256,–	–4,83
15. Phasengutschrifts- = Beschäftigungsabweichung	(Z 8) Δ DM/t x Opt. – Min. t Max. – Opt. t	+ 562,–	+37,50	–	–	–163,–	–12,50

Abb. 55: Intensitätskosten-Phasengutschrift im Schmelzbetrieb

Es ist ein empirisch bestätigtes Phänomen, daß Akkordarbeiter in Zeiten der Kapazitätseinschränkung aus Angst um ihren Arbeitsplatz auch bei Vorgabezeitbeschneidung oder Verdienstlimitierung Leistungssteigerungen erbringen (z. B. Steinkohlenförderung in t/Kopf nach Zusammenfassung aller Zechen in der Deutschen Kohlenbergbau AG). Die überhöhte Arbeitswilligkeit führt zur Ausnutzung überflüssiger Verteilzeiten und zur Freisetzung von Tempoleistungen bei „günstigen" Vorgabezeiten, die aus Angst vor der Akkordschere bisher zurückgehalten wurden. Diese Erscheinung ist nicht mit dem höheren Einübungsgrad bei Wiederholungsserien („Erfahrungskurve") zu verwechseln. Die Zeitgradsteigerung bewirkt für den Betrieb erhöhte Ablieferungsstückzahlen und Deckungsgutschriften.

Umgekehrt läßt sich in der Praxis feststellen, daß in Hochkonjunkturzeiten bei mehrmonatigen Überstunden eine unerwartete Tempodrosselung seitens der Akkordarbeiter zutage tritt. Die in dieser Beschäftigungsphase eingeplanten Ablieferungen werden nicht realisiert, die Lagerergänzungsdauer steigt an.

In ähnlicher Weise ist man an kontinuierlich eingesetzten Maschinenplätzen zu saisonbedingten Intensitätsanpassungen gezwungen. Diese Anlagen müssen während der ganzen Schichtdauer laufen, fahren aber mit unterschiedlichem Lastgrad. So sind Energieversorgungseinrichtungen (Dampfkessel, Wasserturbinen u. ä.) bei gedrosselter wie bei Spitzenabnahme in Betrieb, wenngleich ihre Leistungshergabe pro Stunde nicht konstant ist. Dasselbe gilt für Kupolöfen in Eisengießereien oder Glühöfen in Schmieden, die innerhalb der Schichten auf gleicher Temperatur gehalten sein müssen, selbst wenn unter- oder übernormale Durchsätze anfallen, da jedes Erkalten zu Futterverschleiß führt. Entsprechend fallen bei maschinellen Oberflächenbehandlungen an getakteten Fließbändern (Galvanisierbändern, Lacktauchstraßen) stets die gleichen Kostenverbräuche an, obwohl die Ausstoßmengen differieren.

Die Erfassung der intensitätsbedingten Leistungsabweichungen ist nur über Leistungskennzahlen bei konstanten Einsatzfaktoren – z. B. Strom-, Koksverbrauch – im Vergleich zum betriebsdurchschnittlichen Intensitätsgrad möglich. Die partielle Kreditierung kann nur die tatsächlichen Ablieferungen gutschreiben. Die Intensitätsmehrkosten verschwinden als Verbrauchsabweichungen, wenn sie nicht eliminierbar sind. Denkbar ist eine Abweichung infolge ungleicher Intensitätsgrade, welche die Kostenunterschiede festhält, die gegenüber den Standardkosten pro Einheit bei häufigstem Phasenintensitätsgrad anfallen[1]. Zur Erläuterung möge die Analyse der Durchsatzleistung eines Kupolofens in einer Eisengießerei dienen, dessen Kokskostenverbrauch intensitätsmäßig schwankt (vgl. Abb. 55).

3254 Deckungsbeitragskontrolle der Vertriebsstufe

32541 Grenznutzenkontrolle der Absatzwege

Wenn die Produktionsfaktoren bei Optimalbeschäftigung knapp sind, kommt es darauf an, für welche Aufträge sie tätig werden. Bei diesem Entscheidungsproblem sind nicht nur die komparativen Kostenvorteile der miteinander um die Kapazitäten konkurrie-

1 W. Kilger, Flexible Plankostenrechnung, 7. Aufl., Wiesbaden 1977.

renden Aufträge, sondern auch der Nutzenentgang alternativer Erlösvorteile zu berücksichtigen. Da die Erlösseite vom Vertrieb bestimmt wird, hat dieser die Annahme von Aufträgen mit optimalem Grenznutzen = Vertriebsstufendeckungsbeiträgen in Höhe der Differenz zwischen Nettoerlös und betrieblicher Abliefergutschrift zu verantworten. In analoger Weise war der Betrieb für die optimale Programmierung seiner beschränkten Bearbeitungsmöglichkeiten durch Hereinnahme von Vertriebsaufträgen mit höchstem Leistungserfolg = Produktionsstufenrohertrag in Höhe der Differenz zwischen betrieblicher Abliefergutschrift und variablen Herstellkosten zuständig. Beide Unternehmensstufen sollen bei der Budgetierung im jeweiligen Nutzkostenoptimum (= Schmalenbachs „Punkt der Proportionalität") operieren, wo die optimalen Abliefer- bzw. Absatzmengen die Fertigungs- bzw. Vertriebskapazitäten gerade auslasten.

Die Deckungskontrolle der Absatzwege vergleicht deshalb monatlich die DB-I-Prozentsätze (von Nettoerlösen abzüglich variabler Herstellkosten). Dazu sind alle Fakturenpositionen nach Kunden-Nummern bzw. Vertriebswegen sowie nach Artikel- bzw. Kostenträgergruppen im EDV-Lauf zu ordnen. Marktsegmente, die weniger als 40 % DB I erbringen, sind – bei Unternehmensfixkosten von durchschnittlich 30–40 % des Erlöses – schon suspekt, solche mit DB < 30 % sicher verlustbringend. Die Deckungsbeitragsabweichung zwischen Budget und Ist muß nach allen Arten von Preis-, Programm- und Kostenabweichungen analysiert werden. Ihre rechnerische Isolation wurde geschildert. Deshalb sollen hier nur ausgewählte Beispiele dabei auftretenden komplizierteren Vertriebscontrollings erörtert werden.

32542 Vertriebsprogrammabweichungen bei Sortimentskupplung

Der Vertrieb konsumnaher Erzeugnisse an den Fach- oder Großhandel, an Kaufhäuser oder Einkaufsverbände verlangt das Angebot einer abgestuften Typenreihe, um unterschiedliche Mengenbedarfswünsche der Kundschaft gestaffelt bedienen zu können.

Diese Sortimentsbindung im Vertrieb ähnelt der Kuppelproduktion, bei welcher aus technologischen Gründen zwangsläufig mehrere Produktarten gleichzeitig entstehen. Am Markt liegt die kompliziertere Erscheinungsform vor, daß die Absatzmengenrelationen der Artikeltypen innerhalb der Verkaufspalette nicht konstant, sondern veränderlich sind. Bestsellerumsätze sinken jedenfalls, wenn die komplementären Mitläufer nicht verfügbar sind.

In geringen Jahresmengen absetzbare Sortimentstypen werden unwirtschaftlich, sofern nicht ein Sortimentsverkaufspreiszuschlag einen kostendeckenden Erlös gewährleistet. Dies ist bei fehlenden Produktmarken und auf reinen Konkurrenzmärkten selten. Rennerartikel müssen die Minderdeckungsbeiträge der Teamgefährten ausgleichen. Dies erfordert die laufende Überwachung des Gesamtsortimentserfolges. Aus dem Deckungsbeitrag der erfolgreichen A-Artikel ist eine Sortimentsrückstellung für erfolglosere C-Artikel zu reservieren.

Das Controlling wird auch die Einflußgrößen systematisieren, welche diese Verkaufskombinationen bestimmen. Sie sind aus den Besuchsreports beim Handel eruierbar. Hierzu zählen u. a. der Dimensionierungsabstand der Typen, der Standardisierungstrend beim Händler, Artikelförderungsmaßnahmen des Wettbewerbs. Man muß zu sinnvoll ansteigenden Deckungsbeitrags-Äquivalenzziffern jedes Sortimentsartikels zum wichtigsten Verbundartikel gelangen, um den Gesamtsortimentserfolg beurteilen und aufteilen zu können.

Eine Kontrolle, wie die wirtschaftlichsten Stückzahlverhältnisse der Sortimentsartikel untereinander gemixt sein müssen, mit Hilfe eines Zuteilungsmodells erscheint für Mittelbetriebe undurchführbar. Die Aufgabe, zwischen Maximum und Minimum für jeden Sortimentsartikel die verkaufsoptimale Artikelkombination zu finden, wäre durch lineare Programmierung mit den Kupplungsrelationen (= DB-Äquivalenzziffern) als Restriktionen zu lösen.

32543 Unteroptimale Verkaufspreisnachlässe bei abgestuften Serienqualitäten

Das Controlling hat auch die Gründe der Abweichungen zwischen Plan- und Istdeckungsbeiträgen II auf Grund von marktbedingten Nachlässen auf die festliegenden Verkaufslistenpreise zu untersuchen. Sie entstehen aus unterlassenen Preiserhöhungen, Nettopreissenkungen, zusätzlichen Rabatten oder Jahresboni. Dabei wird auf die für mittelständische Industrie-Unternehmen typische Situation des Verkaufs von Serienprodukten qualitativ differenzierter Sortimente abgehoben.

Unter der Annahme unveränderter sonstiger Vertriebsaktivitäten sind für das in einem Vielwettbewerbermarkt operierende Unternehmen drei Streckenabschnitte seiner Verkaufspreispolitik zu analysieren (vgl. Abb. 56).

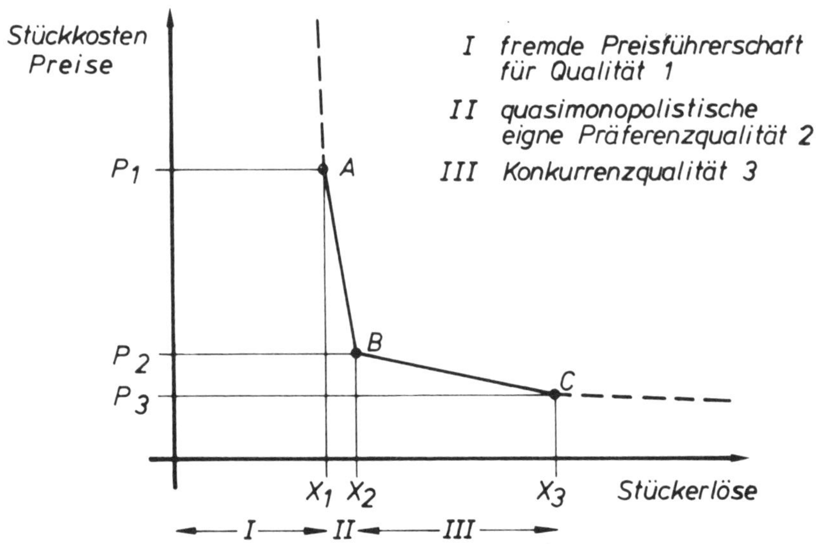

Abb. 56: Strecken-Verkaufspreispolitik bei polypolistischer Preis-Absatz-Funktion

Auf diesen unvollkommen überschaubaren Märkten hat die Verkaufspreis-/Absatzmengenkurve für das betriebsindividuelle Qualitätssortiment nur einen begrenzten Mittelabschnitt II quasi-monopolistischen Preisverhaltens. Hier stehen auf Grund von Präferenzen für Firmennamen und deren Marken oder für Zuliefernähe und langjährige Geschäftsbeziehungen die eigenen Verkaufspreise einer fast unelastischen Nachfrage gegenüber. Innerhalb dieses Intervalls, dessen Grenzen also von der Substituierbarkeit der eigenen Qualitäten durch fremde bestimmt sind, ist die lineare Schematik des BEP-Diagramms ausgeschaltet.

Oberhalb des unternehmensspezifischen Qualitätsbereichs II hört am kritischen Punkt A die eigene Absatzmengenkurve überhaupt auf, weil die Kunden zu qualitativ höchstwertigen Fremdmarkenprodukten überwechseln. In jenem Qualitätsbereich I herrscht kaum Nachfrage nach Eigenfabrikaten. Der eigene Verkaufspreis könnte eher noch angehoben werden. Preissenkungen verschlechtern sogar das eigene Image.

Erst unterhalb des kritischen Wendepunktes B werden im breiten Qualitätsbereich III neue Käuferschichten in der qualitätsniedrigeren Konkurrenz abgezogen, da die eigenen Firmenpräferenzen noch nachwirken. Renommierte Mittelstandsunternehmen führen unter ihrem Firmennamen deshalb gern ein zweites, mindestens 25 % preisgünstigeres Fabrikatsortiment, welches oft als Handelsware aus Billigländern importiert ist. Es wird möglichst sogar in andere Vertriebswege verkauft. Die Nachfrage wird dann bis zum Ausschließungspunkt C preiselastisch. Zwischen Preisreduzierung und Verkaufsstückzahlerhöhung entstehen wieder lineare Beziehungen. Die Gewinnoptimierung erfolgt wieder nach der BEP-Formel. Hier lassen sich Marktanteile allerdings auch durch andere Marketingausgaben (z. B. schnellste Lieferbereitschaft) erhöhen.

Beim Verkaufspreis-Controlling sind besonders die Grenzpreiskalkulationen im Qualitätsbereich II nachzuprüfen. Wichtig ist das Herausfinden des kritischen Punktes B, ab welchem der quasimonopolistische Preisbereich II wieder in den Konkurrenzpreisbereich III abfällt. Bringen Preisnachlässe oberhalb B absolute Deckungsbeitragssteigerungen? Man rechnet Alternativen der Grenzpreis-Kalkulationstechnik mit der Formel des monopolistischen Gewinnmaximums nach:

$$\text{Grenzumsatz} = \text{Grenzkosten}$$

$$\text{Preis}\left(1 - \frac{1}{\text{Absatzelastizität}}\right) = \text{Grenzkosten}$$

$$\text{Preis}_{\text{opt}} = \text{Grenzkosten} \times \left(1 + \frac{1}{\text{Absatzelastizität} - 1}\right)$$

Der gewinnoptimale Preis nach Preisnachlässen (v. H.) stellt sich damit als der um den Absatzelastizitätsgrad korrigierte Bruttospannen-Aufschlag (i. H.) auf die Grenzkosten dar[1]. Die Absatzelastizität ergibt sich aus der Division der prozentualen Absatzmengen durch die Preisaufschlagsänderung. Grenzkosten sind die Standardherstellkosten.

---

1 H. H. Böhm – F. Wille, Deckungsbeitragsrechnung und Optimierung, 3. Aufl., München 1967, S. 133.

Beispiel:

a) Bei Senkung des Verkaufspreises p_1 = 230 DM/Stück um 10 % (=nachgelassener Rohaufschlag 11,1 %) auf p_2 = 207 DM/Stück stieg die Absatzmenge X_1 = 500 Stück um 15 % auf X_2 = 575 Stück. Die Absatzelastizität veränderte sich auf 15 : 11,1 = 1,35. Der Bruttospannenaufschlag mußte somit 1 : (1,35 – 1) · 100 = 286 % lauten. Bei Herstellkosten von 50 DM/Stück und preisproportionalen Vertriebseinzelkosten (Provision, Skonti, Fracht) von 6,5 % vom Stückerlös bestätigte sich der Verkaufspreis als hierfür optimal:

$$P_2 = 50 \cdot \left(1 + \frac{286}{100}\right) \cdot \frac{1}{\left(1 - \frac{6,5}{100}\right)} = 193 : 0,935 = 206,42 \text{ DM/Stück}$$

An Deckungsbeitrag II wurden erzielt:

Bei P_1 : 500 Stück x (230 – 50 =) 180 DM/Stück Deckungsbeitrag II = 90 000 DM DB II gesamt

Bei P_2 : 575 Stück x (207 – 50 =) 157 DM/Stück Deckungsbeitrag II = 90 275 DM DB II gesamt

Die Preissenkung brachte bei dieser Absatzelastizität noch keine Verbesserung.

b) Bei gleichen Herstell- und Vertriebseinzelkosten hatte eine Senkung des Verkaufspreises P_1 = 230 DM/Stück um 15 % (= nachgelassener Rohaufschlag 17,5 %) auf P_2 = 195,50 DM/Stück die Absatzmenge X_1 = 500 Stück um 25 % auf X_2 = 625 Stück gesteigert. Die Absatzelastizität stieg auf 25 : 17,5 = 1,42. Der Bruttoaufschlag konnte auf 235 % gesenkt werden. Der DB II betrug bei P_2 = 625 Stück x (195,50 – 50 =) 145,50 DM/Stück = 90 937 DM. Mit zunehmender Absatzelastizität und erhöhten Verkaufspreisnachlässen nahm also der absolute Deckungsbeitrag langsam zu.

Innerhalb des engen quasi-monopolistischen Verkauspreissegments von Punkten A bis B wären also schon erhebliche Preissenkungen erforderlich, um über eine höhere Absatzelastizität den absoluten Deckungsbeitrag zu maximieren. Es leuchtet deshalb ein, daß in der Praxis die Verkaufspreise möglichst hoch über den Herstellkosten nahe Punkt A unter Beschränkung der Absatzmengen gelegt werden. Sie dürfen allerdings nicht darüber in das Qualitätensegment I hineinreichen.

3255 Speed factor gestufter Leerkosten- und Abweichungsdeckung

Der nachkalkulatorische Deckungsbeitrag eines Unternehmens läßt in absoluter und prozentualer Höhe wichtige Aussagen über das Betriebsergebnis zu. Sie werden noch prägnanter, wenn man sie nach Vertriebs- und Produktionsstufe, also nach Vertriebswegen oder Kostenträgergruppen, aufteilen kann. Der Vergleich untereinander zeigt, welcher Markt oder welches Produkt am meisten zur Abdeckung der geplanten Leerkosten und der ungeplanten Vertriebs-, Verwaltungs- und Fertigungsgemeinkostenabweichungen beiträgt. Diese „Speedfaktoren" der Deckungsbeiträge sind bei einer Matrixorganisation nach Profitcenters – beispielsweise Produktlinien mit Ergebnisverantwortlichkeit – differenzierbar.

Der Controller ist bemüht, die Fixkosten eines Vertriebsweges oder einer Produktsparte oder eines Unternehmens gestuft durch jene Leistungen getragen zu sehen, welche den spezifischen Output dieser Bereiche verursacht haben. Dies sind zwar keine Kostenschlüsselungen, aber Orientierungshilfen des während eines Budgetjahres getilgten Deckungssolls:

a) DB III eines Vertriebsweges = Umsatz – Standard-HK der Leistungsträger – SEV – Vertriebs-GK – Verwaltungs-GK (nur des Vertriebsweges)

b) DB III einer Produktsparte = Umsatz – Standard-HK der Leistungsträger – SEV – Vertriebs-GK – Verwaltungs-GK (der Sparte, soweit noch nicht in a) gedeckt)

c) DB III eines Unternehmens = Umsatz – Standard-HK der Leistungsträger – SEV – Vertriebs-GK – Verwaltungs-GK (des Unternehmens, soweit noch nicht in b) gedeckt)

Das Verfahren der Stufenbeitragskontrolle für die auf die Leistungsträger nur schwer zurechenbaren Fixkosten entspricht der von der Kostentheorie – zur Kausalierung des Deckungsmechanismus – empfohlenen „Deckungsbeitragsanalyse je Engpaßeinheit". Der Bruttorohertrag soll bei knappen Kapazitäten möglichst auch die Opportunitätskosten- bzw. -erträge entgangener Alternativen abdecken.

Deswegen ist ein Rentabilitätskriterium, welche Leistungsträger (Vertriebswege, Produktlinien, Konzernbetriebe) am schnellsten zur Abdeckung ungenutzter Fixkosten beitragen. Gemeint sind alle Leerkosten und Kostenabweichungen der Verwaltung, des Vertriebes und der Fertigung. Bezieht man die absoluten Deckungsbeiträge einzelner Leistungsträger auf diese Engpaßeinheiten (z. B. freie Fertigungsstunden unterbeschäftigter Abteilungen oder Reisetagekapazität des Spartenaußendienstes oder Leerkapazität der zentralen EDV-Anlage), ergibt sich eine Rangfolge von Umschlagsfaktoren. Der Quotient „DB : Engpaßeinheit" = Speed factor jeder Absatzmenge sagt aus, wie oft bzw. wieviel Fixkosten durch sie pro Jahr eingespielt wurden.

Beispiel:

Speed factor Produktsparte A = 3 000 TDM DB I : 2 000 TDM FGK + MGK + VVK = 1,5

Speed factor Produktlinie B = 1 800 TDM DB I : 1 000 TDM FGK + MGK + VVK = 1,8

Alle in einer Periode zu deckenden Fixkosten, also betriebsfremde und außerordentliche Unternehmenskosten, Vertriebs-, Verwaltungs- und Produktionsgemeinkosten, sowie die noch ungedeckten Abweichungen sind deshalb auf einem internen Tilgungsbestandskonto nachzuhalten, bis sie erlöst werden. Sie gelangen dorthin – gemäß Werteflußschema einer geschlossenen Betriebsbuchhaltung (vgl. Abb. 27) –, nachdem sie in der Betriebsabrechnung mit Istkosten erfaßt und getrennt nach Plankosten und

Abweichungen (in Klasse 5) monatlich auf diese Kostentilgungsbestandskonten (in Klasse 7) weiterverrechnet wurden.

326 Controlling-Mix der Finanzgebarung

3261 Ursachen abweichenden Finanzbedarfs

Jedes Unternehmen steht als Produzent zwischen Lieferanten und Kunden sowie als Kreditnehmer und Steuersubjekt zwischen Kapitalgebern und Vermögenserträgnisnehmern. Die Finanzplanung hat die Aufgabe, den während des Budgetjahres aus güterwirtschaftlichen Zahlungsströmen und aus liquiditätssichernden Außenfinanzierungsmaßnahmen herrührenden Kapitalbedarf zu bestimmen.

Die zeitliche Häufung ist auch bei Feinplanung nicht immer vorhersehbar. Dadurch entstehen Liquiditätsabweichungen vom budgetierten Kapitalbedarfssaldo. Im positiven Fall erhöhen sie die Kapitalrentabilität, im negativen Fall beeinträchtigen sie die Zahlungsfähigkeit. Diese Risiken erfordern eine Analyse der kurzfristigen (bis 15 Tage), der mittelfristigen (bis 90 Tage) und der langfristigen (bis 360 Tage) Liquidität.

32611 Analysierung kurzfristiger Liquiditätsveränderungen

326111 Zahlungskontrolle, Liquiditätsstatus und Umschlagskennzahlen

Man unterscheidet folgende Liquiditätsgrade:

1. Liquidität 1. Grades (= Barliquidität) = Kassen-, Postscheck-, Bankguthaben – sofort fällige Verbindlichkeiten
2. Liquidität 2. Grades (= einzugsbedingte Liquidität) = Liquidität 1. Grades + diskontfähige Wechsel, lombardfähige Wertpapiere, fällige sichere Forderungen bis 30 Tage Ziel, leichtverkäufliche Waren – kurzfristige Schulden bis 30 Tage Ziel
3. Liquidität 3. Grades (= umsatzbedingte Liquidität) = Liquidität 2. Grades + mittelfristige Forderungen bis 90 Tage Ziel, Roh-, Hilfs- und Betriebsstoffe, unfertige Erzeugnisse, schwerverkäufliche Waren, nicht betriebsnotwendige Anlagen – mittelfristige Verbindlichkeiten bis 90 Tage Ziel
4. Liquidität 4. Grades = Liquidität 3. Grades + geringwertige Anlagen und eiserne Vorräte – längerfristige Schulden bis 12 Monate Ziel
5. Liquidität 5. Grades = Liquidität 4. Grades + betriebsnotwendige Sach- und Finanzanlagen – Darlehen über 1 Jahr Restlaufzeit.

Die kurzfristige (= Bar- + Einzugs-) Liquidität verprobt man mit der Wochenzahlungskontrolle, die als Soll-Ist-Differenzrechnung direkt an die Ein- und Auszahlungsvorgänge anknüpft (vgl. Abb. 57).

Soll-Ist-Abweichungen (TDM)	1. Woche	2. Woche	Σ 1. + 2. Woche	3.–13. Woche	14.–52. Woche
1. Zahlungsmittel-Anfangsbestand	+ 10	– 15	+ 10	+ 6	+ 18
2. Einzahlungen gesamt				+ 25	+ 12
a) aus Umsatz, Vermögensabgängen	– 20	+ 12	– 8		
b) aus Einlagen, sonstigen Finanzakten	+ 3	–	+ 3		
3. Auszahlungen gesamt				– 13	– 18
a) für Aufwand, Investitionen	– 8	+ 6	– 2		
b) für Entnahmen, sonstige Finanzakten	–	+ 3	+ 3		
4. Zahlungsmittelendbestand = Kreditauf-/-abbau	– 15	+ 6	+ 6	+ 18	+ 12
5. Offene Bankkreditreserven					
a) Anfangsbestand	+ 50	+ 35	+ 50	+ 50	+ 50
b) Endbestand	+ 35	+ 50	+ 50	+ 50	+ 50

Abb. 57: Wochenweise Zahlungskontrolle

Man kann die kurzfristige Liquidität auch indirekt aus den Monatsbilanzen anhand der einzelnen Aktiva abzüglich Verbindlichkeiten entwickeln, wenn dieses Betriebsvermögen um nicht realisierbare Wertansätze (Zu- oder Abschläge auf Aktiva, Überbewertungen bei Schulden) auf Tageswerte bereinigt ist. Dabei müssen zueinandergehörige Bilanzposten (z. B. Kapital und ausstehende Einlagen, Finanzanlagen und Wertberichtigungen) zusammengefaßt werden. Ein solcher Liquiditätsstatus (vgl. Abb. 58) wird meist zur Ermittlung aller Liquiditätsgrade erstellt. Die Deckungsdifferenz zwischen nur vorübergehend gebundenem Vermögen und in wenigen Wochen fälligen Verpflichtungen kann vorübergehend negativ sein. Der Saldo muß aber durch offene Bankkreditreserven oder einforderbare Einlagen gedeckt sein.

Die Liquiditätskontrolle operiert weiterhin mit einem Kennzahlensystem. Man vergleicht die nach Fristigkeiten gestaffelten Liquiditäten mit den Bilanzposten des Umlaufvermögens. Werden diese Meßzahlen stetig ermittelt, zeigt der interne Zeitvergleich zusätzlich die Abweichungen von bisherigen Mittelwerten. Die Problematik wegen Stichtagsdaten, Durchschnittswerten, Bewertung zu Einstandspreisen u. a. wird hier nicht diskutiert. Besonders aussagefähig sind Liquiditätskoeffizienten, weil sie die Tendenz zu- oder abnehmender Finanzanspannung signalisieren. Da die Liquidität stark von der Umschlagshäufigkeit der Vermögenswerte im Leistungsprozeß beeinflußt wird, sind auch spezifische Umschlagskoeffizienten interessant:

1. Barliquiditätskoeffizient = flüssige Mittel : kurzfristige Verbindlichkeiten
2. Einzugsliquiditätskoeffizient = (flüssige Mittel + Debitoren) : kurzfristige Verbindlichkeiten
3. Umsatzliquiditätskoeffizient = (flüssige Mittel + Debitoren + Vorräte) : kurzfristige Verbindlichkeiten

4. Debitorenumschlagskoeffizient = Umsatz : ∅ Forderungsbestand
5. Lagerumschlagskoeffizient = Umsatz : ∅ Lagerbestand
6. Anlagenumschlagskoeffizient = Umsatz : ∅ Anlagenbestand
7. Kapitalumschlagskoeffizient = Umsatz : ∅ Gesamtkapital

Bilanzpositionen (TDM)	Bilanz-ansatz	Berich-tigung	Liquid.-ansatz	Liqu. 1. Grad	Liqu. 2. Grad	Liqu. 3. Grad	Liqu. 4. Grad	Liqu. 5. Grad
Ausstehende Einlagen	175	– 175	–					
Sachanlagen	3 000	– 750	2 250				250	2 000
Finanzanlagen	500	+ 500	1 000				1 000	
Roh-, Hilfs- und Betriebsstoffe	750	+ 25	775		600		175	
Unfertige Erzeugnisse	1 000	– 300	700		100	600		
Fertige Erzeugnisse	400	– 150	250		200	50		
Geleistete Anzahlungen	150	– 150	–					
Lieferforderungen	1 000	–	1 000		800	200		
Flüssige Mittel	25	–	25	25				
Σ Vermögen	7 000	–1 000	6 000	25	1 700	850	1 425	2 000
Stammkapital	1 000	– 175	825					825
Offene Rücklagen	750	–	750				100	650
Stille Rücklagen	–	+ 525	525					525
Bilanzgewinn	125	– 125	–					
Wertberichtigungen	1 250	–1 250	–					
Rückstellungen	650	– 125	525		25	50	450	
Darlehen	1 000	–	1 000	50				950
Lieferverbindlichkeiten	1 800	–	1 800	200	1 000	500	100	
Bankverbindlichkeiten	425	–	425				425	
Gewinnausschüttung	–	+ 150	150			150		
Σ Kapital + Verbindlichkeiten	7 000	–1 000	6 000	250	1 025	700	1 075	2 950
Deckungsdifferenz (Aktiva – Verbindlichkeiten)				–225	+ 675	+ 150	+ 450	+1 050
Kreditreserven offen				300				
Einforderung Einlagen						175		
Deckungsgrad je Liquiditätsstufe (Aktiva : Verbindlichkeiten · 100)				10	165	121	133	58
Deckungsgrad kumulativ				10	135	130	135	154

Abb. 58: Liquiditätsstatus (auf Bilanzstichtag)

326112 Gründe veränderter Prozeßanordnungen und -geschwindigkeiten

Die Hauptursachen kurzfristiger Liquiditätsabweichungen liegen normalerweise in Ablaufveränderungen der Zahlungsvorgänge für Beschaffung, Produktion, Verkauf sowie der Kapital- oder Kreditbereitstellung. Jedes Industrieunternehmen hat durch sein Eigenfabrikations-, Handelswaren- und Absatzprogramm sowie durch seine Geschäftsausstattung eine individuelle Anordnung seiner Zahlungsausgaben und -einnahmen getroffen, die sich bei nachhaltiger gewerblicher Tätigkeit wiederholen soll. Sobald sich der güterwirtschaftliche oder der finanzielle Prozeß im Vergleich zur Anordnung des Finanzbudgets verändert, treten zeitliche Raffungen oder Streckungen und wertmäßige

Kumulationen oder Saldierungen auf. Eine Optimallösung in der Kapitalbedarfsplanung wäre mit Hilfe von Simulationsmodellen, allerdings nur unter vereinfachenden Prämissen, erreichbar. In der täglichen Praxis des Mittelbetriebes gibt es allenfalls annähernde Bestlösungen.

Eine gegenüber der Planung veränderte Prozeßanordnung im Beschaffungsbereich kann etwa von vermehrten Zukäufen hochwertiger Materialien, Veredlungsleistungen Dritter oder Handelswaren mit nachfolgender Aufstockung der Einsatzlager herrühren. Im Produktionsprozeß mag die Großinstandsetzung hochwertiger Aggregate oder Baulichkeiten, der fallweise Einsatz teuren Leihpersonals, dic Sortimentsverschiebung auf lohnintensivere Halbfabrikate oder die verzögerte Ablieferung von Fertigfabrikaten zusätzliches Kapital erfordern. Auch ein schlechterer Absatzverlauf bringt niedrigere Einzahlungsströme aus dem Verkauf der Sachgüter und Dienstleistungen. Gleiche Wirkung entsteht, wenn die Zahlungsmoral der Kunden nachläßt. Seltener variiert die Abflußhöhe der Finanzmittel durch Tilgung von Bankkrediten, Dividendenausschüttungen oder Ertrag- und Umsatzsteuerzahlungen.

Zeitliche Ablaufänderungen der Güterherstellungsvorgänge sind oft auch Ursache zu Variationen der finanziellen Umschlagdauer. Je schneller die Produktions- und Verkaufsgeschwindigkeit, desto geringer der Kapitalbedarf. Im Extremfall, wenn alle Auszahlungs- und Einzahlungsbeträge gleich groß wären und auf gleiche Zeitpunkte fielen, gäbe es kein Finanzierungsproblem. Verlängerte Bindungsdauer der Vermögenswerte bedeutet reduzierten Umschlag. Verkürzte Fälligkeiten der Verpflichtungen wirken gleichgerichtet, da der Bedarf an Ersatzliquidität ansteigt.

Änderungen der Produktionsgeschwindigkeit destilliert der Controller am ehesten aus ungeplanten Variationen der Fertigungstiefe (z. B. Erfüllung zusätzlicher Kundenwünsche) oder Fertigungsbreite (z. B. Sortimentsdifferenzierung). Sie bewirken in der Regel den Auf-/Abbau von Zwischenlägern und Abteilungsbeständen; die Verweilzeit steigt bzw. sinkt. Auch ungünstigere Zahlungskonditionen bei der Beschaffung (z. B. Zwang zur Abnahme größerer Edelstahlpartien mit sofortiger Regulierungspflicht) oder beim Vertrieb (z. B. Einräumung von 30-Tage-Zielen mit Skontonachlaß gegenüber Großkunden) verschlechtern den Aus- bzw. Einzahlungsrhythmus. Kurzfristigere Rückflußtermine von „bis auf weiteres" eingeräumten Bankkrediten infolge schärferer Mindestreservenpolitik der Bundesbank setzen ungewollt Kapital frei.

32612 Isolierung mittelfristiger Liquiditätsabweichungen

326121 Bewegungsbilanzen und Mehr-Weniger-Finanzflußkontrollen

Das Instrumentarium zur Abweichungsanalyse der mittelfristigen Liquidität ist die Bewegungsbilanz (vgl. Abb. 59). Sie ist eine Bestandsdifferenzrechnung, welche die einzelnen Positionen der Quartals- oder Jahresbilanzen nach Finanzmittelherkunft und -verwendung verfolgt. Aus der Zunahme der Passiva läßt sich die Finanzierungsquelle, aus der Zunahme der Aktiva das neue Engagement erkennen. Die reine Saldenfeststellung wird aussagefähiger gestaltet, indem man beim Anlagevermögen Zu- und Abgänge, Ab- und Zuschreibungen gesondert betrachtet. Außerdem prüft man die Her-

I. **Bewegungsbilanz Aktiva** (TDM)	Anfangs-bilanz	Schluß-bilanz	+ Mittel-verwen-dung	– Mittel-herkunft	Mittel-verände-rung
1. Privatentnahmen					
2. Sach- und Finanzanlagen	14 246	13 501	2 086	2 831	– 745
Abschreibungen				2 680	
Abgang				151	
Zugang			2 058		
Zuschreibung			28		
3. Geleistete Anzahlungen					
4. Vorräte	18 261	16 862		1 399	–1 399
5. Lieferforderungen	3 204	3 881	677		+ 677
6. Sonstiges Vermögen	1 638	1 654	16		+ 16
7. Zahlungsmittel	614	238		377	– 376
Summe	37 963	36 136	2 779	4 606	–1 827
Saldo					

Bewegungsbilanz Passiva (TDM)	Anfangs-bilanz	Schluß-bilanz	– Mittel-verwen-dung	+ Mittel-herkunft	Mittel-verände-rung
1. Privateinlagen					
2. Eigenkapital	11 480	10 785	695		– 695
Stammkapital	9 000	9 000			
Offene Rücklagen	2 480	2 480			
Bilanzergebnis		– 695	695		
3. Pensionsrückstellungen	13 749	14 172		423	+ 423
4. Andere Rückstellungen	984	640	344		– 344
5. Langfristige Verbindlichk.	5 121	3 771	1 350		–1 350
6. Lieferverbindlichkeiten	949	560	389		– 389
7. Sonstige Verbindlichkeiten	5 680	6 208		528	+ 528
Bankschulden	4 078	4 093		15	
Summe	37 963	36 136	2 778	951	–1 827
Saldo					

II. **Weniger-Mittelkontrolle Aktiva** (TDM)		Soll	Ist	Abwei-chung
1. Weniger-Cash-flow-Kontrolle		500	1 067	+ 567
Verlust			695	
Zuschreibungen			28	
Rücklagenauflösung				
Rückstellungsabbau		500	344	
2. Investitionskontrolle		3 250	2 735	– 515
Anlageninvestition		2 500	2 058	
Vorräteaufstockung				
Forderungsmehrung		750	677	
3. Definanzierungskontrolle		2 300	1 739	– 561
Kapitalentnahmen				
Darlehenstilgung		1 800	1 350	
Kreditorenabbau		500	389	
Bankschuldentilgung				
4. Liquiditätskontrolle		350	16	– 334
Geleist. Anzahlungen				
Sonstige Vermögens-posten		350	16	
Barmittelerhöhung				

Mehr-Mittelkontrolle Passiva (TDM)		Soll	Ist	Abwei-chung
1. Mehr-Cash-flow-Kontrolle		3 400	3 103	– 297
Gewinn		200		
Abschreibungen		2 900	2 680	
Rücklagenzuführung				
Rückstellungserhöhung		300	423	
2. Desinvestitionskontrolle		2 680	1 550	–1 130
Anlagenabgänge		180	151	
Vorräteabbau		2 500	1 399	
Forderungsabbau				
3. Außenfinanz.-kontrolle		300	528	+ 228
Kapitaleinlagen				
Darlehensaufnahme				
Kreditorenaufbau		300	528	
Bankkreditaufnahme				
4. Illiquiditätskontrolle		20	376	+ 356
Erhaltene Anzahlungen				
Sonstige Schuld-posten				
Barmittelminderung				

Abb. 59: Bewegungsbilanz und Mehr-Weniger-Mittelkontrolle

kunfts- und Verwendungsgrößen, ob sie aus der Innen-(= Selbst-) oder aus der Außen-(= Eigen- und Fremd-)Finanzierung stammen bzw. für interne oder externe Zwecke verwendet wurden.

Eine manchmal aussagefähigere, aber schwierigere Finanzflußkontrolle erreicht man, wenn man die Mehr-Weniger-Rechnung (= Plus-Minus-Rechnung) nicht an die Bilanz-, sondern an die GuV-Rechnungspositionen anknüpft (vgl. Abb. 60). Diese aus der Betriebsprüfungspraxis entwickelte Mehr-Weniger-Methode hält lediglich die Auswirkungen jedes Geschäftsvorganges auf den Erfolg fest[1]. Betrachtet man statt sämtlicher Aufwendungen nur die Ausgaben und anstelle aller Erträge lediglich die Einnahmen, dann ergibt sich statt des Gewinnes/Verlustes der Liquiditätsüberschuß/-fehlbetrag. Das Verfahren ähnelt der kurzfristigen Geldflußkontrolle (Einnahme-Überschuß-Rechnung), doch fehlt die vollständige Abstimmbarkeit mit der Buchhaltung.

Bilanzposten	Aufwand-/ Ertragsposten	+	–	Ausgabe-/ Einnahmeposten	+	–
Grundstücke	Veräußerungsrente	9 000		Rentenzahlung	9 000	
Gebäude	Material, Lohn, GK	15 000		Material + Lohn	10 000	
Maschinen	Geringwertige WG	3 000		Kleingerätekauf	3 000	
	Skontoertrag		100	Skontoabzug		100
	AfA-Berichtigung		1 000			
Rohstoffe	Materialeinsatz	6 000		Materialzukauf	8 100	
Forderungen	Umsatzerlöse		25 000	Verkaufseinnahmen		25 000
Rückstel-	Betriebssteuern		8 000	Abzuführende		
lungen	Beratungen		1 000	GewSt		—
				Beratungsausgabe		—
Lieferanten	Storno	2 000				
Passive RAP	Reklame		900	Reklameausgabe		
Privatent-nahmen	Pkw-Kosten	500		Benzin	200	
		35 500	36 000	Liquiditäts-	30 300	25 100
	Mehrgewinn	500		fehlbetrag		5 200

Abb. 60: Erfolgsabgeleitete Mehr-Weniger-Finanzflußkontrolle

326122 Beschäftigungs- und Programmänderungen als Haupteinflüsse

Bei der Vielfalt geldlich wirksamer Einflüsse ist es schwierig, die mittelfristigen Liquiditätsveränderungen auf typische Störursachen zurückzuführen. Dennoch bestehen erkennbare Funktionalbeziehungen zwischen Kapitalbedarf und saisonaler Beschäftigungslage sowie eigenen Programmaktivitäten. Sie überlagern wellenförmig die kurz-

1 H. Falterbaum, Steuerliche Bilanzberichtigungen und Mehr- und Weniger-Rechnung, 4. Aufl., Stuttgart 1973, S. 39.

fristigen Einflüsse auf die Liquidität, die mehr von der Erzeugnisanzahl und der Umschlagshäufigkeit herrühren.

Wenn ein Unternehmen seinen Geschäftsumfang quantitativ oder zeitlich an eine rückläufige Beschäftigung anpaßt und die Zahl der produktbezogenen Beschaffungs-, Fabrikations- und Vertriebsaufträge vermindert, dann sinkt der Kapitalbedarf proportional zu dieser Aktivitätsbeschränkung. Andererseits werden die Warenvorräte wegen der unüberschaubaren Saisonentwicklung zunächst als Puffer zwischen noch zu hoher Produktion und schon abflauendem Absatz dienen und sich erst mit Verzögerung auf ein niedrigeres Niveau einpendeln; dies bindet überproportional Liquidität. Umgekehrt sinkt bei sich andeutender Flaute frühzeitig die Investitionsneigung der Unternehmer; Ersatzkäufe werden hinausgezögert, Erweiterungen zurückgestellt. Wiederum gegenläufig erhöhen sich erfahrungsgemäß die fremden und die eigenen Außenstände, weil man die Finanzierungsfunktion des Lieferanten gerne überstrapaziert.

Entsprechend tritt bei Ausweitung der Produktionstiefe – etwa bei „backward integration" durch Eigenfertigungsaufnahme vorgelagerter Gieß- oder Schmiedearbeiten – ein linear wachsender Finanzbedarf für die laufenden Fertigungskosten der zusätzlichen Arbeitsgänge auf; die Wertschöpfung je Produkt steigt an. Außerdem wird stoßweise Kapital für Investitionsmittel vordringlich. Der Lager- und Debitorenaufbau folgt hingegen verzögert. Erweitert sich andererseits das Absatzprogramm, indem neue Produkte oder ergänzende Fremdwaren erscheinen, fordern die Ausrüstung des Vertriebssystems, die Aufstockung der Versandläger und die Aufwendungen des Entwicklungsbereichs eine überproportionale Kapitalbereitstellung. Da derartige Maßnahmen sich mittelfristig realisieren, sind sie Bestimmungsgrößen für Abweichungen der mehrmonatlichen Liquiditätsplanung.

32613 Kennzeichen langfristiger Liquiditätsstörungen

326131 Jährliche Insolvenzdiagnose

An die summarische Mittelkontrolle des Jahreskapitalbedarfs sollte sich bei hohen Illiquiditätsabweichungen eine Sonderuntersuchung über mögliche Insolvenzgefahren anschließen. Diese Insolvenzdiagnose operiert nach der Methode der multiplen Diskriminanzanalyse. Man wählt repräsentative finanzwirtschaftliche Kennzahlen, gewichtet ihren Einfluß aufgrund empirischer Daten aus Konkursfällen und vergleicht die Veränderungstendenz mehrerer Jahre. Ein einfach zu praktizierendes Diagnoseinstrument für Industriebetriebe ist das Modell von Edward J. Altman[1]. Es verwendet folgende fünf Relationen und Gewichte:

1. (Umlaufvermögen – laufende Verbindlichkeiten) : Gesamtaktiva = $X_1 \cdot 1{,}2$.
   Da mit laufenden Betriebsverlusten der Anteil des Umlaufvermögens an den Aktiva schrumpft, werden die Liquiditäts- und Größenverhältnisse hiermit berücksichtigt.

1 P. Weibel, Die Aussagefähigkeit von Kriterien zur Bonitätsbeurteilung im Kreditgeschäft der Banken – eine empirische Untersuchung, Bern 1974.

2. Einbehaltene Gewinne : Gesamtaktiva = $X_2 \cdot 1{,}4$.
   Da neugegründete Unternehmen nur geringe stille und offene Rücklagen bilden können – über die Hälfte aller Konkurse und Vergleiche geschehen innerhalb der ersten fünf Jahre –, wird das Unternehmensalter erfaßt.
3. Gewinn vor Steuern und Zinsen : Gesamtaktiva = $X_3 \cdot 3{,}3$.
   Da sowohl die Ausschüttungspolitik als auch der Einfluß übermäßiger Fremdfinanzierung ausgeschaltet sind, lassen sich die Ertragskraft und die Produktivität echt vergleichen.
4. Marktwert der Gesellschaftsanteile : Gesamtverschuldung = $X_4 \cdot 0{,}6$.
   Da das Betriebsvermögen zu Tageswerten (evtl. Börsenkursen bei Aktien) angesetzt ist und damit sowohl den Substanz- als auch den Ertragswert berücksichtigt, zeigt sich der reale Verschuldungsgrad.
5. Umsatz : Gesamtaktiva = $X_5 \cdot 0{,}999$.
   Dieser wichtigste Kapitalumschlagskoeffizient bringt die Prozeßgeschwindigkeit, d. h. die optimale Beschränkung des Produktionsprogramms und des Vertriebssystems, und die Wettbewerbsposition zum Ausdruck.

Bei absoluten Zahlen für X_1, X_2, X_3, X_4, X_5 errechnet sich der Illiquiditätswert

$$Z = 1{,}2\ X_1 + 1{,}4\ X_2 + 3{,}3\ X_3 + 0{,}6\ X_4 + 0{,}999\ X_5.$$

Der Schwellenwert liegt bei Z = 2,675. Konkursgefahr besteht bei $Z < 1{,}81$. Keine Insolvenzgefährdung ist zu befürchten ab $Z > 2{,}99$ (vgl. Abb. 61).

Chronos Uhren AG, Wuppertal – Bilanz 31. 12. 19. . . .				
X_1	=	(55 046 576 – 38 000 248) : 79 291 129 • 1,2	=	0,25797
X_2	=	6 757 500 : 79 291 129 1,4	=	0,11930
X_3	=	(84 380 + 2 256 192 + 817 723) : 79 291 129 • 3,3	=	0,13140
X_4	=	34 500 000 : (6 494 168 + 12 240 000 + 38 000 248) • 0,6	=	0,36480
X_5	=	108 512 272 : 79 291 129 • 0,999	=	1,36716
Z	=	$X_1 + X_2 + X_3 + X_4 + X_5$	=	2,24063

Abb. 61: Insolvenzdiagnose eines Mittelunternehmens vor Konkurs

Die Altman-Diagnose kann sicherlich noch spezifischer an deutsche Verhältnisse, wo generell die Eigenkapitalausstattung geringer ist als in den USA, angepaßt werden. Folgende weitere Kennzahlen würden die Analyse verfeinern. Allerdings fehlen bislang empirisch geprüfte Gewichtungsfaktoren:

6. Cash flow : kurzfristiges Fremdkapital
7. (Flüssige Mittel + Debitoren – Lieferanten) : (Betriebsaufwand – Abschreibungen)
8. Umlaufvermögen : kurzfristiges Fremdkapital
9. ϕ Lagerbestand : (Materialaufwand x 365)
10. ϕ Kreditorenbestand : (Wareneinkauf x 365)

326132 Auswirkungen unangemessener Betriebsgrößenvariation

Aus der Vielzahl der für eine Illiquidität maßgeblichen Bestimmungsfaktoren ist die Betriebsgrößenänderung, wenn sie das finanzielle Gleichgewicht von Ausgaben und Einnahmen nicht beachtet, erfahrungsgemäß am gravierendsten. Dies gilt sowohl für sprunghafte Erweiterungen oder Beteiligungserwerbe als auch für die Beibehaltung zu großer Produktions- und Vertriebskapazitäten bei nachhaltig gesunkenem Beschäftigungsniveau.

Bei harmonischem Kapazitätsaufbau führen sämtliche Auszahlungen für neues Anlage- und Umlaufvermögen über den Umsatz der neugeschaffenen Leistungen wieder zu äquivalenten Einzahlungen. Hierbei ist neuer Kapitalbedarf nach Höhe und zeitlicher Bindung für die zusätzliche Produktions-, Vertriebs- und Kreditierungsdauer erforderlich. Honoriert der Absatzmarkt diese Investitionen nicht oder unvollständig durch die erzielbaren Erlöse, dann entsteht „Leerkapital". Der effektive Kapitalkoeffizient, d. h. der Quotient aus dem für eine bestimmte Ausstoßsteigerung benötigten Kapital und den hiermit produzierten und verkauften Erzeugnissen, wird ungünstiger als zuvor geplant. Während dieser Koeffizient bei organisch wachsender Betriebsgröße normalerweise sinkt, zeigt er bei unangemessener Expansion bzw. bei nicht rechtzeitiger quantitativer Anpassung an ein wirtschaftlich vertretbares niedrigeres Kapazitätsniveau eine steigende Tendenz.

Der Kapitalkoeffizient ist der reziproke Wert des in der ROI-Formel verwendeten Kapitalumschlages, also

Kapitalkoeffizient = investiertes Kapital : Umsatz.

3262 Optimierungskontrolle der Finanzierungsquellen

32621 Leverage-Effekt oder vertikale Verschuldungsregel?

Nachdem die Abweichungen des effektiven vom geplanten Kapitalbedarf untersucht sind, muß die Deckung dieser Finanzwünsche kontrolliert werden. Als Finanzierungsquellen kommen die Innen-, d. h. die Selbstfinanzierung und die Außen-, nämlich die Eigen- und die Fremdfinanzierung in Betracht. Bei der Budgetierung waren hierfür Entscheidungen bezüglich der quantitativen Aufteilung zwischen Eigen- und Fremdkapitalausstattung, bezüglich der qualitativen Beschaffenheit und Kosten verschiedenartiger Finanzmittel sowie bezüglich der zeitlich gestaffelten Verfügbarkeitsdauer jener Geldquellen getroffen. Ob sie optimal waren, hängt von der Kapitalstruktur ab.

Die vertikale Bilanzgliederung der Passiva in Eigen- und Fremdkapital steht unter der Zielsetzung, langfristig eine möglichst günstige Verzinsung des Eigenkapitals zu erwirtschaften. Das eingesetzte Haftungskapital unterliegt in der Wettbewerbswirtschaft dem größten Risiko. Die Gesellschafter sind zu Einlagen, Kapitalerhöhungen, Nachschüssen oder auch zu sanierenden Kapitalherabsetzungen nur bereit, wenn sie eine über dem Marktzins langfristiger Rentenpapiere liegende Gewinnerwartung hegen. Gewinn vor Ertragsteuern bedeutet hierbei nicht unbedingt den jährlichen Ausschüttungsprozentsatz je Kapitalkontenanteil, sondern mehr den nachhaltigen Ertrag einschließlich des Veräußerungsgewinns bei eventueller Liquidisierung von offenen und stillen Rücklagen und Firmenwert.

Unterstellt man eine Aufteilung der Bilanzsumme auf Eigen- (= E) und Fremdkapital (= F) im Verhältnis 1 : 1 und eine aus den Erlösen gewonnene Verzinsung des Gesamtkapitals (= r_i) von 15 % vor Ertragsteuern, die zunächst zur Honorierung der Fremdkapitalbereitstellung (= K) mit 8 % zu verwenden ist, dann bleibt eine Eigenkapitalrendite (= r_e) von 22 % übrig. Wird die E/F-Relation von 50 : 50 auf 60 : 40 verändert, sinkt r_e auf 19,66 %.

Für den Reingewinn (= R) gilt demnach folgende Beziehung:

$$R = E \cdot r_i + F (r_i - k)$$

Daraus ergibt sich die Eigenkapitalrenditefunktion:

$$r_e = \frac{R}{E} = r_i + \frac{F}{E} (r_i - k)$$

Sie besagt, daß die Rentabilität des Eigenkapitals so lange zunimmt, wie eine positive Differenz zwischen der Gesamtkapitalrendite und dem Kostensatz des Fremdkapitals besteht[1]. Gemäß diesem Leverage-Effekt wäre eine möglichst geringe Eigenkapitalausstattung und eine entsprechend hohe Verschuldung anzustregen, solange fremde Finanzmittel billiger zu bedienen sind als eigene. Bei inflationären Tendenzen könnte manches Unternehmen diesen Effekt noch verstärkt anvisieren, indem es sich langfristig hoch verschuldet, um das Währungsrisiko auf den Kreditgeber abzuwälzen. Durch spätere Rückzahlung des Fremdkapitals mit entwertetem Geld würde die Renditenspanne des Eigenkapitals noch erhöht.

Der Rentabilitätswirkung des Leverage-Effektes steht aber eine erhöhte Risikogefährdung des Unternehmens bei geschäftlichen Rückschlägen gegenüber. Da Zinslasten für fremde Mittel regelmäßig anfallen und teils kurzfristig kündbar sind, können sie bei Beschäftigungsrückläufen schnell den Verlust hochtreiben und Illiquidität herbeiführen. Aber nicht nur für die Gesellschafter, sondern auch für die Kreditinstitute bedeutet der Verlust an Sicherheit ein Regulativ, welches die Kreditwürdigkeit begrenzt. Denn Bankkredite werden wegen der Ertragslage und der Sicherheit der Adresse vergeben. Beide sinken aber in größeren Ausschlägen, sobald in der Renditenspanne $r_i - k$ die Gesamtkapitalverzinsung (r_i) abfällt. Meist wird dann auch der Fremdkapitalzins (k) alsbald angehoben. Daraus folgt, daß das zulässige Verschuldungsniveau des Unternehmens relativ niedrig sein muß, wenn sein existentielles Risiko für hoch angesehen wird, um nicht noch zusätzliche Zinskostenrisiken zu induzieren.

Die Kapitalstruktur gerade mittelstandischer Unternehmen muß deshalb so ausgerichtet sein, daß ein Ausgleich zwischen dem Streben nach maximaler Eigenkapitalrentabilität und nach größtmöglicher Absicherung gegen Risiken der Kreditfinanzierung gewährleistet ist. Die internationale Praxis hat für eine optimale Finanzierungspolitik die „vertikale 1 : 1-Regel" herausgebildet: Das Eigenkapital soll möglichst ebenso groß sein wie das Fremdkapital, d. h. 50 % der bereinigten Bilanzsumme betragen. Dabei sind stille Rücklagen in den Aktiva oder in den Rückstellungen dem Eigenkapital zuzurechnen. Der Verschuldungskoeffizient (FK : EK · 100) soll also tunlichst 100 sein.

1 A. Barges, The Effect of Capital Structure on the Cost of Capital, A Test and Evaluation of the Modigliani and Miller Propositions, Englewood Cliffs, N.J. 1963, S. 8.

Diese erstrangigen Relationen werden jedoch in deutschen Unternehmen kaum ausgewiesen, weil die Bilanzierungswahlrechte eine verstärkte Legung stiller Rücklagen zulassen. Man kann deshalb Verschuldungskoeffizienten bis 200 im Handelsbilanzausweis als üblich ansehen.

32622 Ausnutzung steuerlicher Selbstfinanzierungsmöglichkeiten

Für Unternehmen, die keinen Zugang zum Kapitalmarkt besitzen, ist die Kapitalbildung im Wege der Selbstfinanzierung der schnellste Weg, die Finanzverhältnisse wunschgerecht zu strukturieren. Hier ist nicht zu kontrollieren, welche Maßnahmen das Management getroffen hat, um einen möglichst hohen Gewinn sicherzustellen. Selbstfinanzierungsentscheidungen betreffen nicht die Gewinnerzielung, sondern die Gewinnverwendung. Sobald der vorläufige Jahresgewinn in der Hauptabschlußübersicht ermittelt ist, treffen die Gesellschafter unter Beachtung der steuerlich zulässigen Gestaltungsmöglichkeiten gewinnmindernde Dispositionen. Drei Selbstfinanzierungsquellen sind ausnutzbar. Sie werden in den drei folgenden Abschnitten erläutert.

326221 Zeitliche Steuerverschiebung durch Bildung stiller Rücklagen

Das Bilanzsteuerrecht gestattet in begrenztem Rahmen aus Gründen kaufmännischer Vorsicht (= Gläubigerschutz) oder ordnungspolitischer Förderung (= strukturelle Ziele) die Bildung stiller Rücklagen. Sie geschieht durch Unterbewertung von Aktiva oder Überbewertung von Passivposten. Da die stillen Rücklagen spätestens zum Zeitpunkt der Veräußerung des Betriebsvermögens aufgedeckt werden, tritt nur eine Steuerschuldverschiebung ein. Der Controller prüft die Inanspruchnahme dieser Steuererleichterungen.

Generelle Bewertungsvorschriften

Gemäß §§ 5–7 EStG sind die Wirtschaftsgüter eines Unternehmens im Höchstwert grundsätzlich mit den Anschaffungs- oder Herstellungskosten anzusetzen. Als Niederstwert ist der Teilwert (= Zeitwert bei einem fiktiven Unternehmensverkauf) zulässig, sofern zum Bilanzstichtag die Wiederbeschaffungspreise nachhaltig gesunken sind. Dieser Grundsatz des „eingeschränkten Wertzusammenhangs“ gilt für alle Wirtschaftsgüter mit Ausnahme des abnutzbaren Anlagevermögens. Für das abnutzbare Anlagevermögen erlaubt der Fiskus lediglich die Sofortabschreibung geringwertiger Objekte im Einzelanschaffungspreis bis 800 DM (§ 6 Abs. 2 EStG) und die degressiven Abschreibungsverfahren für bewegliche Wirtschaftsgüter und gewisse Gebäude (§ 7 Abs. 2 bis 5 EStG).

Sondervergünstigungen im Ertragsteuerrecht

In bestimmten Sonderfällen dürfen zusätzliche stille Rücklagen gebildet werden. Für volkswirtschaftlich wichtige Vorräte sind Preissteigerungsrücklagen (§ 74 EStDV), für gewisse Importwaren sind Preisabschläge zulässig (§ 80 EStDV). Sonderabschreibungen auf Anlagen werden z. B. im Fall von Umweltschutzverbesserungen (§ 7e EStG, §§ 79, 82, 82e EStDV) gestattet. Gebildete stille Rücklagen sind nicht aufzulösen, wenn zwangsläufige Ersatzbeschaffung vorliegt (§ 6b EStG, Abschn. 35 EStR). Falls das Vermögen einer inländischen Kapitalgesellschaft als Ganzes gegen Gewährung von Gesellschaftsrechten auf eine andere inländische Kapitalgesellschaft übertragen wird, bleibt der Übertragungsgewinn steuerfrei (§ 15 UmwStG). Auch bei Umwandlung und Verschmelzung von Gesellschaften wird der Übernahmegewinn bei der übernehmenden Gesellschaft ermäßigt oder nicht besteuert (§§ 3 bis 13 UmwStG).

Förderungsvorschriften in verschiedenen Steuergesetzen

Um die Aktivitäten der Unternehmen in volkswirtschaftlich erwünschte Richtung zu lenken, gewähren Spezialsteuergesetze zusätzliche Investitions- oder Kaufanreize. Hier sei nur auf das Berlinförderungs-, das Zonenrandförderungs-, das Investitionszulagen- und das Entwicklungsländer-Steuergesetz verwiesen. Oftmals entsprechen diese öffentlichen Ziele auch betriebsindividuellen Plänen, so daß ihre Inanspruchnahme doppelt geboten ist.

326222 Der Finanzierungseffekt von Pensions- und anderen Rückstellungen

In der Handels- und Steuerbilanz gebildete Rückstellungen für dem Grunde nach bestehende Verpflichtungen sind zugleich Finanzierungshilfen für jedes Unternehmen. Die nach § 152 Abs. 7 AktG zulässigen Rückstellungen für ungewisse Verbindlichkeiten, für drohende Verluste aus schwebenden Geschäften, für im Folgejahr nachholbare Instandhaltungen und für Gewährleistungen ohne Rechtspflicht gelten nach den Grundsätzen ordnungsmäßiger Buchführung auch für Personengesellschaften.

Man unterscheidet kurz-, mittel- und langfristige Rückstellungen. Kurzfristig sind z. B. Reservierungen für Steuernachzahlungen, Vertreterprovisionen, unterlassene Instandhaltung, Währungsverluste. Mittelfristig verfügbar sind z. B. Rückstellungen für Prozeßrisiken, Bergschäden, Inanspruchnahme aus Wartungsverträgen, Garantieverpflichtungen. Am wichtigsten sind die langfristigen Pensionsrückstellungen (§ 6a EStG, Abschn. 41 EStR), weil sie Fremdkapitalcharakter haben, aber in voller Höhe im Unternehmen verbleiben. Insofern ist Selbstfinanzierung nicht nur aus Gewinn und Abschreibungen (Eigenkapital), sondern auch mit Versorgungskapital (Fremdkapital) möglich. Der endgültige Finanzierungseffekt der rückstellbaren Pensionszusagen kann allerdings verschieden sein[1] (vgl. Abb. 62).

Der Finanzierungseffekt des bildungsfähigen Versorgungskapitals ist mehrfach gesetzlich eingeschränkt. So dürfen unterlassene Neuzuführungen steuerlich nicht nachgeholt werden. Gemäß dem allein zulässigen Anwartschaftdeckungsverfahren ist das im Pensionsfall erforderliche Deckungskapital versicherungsmathematisch gleichmäßig in jährlichen Raten zurückzustellen. Das zum Jahresabschluß bilanziell auszuweisende Deckungskapital muß mit einem Mindestsatz von 5,5 % auf den Gegenwartswert abgezinst werden. Hieraus folgt, daß die zwischenzeitliche Wiederverwendung der rück-

1 H. Weihrauch, Finanzierungseffekt der Rückstellungen, insbesondere der Pensionsrückstellungen, in: H. Janberg, Finanzierungshandbuch, 2. Aufl., Wiesbaden 1970, S. 334.

	Den Pensionsrückstellungen neu zugeführte Beträge	
	1. verbleiben im Betrieb (voll)	2. werden als Renten ausgezahlt (voll)
A. Gewinn wird zur Selbstfinanzierung verwendet	Mehr an Finanzmitteln in Höhe der ersparten Ertragsteuern + Rückstellungszuführung	Weniger an Finanzmitteln in Höhe der Rentenzahlungen abzüglich Ersparnis an Ertragsteuern
B. Gewinn wird ausgeschüttet	Mehr an Finanzmitteln in Höhe der Neuzuführung zu den Pensionsrückstellungen	Kein Mehr an Finanzmitteln
C. Verlust nach Berücksichtigung der Zuführung zu den Pensionsrückstellungen	Mehr an Finanzmitteln in Höhe der Neuzuführungen abzüglich Verlust	Weniger an Finanzmitteln in Höhe des Verlustes
D. Verlust vor Berücksichtigung der Zuführung zu den Pensionsrückstellungen	Weniger an Finanzmitteln in Höhe des Verlustes, sofern kein Vor- oder Rücktrag steuerlich möglich	Weniger an Finanzmitteln in Höhe des Verlustes zuzüglich der Neuzuführungen

*Abb. 62: **Finanzierungseffekt von Zuführungen und Abflüssen aus Pensionsrückstellungen***

gestellten Finanzmittel bis zum eventuellen Invaliditäts- oder Pensionsfall auch mindestens 5,5 % p.a. Zinsertrag erbringen muß. Dieses Ziel ließe sich durch Anlage in börsengängigen festverzinslichen Wertpapieren am sichersten erreichen.

Ein größerer finanzieller Vorteil wird allerdings durch sofortige planmäßige Reinvestition erreicht, sofern es sich um Einrichtung neuer Arbeitsplätze handelt, deren Mitarbeiter sofort wieder neue Pensionszusagen erhalten. Eine solche Betriebspolitik ist an wichtige Voraussetzungen geknüpft: Die zusätzlichen Produkte müssen zu gleichen Preisen absetzbar sein. Die Ausstattung neuer Arbeitsplätze darf nicht sprunghaft teurer werden. Man darf keine Rationalisierungsinvestitionen mit diesen Mitteln finanzieren, da für jeden eingesparten Mitarbeiter Pensionsrückstellungen aufzulösen sind, so daß das Finanzkapital zusammenschmilzt. Unter diesen Prämissen läßt sich ein ,,Finanzierungserweiterungseffekt" errechnen, welcher den Lohmann-Ruchti-Effekt von Abschreibungsreinvestitionen noch übertrifft. Er wird erst nach vielen Jahren gebremst, wenn die tatsächlichen Rentenzahlungen massiert anfallen. Andererseits kann bei Erhöhung der Umschlagshäufigkeit der Finanzmittel im Unternehmen der Erweiterungseffekt noch gesteigert werden (vgl. Abb. 63).

Beispiel:

Annahmen 1 = Unternehmen mit 10 Pensionsberechtigten im ϕ-Alter 45 Jahre
2 = Neuzuführung pro Jahr und Pensionsberechtigten von 1 500 DM
3 = Einrichtungskosten jedes neuen Arbeitsplatzes von 30 000 DM

Jahr	Anfangs-Kopfzahl	Umsatzerlöste PR-Zuführung	Planmäßig fällige Renten	Zusätzliche verfügbare Finanzmittel	Unplanmäßige Invaliditätsrenten	Außerordentliche PR-Zuführung a) bei Gewinnausschüttung	Außerordentliche PR-Zuführung b) bei Selbstfinanzierung	Neueinstellungen Köpfe	Einrichtungskosten je Arbeitsplatz	Freie Finanzmittel am Jahresende
1	10	15 000	–	15 000	–	–	–	–	–	15 000
3	10	15 000	–	45 000	–	–	–	1	30 000	15 000
4	11	16 500	–	31 500	–	–	–	1	30 000	1 500
5	12	18 000	–	19 500	–	–	–	–	–	19 500
6	12	18 000	–	37 500	–	–	–	1	30 000	7 500
7	13	19 500	–	27 000	5 000	50 000	–	2	60 000	12 000
8	14	21 000	–	38 000	4 500	–	–	–	–	28 500
9	14	21 000	–	49 500	9 000	–	0	1	30 000	10 500
10	14	21 000	–	31 500	8 000	–	–	–	–	23 500
12	14	21 000	5 000	34 000	7 000	–	–	–	–	27 000

Abb. 63: Finanzierungserweiterungseffekt lohnintensiver Fabrikationen durch Pensionszusagen

326223 Steuerliche „Schütt-aus/Hol-zurück"-Politik bei Kapitalgesellschaften

Die in den Rechtsformen von Kapitalgesellschaften (AG, GmbH, KGaA) geführten mittleren Industrieunternehmen unterliegen als solche mit ihrem „Einkommen" der Körperschaftsteuer. Die ausgeschütteten Gewinne werden bei den Gesellschaftern als Einkünfte gewerblicher Art oder aus Kapitalvermögen zusätzlich der Einkommen- und Kirchensteuer unterworfen. Diese Doppelbesteuerung der Gewinne ist heute durch den Anspruch auf Gutschrift der 25 % Kapitalertragsteuer gemindert. Das Controlling hat zu prüfen, ob die Gesamtsteuerbelastung von Gesellschaft und Gesellschafter minimiert und dennoch die Finanzierung optimiert wurde.

Das Finanzmanagement fährt mit einer „Schütt-aus/Hol-zurück"-Politik meist am besten. Voraussetzung ist, daß die Gesellschafter die Mehrausschüttung als Kapitalerhöhung oder Langfristdarlehen wieder einlegen. Die Zinsansprüche auf letztere sind als Betriebsausgaben der Gesellschaft abzugsfähig. Die Gesellschafter erhalten gesicherte, eventuell partiarische Ansprüche. Die Finanzkraft beider Seiten bleibt weitgehend erhalten.

Unter gewissen Bedingungen ist es sinnvoll, keine maximale, sondern nur eine gleichbleibende, geringere Ausschüttung des Jahreseinkommens vorzunehmen. Finanzielles Ziel ist es nämlich, den Steuerbarwert über mehrere Planungsperioden zu minimieren. Bei der Steuerbarwertminimierung muß die Finanzleitung die Bewertungsunterschiede, die zwischen Handels- und Steuerrecht gewählt werden können, ferner die steuerlich nicht abzugsfähigen Betriebsausgaben sowie die im Ergebnis enthaltenen steuerfreien Erträge terminlich so beeinflussen, daß durch die Verzögerung des Mittelabflusses ein zinsloser Fiskalkredit entsteht. Auch solche Steuerstundungen bringen Finanzierungsentlastungen.

32623 Eigenfinanzierung durch neue Beteiligungsformen

Das Selbstfinanzierungsvolumen reicht meist nicht aus, alle vertrieblichen, technischen oder finanziellen Aktivitäten allein zu finanzieren. Deswegen wird die Zuführung neuen Eigenkapitals periodisch erforderlich. Die Inhaber mittlerer Unternehmen sind aber nicht jederzeit in der Lage, aus ihrer Privatsphäre neue Einlagen zu tätigen. Andererseits finden sie sich selten bereit, neue Gesellschafter in das Unternehmen aufzunehmen, da schwierige Bewertungs- und Mitentscheidungsprobleme entstehen. Außerdem ist die Eigenfinanzierung bei Kapitalgesellschaften steuerlich das teuerste Verfahren, da neues Eigenkapital eine Nettodividende nach Ertragsteuern von etwa 10 % (einschl. KSt-Gutschrift) erwartet. Dem Finanz-Controlling obliegt deshalb die Prüfung, ob nicht neuere Beteiligungskonstruktionen akzeptabel sein könnten, welche die erwähnten Nachteile ausschließen. Dabei interessieren nur Methoden der Außenfinanzierung durch Zuführung neuer Mittel. Die in Familiengesellschaften übliche schenkungsweise Übertragung von Mitunternehmeranteilen oder Unterbeteiligungen an nichtmitarbeitende Kinder bleibt also außer Betracht.

326231 Beteiligung von steuerlichen Abschreibungsfonds

Das Interesse mittelständischer Industrieunternehmen nach Verbreiterung der Eigenkapitalbasis läßt sich mit dem Wunsch zahlungskräftiger Privatpersonen nach Vermögensbildung verbinden. Allerdings müssen letztere eigentumsähnliche Rechte, und zwar hochverzinst, erhalten. Außerdem sollen die eingesetzten Finanzmittel später wieder zurückfließen.

Dies ist erreichbar, wenn das Unternehmen jenen Kapitalanlegern (stillen Teilhabern, Kommanditisten) für mehrere Jahre einkommensteuerliche Verlustanteile zuweist. Die private Steuerersparnis bei einer vorausgesetzten Progressionsbelastung aus ESt und KiSt von mindestens 50 % amortisiert in 1 bis 3 Jahren den tatsächlichen Kapitaleinsatz. Andererseits wird die Gesellschaft mit den Kapitaleinzahlungen außergewöhnliche Werbe-, Entwicklungs- oder Organisationsaufwendungen finanzieren, die mehrjährige Verluste zur Folge haben. Aus dem erwarteten künftigen Gewinn kann sie langfristig die Rückzahlung der Einlagen garantieren. Der private Teilhaber erhält über Steuerersparnis sofort und Kapitalrückzahlung später seinen Einsatz gut verzinst zurück. Die Gesellschaft kann dabei gesellschaftsrechtliche Gestaltungsformen wählen, welche die Einwirkungsrechte der zeitlich befristeten Miteigentümer auf ein für die ursprünglichen Gesellschafter zumutbares Maß beschränken.

Als Musterbeispiel für ein derartiges Beteiligungsmodell an mittelgroßen Gesellschaften sei die 1974 erfolgreich praktizierte Stollwerck-Industriebeteiligung durch den WITAG-Fonds 27 vereinfacht dargestellt[1]. Das Süßwarenunternehmen Stollwerck AG (Aktienkapital = 18 Mio. DM, Mitarbeiter = 800, Umsatz 1973 = 100 Mio. DM) beabsichtigte Kapazitätserweiterungen mehrerer Beteilungswerke in Berlin und Köln, wozu sie außer Bankdarlehen ein zusätzliches Quasi-Eigenkapital von 45 Mio. DM benötigte. Dies wurde dadurch aufgebracht, daß sich eine neugegründete BGB-Gesellschaft WITAG-Fonds 27 mit diesem Zeichnungskapital von 45 Mio. DM an 3 Tochtergesellschaften der Stollwerck AG, nämlich der S-GmbH & Co KG, der H-GmbH & Co KG und der H-GmbH, beteiligte. Hierbei wurden an der H-GmbH eine atypische stille Gesellschaftsbeteiligung, an der H-GmbH & Co KG sowie an der S-GmbH & Co KG je-

1 WITAG = Westdeutsche Immobilienfonds Treuhand AG, Köln.

weils typische stille und Kommanditbeteiligungen gewährt. Die Beteiligungen werden über die zwischengeschaltete WITAG AG als Treuhandkommanditistin bzw. -stillgesellschafterin ausgeübt, so daß keine Einflußnahme der Fondszeichner auf die Geschäftsführung der 3 Beteiligungsgesellschaften gegeben ist. Da die neuen Gesellschafter nur einen direkten Anteil am Fondsvermögen halten, war auch keine Bewertung der vom Fonds gehaltenen Anteile an den Beteiligungsunternehmen erforderlich. Bei einem Emissionskurs der Fondsanteile (Mindesteinlage = 20 000 DM) von 105 % waren die Transaktionskosten gedeckt. Die Einzahlungstermine betrafen 50 % + 5 % Agio in 1974, 35 % in 1975, 15 % in 1976. Spätestens ab 1979 werden mindestens 2 % auf das Beteiligungskapital ausgeschüttet. Zum 31.12.1987 hat die Stollwerck AG ein unwiderrufliches Kaufangebot zu 100 % des Nominalzeichnungskapitals von 45 Mio. DM abgegeben.

Die Steuervorteile für den Fondsanteilzeichner sind in Abb. 64 errechnet.

I. Steuerbelastung (ESt, KiSt)			55 %
II. Beteiligungsbetrag			100 000 DM
III. Steuerersparnis bei Einzahlung	bezogen auf Einzahlung	bezogen auf Beteiligung	
1. Rate 1974 = 50 %	1974 = 194 %	1974 = 97 %	53 350 DM
2. Rate 1975 = 35 %	1975 = 188 %	1975 = 66 %	36 300 DM
3. Rate 1976 = 15 %	1976 = 187 %	1976 = 28 %	15 400 DM
4. Insgesamt 100 %		191 %	105 050 DM
IV. Tatsächlicher Kapitaleinsatz			–
V. Liquider Überschuß			5 050 DM

Abb. 64: Berechnung einer Verlustzuweisungs-Beteiligung

Die Steuervorteile ergeben sich aus der Vorwegnahme von Sonder- und Normalabschreibungen und aus dem Fonds zuzurechnenden Anlaufkosten (§ 14 Berlinförderungsgesetz a.F.).

326232 Private Investitionsfinanzierungsgesellschaften als befristete Teilhaber

Zur Förderung des Mittelstandes hat 1965 die „Arbeitsgemeinschaft selbständiger Unternehmer e.V." (ASU) das Konzept privatwirtschaftlicher Kapitalbeteiligungsgesellschaften entwickelt. Sie sollen mit einer Kapitalausstattung, die von Bankinstituten, der Kreditanstalt für Wiederaufbau oder Investmentfonds stammen, eine meist auf 10 Jahre befristete Minderheitsbeteiligung bei ertragsstarken, aber unterkapitalisierten Industrieunternehmen mittlerer Umsatzgröße eingehen. Sobald mit dieser Kapitalhilfe rentable langfristige Investitionen realisiert sind, aus deren Überschuß die Beteiligung wieder ausgezahlt werden kann, nimmt die Beteiligungsgesellschaft die Einlage nebst Gewinnanteilen zurück und setzt sie revolvierend bei anderen Bedarfsunternehmen ein.

Der Bund hat dasselbe Modell für die „Deutsche Gesellschaft für wirtschaftliche Zusammenarbeit" (DEG) übernommen, um mittlere Industrieunternehmen bei Auslandsinvestitionen in Entwicklungsländern risikomäßig zu entlasten. 1975 errichteten die wichtigsten Kreditinstitute mit einer Ausfallbürgschaft des Bundes die „Deutsche Wagnisfinanzierungs-GmbH"/Frankfurt(DWF), welche die Innovationsfähigkeit der nicht emissionsfähigen gewerblichen Mittelstandsunternehmen fördern soll.

Das Engagement dieser Investitionsfinanzierungsgesellschaften bietet dem Unternehmen einige beachtenswerte Vorteile. Da die Vorauswahl des Beteiligungsunternehmens normalerweise durch den Bankenapparat erfolgt, hebt dies die Bonität für weitere Kreditwünsche. Meist ist mit der Beteiligung eine qualifizierte Beratung über die Verbesserung der Ertragslage verbunden. Die Einflußnahme auf die Geschäftsführung beschränkt sich in der Regel auf Aufsichtsfunktionen. Nachteilig erscheint die feste Befristung der Beteiligung, die – trotz Verlängerungsmöglichkeit – auch bei rentabler Geschäftslage zu einer Finanzklemme führen kann.

Die geeignetsten Rechtsformen für eine Partizipation der Kapitalbeteiligungsbank sind die atypische stille Gesellschaft und die Kommanditgesellschaft. Sie gewähren eine Haftungsbeschränkung auf die Einlage. Die geforderte Gewinnbeteiligung orientiert sich am Zinssatz für langfristige Darlehen zuzüglich Risikozuschlag. Insofern kommen sanierungsanfällige Unternehmen kaum für eine Partnerschaft in Frage. Die Kontrollrechte im Beirat gehen faktisch über diejenigen eines Kommanditisten hinaus, was einer gründlichen Rechenschaftslegung über wichtige Entscheidungen aber nur nützlich ist. Zum Ablauf des Beteiligungsvertrages kann man, um die Aufdeckung der während der Mitunternehmerdauer gebildeten stillen Rücklagen zu vermeiden und die Besteuerung des Veräußerungsgewinns zu kompensieren, ein pauschales Schlußaufgeld vereinbaren.

32624 Optimale Kreditmischung und Sicherheitenverteilung

Zum Finanzcontrolling gehört die Prüfung eines optimalen Finanzierungs-Mix. Es stammt aus vier Quellen: der Innenfinanzierung mit Eigen- (= Selbstfinanzierung aus Gewinn und Abschreibung) und Fremdkapital (= Selbstfinanzierung aus Rückstellungen) sowie der Außenfinanzierung mit Eigen- (= Eigenfinanzierung durch Einlagen) und Fremdkapital (= Fremdfinanzierung mit Kreditkapital). Am wichtigsten ist die Beschaffung von Kreditkapital. Sein Kennzeichen ist die Verfügungsdauer:

I. Kurzfristige Kredite (bis max. 1 Jahr):
   1. Lieferantenkredite (Waren- und Leistungsschulden, Warenakzepte),
   2. erhaltene Anzahlungen von Kunden, Steuerschulden,
   3. Betriebsmittelkredite der Banken usw. (Kontokorrent-, Gefälligkeitsakzept-, Lombardkredite) oder Euromarktgelder von Finanzmaklern.

II. Mittelfristige Kredite (bis max. 4 Jahre):
   1. Einrichtungskredite von Lieferanten,
   2. Exportkredite (z. B. Ausfuhrkredit Gesellschaft mbH, AKA),
   3. Bankdarlehen.

III. Langfristige Kredite (über 4 Jahre):
1. Hypotheken, Grundschulden,
2. Schuldscheindarlehen, Anleihen,
3. Investitionskredite (z. B. Industriekreditbank AG).

Mittelständische Unternehmen setzen diese drei Kreditarten – ausgenommen III.2. – entsprechend der Bindungsdauer des Aktivvermögens (kurz-, mittel-, langfristig) ein, wenn sie konsolidiert, d. h. im Gleichklang, finanzieren.

Kreditkapital als nichthaftendes, dauerverzinsliches Gläubigervermögen ist primär auf Sicherheit bedacht. Das Sicherheitsstreben der Kreditgeber wächst mit der Dauer der Kreditvergabe. Der Controller hat daher auch das optimale Sicherheiten-Mix zu untersuchen.

Beim kurzfristigen Lieferantenkredit werden keine Sicherheiten, aber ein hoher Zins verlangt. Er tritt nicht in Erscheinung, weil er im Preis enthalten ist und erst nach Ablauf der Skontoverzugsfrist berechnet wird. 2 % pro 10-Tages-Ziel entsprechen immerhin 36 % p.a. Kann ein Unternehmen seine Warenbezüge nicht mehr skontieren, zieht der Geschäftspartner meist ein durch Kreditauskünfte geprüftes Kreditlimit, welches zugleich die Umsatzaktivitäten des Abnehmers limitiert. Vorfinanzierende Anzahlungen von Kunden sind oft von deren Forderung nach Bankbürgschaften begleitet.

Verspätet gezahlte Steuerschulden erfordern 1 % pro Monat Säumniszuschläge (§ 240 AO). Stundungszinsen (§ 234 AO) sowie Sicherheitenstellung (§ 241 AO). Betriebsmittelkredite der Banken werden für nicht konzerngebundene Mittelunternehmen in aller Regel nicht blanko, sondern nur gegen Inhaber- und/oder Sachsicherheiten gegeben. Für ersteres kommt meist die selbstschuldnerische Bürgschaft (§§ 765 ff. BGB) der Kommanditisten in Frage. Insofern findet ein Durchgriff durch haftungsbeschränkende Gesellschaftsformen statt. Bei „b.a.w."-(= bis auf weiteres)Krediten sind in kritischen Situationen Sicherungsabtretungen von Forderungen üblich. Die Zinskonditionen der Kreditinstitute steigen mit abnehmender Bonität an.

Erhaltene mittelfristige Kredite von Anlagenlieferanten unterliegen bei beweglichen Wirtschaftsgütern einem Eigentumsvorbehalt bis zur endgültigen Regulierung, oft gekoppelt mit einer Bankbürgschaft. Die Zinskosten sind in den Verkaufspreis gebührend einkalkuliert. Mittelfristige Exportkredite seitens der Kreditinstitute erfordern außer der Dokumentenhinterlegung und den Mindestvoraussetzungen für den Exportakzept- bzw. Privatdiskontkredit (§ 10 Kreditwesengesetz), daß der Exporteur die politischen und Transferrisiken weitgehend bei der Hermes Kreditversicherungs-AG abschirmt. Bankdarlehen basieren in erster Linie auf der Verpfändung beweglicher Sachen und Rechte (§§ 1204, 1228, 1274, 1292 BGB) sowie der Sicherungsabtretung bestimmter Forderungsgruppen (§§ 929 bis 931 BGB).

Langfristige Kredite von Geschäftsbanken werden stets durch Grundpfandrechte abgesichert (§§ 1113 bis 1203 BGB, Grundbuchordnung). Die Beleihungsgrenze liegt bei 50 % des Beleihungswertes, der sich als Mittelwert aus Sachverkehrswert und Ertragswert errechnet. Hierfür werden grundsätzlich brieflose Grundschulden mit Zwangsvollstreckungsklausel eingetragen. Die miteingetragenen Zinsen des Grundpfandrechts liegen mit 10 bis 12 % p.a. höher als jene des zugrundeliegenden Kreditvertrages. Bei Dauerinanspruchnahme wird die Umschuldung durch ein Hypothekenbank- oder Bauspardarlehen angestrebt. Diese Beleihung ist nur an erster Rangstelle des Grundbuchs und bis 60 % des Grundstückswertes zulässig (§ 11 HGB). Mittlere Unternehmen müssen sich faktisch mit 40 % bescheiden. Bei einer Laufzeit von 8 bis 15 Jahren wird eine Verzinsung plus Disagio von etwa 8 bis 10 % p.a. verlangt.

Kriterium für das Volumen der externen Fremdfinanzierung eines Industriebetriebes ist seine Kreditwürdigkeit. Sie ist abhängig von der Einschätzung des existentiellen Risikos. Dies wird um so höher angesehen, je höher der Verschuldungsgrad schon ist, auch wenn dabei die Eigenkapitalrentabilität wächst.

Der Sicherheitenbestand sollte daher in einer Wertigkeitsrangreihe für kurz-, mittel- und langfristigen Finanzbedarf geschichtet sein. In jeder Schicht muß ein Gleichklang der Konditionen verschiedener Kreditgeber anvisiert werden, wenn ihnen gleichrangige Sicherheiten geboten sind. Jährlich sind die durch Kredittilgung frei gewordenen und die durch Investitionen neugeschaffenen Sicherheiten in Kreditverhandlungen neu zu ordnen. Dabei sollte tunlichst eine Reserve freibleiben, die etwa dem Cash flow eines halben Jahres entspricht. Nur dieser Hebel erlaubt die Erreichung optimaler Kreditvereinbarungen.

3263 Abweichungen vom finanziellen Gleichgewicht

Die bisherigen Erörterungen zeigten, daß die Hauptaufgabe der finanziellen Führung jedes Unternehmens darin besteht, den Finanzbedarf und die Finanzierungsquellen zeitlich, quantitativ und qualitativ jederzeit im Gleichgewicht zu halten. Wenn im Industriebetrieb die Leistungserstellung und -vermarktung im Vordergrund steht, so ist hierbei zunächst nur das mit diesen güterwirtschaftlichen Vorgängen verbundene System von Ein- und Auszahlungen zu beachten.

Weiterhin ist aber auch die zeitliche, quantitative und qualitative Struktur der Kapitalfondsein- und -auszahlungen durch Gesellschafter oder Kreditgeber darauf abzustimmen. Sie ist relativ unabhängig und paßt sich nur aufgrund dispositiver Maßnahmen verzögert an den Leistungsprozeß an. Finanzielles Gleichgewicht besteht demnach, wenn die Finanzbedürfnisse für güterwirtschaftliche und außenfinanzielle Auszahlungen zu keinem Zeitpunkt größer sind als die aus beiden Bereichen stammenden Einzahlungen. Es wird qualitativ als optimal erachtet, wenn die Auswahl der Kapitalquellen unter dem Aspekt geringstmöglicher Kosten erfolgt. Das Controlling hat deshalb die zeitlichen und kostenmäßigen Abweichungen zu beurteilen.

32631 Nichteinhaltung der horizontalen Fristenkongruenz

Als Kontrollregel für die Sicherstellung des finanziellen Gleichgewichts gilt seit jeher die „goldene Bilanzregel" oder „horizontale 1 : 1-Regel". Sie besagt, daß grundsätzlich das Anlagevermögen durch langfristiges Eigenkapital, das Umlaufvermögen durch kurzfristiges Fremdkapital gedeckt werden soll. Der Anlagendeckungskoeffizient = Eigenkapital : Anlagevermögen soll also mindestens 1 sein. Hieran knüpft die Kreditwirtschaft weiterhin die „goldene Finanzregel", wonach in Industrieunternehmen langfristige Investitionen nicht mit kurzfristigem Fremdkapital finanziert werden dürfen. Diese horizontalen Strukturregeln haben sich als brauchbare Orientierungshilfen für unternehmenspolitische Entscheidungen erwiesen.

Dennoch ist die goldene Bilanzregel kein absoluter Maßstab. Die vom Statistischen Bundesamt erfaßten Industrie-AGs zeigen ein mittleres Verhältnis Anlagenvermögen : Eigenkapital von 159 %. Deshalb besagen neuere Faustformeln, daß das langfristig verfügbare Eigen- und Fremdkapital größer sein soll als das Anlagevermögen und die langfristigen Außenbestände bzw. ein Drittel des Umlaufvermögens. Allgemeiner heißt dies, daß zwischen der Bindungsdauer der einzelnen Vermögensobjekte und der Fristigkeit des zur Deckung herangezogenen Kapitals Übereinstimmung besteht. Da auch Vorrats- und Debitorenbestände teilweise „eisern" sind, gilt heute die „qualitative Finanzierungsnorm"[1]. Danach ist das Minimum des permanenten Kapitalbedarfs mit permanentem Kapital (Eigenkapital), das Maximum des langsam fluktuierenden Kapitalbedarfs mit langfristigem Kapital (Hypotheken, langfristige Darlehen) und das Maximum des schnell fluktuierenden Kapitalbedarfs mit lang- und kurzfristigem Kapital (Bank- und Lieferantenkredite) zu finanzieren.

Der Grundsatz der Fristenkongruenz wird also variiert zu einer Maxime elastischer Anpassungsfähigkeit an einen – etwa durch Ertragsschwankungen hervorgerufenen – veränderten Kapitalbedarf. Für das langfristige Fremdkapital mit der relativ stärksten Variabilitätsnotwendigkeit sollten demnach „nach oben" nicht ausgenutzte Kreditlinien der Banken und Aufstockreserven aus neuen Gesellschafterdarlehen verfügbar sein. Auf der Basis dieser leichten, langfristigen „Überfinanzierung" braucht dann ein Unternehmen keinen kurzfristigen Wechseldiskontkredit auf 90 Tage zu beanspruchen, wenn die Kreditbedarfsspitze nach zwei Wochen nicht mehr gegeben ist. Hier wäre nur der Sockelbetrag durch den fixen Wechselkredit, der Rest durch einen variablen Kontokorrentkredit zu decken. Der Variabilitätsgrundsatz erlaubt in gewissen Grenzen, die Kapitalstruktur zu verändern, sei es zur Bilanzoptik bzw. Kreditwürdigkeit, sei es zur Senkung der Finanzierungskosten.

32632 Kostenungünstiges Verlassen des Kapitaloptimums

Die Auswahl der Finanzmittel soll auch dem Grundsatz der Kostengünstigkeit entsprechen. In spiralenartig verbundenen Entscheidungsstufen bzw. kostenkritischen Übergangsphasen sind jeweils neue Kosten-/Nutzenvergleiche anzustellen.

Ein ertragsstarkes Unternehmen wird entsprechend dem Leverage-Effekt so lange Fremdkapital aufnehmen, wie dies die Eigenkapitalrentabilität erhöht. Zunächst bezieht man teure Kontokorrentkredite, soweit sie unter der erwartbaren Gesamtkapitalrentabilität liegen; der erwähnte Variabilitätsgrundsatz ist einzuhalten (Phase 1). Diese Phase muß bald überwunden werden, weil mittel- oder langfristiges Fremdkapital in der Regel billiger ist, es sei denn, es werde nur für saisonale Spitzen benötigt. Das Prinzip der „qualifizierten Langfristigkeitspräferenz" ist hier kostendominant[2]. In der

1 E. Gutenberg, Die Finanzierung, a.a.O., S. 293.

2 H. Lipfert, Finanzierungsregeln und Bilanzstrukturen, in: H. Janberg, Finanzierungshandbuch, a.a.O., S. 86.

nächsten Spiralstufe (Phase 2) finanziert man zweckmäßigerweise mit langfristigem Fremdkapital, soweit dessen Zinssatz unterhalb der internen Gesamtkapitalverzinsung liegt. Man muß aber die erhöhte Verschuldungsgefahr beachten. Diese führt zur letzten Finanzierungsphase, weil die Kreditkosten wieder anziehen (Phase 3). Selbst bei Kostengleichheit langfristigen Kreditkapitals entscheidet das Sicherheitspostulat für jene Kapitalform, von welcher eine geringere Risikobedrohung für die Gesellschaft ausgeht. Jetzt überwiegt das Prinzip der „qualifizierten Eigenkapitalpräferenz". Das ertragsstarke Unternehmen hat dann das seiner güter- und finanzwirtschaftlichen Kapazität entsprechende Kapitaloptimum realisiert.

Genau umgekehrt sollte das Controlling die Entscheidungen bei rückläufigen Ertragserwartungen nachverfolgen. Hier muß sich im Spiralabschwung ein Kapitaloptimum auf niedrigerer Stufe einpendeln. Der Einsatz überhöhten Eigenkapitals (Phase 1) wird unzweckmäßig, sobald dieses außerhalb des Unternehmens höhere Zinsen erbringt und — falls möglich — abziehbar ist. Soweit genügend reale Sicherheiten verfügbar sind, weicht man auf langfristiges Fremdkapital aus (Phase 2). Liegt dessen Zinsanspruch höher als die erwartbare Gesamtkapitalrentabilität, dann empfiehlt sich relativ bald ein „low gearing", um den Bestand des Unternehmens nicht durch übermäßige Langfristverbindlichkeiten mit festen Rückzahlungsverpflichtungen zu gefährden. Die Unternehmensleitung gewinnt ihre Dispositionsfreiheit zurück, wenn sie sich nun für mehr kurzfristigen Kredit entscheidet (Phase 3). Er ist zwar teurer, paßt sich aber elastischer an den Kapitalbedarf an, der nach Beschränkung der güterwirtschaftlichen Aktivitäten noch nötig ist.

Offensichtlich läßt sich dieses kostengünstige Taktieren bei wechselnder Ertragslage nicht immer befolgen. In Aufschwungzeiten wird meist zu spät langfristig konsolidiert, so daß die Produktions- und Absatzausweitung voll kurzfristig finanziert ist. Noch seltener nützen mittlere Personengesellschaften in der Langfrist-Spiralphase die Gunst der Stunde, Aufstockungen der Kapitalkonten über pari vorzunehmen. Umgekehrt gelingt es bei verschlechterter Geschäftslage kaum, durch Verhandlungen über frei gewordene Sicherheiten oder Konditionen Dispositionsspielraum zu schaffen, der zum Schuldendienst oder zur zinsgünstigeren Ablösung kurzfristiger Kredite verfügbar wäre. Selbst in der Kurzfrist-Spiralstufe haben die Unternehmen alle Mühe, durch Kostenabbau und Liquidisierung nicht verwertbarer Vorräte einen höheren Kapitalumschlag herbeizuführen.

Die Einhaltung kostenoptimaler Kreditkapitalvolumina und ihr Abbau bei Absinken der Gesamtrentabilität unter die Fremdzinssätze erscheint in praxi als Grenzfall der Managementvirtuosität. Am ehesten lassen sich die komplizierten Entscheidungen über optimale Finanzierungsprogramme in den Griff bekommen, wenn man zunächst von den getätigten Investitionen mit ihrem internen Zins- und Tilgungsdienst als Aus- und Einzahlungsreihen ausgeht. Mit Hilfe von EDV-Simulationsprogrammen unter Variation güter- und finanzwirtschaftlicher Aktivitäten könnte man noch besser nach der Zielfunktion kostengünstigster Finanzierung kontrollieren.

327 Ergebnis- und Managementkontrolle

3271 Kontrolle der wichtigsten Jahreszielgrößen

32711 Abweichungen von Umsatzrendite und Kapitalumschlag (Iso-Gewinnkurven)

Das erläuterte Controlling der Einzelmaßnahmen ergibt die pauschale ROI-Kontrolle. Der Jahreserfolg ist also Saldo mehr oder minder optimalen Umsatz-, Kosten- und Kapitalbedarfsmanagements. Die Erfolgsformel wird deshalb aufgespalten:

$$\text{ROI} = \frac{(\text{Gewinn} + \text{Fremdkapitalzins}) \cdot 100}{\text{Eigen- und Fremdkapital}} = \frac{\text{Gesamtgewinn} \cdot 100}{\text{Umsatz}} \times \frac{\text{Umsatz}}{\text{Gesamtkapital}}$$

Gleicher Jahresgewinn kann durch geringe Umsatzrentabilität, aber hohen Kapitalumschlag oder durch hohen Umsatzgewinn und niedrigen Kapitalkoeffizienten realisiert werden. Die ROI-Abweichung ist in eine Gewinn- und eine Kapitalabweichung zu zerlegen.

Beispiel:	Budget	Ist	Abweichung
1. Return on Investment	20 %	10 %	– 10 %
2. Kapitaleinsatz (Investment)	1 000 000 DM	1 400 000 DM	– 400 000 DM
3. Reingewinn (Income)	200 000 DM	140 000 DM	– 60 000 DM

4. Kapitalabweichung (Return Investment)

$$\left(\frac{200\,000\ \text{DM}}{1\,000\,000\ \text{DM}} - \frac{200\,000\ \text{DM}}{1\,400\,000\ \text{DM}}\right) \cdot 100 = 20\% - 14{,}3\% = 5{,}7\%$$

5. Gewinnabweichung (Return Income)

$$\left(\frac{200\,000\ \text{DM}}{1\,400\,000\ \text{DM}} - \frac{140\,000\ \text{DM}}{1\,400\,000\ \text{DM}}\right) \cdot 100 = 14{,}3\% - 10\% = 4{,}3\%$$

Zur Überwachung des Standardgewinns beobachtet man beide Komponenten mit Iso-Returnkurven[1] (vgl. Abb. 65).

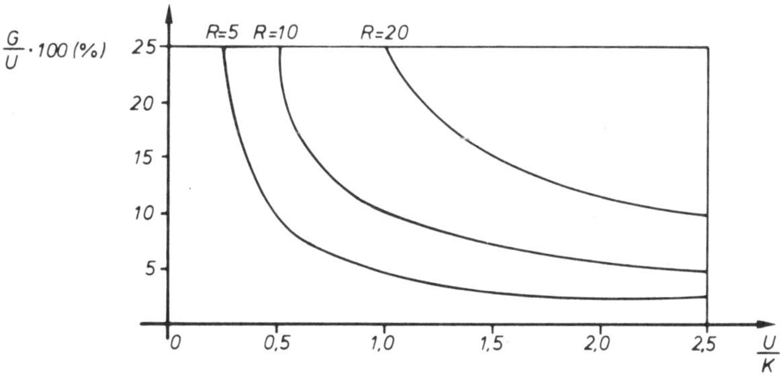

Abb. 65: ISO-Return-Kurven für Reingewinn und Kapitalumschlag

1 H. Blohm, Gewinnplanung, in: K. Agthe, E. Schnaufer, Unternehmensplanung, Baden-Baden 1963, S. 426.

Die Umsatzrentabilität trägt mit hälftigem Gewicht zur langfristigen Gewinnzielrealisation bei. Der Quotient wird um so günstiger, je höher der Überschuß von Erträgen über Aufwendungen und je niedriger der Umsatz des Jahres ist. Die zu ergreifenden Maßnahmen wurden bereits erörtert. Dennoch erscheinen zwei Hebel besonders erinnernswert. Die Ertragsfähigkeit wächst kontinuierlich am sichersten, wenn der mittelständische Unternehmer ständig neue Marktideen hervorbringt. Funktionell zweckmäßige Produkterneuerungen binden weitere Kunden an die Firmenmarken. Dies erlaubt die Aussonderung ertragsschwach gewordener Oldseller. Die Aufwandsenkung läßt sich am wirksamsten erreichen, wenn die Produktion ungestört nach optimalen Losgrößen fährt. Dies erfordert ein jährliches Beschneiden des Sortiments um unwirtschaftliche Kleinserien.

Übersehen wird oft, daß der Kapitalumschlag ebenfalls mit 50 % Gewicht auf den Gewinn einwirkt. Da die Kapitalaustattung meist zu gering und vielleicht durch frühere Fehlentscheidungen blockiert ist, muß die Umsatzgeschwindigkeit dies kompensieren. Wenn dabei nicht die Kosten mitwachsen sollen, müssen Anlagenkapazitäten und Materialvorräte auf den Jahresbedarf strukturiert sein. Wegen der hohen Fixkostenlast ist eine zu differenzierte Produktionstiefe und -breite eher nachteilig. Auch Industriebetriebe profitieren durch Arbeitsteilung mit Zulieferanten, sinnvolle Kooperationen und sortimentsergänzende Handelswarenzukäufe. Die Überwachung der Debitorenumschlagsgeschwindigkeit durch Skontopolitik, aktives Mahnwesen und Factoring der Forderungen mobilisiert zusätzliche Finanzreserven.

32712 Wertschöpfungskennzahl und Sozialbilanz

In Produktionsunternehmen tritt neben das Interesse der Eigentümer an der Rentabilität des investierten Kapitals zunehmend das Interesse weiterer gesellschaftlicher Kreise – der Arbeitnehmer, des nicht kapitalgebundenen Managements, der Kunden, der Gläubiger und der (fiskalischen) Allgemeinheit – an der Leistungskraft des Unternehmens. Neben der ROI-Zielkontrolle erwartet man eine Jahresberichterstattung, welcher volkswirtschaftliche Beitrag außer dem Unternehmensgewinn zur Wertschöpfung durch Arbeitseinkommen und für die Finanzierung der Staatsfunktionen geleistet wurde (= Sozialbilanz). Bedeutsam sind dabei die jährlichen Veränderungen, wie die Unternehmenswertschöpfung an die Kapitalgeber, an die Arbeitnehmer und an die Allgemeinheit verteilt wird. Eine derartige Ergebniszuordnung ist nicht ganz einfach zu definieren. Man ermittelt daher das Unternehmenseinkommen erst hinsichtlich seiner Entstehung aus Gesamtleistung abzüglich fremder und aperiodischer Vorleistungen, danach hinsichtlich seiner Verteilung vor Personalaufwand und Steuern bzw. Beiträgen.

Am interessantesten ist die Verfolgung der Arbeitsrentabilität. Diese Wertschöpfungskontrolle knüpft an die aktienrechtlichen GuV-Positionen an (vgl. Abb. 66). Man bleibt beim Nominalwertprinzip, obwohl es keine zeitgerechte Bewertung der Aufwendungen erlaubt. Steuerliche Wertkorrekturen bei den Gebrauchsgütern werden bereinigt, weil sie eine leistungsbezogene Wertschöpfungsrechnung beeinträchtigen. Bezieht man die Nettoproduktionsleistung auf den Personal- einschließlich Sozialaufwand, erhält man den WPK-Wert („Wertschöpfung/Personalkosten-Koeffizient").

Unter der Annahme gleicher Programmbreite und Produktionstiefe gibt er eine Aussage über die Arbeitsproduktivitätsveränderung. Die Arbeitskosten enthalten neben dem Direktentgelt alle gesetzlichen, tariflichen und freiwilligen Sozialaufwendungen sowie die Kosten betrieblicher Sozialeinrichtungen und -maßnahmen.

Zeile	Position gem. § 157 AktG		Bezeichnung	Vorjahr TDM	Lfd. Jahr TDM
1.	1		Nettoumsatzerlöse	29 500	34 000
2.	2	±	Bestandsveränderungen UF + FF	+4 400	−2 200
3.	3	+	Aktivierte Eigenleistungen	+ 100	+ 200
4.	4	=	Betriebsertrag	34 000	32 000
5.	14	+	Sonstige ordentliche Erträge	+ 300	+ 500
6.		=	Unternehmensertrag	34 300	32 500
7.	5	−	Aufwand für Stoffe und Waren	12 500	12 000
8.	19	−	Normale Abschreibungen Sachanlagen	1 000	1 000
9.	21	−	Abschreibungen Umlaufvermögen	100	100
10.	24b	−	Sonstige Steuern	50	50
11.	26	−	Sonstige Aufwendungen	450	350
12.		=	Wertschöpfung der Abrechnungsperiode	20 000	19 000
13.		:	Personal- und Sozialaufwand	16 000	14 600
14.		=	WPK-Koeffizient	1,26	1,30

Abb. 66: WPK-Kontrolle

Bedeutsam ist weiterhin die Entwicklung der Gemeinwesenbeitragsrentabilität (vgl. Abb. 67). Hierzu ermittelt man das verteilbare Unternehmenseinkommen. Zur Jahreswertschöpfung sind die übrigen Erträge (aus Anlagenabgängen, Auflösung Pauschalwertberichtigung und Rückstellungen, sonstige a. o. Erträge, aus Gewinnabführungsverträgen, Beteiligungen, anderen Finanzanlagen, Zinsen) hinzu- und die außerordentlichen Aufwendungen (Verluste aus Anlagenabgang, Abschreibung auf Finanzanlagen, Verlustübernahmen) gemäß § 157 AktG abzurechnen. Dann trennt man alle Zuwendungen für Arbeitskosten (einschließlich Zahlungen an fremde Veredelungslieferan-

		TDM			TDM
	Jahreswertschöpfung	19 000		Einkommen an Arbeitnehmer	14 600
±	Aperiodische Korrekturposten	350	+	Einkommen an Kapitalgeber	2 850
±	Beteiligungserträge/-verluste	500	+	Einkommen an Allgemeinheit	2 400
=	Verteilbares Unternehmenseinkommen	19 850	=	Verteiltes Unternehmenseinkommen	19 850

Abb. 67: Sozialbilanz

ten), ferner die Kapitaldotierungen (Dividendenentnahmen, Zinsen und sonstigen Leistungen an Gesellschafter und Kreditgeber), schließlich die Ausgaben im Allgemeininteresse (Kosten- und Ertragsteuern, Beiträge an Versicherungen, Berufsgenossenschaften, Verbände).

3272 Kriterien des Managementerfolges

32721 Matrixorganisation schafft Profitcenters

Das Gewinncontrolling des Managements ist in mittleren Industriebetrieben eine Frage der Führungsorganisation. Bei herkömmlicher, funktionaler Ressortgliederung ist nur der Erfolg der Unternehmensleitung feststellbar.

Bei moderner Matrixgliederung des Unternehmens in Produktsparten und Zentraldienste sind die Bereichserfolge und der Gesamtunternehmenserfolg zu beurteilen. Denn die Spartenleiter verantworten den Umsatz, die Kosten und die Kapitalbindung ihrer Produktlinien. Die Servicekosten und Vermögensanteile der Zentralbereichsabteilungen (z. B. Einkauf, Personalwesen, Rechnungs- und Finanzwesen, EDV, allgemeine Werksdienste) sowie der Unternehmensleitung sind nach einvernehmlich festgelegten Beanspruchungsschlüsseln mitzutragen. Erfahrungsgemäß können Leistungsziele im kleineren Rahmen eines Divisionsmanagements, aber unter Aufsicht der Geschäftsführung effizienter realisiert werden. Divisionschefs erhalten für ihr Produktionssortiment bestimmte Marktsegmente exklusiv zugewiesen. Der Grundsatz der Entscheidungsdelegation auf die nächstniedrigere Führungsebene setzt dort höhere Eigenmotivation frei. Die Unternehmensleitung greift nur ein, wenn die Abweichungen von der gemeinsam erarbeiteten Zielvorgabe eine definierte Toleranzgrenze überschreiten (Management by Exception). Damit entstehen in den Produktsparten selbständige Profitcenters.

Jede Produktsparte erstellt ihr Absatz-, Produktions-, Beschaffungs-, Kosten- und Ergebnisbudget, nimmt zentrale Leistungen in Anspruch und führt eigene Bestands- und Erfolgsrechnungen. Die Erfolgskontrolle entspricht dem bisher dargestellten integrierten System. Die Divisionsergebniskontrolle umfaßt demnach das Controlling des engeren Spartenerfolges, der Umlagen für Zentralressortleistungen, eventueller Interspartenleistungen zu Verrechnungspreisen und des Beitrages zum Unternehmensergebnis.

Die Ergebniskontrolle des Zentral-Ressortmanagements erschöpft sich in Verbrauchsabweichungsanalysen der an die Sparten zu Standardkosten intern ,,verkauften" Dienstleistungen. Die Standardgutschriftssumme aus den Produktsparten gibt die Deckung für die in den Zentralabteilungen verbrauchten Aufwendungen. Dasselbe gilt für die Kosten der oberhalb der beiden Führungsebenen (Sparten und Ressorts) stehenden Unternehmensleitung und ihre Deckung. Die Mehr- oder Minderverbräuche sowie Sondererlöse (des Einkaufes, einer EDV-Untervermietung, eventueller irrationaler Anlagenverkäufe) münden unmittelbar in das Gesamtunternehmensergebnis.

32722 Maßstäbe des Gewinnmanagements

Man hat immer wieder versucht, für den Managementerfolg eine prägnante Kurzformel zu finden. Dazu wurde der Finanzerfolg um neutrale Erträge bereinigt oder ein günstiges Verhältnis zwischen internem und Marktzinsfuß herausgearbeitet oder auch auf das gesellschaftliche Image (Abweichungen zwischen kalkulierten und tatsächlichen Sozialkosten) abgestellt. Diese Teilaspekte sagen ebensowenig wie die Pauschalforderung, möglichst überhaupt keine Abweichungen entstehen zu lassen. Gewinnmanagement umfaßt eine Vielzahl von Maßnahmen, die letztlich in die ROI-Formel münden.

Interessant erscheint daher eine ergänzende Bewertung des Managements, wie sie in den USA üblich ist. Dazu zieht man sieben Beurteilungsmaßstäbe heran und vergleicht sie mit der Branchenkonkurrenz[1]:

1. Ertragskraft: Wie profitabel arbeitet das Management mit dem investierten Kapital?
   Kennzahl = Reingewinn je Geschäftsanteil : Buchwert je Geschäftsanteil in Relation zu langfristigen Bank-Habenzinsen.
2. Wachstumskraft: Wie schnell kann das Management das Gesellschaftskapital vermehren?
   Kennzahl = Buchwert je Geschäftsanteil im Mittel der letzten 5 Jahre : Buchwert je Geschäftsanteil vor 5 Jahren.
3. Ausschüttungskraft: Nehmen die Gesellschafter angemessen am Gewinn teil?
   Kennzahl = Dividenden bzw. Entnahme je Anteil : Reingewinn nach Steuern je Anteil der letzten 5 Jahre.
4. Thesaurierungskraft: Welche neuen Gewinne hat das Management aus einbehaltenem Kapital erzielt?
   Kennzahl = Reinertragszuwachs : nicht ausgeschüttete Erträge der letzten 5 Jahre.
5. Ist das Unternehmen bei erfolgversprechenden Sparten oder Produkten gewöhnlich an erster oder letzter Stelle?
6. Findet sich das Management mit der Unternehmenssituation ab, oder arbeitet es mit Nachdruck an Verbesserungen?
7. Gibt es häufig oder selten Veränderungen im Management?

1 W.T. Jerome, Management-Kontrolle, Stuttgart 1972, S. 28.

Anhang

I.

Musterbudget
„Rheinische Werkzeugfabrik GmbH“

Rheinische Werkzeugfabrik GmbH Köln	**Geschäftsführung** Dezember 1977

Unternehmensbudget 1978[1]

1 Des großen Umfangs wegen – das gesamte Unternehmensbudget besteht aus 80 Blättern (Tabellen, Aufstellungen usw.) – können hier nicht alle Blätter wiedergegeben werden. Es wurden daher die wichtigsten Formulare ausgewählt und abgedruckt. Diese Formulare sind in dem Verzeichnis rechts hinter der Blattnummer durch das Zeichen ■ kenntlich gemacht.

1 Aus technischen Gründen ist Blatt 79 (Plan-BAB) zwischen Blatt 67 und Blatt 74 eingefügt.

Rheinische Werkzeugfabrik GmbH **Köln** Zentral-Marketing-Service	**A. Vertriebsbudget 1978** 0. Marktsituation Werkzeuge 1978 (Marktpotentiale und -anteile je Kostenträger und Vertriebsweg)	gez.: Klug 10. 10. 1977	**Blatt 3**

Ktr.-Gruppe	Artikelgruppen / Inlandspotential	Ist 1977 Marktanteile Inland gesamt Mio. DM	Ist 1977 Marktanteile Inland gesamt %	Ist 1977 Name Marktführer	Ist 1977 Marktführer %	Plan 1978 Marktanteile Groß- u. Einzelhandel %	Plan 1978 Marktanteile Groß- u. Einzelhandel Mio. DM	Plan 1978 Marktanteile Industrie direkt %	Plan 1978 Marktanteile Industrie direkt Mio. DM	Plan 1978 Marktanteile Gewerbe u. Behörden %	Plan 1978 Marktanteile Gewerbe u. Behörden Mio. DM	Plan 1978 Marktanteile Inland gesamt %	Plan 1978 Marktanteile Inland gesamt Mio. DM
10	Greifwerkzeuge							Marktpotential wird über den Handel versorgt bis auf Sondergeschäfte					
	– Marktpotential	60,0	100	A			46,0				20,0		66,0
	– eigener Umsatz	3,1	5,2		15	6,1	2,8			3,5	0,7	5,3	3,5
20	Drehwerkzeuge												
	– Marktpotential	39,0	100	RWF			29,0				13,0		42,0
	– eigener Umsatz	3,0	7,7		8	7,9	2,3			6,9	0,9	7,6	3,2
30	Schneidwerkzeuge												
	– Marktpotential	85,0	100	S			63,0				31,0		94,0
	– eigener Umsatz	1,9	2,2		17	2,4	1,5		0,2	2,9	0,9	2,8	2,6
40	Schlagwerkzeuge												
	– Marktpotential	45,0	100	RWF			33,0				16,0		49,0
	– eigener Umsatz	4,1	9,1		9	9,1	3,0			9,4	1,5	9,2	4,5
50	Schweißwerkzeuge												
	– Marktpotential	30,0	100	D			21,0				11,0		32,0
	– eigener Umsatz	0,6	2,0		10	1,4	0,3			3,6	0,4	2,2	0,7
55	Elektrowerkzeuge												
	– Marktpotential	17,0	100	K			15,0				4,0		19,0
	– eigener Umsatz	1,3	7,6		16	1,3	0,2			65,0	2,6	14,7	2,8
60	Löt- und Sonderwerkzeuge												
	– Marktpotential	16,0	100	N			10,0				7,0		17,0
	– eigener Umsatz	0,3	1,9		14	1,0	0,1			7,1	0,5	3,9	0,6
80	Garnituren												
	– Marktpotential	10,0	100	P			8,0				3,0		11,0
	– eigener Umsatz	4,2	4,2		8	4,0	3,2			36,7	1,1	3,9	4,3
	Werkzeuge gesamt												
	– Marktpotential	302,0	100,0			100,0	225,0		—	100,0	105,0	100,0	330,0
	– eigener Umsatz	18,5	6,1			6,0	13,4		0,2	8,2	8,6	6,7	22,2

Anmerkungen:
1. Quelle für die Marktvolumenermittlung Ist: Statistisches Bundesamt 1977 Inlandsproduktion + Importe – Exporte, für 1978 mit einem Wertzuwachs von 10 % linear hochgerechnet.
2. Die Marktanteile sind von Zentral-Marketing-Services unter Zuhilfenahme von GfK-/IFO-Marktuntersuchungen der Bundesrepublik nach gewichteter Außendienstrundfrage geschätzt.
3. Der Eigenumsatz RWF enthält Eigenprodukte, Handels- und Fremdware der oberen Qualitätsklasse.

Rheinische Werkzeugfabrik GmbH Köln		A. Vertriebsbudget 1978 I. Gesamtmengen und Gesamtumsatzwerte (Kostenträgergruppen nach Quartalen)							gez. Klug 12. 10. 1977		Blatt 4	
Ktr.-Gruppe	Bezeichnung	Jahresplan			Quartalsabsatzmengen Stück				Quartalsumsatzwerte DM (ohne Erlösschmälerungen)			
		Absatzstückz.	DM/Stck.	Nettoumsatz	I	II	III	IV	I	II	III	IV
01/04	Rohlinge an Dritte	205 458	1,72	353 983	30 819	53 137	55 566	65 936	56 954	87 781	92 842	116 406
11-17	Greifwerkzeuge	1 326 510	2,60	3 452 234	222 037	303 097	320 038	481 338	574 584	788 353	839 660	1 249 637
22-28	Drehwerkzeuge	1 214 424	5,07	6 151 950	207 557	283 424	301 272	422 171	1 066 338	1 454 164	1 559 914	2 071 534
31-39	Schneidwerkzeuge	1 426 776	1,54	2 197 444	200 466	369 206	389 407	467 697	353 080	521 488	569 679	753 197
41-47/49	Schlagbohrwerkzeuge	884 261	10,03	8 872 139	154 996	209 742	222 808	296 715	1 550 148	2 108 472	2 261 834	2 951 685
48	Schlagbohrstahlbohrer	51 505	10,04	517 288	8 666	11 968	13 013	17 858	86 106	120 208	133 059	177 915
51-53	Schweißwerkzeuge	83 512	11,90	993 900	14 114	19 544	21 424	28 430	165 077	231 824	259 533	337 466
55/58	Elektrowerkzeuge	71 803	17,94	1 288 118	13 121	17 502	18 399	22 781	234 642	313 896	331 620	407 960
61	Lötwerkzeuge	62 943	3,95	169 439	7 322	10 013	10 730	14 878	28 596	39 387	42 645	58 811
62/63	Sonderwerkzeuge Ersatzteile	64 000	0,28	17 971	12 160	16 000	16 640	19 200	3 405	4 480	4 659	5 427
81/82	Garnituren für Handel	49 311	27,10	1 336 553	8 225	11 370	12 330	17 386	219 041	306 359	337 589	473 564
83/84	Garnituren für C+C-Märkte	38 852	20,02	777 834	6 442	8 912	9 646	13 852	128 757	179 061	195 875	274 141
85/86	Garnituren für Kfz-Gewerbe	32 131	33,03	1 061 359	5 224	7 332	8 106	11 469	171 046	242 984	274 344	372 985
87/88	Garnituren für Industrie	58 934	34,78	2 049 989	9 623	13 292	14 213	21 806	336 751	461 983	488 064	763 191
72	Servicereparaturen	–	–	178 000	–	–	–	–	26 700	40 940	51 620	58 740
74	Leistungen für Dritte	–	–	94 500	–	–	–	–	15 120	20 790	21 735	36 855
77	Leist. f. Tochtergesellsch.	–	–	643 565	–	–	–	–	119 220	164 913	171 189	188 243
78	2.-Wahl-Ware	–	–	70 875	–	–	–	–	11 340	15 593	16 301	27 641
	Eigenprodukte	5 550 420	5,45	30 227 141	900 772	1 334 539	1 413 592	1 901 517	5 146 905	7 102 676	7 652 162	10 325 398
91	Handelsware Greifwerkzeuge	693 975	1,70	1 180 460	115 035	159 173	172 361	247 406	195 513	272 570	300 109	412 268
92	Handelsware Drehwerkzeuge	31 570	6,36	200 808	5 756	7 705	8 155	9 954	35 548	48 303	52 065	64 892
93	Handelsw. Schneidwerkzeuge	231 033	6,57	1 518 267	39 785	54 188	57 851	79 209	257 231	354 149	383 827	523 060
95	Fremdware Elektroartikel	–	–	2 509 800	–	–	–	–	376 470	577 254	727 842	828 234
99	Fremdware diverse Artikel	–	–	445 000	–	–	–	–	66 750	102 350	129 050	146 850
	Verkaufssortiment	6 506 998	5,54	36 081 476	1 061 348	1 555 605	1 651 959	2 238 086	6 078 417	8 457 302	9 245 055	12 300 702
	Ostgeschäfte Berlin			263 000					39 400	60 500	76 300	86 800
	Verkaufsplan			36 344 476					6 117 817	8 517 802	9 321 355	12 387 502

Rheinische Werkzeugfabrik GmbH Köln	A. Vertriebsbudget 1978 — II. Jahres- und Quartalsdispositionsplan — 1. Anpassung tatsächlicher an vertriebsoptimalen Fertigwarenbestand	gez.: Klug 12. 10. 1977	Blatt 9

Ktr.-Gruppe	Bezeichnung	Istbestand am 31. 12. 1977			Planbestandsveränderung in 1978		Planbestand am 31. 12. 1978		
		Erwartete Inventur Stck.	Bil. HK DM	VHK 1978 DM	Stck.	VHK 1978 DM	Umschlags-optimale Stck.	VHK DM	Bil. HK DM
01/04	Rohlinge an Dritte	55 299	105 803	83 756	+ 37 192	+ 62 581	92 491	146 337	187 311
11–17	Greifwerkzeuge	296 311	453 507	366 332	+ 76 690	+ 11 244	373 001	377 576	521 054
22–28	Drehwerkzeuge	928 335	2 909 778	2 350 456	./. 566 986	./. 1 488 486	361 349	861 970	1 146 420
31–39	Schneidwerkzeuge	778 725	1 155 579	962 981	./. 634 731	./. 575 112	143 994	387 869	504 229
41–47/49	Schlagbohrwerkzeuge	311 980	1 994 978	1 506 997	./. 111 911	./. 429 196	200 069	1 077 801	1 562 811
48	Schlagbohrstahlbohrer	40 098	318 901	238 602	./. 21 505	./. 133 672	18 593	104 930	144 803
51–53	Schweißwerkzeuge	50 094	317 041	293 556	./. 26 262	./. 162 842	23 832	130 714	173 849
55/58	Elektrowerkzeuge	68 225	707 066	656 931	./. 40 503	./. 385 615	27 722	271 316	322 866
61	Lötwerkzeuge	72 601	107 865	87 182	./. 19 843	./. 49 346	52 758	37 836	47 673
62/63	Sonderwerkzeuge–Ersatzteile	84 000	13 500	10 000	./. 64 000	./. 7 616	20 000	2 380	3 214
81/82	Garnituren für Handel	19 255	155 916	126 104	+ 11 551	+ 78 258	30 806	204 362	265 670
83/84	Garnituren für C+C-Märkte	6 388	79 412	65 468	./. 1 802	./. 36 346	4 586	29 122	38 732
85/86	Garnituren für Kfz-Gewerbe	5 356	77 332	61 602	+ 494	+ 6 718	5 850	68 320	86 083
87/88	Garnituren für Industrie	22 107	157 961	145 810	./. 6 744	./. 129 996	15 363	15 814	21 033
91	Handelsware Greifwerkzeuge	141 584	112 895	112 895	./. 46 630	./. 109 285	94 954	3 610	3 610
92	Handelsware Drehwerkzeuge	5 104	17 580	17 580	+ 16 750	+ 30 286	21 854	47 866	47 866
93	Handelsware Schneidwerkz.	155 021	416 659	416 659	./. 104 433	./. 383 186	10 588	33 473	33 473
	Zentralfertiglager Köln	3 000 483	9 101 773	7 502 911	./. 1 502 673	./. 3 701 611	1 497 810	3 801 296	5 110 697
	Fremdwaren	hierbei ist keine Bestandsveränderung geplant; wird bedarfsorientiert zugekauft							
	Außen- u. Konsign.-Lager	unspezifiziert	1 991 024	––	––	––	unspezifiziert	––	1 766 786

Rheinische Werkzeugfabrik GmbH Köln		**A. Vertriebsbudget 1978** II. Jahres- und Quartalsvertriebsdispositionsplan 4. Disposition anzuliefernde Kostenträgergruppen (ohne Garniturenauflösung)								gez.: Klug 12. 10. 1977			**Blatt 11**
		Jahresplan			Quartalsfertigungsmengen (Stück)				Quartalsablieferungswerte (DM)				
Ktr.-Gruppe	Bezeichnung	Fertigungs-Stückzahlen	ϕ DM/Stck.	Ablieferwerte neue VHK 78	I	II	III	IV	I	II	III	IV	
01/04	Rohlinge an Dritte	242 650	1,54	374 342	67 942	65 516	43 677	65 515	104 816	101 072	67 382	101 072	
11-17	Greifwerkzeuge	1 403 200	1,16	1 625 025	392 896	378 864	252 576	378 864	455 007	438 757	292 505	438 756	
22-28	Drehwerkzeuge	647 438	4,93	1 887 947	181 283	174 808	116 539	174 808	528 625	509 746	339 830	509 746	
31-39	Schneidwerkzeuge	792 045	1,02	810 658	221 773	213 852	142 568	213 851	226 984	218 878	145 918	218 878	
41-47/49	Schlagbohrwerkzeuge	772 350	5,18	4 001 674	216 258	208 535	139 028	208 534	1 120 469	1 080 452	720 301	1 080 452	
48	Schlagbohrstahlbohrer	30 000	6,34	190 238	8 400	8 100	5 400	8 100	53 267	51 364	34 243	51 364	
51-53	Schweißwerkzeuge	57 250	7,02	401 861	16 030	15 458	10 305	15 457	112 521	108 502	72 335	108 503	
55/58	Elektrowerkzeuge	31 300	9,54	298 449	8 754	8 451	5 634	8 451	83 566	80 581	53 721	80 581	
61	Lötwerkzeuge	23 100	2,00	46 294	6 468	6 237	4 158	6 237	12 962	12 499	8 333	12 500	
62/63	Sonderwerkzeuge-Ersatzteile	–	–	–	–	–	–	–	–	–	–	–	
81/82	Garnituren für Handel	60 862	13,31	810 143	17 041	16 433	10 955	16 433	226 840	218 739	145 826	218 738	
83/84	Garnituren für C+C-Märkte	37 050	9,36	346 764	10 374	10 004	6 669	10 003	97 094	93 626	62 418	93 626	
85/86	Garnituren für Kfz-Gewerbe	32 625	19,26	628 342	9 135	8 809	5 873	8 808	175 936	169 652	113 102	169 652	
87/88	Garnituren für Industrie	52 190	21,56	1 125 214	14 613	14 091	9 394	14 092	315 060	303 808	202 539	303 807	
72	Servicereparaturen	–	–	149 000	–	–	–	–	40 820	39 630	28 920	39 630	
74	Leistung für Dritte	–	–	75 600	–	–	–	–	21 168	20 412	13 608	20 412	
77	Leist. f. Tochtergesellsch.	–	–	414 134	–	–	–	–	115 958	111 816	74 544	111 816	
78	2.-Wahl-Ware	–	–	56 700	–	–	–	–	15 876	15 309	10 206	15 309	
	Eigenprodukte einschl. Fremdzubehör in Garn.	4 182 060	3,16	13 242 385	1 170 977	1 129 158	752 771	1 129 154	3 706 969	3 574 843	2 385 731	3 574 842	
91	Handelsware Greifwerkzeuge	647 345	0,87	563 029	97 102	161 836	174 783	213 624	82 765	145 261	160 463	174 540	
92	Handelsware Drehwerkzeuge	48 320	3,25	156 812	7 248	12 080	13 046	15 946	23 051	40 457	44 691	48 613	
93	Handelsware Schneidwerkz.	126 600	4,51	570 819	18 990	31 650	34 182	41 778	83 910	147 271	162 683	176 955	
	Handelsware gesamt	822 265	1,57	1 290 660	123 340	205 566	222 011	271 348	189 726	332 989	367 837	400 108	
95	Fremdware Elektroartikel	–	–	1 690 000	–	–	–	–	253 500	388 700	490 100	557 700	
99	Fremdware diverse Artikel	–	–	400 000	–	–	–	–	60 000	92 000	116 000	132 000	
	Verkaufssortiment	5 004 325		16 623 045	1 294 317	1 334 724	974 782	1 400 502	4 210 195	4 388 532	3 359 668	4 664 650	

Rheinische Werkzeugfabrik GmbH Köln	**B. Produktionsbudget 1978** I. Ermittlung der Fertigungskapazitäten je Jahr 1. Kostenstellenweise Normal-Mannstunden	gez.: Eifrig 20. 10. 1977	**Blatt 13**

Kosten-stellen Nr.	Leistungstempobeeinflußbare direkte Mannarbeitsplätze	Anzahl Plätze			Produktionsbedingte Pers./Schicht				Vertragsnötiges direktes Personal	Std./Schicht	x 223 Arbeitstage 1978 = Maximal-Std.	Abwesenheitszeit			= Normal-kapazität direkte Anwesenheits-Std.	+ behinderte Mehrleistung		= Normalkapazität direkte Leistungs-Std.
		vorhanden	./. irrational	= genutzt	Akkord-Löhner	Direkte Zeitlöhner	Einsteller + Vorarbeiter	+ Fehlersatz für Kranke				Fehl-% 1977	ϕ Krank.-Std.	ϕ tarifl. sonst. Std.		ϕ Akkord-zeitgrad	ϕ Tempo-gewinn in direkten Std.	
		a	b	c	d	e	f	g	h	i	k	l	m	n	o	p	q	r
6331/39	Schnitterei	24	1	23	22,0		2	2	26	8	46 384	8,5	3 943	39	42 402	135	14 840	57 242
6341/42	Fallhämmer	17	12	5	5,0				5	8	8 920	8,5	758	8	8 154	130	2 446	10 600
6343	Hammer B	1	1															
6344/45	Hämmer L	3		3	3,0		1		4	8	7 136	8,5	607	6	6 523	125	1 681	8 154
6349	Schweißmaschine	1		1	1,0				1	8	1 784	8,5	152	2	1 630	110	163	1 793
6350	Mechanische Fertigung	47		47	38,5	0,5	2	3	44	8	78 496	10,0	7 850	66	70 580	120	14 116	84 696
6370	Härterei u. Richtstellen	27	3	24	4,0	20,0	1	1	26	8	46 384	6,0	2 783	39	43 562	110	4 356	47 918
	Summe Vorfertigung	120	17	103	73,5	20,5	6	6	106	8	189 104		16 093	160	172 851	122	37 552	210 403
6410	Elektro- u. Kunststoffabt.	116	6	110	64,0		3	3	70	8	124 880	5,0	6 244	105	118 531	130	35 559	154 000
6440	Schleiferei	83	3	85	40,0	2,0	2	2	46	8	82 064	5,5	4 514	69	77 481	125	19 370	95 851
6470	Dreherei/Schweißerei	142	18	124	54,0	14,0	2	5	75	8	133 800	7,5	10 035	113	123 652	130	37 095	160 747
6500	Montage I	119	10	109	37,5	15,5	8	3	64	8	114 176	6,0	6 851	96	107 229	125	26 807	134 036
6530	Montage II	79	5	74	44,0	7,0	5	3	59	8	105 256	8,0	8 421	89	96 746	120	19 349	116 095
6560	Oberflächen-Finish	25		25		22,0		2	24	8	42 816	6,0	2 569	36	40 211	110	4 021	44 232
6570	Garniturenzubehörfertigung	24		24	24,0				24	8	42 816				42 816	130	12 845	55 661
6580	Heimarbeiter außer Haus (50%)	94	47	47	47,0				47	8	83 848				83 848	130	25 154	109 002
	Summe Endfertigung	687	89	598	310,5	60,5	20	18	409	8	729 656		38 634	508	690 514	126	180 200	870 714
6262	Teststation/Reparaturen	3		3	3,0				3	8	5 352	6,0	321	5	5 026	110	503	5 529
6590	Zentralpackerei	18		18		18,0		2	20	8	35 680	8,5	3 032	27	32 621	100		32 621
	Summe Teststation u. Zentralpackerei	21		21	3,0	18,0		2	23	8	41 032		3 353	32	37 647	101	503	38 150
	Gesamtbetrieb	828	106	722	387,0	99,0	26	26	538	8	959 792		58 080	700	901 012	124	218 255	1 119 267

Rheinische Werkzeugfabrik GmbH
Köln

B. Produktionsbudget 1978
I. Ermittlung der Fertigungskapazitäten je Jahr
2. Kostenstellenweise Normal-Maschinenstunden

gez.: Eifrig 20. 10. 1977 | **Blatt 14**

Kostenplatz Nr.	Tempounbeeinflußbare direkte Maschinenarbeitsplätze	Aggregate pro Masch. Platz	Anzahl Plätze vorhanden	– irrational	genutzt	Tageslaufzeit Schicht-Std.	x 223 Tage = Jahresarbeits-Maximalstd.	– Stillstd.-Std. 1977 I + R %	ϕ Instd. + Repar.-Std.	= Normalkapazität direkte Maschinenstd.	Direktes Personal Maschinenplätze	Direkte Mannleistungskapazität der Maschinenplätze
6347	Schmiede u. Glüherei	–	5	–	5	24	26 760	12,5	3 345	23 415	2	3 568
6348	Schmiedesandstrahlgebläse	–	2	1	1	8	1 784	10,5	187	1 597		
6363	Mech. Fertigung: Trommelschleif- u. Polieranl.	5 teilig	1	–	1	13	2 899	7,0	203	2 696	1	1 784
6375	Härterei: Fermeco-Reinigungsgerät	–	1	–	1	4	892	5,0	45	847		
6377	Härterei: Kühltruhe	–	1	–	1	8	1 784	12,0	214	1 570	1	1 784
6378	Härterei: Luftumwälzofen	–	7	–	7	–	12 488	–	1 499	10 989		
6379	Härterei: Rommel	–	1	–	1	–	1 784	–	89	1 695		
	Summe Vorfertigung		18	1	17		48 391		5 582	42 809	4	7 136
6534	Heftebeizerei u. Trocknung	8 teilig 2 teilig	1	–	1	24	5 352	1,0	54	5 298	1	1 784
6424	Reinigungsanlage	–	2	–	2	8	3 568	5,0	178	3 390	–	–
	Summe Endfertigung		3		3		8 920		232	8 588	1	1 784
	Neuinvestitionen – Desinvestitionen 1978				–					–		–
	Summe Gesamtbetrieb		21	1	20		57 311		5 814	51 497	5	8 920

Rheinische Werkzeugfabrik GmbH Köln	B. Produktionsbudget 1978 II. Jahres- und Quartalsbeschäftigungsplan 2. Abbau unfertige Erzeugnisse	gez.: Eifrig 27. 10. 1977	Blatt 16

Ktr.-Gruppe	Abteilungs- und Lagervorräte an Komponenten für	Jahresplan			Quartalsfertigungsmengen (Stück)				Quartalsablieferwerte (DM)			
		Fertigungs-stückzahlen	ϕ DM/Stck.	Ablieferwert neue VHK 78	I (28 %)	II (27 %)	III (18 %)	IV (27 %)	I	II	III	IV
01/04	Rohlinge an Dritte											
11-17 22-28	Greifwerkzeuge Drehwerkzeuge											
31-39	Schneidwerkzeuge	– 75 000	1,33	– 100 000	– 21 000	– 20 250	– 13 500	– 20 250	– 28 000	– 27 000	– 18 000	– 27 000
41-47/49 48	Schlagbohrwerkzeuge Schlagbohrstahlbohrer											
51-53 55/58	Schweißwerkzeuge Elektrowerkzeuge	– 10 000	10,00	– 100 000	– 2 800	– 2 700	– 1 800	– 2 700	– 28 000	– 27 000	– 18 000	– 27 000
61 62/63	Lötwerkzeuge Sonderwerkzeuge-Ersatzteile											
81/82 83/84 85/86 87/88	Garnituren für Handel Garnituren für C+C-Märkte Garnituren für Kfz-Gewerbe Garnituren für Industrie											
72 74 77 78	Servicereparaturen Leistungen für Dritte Leistg. f. Tochtergesellsch. 2.-Wahl-Ware											
	Eigenprodukte-Abbau	– 85 000	2,35	– 200 000	– 23 800	– 22 950	– 15 300	– 22 950	– 56 000	– 54 000	– 36 000	– 54 000

Errechnungsweise:

Auf 31. 12. 1977 hochgerechneter Inventurbestand

– am 31. 12. 1978 erwünschter Optimalbestand bei Umschlagsfaktor 6 (Ablieferung an Fertiglager : UF-Lager)

= Planabbau UF-Vorräte

Rheinische Werkzeugfabrik GmbH Köln	B. Produktionsbudget 1978 II. Jahres- und Quartalsbeschäftigungsplan 5. Fertigungsstückzahlen und Ablieferwerte (einschl. UF-Bestandsabbau und Veredelungsleistungen)	gez.: Eifrig 25. 10. 1977	Blatt 19

Ktr.-Gruppe	Bezeichnung	Jahresplan			Quartalsabliefermengen (Stück)				Quartalsablieferwerte (DM)			
		Ablieferstückz.	ϕ DM/Stck.	Ablieferwert VHK 1978	I	II	III	IV	I	II	III	IV
01/04	Rohlinge an Dritte	242 650	1,54	374 342	67 942	65 516	43 677	65 515	104 816	101 072	67 382	101 072
11-17	Greifwerkzeuge	1 342 400	1,33	1 782 141	375 872	362 448	241 632	352 448	499 279	481 448	320 965	481 448
22-28	Drehwerkzeuge	938 148	2,66	2 495 939	262 681	253 300	168 867	253 300	698 863	673 904	449 269	573 904
31-39	Schneidwerkzeuge	1 143 701	1,49	1 701 890	320 236	308 799	205 866	308 800	476 529	459 510	306 340	459 511
41-47/49	Schlagbohrwerkzeuge	609 940	5,00	3 046 655	170 783	164 684	109 789	164 684	853 063	822 597	548 398	822 597
48	Schlagbohrstahlbohrer	67 150	5,98	281 785	13 202	12 731	8 487	12 730	78 900	76 082	50 721	76 082
51-53	Schweißwerkzeuge	78 550	6,61	519 606	21 994	21 209	14 139	21 208	145 490	140 294	93 529	140 293
55/58	Elektrowerkzeuge	31 497	9,54	300 428	8 819	8 504	5 669	8 505	84 120	81 116	54 077	81 115
61	Lötwerkzeuge	75 945	1,37	104 010	21 265	20 505	13 670	20 505	29 123	28 083	18 722	28 082
62/63	Sonderwerkzeuge-Ersatzteile	–										
	Einzelprodukte	4 509 981	2,35	10 607 796	1 262 794	1 217 696	811 796	1 217 695	2 970 183	2 864 106	1 909 403	2 864 104
81/82	Garnituren für Handel											
83/84	Garnituren für C+C-Märkte											
85/86	Garnituren für Kfz-Gewerbe											
87/88	Garnituren für Industrie											
72	Servicereparaturen			30 000					7 500	7 500	7 500	7 500
74	Leistungen für Dritte			75 600					21 168	20 412	13 608	20 412
77	Leist. f. Tochtergesellsch.			414 134					115 958	111 816	74 544	111 816
78	2.-Wahl-Ware			56 700					15 876	15 309	10 206	15 309
	Eigenprodukte u. Leistungen	4 509 981	2,48	11 184 230	1 262 794	1 217 696	811 796	1 217 695	3 130 685	3 019 143	2 015 261	3 019 141

Rheinische Werkzeugfabrik GmbH Köln		B. Produktionsbudget 1978 II. Jahres- und Quartalsbeschäftigungsplan 6. Ermittlung der Planbeschäftigung					gez.: Eifrig 22. 10. 1977		Blatt 20
Kosten-stellen-Nr.	Direkte Arbeitsplätze (tempobeeinflußbare Mannplätze + unbeeinflußbare Maschinenplätze)	Normal-kapazität direkte	Unbehinderte Fertigungszeit lt. EDV-Arbeitsgangprocessor (= Disposition x Vorgabezeit)		Fertigungszeitbehinderung = + Rendement 1977 (18 %/8 %) (Disposition x Zeitbeibezahlung)		Behinderte Fertigungszeit (= Disposition x Planzeit)		Beschäftigungs-grad
		Leistungs-Std.	Minuten	Std.	Minuten	Std.	Minuten	Std.	%
a	b	c	d	e	f	g	h = d + f	i = e + g	K = i : c
6330/40	Schnitterei u. Schmiede	77 789	1 617 025		291 065		1 908 090	31 802	40,9
6350	Mechanische Fertigung	84 696	1 408 069		253 451		1 661 520	27 692	32,7
6370	Härterei	47 918	2 186 242		393 518		2 579 760	42 997	89,7
6347-79	Maschinenplätze Vorfertig.	7 136	380 880		33 120		414 000	6 900	96,7
6410	Elektro- u. Kunststoffertig.	154 000	3 724 775		670 465		4 395 240	73 254	47,6
6440	Schleiferei	96 851	3 971 373		714 837		4 686 210	78 103	80,6
6470	Dreherei u. Schweißerei	160 747	3 551 189		639 201		4 190 390	90 792	56,5
6500	Montage I	134 036	4 079 661		734 349		4 814 010	80 235	59,9
6530	Montage II	116 095	4 547 833		818 617		5 366 450	89 440	77,0
6560	Oberflächenbearbeitung	44 232	1 672 401		301 049		1 973 450	32 890	74,4
6570	Garniturenzubehörfertigung	55 661	1 825 320		400 680		2 226 000	37 100	66,6
6580	Externe Heimarbeiter	109 002	nicht in Zeit aufgelöst					109 000	100,0
6424-6534	Maschinenplätze Endfertig.	1 784	96 600		8 400		105 000	1 750	98,1
6262	Teststation u. Reparaturen	5 529	nicht in Zeit aufgelöst					5 500	99,5
6590	Zentralpackerei	32 621	1 230 000		270 000		1 500 000	25 000	76,6
	Gesamtbetrieb	1 128 187	(30 291 368)	620 725	(5 528 752)	111 730	(35 820 120)	732 455	64,9

Der Tempogewinn ist durch Erhöhung der Mannstundenkapazität statt durch Verkürzung der Vorgabezeit zur behinderten Istzeit berücksichtigt.

Rheinische Werkzeugfabrik GmbH Köln		B. Produktionsbudget 1978 II. Jahres- und Quartalsbeschäftigungsplan 7. Personalbedarfsermittlung Direkte										gez.: Eifrig 28. 10. 1977			Blatt 21
a	b	c	d	e	f	g	h	i	k	l	m = c–l	n	o	p=m–(n+o)	q
Kosten-stellen-Nr.	Direkte Arbeitsplätze	Erforderl. behinderte Fertigungszeit Std.	Verfügbare direkte Personen				Verfügbare behinderte Fertigungs-Std.				Deckung fehlende Leistungs-Std.				
			Anf.-bestand 31. 12. 1977	+ ϕ Zugang 1978	./. ϕ Abgang 1978	= Endbestand 31. 12. 1978	Jahresanwesenheit (1 784 Std.) Std.	./. 5 % Krank ./. 10 % Urlaub Std.	+ behinderter Tempogewinn Std.	= Jahresbehinderte Fertig.-Std.	./. Fehlende behind. Fertigungs-Std.	+ mögliche direkte Überstd.	./. ϕ 3 % Mechanisier-Einspar-Std.	= Umsetzung + Neupersonal Std.	Neueinstellung Köpfe
6330/40	Schnitterei u. Schmiede	31 802	12		1	11	19 624	2 944	4 170	20 850	10 952	2 080	625	+ 8 247	3
6350	Mechanische Fertigung	27 692	15	1	1	15	26 760	4 014	5 231	27 977	+ 285	2 800	840	– 3 925	
6370	Härterei	42 997	16			16	28 544	4 282	3 882	28 144	14 853	2 800	845	+ 11 208	4
6347–79	Maschinenplätze Vorfertigung	6 900	3			3	5 352	803	––	4 549	2 351	450	135	+ 1 766	
6410	Elektro- u. Kunststoffertigung	73 103	34	3	2	35	62 440	9 366	13 799	66 873	6 381	6 680	2 000	– 2 299	
6440	Schleiferei	78 103	35		2	33	58 872	8 831	12 510	62 551	15 552	6 250	1 875	+ 7 427	
6470	Dreherei u. Schweißerei	90 792	32	9	2	39	69 576	10 436	14 194	73 334	17 458	7 330	2 200	+ 7 928	3
6500	Montage I	80 235	43	3	2	44	78 496	11 774	15 346	82 603	+ 2 368	8 260	2 500	– 13 128	
6530	Montage II	89 440	41	3	2	42	74 928	11 239	11 464	75 153	14 287	7 510	2 250	+ 4 527	
6560	Oberflächenbearbeitung	32 890	16			16	28 544	4 282	2 426	26 688	6 202	2 660	800	+ 2 742	
6570	Garniturenzubehörfertigung	37 100	19	1	1	19	33 896	5 084	7 491	36 303	797	3 630	1 100	– 3 933	
6580	Externe Heimarbeiter	109 000	45	1	2	44	78 496	11 774	––	66 722	42 278	6 670	2 000	+ 33 608	20
6424-6534	Maschinenplätze Endfertigung	1 750	1			1	1 784	268	––	1 516	234	150	––	+ 84	
6262	Teststation + Reparaturen	5 500	2,5			2,5	4 460	669	––	3 791	1 709	380	50	+ 1 279	
6590	Zentralpackerei	25 000	12,5	2	2	12,5	22 300	3 345	4 360	23 315	1 685	2 330	50	– 695	
	Gesamtbetrieb	732 455	327	23	17	333	594 072	89 111	94 873	600 369	132 086	59 980	17 270	54 836	30

Direkte Stunden und direktes Personal sind für 2-Schichtbetrieb zu verdoppeln.

Rheinische Werkzeugfabrik GmbH Köln		C. Zukaufsbudget 1978 1. Jahres- und Quartalszukäufe 2. Fertigungsmaterial, Handels- und Fremdware							gez.: Reich 30. 9. 1977			Blatt 23
Ktr.-Nr.	Bezeichnung	Wesentliche Rohteile gemäß EDV-Stückliste	Rohmaterial-disposition 1978	Brutto-bedarf lt. EDV-Auf-lösung kg	./. Roh-lagermin-derung kg	Netto-bedarf kg	Standard-Preis DM/100 kg	Nettobedarf Jahr gesamt DM	Quartale (DM)			
									I. (28. %)	II. (27 %)	III. (18 %)	IV. (27 %)
01/04	Rohlinge an Dritte	Schnittruten	242 650 Stck.	24 700	--	24 700	298,70	73 778	20 657	19 920	13 280	19 921
11–17 22–28	Greifwerkzeuge Drehwerkzeuge	Zangenteile Bohrer	1 342 400 Stck. 938 148 Stck.	31 500 96 000	10 500 56 000	21 000 40 000	546,93 387,28	114 855 154 912	32 159 43 375	31 010 41 826	20 673 27 884	31 013 41 827
31–39	Schneidwerkzeuge	Schneidklingen	1 218 701 Stck.	18 600 55 100	-- --	18 600 55 100	298,70 389,34	55 558 214 526	15 556 60 067	15 001 57 922	10 000 38 614	15 001 57 923
41–47/49 48	Schlagbohrwerkzeuge Schlagbohrstahlbohrer	Elektromotoren Widia-Stahl	829 940 Stck. 47 150 Stck.	102 600 123 600	-- --	102 600 123 600	298,70 119,48	306 466 147 677	85 810 41 349	82 745 39 872	55 164 26 581	82 747 39 875
51–53 55/58	Schweißwerkzeuge Elektrowerkzeuge	Schweißkathodenträger E-Motoren	78 550 Stck. 31 497 Stck.	3 500 5 400	-- --	3 500 5 400	298,70 332,69	10 454 17 965	2 927 5 030	2 823 4 850	1 881 3 233	2 823 4 852
61 62/63	Lötwerkzeuge Sonderwerkzeuge–Ersatzteile	Lötkolben --	75 945 Stck. --	5 100 --	--	5 100	304,88	15 549	4 353	4 198	2 798	4 200
81/82 83/84 85/86 87/88	Garnituren für Handel Garnituren für C+C-Märkte Garnituren für Kfz-Gewerbe Garnituren für Industrie	Verpackungsmaterial Verpackungsmaterial Verpackungsmaterial Verpackungsmaterial		11 300 8 710 3 450 1 540	11 300 8 710 3 450 1 540	-- -- -- --						
72 74 77 78	Servicereparaturen Leistungen für Dritte Leistungen für Töchter 2.-Wahl-Ware		entfällt									
	Eigenprodukte – Einzelteile		4 804 981 Stck.	491 100	91 500	399 600		1 111 740	311 283	300 167	200 108	300 182
91 92 93	Handelsware Greifwerkzeuge Handelsware Drehwerkzeuge Handelsware Schneidwerkzeuge			805 580 48 720 191 430	-- -- --	805 580 48 720 191 430	126,80 326,80 435,00	1 021 750 159 216 832 661	150 197 23 404 122 401	263 611 41 077 214 826	291 198 45 376 237 308	316 744 49 359 258 126
95 99	Fremdware Elektroartikel Fremdware diverse Artikel							1 690 000 400 000	253 500 60 000	388 700 92 000	490 100 116 000	557 700 132 000
	Zukaufsmaterial-Sortiment			1 536 830	91 500	1 445 330		5 215 367	920 785	1 300 381	1 380 090	1 614 111
	Fremde Veredelungsleistungen							1 479 298	414 204	399 411	366 274	399 409

Rheinische Werkzeugfabrik GmbH Köln	**D. Investitionsbudget 1978** 1. Zusammenfassung der I-Anträge	gez.: Spitz 2. 11. 1977	**Blatt 27**

Genehmigte Projekte – Bezeichnung	z.L. 1978 Kosten-budget	z.L. 1978 Investitions-budget	Gesamt-ausgabe 1978	Finanzausgabe 1978 in Quartalen I	II	III	IV
I. Bilanzaktivierbare Anschaffungs- und Herstellungskosten							
1. Technisches Ressort							
a) Eigenleistungen	--	157 740	477 510	99 010	94 000	188 500	96 000
b) Fremdleistungen	--	319 770					
2. Vertriebs-Ressort Fremdleistungen	--	264 700	264 700	124 700	116 500	11 500	12 000
3. Verwaltungsressort							
a) Eigenleistungen	--	5 000	175 800	18 000	28 800	99 000	30 000
b) Fremdleistungen	--	170 800					
4. Sonstige (geringwertige Wirtschaftsgüter)	--	29 570	29 570	27 570	2 000		
Summe		947 580	947 580	269 280	241 300	299 000	138 000
davon Eigenleistung		162 740					
II. Intern aktivierbare Leistungen u. Initialkosten							
1. Technisches Ressort (Produktentwicklungen)							
a) Eigenleistungen	70 700 }	78 600	109 000	60 500	108 500	61 500	23 000
b) Fremdleistungen		104 200	144 500				
2. Vertriebsressort (Image-Werbekampagne) Fremdleistungen	77 900	155 100	233 000	26 000	110 000	95 500	1 500
3. Verwaltungsressort (EDV-Software aus 1977)	150 000						
Summe	298 600	337 900	486 500	86 500	218 500	157 000	24 500
davon Eigenleistung		78 600					
III. Gesamtsumme	298 600	1 285 480	1 434 080	355 780	459 800	456 000	162 500
davon Eigenleistung		241 340					
Einschl. Überhänge aus 1977:							
Im Bau befindliche Aktivierungen			--				
Initialkosten			150 000				
Ausschl. Überhänge nach 1979:							
Im Bau befindliche Aktivierungen			--				
Initialkosten			150 000				

Rheinische Werkzeugfabrik GmbH Köln	**E. Kostenbudget 1978** I. Mengendaten 3. Soziallohnarten und Sozialrate	gez.: Sorge 5. 11. 1977	**Blatt 31**

Nr. Kosten-art	Lohn- und Sozialkostenarten	Einheit	Personal- und Sozialausgaben für					Gesamt
			Auszubil-dende	Betriebs-arbeiter	Heim-arbeiter	Angestellte	Pensionäre	
	I. Gesetzlicher sozialer Aufwand							2 060 000
2100	1. Sozialversicherungsbeiträge		3 000	713 000	108 500	728 500		1 553 000
	a) Krankenversicherung							
	b) Rentenversicherung							
	c) Arbeitslosenversicherung							
2102	2. Krankengeldzuschuß			10 000				10 000
2106	3. Lohnfortzahlung			300 000	--	--	--	300 000
2107	4. Vermögenswirks. Leistung			117 100	12 000	66 900	--	196 000
2108	5. Lohnausfall d. betr. Störung			1 000				1 000
	II. Tariflicher sozialer Aufwand							2 036 000
2204	1. Urlaubsgeld		1 000	120 000	20 000	103 000		244 000
2206	2. Soz.-Löhne ohne Gegenleistung			80 000		10 000		90 000
	a) Zeit f. Betr.-Versammlung							
	b) Zeit f. BR-Sitzungen							
	c) Freistellung Auszubildende							
	d) Anlernbeibezahlung							
2200	3. Tarifurlaub			736 000	110 000	200 000		1 046 000
2201	4. Bezahlte Feiertage			200 000	53 000			235 000
2203	5. Arztbesuche			8 000				8 000
2220	6. Berufsgenossenschaftsbeiträge			115 000	10 000	5 000		130 000
2250	7. Anteil 13. Monatsgehalt			130 000	20 000	133 000		283 000
	III. Freiwillige Sozialinstitutionen							141 000
2350	1. Mietverbilligung Werkswohng.			22 000				22 000
2355	2. Gastarbeiterheimkosten			6 000				6 000
2360	3. Kantinenkosten (– Erträge)			36 000		18 000		54 000
2363	4. Getränkekosten			3 000				3 000
2365	5. Betriebsfeste			20 000	5 000	10 000	3 000	38 000
2367	6. Kosten für Betriebssport			2 000				2 000
2369	7. Sanitäterkosten, Werksarzt			8 500	4 500	3 000		16 000
	IV. Freiwillige Sozialausgaben							484 800
2301	1. Weihnachtsgratifikationen			195 000		163 000	15 000	373 000
2320	2. Trennungs- u. Umzugskosten					7 500		7 500
2379	3. Sonstige Leistungen							
	a) Fortbildungskurse		1 000			4 800		5 800
	b) Eigene Auszub.-Förderung		35 000					35 000
	c) Zusatzpensionsausgaben						40 000	40 000
	d) Unfallversicherungen					2 000		2 000
	e) Jubiläen			5 000				5 000
	f) Pensionärstreffen						3 000	3 000
2372	4. Frw. Zuwendungen an Belegschaftsmitglieder							
	a) Werksinformationen			1 000	200	800		2 000
	b) Fürsorgeunterstützungen			2 100			400	2 500
	c) Schutzkleidung		500	8 500				9 000
	V. Betriebsvereinb. Sozialaufw.							580 000
2205	1. Wegegeld			15 000		10 000		25 000
2270	2. Pensionen						360 000	360 000
2290	3. Rückstellung f. Altersvers.			120 000		60 000		180 000
2210	4. Verbesserungsvorschläge			15 000				15 000
	Sozialaufwand Gesamt	DM	40 500	2 989 200	325 200	1 525 500	421 400	5 301 800
	davon freiwillig							625 800
	davon gesetzl., Tarif, Betr.-Vereinb.							4 676 000
	Bezugsbasis:							
	1. Lohn- u. Gehaltssumme	DM	52 705	5 253 131	811 315	4 043 051		10 160 202
	2. Personalkosten gesamt							15 291 702
	Sozialrate (Basis = 1)	%	76,8	56,9	40,0	37,7		52,2

Rheinische Werkzeugfabrik GmbH
Köln

E. Kostenbudget 1978
II. Finanzdaten
2. Kalkulatorische Zinsen auf betriebsnotwendiges Vermögen

gez.: Sorge
6.11.1977

Blatt 33

lfd. Nr.	KSt. Nr.	Bezeichnung	Betriebsnotw. Vermögen zu Wiederbeschaffungs-Werten (WW) Anlage-V TDM	Vorrat-V TDM	Ford.-Verb TDM	K. Gesamt TDM	5 % kalk. Zinsen auf halbes betriebsnotw. Vermögen Anlage-V TDM	Vorrats-V TDM	Ford.-Verb TDM	K.Gesamt TDM
1	6010	Werkdienst	17 000,0			17 000,0	425,0			425,0
2	6050	Personalwesen u. Sozialdienst	28,3			28,3	0,8			0,8
3	6000	**Allgemeines**	17 028,3			17 028,3	425,8			425,8
4										
5	6110	Transportdienst	258,4			258,4	6,6			6,6
6	6140	Einkauf	20,0			20,0	0,6			0,6
7	6170	Materialwirtschaft	69,0	270,0		339,0	1,8	6,6		8,4
8	6190	Qualitätskontrolle	42,9			42,9	1,0			1,0
9	6100	**Materialhilfe**	390,3	270,0		660,3	10,0	6,6		16,6
10										
11	6210	Fertigungssteuerung	24,0			24,0	0,6			0,6
12	6220	Kalkulation	16,0			16,0	0,4			0,4
13	6230	Werkserhaltung	61,2			61,2	1,6			1,6
14	6250	Anlg., Verfah., Erzgs..-Plang. u. -Entwickl.	64,0			64,0	1,6			1,6
15	6260	Masch., Werkz. u. Vorricht. Bau	787,3			787,3	20,0			20,0
16	6200	**Fertigungshilfe**	952,5			952,5	24,2			24,2
17										
18										
19	6330	Schmiede	1 007,0	1 100,0		2 107,0	25,0	26,0		51,0
20	6350	Mechanische Fertigung	535,0			535,0	13,6			13,6
21	6370	Härterei	168,1			168,1	4,2			4,2
22	6300	**Vorfertigung**	1 710,1	1 100,0		2 810,1	42,8	26,0		68,8
23										
24	6410	Elektro- u. Kunststoffertigung	1 290,0	425,0		1 715,0	33,2	10,6		43,8
25	6440	Schleiferei	100,7	590,0		690,7	3,0	13,8		16,8
26	6470	Dreherei, Schweißerei	178,4	590,0		768,4	4,6	13,8		18,4
27	6500	Montage I	1 032,1	605,0		1 637,1	36,6	14,2		50,8
28	6530	Montage II	659,0	1 720,0		2 379,0	16,8	40,8		57,6
29	6560	Oberflächen, Lackiererei	77,6			77,6	2,0			2,0
30	6570	Garniturenzubehörfertigung	32,0			21,0	0,6			0,6
31	6580	Heimarbeiter außer Betrieb								
32	6590	Zentralpackerei	64,0	700,0		764,0	1,6	16,2		17,8
33	6400	**Endfertigung**	3 422,8	4 630,0		8 052,8	98,4	109,4		207,8
34										
35										
36	6610	Marketing	40,0	80,0		120,0	1,0	2,0		3,0
37	6670	Fertiglager u. Versand	120,0	5 500,0		5 620,0	3,0	130,0		133,0
38	6600	**Verkaufshilfe**	160,0	5 580,0		5 740,0	4,0	132,0		136,0
39										
40										
41	6710	Export	32,0			32,0	0,8			0,8
42	6720	Vertrieb Inland	40,0			40,0	1,0			1,0
43	6730	Außendienst	750,0	1 500,0		2 250,0	20,0	36,0		56,0
44	6700	**Vertrieb**	822,0	1 500,0		2 322,0	21,8	36,0		57,8
45										
46										
47	6810	Verwaltung allgemein	32,0			32,0	0,8			0,8
48	6820	Organisation u. Information	100,0	20,0		120,0	2,6			2,5
49	6830	Rechnungs- u. Finanzwesen	32,0		3 500,0	3 532,0	0,8		90,0	90,8
50	6860	Neutraler Bereich (Beteiligungen)	1 300,0		5 000,0	6 300,0	32,8		130,0	162,8
51	6870	Irrationaler Bereich	220,0			220,0	6,0			6,0
52	6800	**Verwaltung**	1 684,0	20,0	8 500,0	10 204,0	43,0		220,0	263,0
53										
54										
55										
56										
57										
58										
59										
60	TOTAL		26 170,0	13 100,0	8 500,0	47 770,0	670,0	310,0	220,0	1 200,0

Rheinische Werkzeugfabrik GmbH **Köln**	**E. Kostenbudget 1978** Kostenstellenbereich 6230 Werkserhaltung	gez.: Sorge 7. 11. 1977	**Blatt** **42**

lfd. Nr.			KA-Nr.	Kostenartenbezeichnung	Einheit	Menge	DM/Einh.	DM/Betrag var.	DM/Betrag ges.	DM/Tarif var.	DM/Tarif ges.	DM/Tar/Vorj var.	DM/Tar/Vorj ges.
1	A	I	5061/62	Einstand Handelsware u. Frd.-Ware									
2			5071/72	Einstand Nebengeschäfte									
3			5811	Versandverpackung									
4		Direkte Kosten	5821	Ausgangsfrachten									
5			5822	Transportversicherung									
6			5831	Provisionen									
7			5841	Lizenzgebühren									
8			Summe I	**Direkte Kosten**									
9													
10		II	5131	Gemeinkostenlöhne	Köpfe	19	13 263		252 000				
11			5231	Soz.-Rate Gemeinkostenlöhne	%	252 000	47	–	118 400				
12			5151/2/99	Gehälter u. Tantiemen	Köpfe	5	25 903	–	129 515				
13			5231/51	Soz.-Rate Gehälter	%	129 515	20	–	25 903				
14			6265	Soz.-Rate freiw. soz. Leistg.	–	–	–	–	–				
15			5311-15	Energie u. Brennstoffe	–	–	–	–	9 550				
16			5321-31	Hilfs- u. Betriebsst., Soz.-Mat.	–	–	–	–	6 000				
17	Primäre Kosten		5341	Stellengebundene Werkzeuge	–	–	–	–	4 000				
18			5371	Sonst. Lieferungen u. Leistungen	–	–	–	–	1 200				
19			5411/12	Insth. d. Fremde u. Insth.-Mat.	–	–	–	–	400 000				
20			5421/22	Nutzungsabschreibung u. Wagnis	% WW	61 200	18,3	–	11 200				
21			5425	Geringwertige Wirtschaftsgüter	–	–	–	–	–				
22			5431	Mieten	–	–	–	–	1 200				
23			5441/42/43	Rate Vorr.-, Anlg.-, Finanzzinsen	% WW	61 200	2,6	–	1 600				
24		Indirekte Kosten	5511	Post- und Fernmeldekosten	–	–	–	–	1 200				
25			5521/22	Reisekosten/Spesen u. km-Geld	–	–	–	–	400				
26			5531	Repräsentation	–	–	–	–	–				
27			5541/42	Rechts-, Beratungs- u. Warenz.-K.	–	–	–	–	–				
28			5551/52	Büro-Mat., Formul., Bücher, Zeits.	–	–	–	–	300				
29			5553/54	Sonst. Gem.-K. u. K. d. Geldvks.	–	–	–	–	1 200				
30			5611/12	Werbelieferungen	–	–	–	–	–				
31			5621/22	Werbeleistungen	–	–	–	–	–				
32			5711	Rate Kostensteuern	% L+Geh.	381 515	2,2	–	8 400				
33			5721/22	Rate Vers., Beitr., Spenden	–	–	–	–	–				
34			5731	Rate jährl. Abgrenzungsbudget	–	–	–	–	–				
35			5741	Rate ökonom. Wagnisse	–	–	–	–	–				
36			Summe II	**Indirekte Kosten**					972 068				
37													
38		III	5911	Umlage Raumkosten	m^2	900	38,7	–	34 800				
39			5912	Umlage Energie	–	–	–	–	1 000				
40			5921	Umlage Sozialdienst	Köpfe	24	1 250	–	30 000				
41	Sekundäre Kosten		5931	Umlage Transportdienst	–	–	–	–	1 200				
42			5951	Umlage Werkserhaltung	% WW	61 200	29,4	–	18 000				
43			5933	Umlage Einkauf-Materialwirtsch.	–	–	–	–	3 000				
44			5985	Umlage Verkaufsförderung	–	–	–	–	–				
45			Summe III	**Sekundäre Kosten**					88 000				
46			Summe IV	**Indirekte u. sek. Kosten (II+III)**					1 060 068		29,69		28,44
47													
48	B												
49			Kosten-	Reparaturstunden Schlosser	Std.	19 800	18,–						
50			bezugs-	Reparaturstunden Elektriker	Std.	7 100	19,–						
51			basis	Rep.-Std. Schreiner, Maurer	Std.	8 800	17,–						
52													
53													
54	C		Soll-										
55			deckung	Umlage auf 34 Kst.					– 900 000				
56				Eigenleistung f. Investitionen					– 160 068				
57													
58													
59													
60													

Rheinische Werkzeugfabrik GmbH **Köln**	**E. Kostenbudget 1978** Kostenstellenbereich 6470 Dreherei und Schweißerei	gez.: Sorge 7. 11. 1977	**Blatt** **50**

lfd. Nr.			KA-Nr.	Kostenartenbezeichnung	Einheit	Menge	DM/Einheit	DM/Betrag var.	DM/Betrag ges.	DM/Tarif var.	DM/Tarif ges.	DM/Tar./Vorj var.	DM/Tar./Vorj ges.
1	A	I	5011/21	Fert.-Mat., dir. Verp.-Mat.	–	–	–	135 053	135 053	–	–		
2			5031/32	Fremde Veredlungsleistungen	–	–	–	74 750	74 750	–	–		
3			5041/42	Artikelgebundene Werkzeuge	–	–	–	–	–	–	–		
4			Summe I	**Direktes Material**				209 803	209 803				
5		Direkte Kosten											
6			5111/41	Fert.-Löhne u. -Gehälter	Köpfe	31,5	13 930	438 800	438 800	4,84	4,84		
7			5121	Zusatzlöhne	–	–	–	–	–	–	–		
8			5211/41	Soz.-Rate Fert.-Löhne u. -Geh.	%	438 800	47,0	199 200	199 200	2,19	2,19		
9		II	5131	Gemeinkostenlöhne	Köpfe	(4)	–	–	54 000	–	0,34		
10			5231	Soz.-Rate Gemeinkostenlöhne	%	54 000	47,0	–	25 400	–	0,16		
11			5151	Gehälter	Köpfe	4,5	18 033	–	81 150	–	0,50		
12			5251	Soz.-Rate Gehälter	%	81 150	20,0	–	16 230	–	0,10		
13			5265	Soz.-Rate frw. soz. Leistungen	–	–	–	–	–	–	–		
14			5311	Strom	KWh	70 000	0,1	6 300	7 000	0,07	0,07		
15			5312	Gas	m^3	10 000	0,1	900	1 000	0,01	0,01		
16	Primäre Kosten		5313/14/15	Druckluft u. sonst. Energie	–	–	–	3 600	4 800	0,04	0,05		
17			5321/22	H.- u. R-Stoffe, Soz.-Material	–	–	–	3 200	4 000	0,04	0,04		
18			5331	Schleif- u. Poliermittel	–	–	–	12 000	12 000	0,13	0,13		
19			5341	Stellengebundene Werkzeuge	–	–	–	4 000	4 000	0,04	0,04		
20			5351/61	Verp.-Mat., Fr.- u. Transp.-Kosten	–	–	–	4 000	4 000	0,04	0,04		
21			5371	Sonst. Lieferungen u. Leistungen	–	–	–	–	2 000	–	0,01		
22			5411/12	Instandh. d. Fremde u. Insth.-Mat.	–	–	–	–	–	–	–		
23			5421	Nutzungsabschreibung	% WW-Av	178 400	11,3	–	20 200	–	0,13		
24		Indirekte Kosten	5422	Nutzungsabhängiges Wagnis	–	–	–	–	–	–	–		
25			5425	Geringwertige Wirtsch.-Güter	–	–	–	–	–	–	–		
26			5441	Rate Vorratszinsen	% WW-Vv	590 000	2,3	–	13 800	–	0,09		
27			5442	Rate Anlagenzinsen	% WW-Av	176 400	2,6	–	4 600	–	0,03		
28			5431/55	Mieten, Allgem. Verwalt.-Kosten	–	–	–	–	–	–	–		
29			5711	Rate f. Kostensteuern	% L+Geh	573 950	2,2	10 800	12 600	0,12	0,13		
30			5721/22	Rate Vers., Beitrg. usw.	–	–	–	–	–	–	–		
31			5731	Rate jährl. Abgrenzungsbudget	–	–	–	–	–	–	–		
32			5741	Rate ökonom. Wagnisse	–	–	–	–	–	–	–		
33			Summe II	**Dir. Lohn- und ind. Kosten**				682 800	904 780	7,52	8,90		
34		III											
35			5911	Umlage Raumkosten	m^2	1 373	39,3	–	54 000	–	0,34		
36			5912	Umlage Strom	–	–	–	–	–	–	–		
37			5912	Umlage Gas, Druckluft	Luft m^3	70 000	0,04	2 800	2 800	0,03	0,03		
38			5921	Umlage Sozialdienst	Köpfe	40,0	1 350	–	54 000	–	0,34		
39	Sekundäre Kosten		5931	Umlage Transportdienst	–	–	–	–	5 400	–	0,03		
40			5933/35	Umlage Materialwirtschaft	–	–	–	–	24 000	–	0,15		
41			5941	Umlage Fertigungssteuerung	Dir. Köpfe	31,5	1 657	–	52 200	–	0,32		
42			5951	Umlage Werkserhaltung	% WW-Av	178 400	15,5	–	27 600	–	0,17		
43			5961/71	Umlage Entw.-Büro u. Werkst.	Dir. Std.	90 792	1,80	–	169 010	–	1,05		
44			Summe III	**Sekundäre Kosten**				2 800	389 010	0,03	2,43		
45													
46			Summe IV	**= Summe II + III**				685 600	1 293 790	7,55	11,33		10,27
47													
48	B		Kosten-bezugs-basis	Kapazitätsstunden	160 747								
49				Planbeschäftigungsstunden	90 792								
50				Zeitgrad ϕ	130 %								
51				Planbeschäftigungsgrad %	56,5								
52													
53				Unterbeschäftigungsfaktor	0,77						2,91		2,80
54	C		Soll-deckung						– 1 293 790		14,24		13,07
55													
56				Diverse Kostenträger	Mit EDV-Programm „partielle Kreditierung" aufteilbar.								
57													
58													
59													
60													

Rheinische Werkzeugfabrik GmbH Köln	E. Kostenbudget 1978 Kostenstellenbereich 6670 Fertiglager und Versand	gez.: Sorge 7. 11. 1977	Blatt 58

lfd. Nr.			KA-Nr.	Kostenartenbezeichnung	Einheit	Menge	DM/Einh.	DM/Betrag var.	DM/Betrag ges.	DM/Tarif var.	DM/Tarif ges.	DM/Tar./Vorj. var.	DM/Tar./Vorj. ges.
1	A	I	5061/62	Einstand Handelsware u. Frd.-W.	–	–	–	–	–				
2			5071/72	Einstand Nebengeschäft	–	–	–	–	–				
3			5811	Versandverpackung	–	–	–	50 000	50 000				
4		Direkte Kosten	5821	Ausgangsfrachten	–	–	–	–	–				
5			5822	Transportversicherung	–	–	–	–	–				
6			5831	Provisionen	–	–	–	–	–				
7			5841	Lizenzgebühren	–	–	–	–	–				
8			Summe I	**Direkte Kosten**				50 000	50 000				
9													
10		II	5131	Gemeinkostenlöhne	Köpfe	16	11 250	–	180 000				
11			5231	Soz.-Rate Gemeinkostenlöhne	%	180 000	47,0	–	84 600				
12			5151/2/99	Gehälter u. Tantiemen	Köpfe	7	19 078	–	133 550				
13			5231/51	Soz.-Rate Gehälter	%	133 550	20,0	–	26 710				
14			6265	Soz.-Rate freiw. soz. Leistg.	–	–	–	–	–				
15			5311-15	Energie u. Brennstoffe	–	–	–	–	1 200				
16			5321-31	Hilfs- u. Betriebsst., Soz.-Mat.	–	–	–	–	–				
17	Primäre Kosten		5351/61	Verp.-Mat., Fracht- u. Transportkosten	–	–	–	–	8 400				
18			5371	Sonst. Lieferungen u. Leistungen	–	–	–	–	2 400				
19			5411/12	Instandh. d. Fremde u. Insth.-Mat.	–	–	–	–	–				
20			5421/22	Nutzungsabschreibung u. Wagnis	% WW-Av	120 000	12,5	–	15 000				
21			5425	Geringwertige Wirtschaftsgüter	–	–	–	–	17 600				
22			5431	Mieten	–	–	–	–	–				
23			5441/42/43	Rate Vorr.-, Anlg.-, Finanzzinsen	% WW-Av	5 620 000	2,3	130 000	133 000				
24			5511	Post- und Fernmeldekosten	–	–	–	–	24 000				
25			5521/22	Reisekosten, Spesen u. km-Geld	–	–	–	–	–				
26			5531	Repräsentation	–	–	–	–	–				
27			5541/42	Rechts-, Beratungs- u. Warenzeichen-K.	–	–	–	–	–				
28		Indirekte Kosten	5551/52	Büro-Mat., Formul., Bücher, Zeitschr.	–	–	–	–	2 400				
29			5553/54	Sonst. Gem.-K. u. K. d. Geldverkehrs	–	–	–	–	3 600				
30			5611/12	Werbelieferungen	–	–	–	–	–				
31			5621/22	Werbeleistungen	–	–	–	–	–				
32			5711	Rate Kostensteuern	% L + Geh.	313 550	2,2	–	6 800				
33			5721/22	Rate Vers., Beitr., Spenden	–	–	–	–	–				
34			5731	Rate jährl. Abgrenzungsbudget	–	–	–	–	–				
35			5741	Rate ökonom. Wagnisse	–	–	–	–	–				
36			Summe II	**Indirekte Kosten**				130 000	639 260				
37													
38		III	5911	Umlage Raumkosten	m^2	1 630	39,4	–	64 200				
39			5912	Umlage Energie	–	–	–	–	–				
40			5921	Umlage Sozialdienst	Köpfe	23	1 330	–	30 600				
41	Sekundäre Kosten		5931	Umlage Transportdienst	–	–	–	–	9 000				
42			5951	Umlage Werkserhaltung	% WW-Av	120 000	11,3	–	13 600				
43			5981	Umlage Fertiglager u. Versand	–	–	–	–	–				
44			5985	Umlage Verkaufsförderung	–	–	–	–	–				
45			Summe III	**Sekundäre Kosten**					117 400				
46			Summe IV	**Indir. u. sek. Kosten (II + III)**				130 000	756 660				
47													
48	B		Kosten-	Versandtätigkeit für 3									
49			bezugs-	Vertriebswege									
50			basis										
51				Export 37 %									
52				Inland 43 %	Köpfe	16							
53				AD-Büros 20 %									
54	C		Soll-										
55			deckung	Umlage auf 3 KSt.					−756 660				
56													
57													
58													
59													
60													

Rheinische Werkzeugfabrik GmbH Köln	**E. Kostenbudget 1978** Kostenstellenbereich 6720 Vertrieb Inland	gez.: Sorge 7. 11. 1977	**Blatt 60**

lfd. Nr.			KA-Nr.	Kostenartenbezeichnung	Einheit	Menge	DM/Einh.	DM/Betrag var.	DM/Betrag ges.	DM/Tarif var.	DM/Tarif ges.	DM/Tar./Vorj. var.	DM/Tar./Vorj. ges.
1	A Primäre Kosten	I Direkte Kosten	5061/62	Einstand Handelsware u. Frd.-W.	–	–	–	1 524 626	1 524 626				
2			5071/72	Einstand Nebengeschäft	–	–	–	–	–				
3			5811	Versandverpackung	–	–	–	–	–				
4			5821	Ausgangsfrachten	–	–	–	50 000	50 000				
5			5822	Transportversicherung	–	–	–	–	–				
6			5831	Provisionen	–	–	–	–	–				
7			5841	Lizenzgebühren	–	–	–	–	–				
8			Summe I	**Direkte Kosten**				1 574 626	1 574 626				
9													
10		II Indirekte Kosten	5131	Gemeinkostenlöhne	–	–	–	–	–				
11			5231	Soz.-Rate Gemeinkostenlöhne	–	–	–	–	–				
12			5151/2/99	Gehälter u. Tantiemen	Köpfe	24,5	26 420	–	647 300				
13			5231/51	Soz.-Rate Gehälter	%	647 300	20	–	129 460				
14			6265	Soz.-Rate freiw. soz. Leistg.	–	–	–	–	–				
15			5311-15	Energie u. Brennstoffe	–	–	–	–	150				
16			5321-31	Hilfs- u. Betriebsst., Soz.-Mat.	–	–	–	–	–				
17			5351/61	Verp.-Mat., Fracht- u. Transportkosten	–	–	–	–	8 000				
18			5371	Sonst. Lieferungen u. Leistung.	–	–	–	–	7 200				
19			5411/12	Insth. d. Fremde u. Insth.-Mat.	–	–	–	–	–				
20			5421/22	Nutzungsabschreibung u. Wagnis	–	–	–	–	5 000				
21			5425	Geringwertige Wirtschaftsgüter	–	–	–	–	2 000				
22			5431	Mieten	–	–	–	–	3 200				
23			5441/42/43	Rate Vorr.-, Anlg.-, Finanzzinsen	–	–	–	–	1 000				
24			5511	Post- und Fernmeldekosten	–	–	–	–	32 000				
25			5521/22	Reisekosten, Spesen u. km-Geld	–	–	–	56 000	112 000				
26			5531	Repräsentation	–	–	–	–	6 000				
27			5541/42	Rechts-, Beratungs- u. Warenz.-K.	–	–	–	–	–				
28			5551/52	Büro-Mat., Formul., Bücher, Zeitschr.	–	–	–	–	21 200				
29			5553/54	Sonst. Gem.-K. u. K. d. Geldverkehrs	–	–	–	–	1 600				
30			5611/12	Werbelieferungen	–	–	–	–	–				
31			5621/22	Werbeleistungen	–	–	–	–	–				
32			5711	Rate Kostensteuern	% Gehalt	647 300	2,1	–	13 600				
33			5721/22	Rate Vers., Beitr., Spenden	–	–	–	–	1 700				
34			5731	Rate jährl. Abgrenzungsbudget	–	–	–	–	–				
35			5741	Rate ökonom. Wagnisse	–	–	–	–	–				
36			Summe II	**Indirekte Kosten**				56 000	991 410				
37	Sekundäre Kosten												
38		III	5911	Umlage Raumkosten	m^2	173	68,2	–	11 800				
39			5933	Umlage Einkauf + Materialwirtsch.	–	–	–	–	27 000				
40			5921	Umlage Sozialdienst	Köpfe	24,5	1 330	–	32 600				
41			5931	Umlage Transportdienst	–	–	–	–	36 000				
42			5951	Umlage Werkserhaltung	% WW-Av	40,0	13,5	–	5 400				
43			5981	Umlage Fertiglager u. Versand	%	756 660	43,0	–	324 000				
44			5985	Umlage Verkaufsförderung	%	1 515 770	43,3	–	656 100				
45			Summe III	**Sekundäre Kosten**					1 092 900				
46			Summe IV	**Indir. u. sek. Kosten (II + III)**				56 000	2 084 310				
47													
48	B		Kosten-										
49			bezugs-										
50			basis	Nettoumsatz Inland	TDM	13 922,8				%	15,0	%	15,0
51													
52													
53													
54	C		Soll-										
55			deckung	In Deckungsbeiträgen					–2 084 310				
56				diverser Kostenträger									
57				aus Inlandumsatz									
58													
59													
60													

Rheinische Werkzeugfabrik GmbH Köln	**E. Kostenbudget 1978** Kostenstellenbereich 6810 Verwaltung, Allgemein	gez.: Sorge 7. 11. 1977	**Blatt** **64**

lfd. Nr.			KA-Nr.	Kostenartenbezeichnung	Einheit	Menge	DM/Einh.	DM/Betrag var.	DM/Betrag ges.	DM/Tarif var.	DM/Tarif ges.	DM/Tar./Vorj. var.	DM/Tar./Vorj. ges.
1	A	I	5061/62	Einstand Handelsware u. Frd.-W.									
2			5071/72	Einstand Nebengeschäfte									
3			5811	Versandverpackung									
4		Direkte Kosten	5821	Ausgangsfrachten									
5			5822	Transportversicherung									
6			5831	Provisionen									
7			5841	Lizenzgebühren									
8			Summe I	**Direkte Kosten**									
9													
10		II	5131	Gemeinkostenlöhne	–	–	–	–	–				
11			5231	Soz.-Rate Gemeinkostenlöhne	–	–	–	–	–				
12			5151/2/99	Gehälter u. Tantiemen	Köpfe	10,0	–	–	361 000				
13			5231/51	Soz.-Rate Gehälter	%	361 000	20,0	–	72 200				
14			6265	Soz.-Rate freiw. soz. Leistg.	–	–	–	–	360 000				
15			5311-15	Energie u. Brennstoffe	–	–	–	–	200				
16			5321-31	Hilfs- u. Betriebsst., Soz.-Mat.	–	–	–	–	–				
17	Primäre Kosten		5351/61	Verp.-Mat., Fracht- u. Transportkosten	–	–	–	–	–				
18			5371	Sonst. Lieferungen u. Leistungen	–	–	–	–	6 000				
19			5411/12	Insth. d. Fremde u. Insth.-Mat.	–	–	–	–	–				
20			5421/22	Nutzungsabschreibung u. Wagnis	–	–	–	–	4 000				
21			5425	Geringwertige Wirtschaftsgüter	–	–	–	–	300				
22			5431	Mieten	–	–	–	–	1 200				
23			5441/42/43	Rate Vorr.-, Anlg.-, Finanzzinsen	–	–	–	–	800				
24			5511	Post- und Fernmeldekosten	–	–	–	–	12 600				
25			5521/22	Reisekosten, Spesen u. km-Geld	–	–	–	–	23 200				
26			5531	Repräsentation	–	–	–	–	10 000				
27		Indirekte Kosten	5541/42	Rechts-, Beratungs- u. Warenzeichen-K.	–	–	–	–	103 000				
28			5551/52	Büro-Mat., Formul., Bücher, Zeitschr.	–	–	–	–	13 400				
29			5553/54	Sonst. Gem.-K. u. K. d. Geldverkehrs	–	–	–	–	8 000				
30			5611/12	Werbelieferungen	–	–	–	–	–				
31			5621/22	Werbeleistungen	–	–	–	–	–				
32			5711	Rate Kostensteuern	% Gehalt	361 000	0,49	–	178 000				
33			5721/22	Rate Vers., Beitr., Spenden	–	–	–	–	68 900				
34			5731	Rate jährl. Abgrenzungsbudget	–	–	–	–	–				
35			5741	Rate ökonom. Wagnisse	–	–	–	–	–				
36			Summe II	**Indirekte Kosten**					1 222 800				
37													
38		III	5911	Umlage Raumkosten	m^2	250	68,8	–	17 200				
39			5912	Umlage Energie	–	–	–	–	–				
40			5921	Umlage Sozialdienst	Köpfe	10,0	1 320	–	13 200				
41			5931	Umlage Transportdienst	–	–	–	–	36 000				
42	Sekundäre Kosten		5951	Umlage Werkserhaltung	–	–	–	–	5 400				
43			5981	Umlage Fertiglager u. Versand	–	–	–	–	–				
44			5985	Umlage Verkaufsförderung	–	–	–	–	–				
45			Summe III	**Sekundäre Kosten**					71 800				
46			Summe IV	**Indir. u. sek. Kosten (II+III)**					1 294 600				
47													
48	B		Kosten-										
49			bezugs-										
50			basis	Nettoumsatz-Eigenproduktion	TDM	30 227				} %	2,2	%	2,1
51				Nettoumsatz HW u. FW	TDM	5 854							
52													
53													
54	C		Soll-										
55			deckung	In Deckungsbeitr. div. Kostenträger					–774 600				
56													
57													
58				Umlage Tochterfirmen					–520 000				
59													
60													

Rheinische Werkzeugfabrik GmbH Köln	E. Kostenbudget 1978 Kostenstellenbereich 6850/6870 Neutraler und irrationaler Bereich	gez.: Sorge 7. 11. 1977	Blatt 67

lfd. Nr.			KA-Nr.	Kostenartenbezeichnung	Einheit	Menge	DM/Einh.	DM/Betrag var.	DM/Betrag ges.	DM/Tarif var.	DM/Tarif ges.	DM/Tar./Vorj. var.	DM/Tar./Vorj. ges.
1	A	I	5061/62	Einstand Handelsware u. Frd.-W.									
2			5071/72	Einstand Nebengeschäfte	–	–	–	50 000	50 000				
3			5811	Versandverpackung	–	–	–	–	–				
4			5821	Ausgangsfrachten	–	–	–	–	–				
5		Direkte Kosten	5822	Transportversicherung	–	–	–	–	–				
6			5831	Provisionen	–	–	–	–	–				
7			5841	Lizenzgebühren	–	–	–	–	–				
8			Summe I	**Direkte Kosten**				50 000	50 000				
9													
10		II	5131	Gemeinkostenlöhne	–	–	–	–	–				
11			5231	Soz.-Rate Gemeinkostenlöhne	–	–	–	–	–				
12			5151/2/99	Gehälter u. Tantiemen	–	–	–	–	–				
13			5231/51	Soz.-Rate Gehälter	–	–	–	–	–				
14			6265	Soz.-Rate freiw. soz. Leistg.	–	–	–	–	–				
15			5311-15	Energie u. Brennstoffe	–	–	–	244 600	246 200	gewerbl. Vermietung			
16			5321-31	Hilfs- u. Betriebsst., Soz.-Mat.	–	–	–	–	–	von Betriebsgelände			
17	Primäre Kosten		5351/61	Verp.-Mat., Frachten u. Transportk.	–	–	–	–	–				
18			5371	Sonst. Lieferungen u. Leistungen	–	–	–	–	600				
19			5411/12	Insth. d. Fremde u. Insth.-Mat.	–	–	–	–	–				
20			5421/22	Nutzungsabschreibung u. Wagnis	% WW	1 520 000	3,8	–	58 200	davon 32 200 Irrational			
21			5425	Geringwertige Wirtschaftsgüter	–	–	–	–	–				
22			5431	Mieten	–	–	–	–	–				
23			5441/42/43	Rate Vorr.-, Anlg.-, Finanzzinsen	–	–	–	–	168 800	davon 6 000 Irrational			
24			5511	Post- und Fernmeldekosten	–	–	–	–	1 200				
25			5521/22	Reisekosten, Spesen u. km-Geld	–	–	–	–	–				
26			5531	Repräsentation	–	–	–	–	–				
27			5541/42	Rechts-, Beratungs- u. Warenzeichen-K.	–	–	–	–	1 200				
28		Indirekte Kosten	5551/52	Büro-Mat., Formul., Bücher, Zeits.	–	–	–	–	800				
29			5553/54	Sonst. Gem.-K. u. K. d. Geldverkehrs	–	–	–	–	–				
30			5611/12	Werbelieferungen	–	–	–	–	–				
31			5621/22	Werbeleistungen	–	–	–	–	–				
32			5711	Rate Kostensteuern	–	–	–	–	16 000	Grundst.+Geb.Wohnhäuser			
33			5721/22	Rate Vers., Beitr., Spenden	–	–	–	–	1 400				
34			5731	Rate jährl. Abgrenzungsbudget	–	–	–	–	–				
35			5741	Rate ökonom. Wagnisse	–	–	–	–	–				
36			Summe II	**Indirekte Kosten**				244 600	494 400				
37				ungenutzt	m^2	6 181	39,33	–	–	243 100 irrational			
38		III	5911	Umlage Raumkosten	m^2	11 158	39,33	–	438 891				
39			5912	Umlage Energie	–	–	–	400	400				
40			5921	Umlage Sozialdienst	–	–	–	–	–				
41			5931	Umlage Transportdienst	–	–	–	–	12 000				
42	Sekundäre Kosten		5951	Umlage Werkserhaltung	–	–	–	–	27 600				
43			5981	Umlage Fertiglager u. Versand	–	–	–	–	–				
44			5985	Umlage Verkaufsförderung	–	–	–	–	80 000	für Töchtergesellschaften			
45			Summe III	**Sekundäre Kosten**				400	558 891				
46			Summe IV	**Indir. u. sek. Kosten (II+III)**				245 000	1 053 291				
47													
48	B		Kosten-	VHK					–				
49			bezugs-	Einst. HW, FW					–				
50			basis	Netto-Umsatz					–				
51													
52													
53													
54	C		Soll-	Saldierung mit:									
55			deckung	Erträge gewerbl. Mieter					–108 000				
56				Mieterträge (einschl. Werkswohnungen)					–160 000				
57													
58				Rest zu Lasten Ergebnis					–785 291				
59													
60													

Rheinische Werkzeugfabrik GmbH Köln	**E. Kostenbudget 1978** V. Plandeckungsgutschriften 5. Stufen-DB-Rechnung nach Vertriebswegen	gez.: Sorge 11. 11. 1977	**Blatt 74**

Positionsbezeichnung	Inland		Außendienststützpunkte		Export		Gesamt	
	DM	%	DM	%	DM	%	DM	%
1. Umsatzerlöse (ohne Erlösschmälerungen)	13 922 801		8 805 397		13 616 289		36 344 487	
2. Variable Herstellkosten des Umsatzes (VHK 78)	8 371 735		4 305 844		7 745 671		20 423 250	
3. **Gesamtdeckungsbeitrag des Umsatzes A**	5 551 066		4 499 553		5 870 618		15 921 237	
4. Bewertungsänderung von HK lt. Bilanz zu VHK lt. Ergebnisrechnung bei Bestandsabbau Fertigerzeugnisse	477 521	(46)	155 713	(15)	404 857	(39)	1 038 091	(100)
5. Bestandsabbau unfertige Erzeugnisse	92 000	(46)	30 000	(15)	78 000	(39)	200 000	(100)
6. Bewertungsänderung VHK alt zu VHK neu aus Bestandsabbau	170 308	(46)	55 535	(15)	144 393	(39)	370 236	(100)
7. **Gesamtdeckungsbeitrag der Produktion B**	4 811 237	100,0	4 258 305	100,0	5 243 368	100,0	14 312 910	100,0
8. – Vertriebsgemeinkosten (fix)	2 028 310	(46)	3 459 459	(15)	1 292 570	(39)	6 780 339	(100)
9. **Deckungsbeitrag C**	+ 2 782 927	57,8	+ 798 846	23,1	+ 3 950 798	75,3	+ 7 532 571	52,6
10. – Fertigungsgemeinkosten (fix)	939 711	(46)	224 713	(11)	878 427	(43)	2 042 851	(100)
11. **Deckungsbeitrag D**	+ 1 843 216	(38,3	+ 574 133	13,5	+ 3 072 371	58,5	+ 5 489 720	38,4
12. – Gemeinkosten der Fertigungshilfsstellen (fix)	1 134 639	(46)	271 326	(11)	1 060 643	(43)	2 466 808	(100)
13. **Deckungsbeitrag E**	+ 708 577	14,7	+ 302 807	7,1	+ 2 011 728	38,4	+ 3 023 112	21,1
14. – Gemeinkosten Werkdienst u. Pers.-Verwaltung (fix)	602 220	(46)	144 009	(11)	562 945	(43)	1 309 174	(100)
15. **Deckungsbeitrag F**	+ 106 357	2,2	+ 158 798	3,7	+ 1 448 783	27,6	+ 1 713 938	12,0
16. – Verwaltungsgemeinkosten (fix)	1 272 760	(46)	415 030	(11)	1 079 080	(43)	2 766 870	(100)
17. **Deckungsbeitrag G**	– 1 166 403	– 24,2	– 256 232	– 6,0	+ 369 703	7,1	– 1 052 932	– 7,4
18. Ergebnis neutraler Bereich							+ 2 724 709	
19. Intern aktivierbare Leistungen, nicht bilanziell aktiviert							+ 153 668	
20. **Betriebswirtschaftliches Gesamtergebnis 1978**							+ 1 825 445	

Die Verteilung der Gesamtfixkosten auf die einzelnen Vertriebswege wurde aufgrund der anteiligen VHK-Werte der abzusetzenden Erzeugnisse vorgenommen = % in Klammern. Anteiliger Restdeckungsbeitrag am Gesamtdeckungsbeitrag der Produktion = % ohne Klammern.

Rheinische Werkzeugfabrik GmbH Köln	E. Kostenbudget 1978 V. Plandeckungsgutschriften 6. Kosten-Gutschriften-Vergleich	gez.: Sorge 11. 11. 1977	Blatt 75

lfd. Nr.	Budgetkosten bzw. Kalkulationsposten	Konto	Plankosten DM	Plandeckung (TDM) Netto-ums.	Sonst. Erlöse	Aktivierung	GuV	Über-/Unterdeckung	Deckungsbasis
1.	Verbrauch Fertigungsmaterial	5011	2 279	2 279					dir. Kalkul.
	+ dir. Verpackungsmaterial	5021	700	700					dir. Kalkul.
2.	Verbrauch fremde Veredlungsleistungen	5031/32	382	382					dir. Kalkul.
3.	Bezogene artikelgeb. Werkz.	5041/42	140	140					
4.	Verrechnete variable Kosten Maschinen-, Werks- u. Vorrichtungsbau	6260	403	403					Werkz.-Kosten
5.	Anteil verr. Kosten Mat.-Wirts.	6110–190	134	134					% MGK
6.	Fertigungslöhne	5111/21/41	4 370	4 370					dir. Kalkul.
7.	Variable Fertigungsgem.-kst.	6330–590							
8.	Ausschuß-, Mehr- u. Minderarbeitskosten	7009	2 797	2 797					dir. Kalkul.
9.	Var. Herstellk. d.disp.Fertg.		11 205	11 205					
10.	Var. Herstellk. d. Fertigl.-Abb.		––	3 232					
11.	Var. Herstellk. d. Umsatzes	Σ 1	11 205	14 437					
12.	Einstandswert Handelsware	5061	3 882	3 882					dir. Kalkul.
13.	Einstandsw. Rohlagerabbau – Handelswaren	5061		462					dir. Kalkul.
14.	Einstandsw. Fremdware	5062	1 690	1 690					dir. Kalkul.
15.	Einstandsw. Nebengeschäfte	5062	450	450					dir. Kalkul.
16.	Einstandsw. Berlingeschäft	5062	136	136					
17.	Anteil verr. Kst. Mat.-Wirtsch.	6110–190	223	223					4 % MGK
18.	Einstandswert des Handels- und Fremdwarenumsatzes	Σ 2	6 381	6 843					
19.	Fixe Fertigungsgemeink. – bereits verr. Mat.-Gemeink.	6330–590	5 819 – 357	5 462					Deck.-Beitr.
20.	FGK Werkserhaltg.–Eigenlstg.	6230	160	154		242			Deck.-Beitr.
21.	FGK Masch.-,Werkz.-u.Vorr.-B.	6260	236						EL-Konto
22.	Ungenutzte Fertigungskapaz.	6870	281				281		
23.	Fixe Kosten des Betriebes	Σ 3	6 139	5 616		242	(– 281)		
24.	Fixe Kosten der Verwaltung	6810–820	2 767	– 386					Deck.-Beitr.
25.	Fixe Kosten des neutr. Bereichs (ohne Zeile 22)	6860	772				772		Deck.-Beitr.
26.	– Erlöse (EDV-Leistg., Mieteinn., Sonst. Pos. 1+11 GuV)	9122–28 9113/14			1 703 1 450				dir. Erlöse
27.	Verwaltungsgemeinkosten	Σ 4	3 539	– 386	3 153		(– 772)		
28.	Variable Kosten des Vertriebs	6170–731	145	145					Deck.-Beitr.
29.	Fixe Kosten des Vertriebs	6170–731	6 625	6 625					Deck.-Beitr.
30.	Fixe Kosten Ostlager Berlin	6751	155	155					Deck.-Beitr.
31.	Vertriebsgemeinkosten	Σ 5	6 925	6 925					
32.	Lizenzgebühren	5841	2	2					dir. Kalkul.
33.	Fakturierte Versandverpackg.	8950	50	50					Fakt.-Werte
34.	Fakturierte Ausgangsfracht	8950	250	250					Fakt.-Werte
35.	Fakturierte Transportvers.	8950	25	25					Fakt.-Werte
36.	Vertriebssonderkosten	Σ 6	327	327					
37.	Gewinn 1978		1 825	1 854			1 053		
38.	Freifallende Verw.- u. Vertriebskst. aus Fabrikatabbau		3723	(1 053)					
39.	Überschuß	Σ 7	5 548	2 907			(+ 1 053)	––	
40.	Gesamtkosten/Gesamtdeckung		40 064	36 669	3 153	242	––	––	

Rheinische Werkzeugfabrik GmbH Köln	F. **Finanzbudget 1978** 1. Einnahmen und Ausgaben	gez.: Weise 15. 11. 1977	**Blatt** **76**

		Planzahlungsvorgänge	Gesamt TDM	Quartalsentwicklung			
				1. Quartal	2. Quartal	3. Quartal	4. Quartal
I.		**Zufluß von Mitteln**					
	1.	Umsatzerlöse einschl. USt	36 884	6 279	8 657	9 545	12 403
	2.	Sonstige Erträge (Zinsen, Dividenden, Mieterträge)	616	386	– 677	– 145	1 052
	3.	Bankdarlehen					
	4.	Andere					
	5.	Einnahmen gesamt	37 500	6 665	7 980	9 400	13 455
II.		**Abfluß von Mitteln**					
	1.	Personalausgaben (Löhne, Gehälter, Sozialversicherung usw.)	15 881	3 409	3 700	4 100	4 672
	2.	Roh-, Hilfs- u. Betriebsstoffe, Handels- und Fremdware	11 398	2 624	2 900	2 400	3 474
	3.	Sonstige Betriebsausgaben	3 421	855	955	800	811
	4.	Zinsen, Dividenden, Lizenzen	1 200	319	330	340	211
	5.	Kredittilgungen	492	123	123	123	123
	6.	Lohnsteuer, Gewerbesteuer usw.	490	150	80	130	130
	7.	Umsatzsteuer-Zahllast	1 025	290	130	300	305
	8.	Investitionen (Fremdleistungen)	785	160	260	210	155
	9.	Sonstige Ausgaben	2 000	––	350	600	1 050
	10.	Ausgaben gesamt	36 692	7 930	8 828	9 003	10 931
III.		**Einnahmen – Ausgaben = Saldo**	+ 808	– 1 265	– 848	+ 397	+ 2 524
IV.	1.	Anfangsbestand Zahlungsmittel 1. 1. 1978	– 12 570	– 12 570	– 13 835	– 14 683	– 14 286
	2.	Endbestand Zahlungsmittel 31. 12. 1978	– 11 762	– 13 835	– 14 683	– 14 286	– 11 762
	3.	Veränderung Zahlungsmittel kumuliert	+ 808	– 1 265	– 2 113	– 1 716	+ 808
	4.	Totale Kreditlimite (kurzfristig)	15 000	15 000	15 000	15 000	15 000
	5.	Unbeanspruchte Kreditlimite (kurzfristig)	3 238	1 165	317	714	3 238
V.		**Auswirkung auf Kostenbudget**					
	1.	Zinsen 8 % p. a. auf Altkredite	1 005,6	251,4	251,4	251,4	251,4
	2.	Zinsen 8 % p. a. auf Neusaldo	85,7	25,3	42,3	34,3	– 16,2
	3.	Zinsen 8 % p. a. auf gesamt	1 091,3	276,7	293,7	285,7	235,2

Rheinische Werkzeugfabrik GmbH Köln	G. Ergebnisbudget 1978 Plan-Gewinn- und Verlustrechnung	gez.: Weise 15. 11. 1977	Blatt 77

GuV-Positionen	DM	DM	DM	Abgrenzung zur Betr.-Ergebnis-Rechnung DM
1. Umsatzerlöse (ohne Erlösschmälerungen)	36 344 487			
Nebenerlöse	540 000			
		36 884 487		
2. Bestandsveränderung				
Bestandsminderung Fertigerzeugnisse	– 3 980 790			
Bestandsminderung unfertige Erzeugnisse	– 200 000			
		– 4 180 790		
			32 703 697	
3. Andere aktivierte Eigenleistungen			242 740	
4. **Gesamtleistung**			32 946 437	
5. Aufwendungen für Roh-, Hilfs- u. Betriebsstoffe			11 398 321	
6. **Rohertrag**			21 548 116	
7. Erträge aus Beteiligungen		570 000		
Außendienstkooperationen		1 200 000		
8. Sonstige Zinsen u. ä. Erträge		220 000		
9. Erträge aus Anlagenabgang		––		
10. Erträge aus der Auflösung von Rückstellungen		––		
11. Sonstige Erträge		1 163 000		
			3 153 000	
			24 701 116	
12. Löhne und Gehälter einschl. Sozialabgaben		15 291 702		
13. Aufwendungen für Altersversorgung		590 000		
14. Abschreibungen auf Anlagen		1 079 600		– 200 000
15. Zinsen u. ä. Aufwendungen		1 200 000		
16. Steuern		490 000		
17. Sonstige Aufwendungen		3 420 969		
18. Verlustübernahmen		160 000		
			22 232 271	
19. **Bilanzgewinn 1978**			2 468 845	
20. Abgrenzung Initialkosten (Aufwand)				– 443 400
21. **Betriebswirtschaftliches Gesamtergebnis 1978**				1 825 445
22. Bilanzielle bzw. betriebswirtsch. Umsatzgewinnrate	%		6,7	5,0
23. Bilanzaktiva bzw. betriebsnotwend. Vermögen	TDM		25 248	47 770
24. Umschlag des Kapitals bzw. betriebsnotw. Vermögens			1,46	0,76
25. Bilanzieller bzw. betr.wirtsch.ROI	%		9,8	3,8

Rheinische Werkzeugfabrik GmbH Köln	G. Ergebnisbudget 1978 2. Plan-Ergebnisrechnung 1978 mit verschiedenen Varianten der Absatzbudgeterfüllung						gez.: Weise 15. 11. 1977		Blatt 78
Positionen	Erreichtes Budgetziel (Umsatz)								
	100 %	97 %	93 %	90 %	87 %	83 %	80 %	75 %	70 %
Umsatzerlöse	36 344	35 253	33 800	32 700	31 600	30 160	29 070	27 258	25 440
Variable Herstellkosten	20 423	19 810	18 900	18 380	17 770	16 590	16 340	15 300	14 300
Deckungsbeitrag des Umsatzes	15 921	15 443	14 900	14 320	13 830	13 570	12 730	11 958	11 140
Wertveränderung Bestandsabbau	1 608	1 608	1 608	1 608	1 608	1 300	1 000	700	400
Deckungsbeitrag der Fertigung	14 313	13 835	13 292	12 712	12 222	12 270	11 730	11 258	10 740
Fixe Kosten des Unternehmens	15 366	15 366	15 366	15 366	15 366	15 366	15 366	15 366	15 366
Betriebsergebnis	– 1 053	– 1 531	– 2 074	– 2 654	– 3 144	– 3 096	– 3 636	– 4 108	– 4 626
Intern aktivierbare Leistungen	+ 153	+ 153	+ 153	+ 153	+ 153	+ 153	+ 153	+ 153	+ 153
Ergebnis neutraler Bereich	+ 2 725	+ 2 725	+ 2 725	+ 2 725	+ 2 725	+ 2 725	+ 2 725	+ 2 725	+ 2 725
Betriebswirtschaftliches Gesamtergebnis	+ 1 825	+ 1 347	+ 804	+ 224	– 266	– 218	– 758	– 1 230	– 1 748
Abgrenzungen Bilanzergebnis	+ 643	+ 643	+ 643	+ 643	+ 643	+ 643	+ 643	+ 643	+ 643
Bilanzergebnis	+ 2 468	+ 1 990	+ 1 447	+ 867	+ 377	+ 425	– 115	– 587	– 1 105

II.

Muster-Controlling „Rheinische Werkzeugfabrik GmbH“

Rheinische
Werkzeugfabrik GmbH
Köln

Budgetkontrolle 1978

Die Musterblätter sind aus dem nach Produktsparten gegliederten Unternehmen bereits beispielhaft für je 1 Vertriebsweg, 1 Fertigungsstelle oder die Firma gesamt ausgewählt.

Rheinische Werkzeugfabrik GmbH Köln	**Budgetkontrolle Tagesstatistik: 30. 6. 1978** 127. Arbeitstag 1978			gez.: Eifrig 1. 7. 1978		**Anhang II/1**
Kennzahlen je Arbeitstag	Einheit	Monat Juni		Kumuliert ab 1. 1.		Abweichung %
		Soll/Arbeitstag	Ist/Arbeitstag	Ist/127 AT 1978	Ist/128 AT Vorjahr	
1. Kundenauftragseingänge (ex USt)	TDM	238,7	256,2	248,3	228,0	+ 8,9
2. Nettoerlöse (ex USt)	TDM	240,0	251,4	241,2	220,5	+ 9,4
3. Betriebsablieferungen an Fertiglager (zu HK)	TDM	125,0	113,3	122,8	111,4	+ 10,2
4. Anwesenheitszeit direkten Personals	Std	2603,1	2543,4	2557,2	2627,3	– 2,7
5. Fehlstand gewerbliches Personal	%	6,2	8,4	6,9	6,7	+ 3,0
6. Zahlungsausgänge	TDM	162,2	185,3	190,6	176,2	+ 8,2
7. Zahlungseingänge	TDM	271,5	272,7	275,0	242,4	+ 13,5

Rheinische Werkzeugfabrik GmbH Köln	**Budgetkontrolle / Monatsstatistik** Monat: Dezember 1978 Personal, Stundeneinsatz: Firma gesamt	gez.: Weise 20. 1. 1979	**Blatt** **1**

	Ktr.	Soll 12	Soll 1–12	Ist 12	Ist 1–12	Einheit	Abweichung 1–12	Vorjahr 12	Vorjahr 1–12
I. Direkte Arbeiter (1 Schicht)						Köpfe			
1. Entwickl. u. Werkzeugbau	6260	–	–	–	–		–	–	–
2. Schmiede	6330	19		17			– 2,0		
3. Mechanische Fertigung	6350	15		15,5			+ 0,5	45,5	
4. Härterei	6370	24		15			– 9		
5. E + K Fertigung	6410	36		42			+ 6	43	
6. Schleiferei	6440	41		43			+ 2		
7. Dreherei u. Schweißerei	6470	37		43,5			+ 6,5		
8. Montage I	6500	50		53			+ 3	182	
9. Montage II	6530	52		43			– 9		
10. Oberflächenlackiererei	6560	19		16,5			– 2,5		
11. Zentralpackerei	6590	16		15			– 1	15	
12. Garnituren: Zubeh., Fertigt.	6570	21		19			– 2	21,5	
13. Heimarbeiter außer Betrieb	6580	24		30			+ 6	36	
Summe 1–13		354		352,5		Köpfe	– 1,5	343,0	
Fehlstand direkte Arbeiter		7,2		7,6		%	+ 0,4	6,9	
II. Indirekte Arbeiter						Köpfe			
1. Allg., Mat., Fert.-Hilfsst.	60-62	74		70			– 4	75	
2. Fertigung	63-65	3,5		2			– 1,5	3	
3. Vertrieb u. AD-Büros	66-67	25		23,5			– 1,5	18	
4. Auszubildende (0,5 Kopf)		10,5		8			– 2,5	12,5	
Summe 1–4		113,0		103,5		Köpfe	– 9,5	108,5	
Fehlstand indirekte Arbeiter		4,3		3,0		%	– 1,3	1,8	
Summe Arbeiter insgesamt		467		456		Köpfe	– 11	451,5	
III. Angestellte						Köpfe			
1. Fertigung	63-65	21,5		23,5			+ 2	22	
2. Mat.- u. Fert.-Hilfsst.	61-62	56		56,5			+ 0,5	57,5	
3. Vertrieb Inland u. Export	671/672	37,5		40			+ 2,5		
4. AD-Büros	673	91		88,5			– 2,5	116,5	
5. Marketing	661	13		15			+ 2,0		
6. Fertiglager	667	7		7			–		
7. Verwaltg. u. Allg. Bereich[1]	68/60	62,5		58,5			– 4,0	55	
Summe 1–7		288,5		289,0		Köpfe	+ 0,5	251,0	
Fehlstand Angestellte		2,0		2,1		%	+ 0,1	1,8	
IV. Verfahrene Produktions-Std.						Std.			
1. Entwicklung u. Werkzeugbau	6260	–	–	598	12 521		–	678	14 966
2. Schmiede	6330	2 922	41 342	2 793	35 358		– 5 984	2 320	30 140
3. Mechanische Fertigung	6350	2 350	33 230	2 162	31 780		– 1 450	3 100	42 690
4. Härterei	6370	3 346	47 296	2 784	29 986		– 17 310	2 180	28 070
5. E + K Fertigung	6410	6 740	95 230	6 700	79 437		– 15 793	6 700	84 440
6. Schleiferei	6440	6 912	97 692	5 404	60 466		– 37 226		
7. Dreherei u. Schweißerei	6470	6 422	90 792	7 372	93 572		+ 2 780	26 620	344 860
8. Montage I	6500	7 092	100 292	6 066	80 479		– 19 813		
9. Montage II	6530	7 599	107 329	5 058	73 947		– 33 382		
10. Oberflächenlackiererei	6560	2 560	36 180	1 694	25 608		– 10 572		
11. Zentralpackerei	6590	1 770	25 000	1 816	21 748		– 3 252	1 820	22 740
12. Garnituren: Zubeh., Fertigt.	6570	2 970	42 000	2 591	37 911		– 4 089	3 100	40 800
13. Heimarbeiter außer Betrieb	6580	3 400	48 000	4 902	60 966		+ 12 966	4 200	96 400
Summe 1–13		54 083	764 383	49 422	631 258	Std.	– 133 125	50 040	690 140
davon Überstunden		nicht geplant		3 972	33 963	Std.	+ 33 963	1 396	30 179
V. Maschinenstunden						Std.			
1. Verf. Masch.-Std. 12 Plätze		3 800	51 497	3 220	41 930		– 9 567	3 340	40 700
2. Stillstands-Std. 12 Plätze		500	5 814	1 080	15 381		+ 9 567	1 769	15 500
3. Verf. Lauf-Std. Lasco-Hämmer 1–3		312	4 407	201	2 597		– 1 810	1977 keine vergleichbaren Werte	
4. Stillstands-Std. Lasco-Hämmer 1–3		72	1 017	183	2 827		+ 1 810		

1 Einschließlich kaufmännische Auszubildende

Rheinische Werkzeugfabrik GmbH Köln	**Budgetkontrolle / Monatsstatistik** Monat: Dezember 1978 Betriebsleistung, Aufträge, Absatz, Lohnkennzahlen	gez.: Weise 20. 1. 1979	**Blatt** **2**

	KTr	Soll 12	Soll 1–12	Ist 12	Ist 1–12	Einheit	Abweichung 1–12	Vorjahr 12	Vorjahr 1–12
I. Betriebl. Ablieferungen in Stück						TStck			
1. Rohlinge	01/04	17,2	242,7	36,3	373,7		+ 131,0	41,2	563,8
2. Greifwerkzeuge	11–17	95,0	1 342,4	100,9	981,5		– 360,9	193,2	1 780,9
3. Drehwerkzeuge	22–28	66,4	938,1	50,3	838,3		– 99,8		
4. Schneidwerkzeuge	31–39	116,3	1 218,7	143,3	1 381,9		+ 163,2	223,5	2 637,0
5. Schlagbohrwerkzeuge	41–49	46,5	657,1	47,6	561,2		– 95,9	63,4	600,0
6. Schweißwerkzeuge	51–53	5,6	78,6	10,1	126,5		+ 16,4	18,6	245,7
7. Elektrowerkzeuge	55–58	2,2	31,5						
8. Löt- und Sonderwerkzeuge	61–63	5,4	75,9	22,3	88,6		+ 12,7	5,5	618,2
9. Garnituren	81–89	–	–	–	–		–	–	–
10. A-Ware, sonstige Leistungen		–	–	–	–		–	–	–
II. Betriebl. Ablieferungen in VHK				Betrieb an ZP		TDM		Betrieb an ZP	
1. Rohlinge	01/04	26,5	374,3	56,4	573,3		+ 199,0	38,5	419,3
2. Greifwerkzeuge	11–17	126,3	1 783,2	123,4	1 234,6		– 548,6	439,9	5 215,0
3. Drehwerkzeuge	22–28	170,3	2 404,9	142,7	2 583,7		+ 178,8		
4. Schneidwerkzeuge	31–39	113,6	1 604,5	185,0	1 434,6		– 169,9	160,3	1 825,8
5. Schlagbohrwerkzeuge	41–49	221,5	3 255,0	233,6	2 751,8		– 503,2	244,1	2 891,8
6. Schweißwerkzeuge	51–53	36,7	518,4	45,5	556,0		+ 37,6	35,8	1 137,8
7. Elektrowerkzeuge	55–58	21,3	300,4	27,7	399,4		+ 99,0	51,1	
8. Löt- und Sonderwerkzeuge	61–63	7,4	104,0	29,8	127,7		+ 23,7	8,9	116,1
9. Garnituren	81–89	–	–	–	–		–	–	–
10. A-Ware, sonst. Leistungen		–	–	–	–		–	–	–
Summe 1–10		723,6	10 344,7	844,1	9 661,1	TDM	– 683,6	978,6	11 605,8
III. Auftragsbestand in Nettoerlösen						TDM			
1. Auftr.-Best. am Monatsanfang									
2. Auftr.-Eing. KTr. 10, 20, 50 ff.				1 135,9	8 374,5			836,4	8 061,3
3. Auftr.-Eing. KTr. 30 ff.				229,4	2 023,5			92,0	2 275,9
4. Auftr.-Eing. KTr. 40 ff.				536,5	7 714,2			440,4	7 489,9
5. Auftr.-Eing. KTr. 60 ff.				678,7	9 188,1			525,8	8 787,7
6. Auftr.-Eing. Handels- und Fremdware				447,6	5 706,6			218,7	4 281,4
7. ./. Umsatz lfd. Monat				4 834,7	32 613,7			3 695,8	29 543,4
8. Auftr.-Best. am Monatsende									
9. davon Auftr.-Rückst. Inland u. ADB				für Dezember nicht					
10. davon Auftr.-Rückst. Export				ermittelt					
IV. Verkauf in Stück						TStck			
1. Rohlinge	01/04	24,4	205,5	52,3	394,6		+ 189,1	0,3	251,3
2. Greifwerkzeuge	11/17	178,1	1 326,5	62,4	554,4		– 772,1	257,8	2 151,8
3. Drehwerkzeuge	22–28	156,2	1 214,4	183,1	1 202,4		– 12,0		
4. Schneidwerkzeuge	31–39	173,0	1 426,8	129,8	1 314,5		– 112,3	206,7	1 990,2
5. Schlagbohrwerkzeuge	41–49	116,4	935,8	96,5	821,1		– 114,7	84,1	780,4
6. Schweißwerkzeuge	51–53	10,5	83,5	17,7	151,6		– 3,7	29,1	200,1
7. Elektrowerkzeuge	55–58	8,4	71,8						
8. Löt- und Sonderwerkzeuge	61–63	12,6	106,9	14,7	54,5		– 52,4	77,8	386,6
9. Garnituren	81–89	23,9	179,2	24,9	177,8		– 1,4	(in Pos. 1–8	
10. Handels- und Fremdware	64-69/91-99	–	–	–	–		–	enthalten)	
V. Lohnkennzahlen			(V/1+2 = dir. Lohn dividiert durch Leistungsstunden (Blatt 1/IV))						
1. ∅ dir. Leist.-Lohn/dir. Std. Vorfertg.		–	5,96	–	5,92	DM	– 0,04	–	5,75
2. ∅ dir. Leist.-Lohn/dir. Std. Endfertg.		–	5,94	–	5,90	DM	– 0,04	–	5,25
3. Rüst.- u. Eintr.-Lohn in % dir. Lohn		6,8	6,8	8,1	9,9	%	+ 3,1	–	6,2
4. Heimarbeiterlohn in % dir. Lohn		27,1	27,1	29,0	28,5	%	+ 1,4	–	33,8
5. Dir. Zeitlohn in % dir. Lohn		–	18,3	–	17,5	%	+ 0,8	–	17,0

Rheinische Werkzeugfabrik GmbH Köln	**Budgetkontrolle / Monatsstatistik** Monat: Dezember 1978 Umsatz und Deckungsbeitrag: Firma gesamt	gez.: Weise 20. 1. 1979	**Blatt** **3**

Werte in TDM	KTr	Soll 12	Soll 1–12	Ist 12	Ist 1–12	Einheit	Abweichung 1–12	Vorjahr 12	Vorjahr 1–12
I. Umsatz und DB – Gesamt						%			
1. Bruttoumsatz		4 775,2	38 043,9	5 124,0	34 465,6	103,0	– 3 578,3	3 886,7	31 341,4
2. Erlösschmälerungen (Rate)		145,6	– 1 159,4	146,4	– 998,3	– 3,0	– 161,1	– 109,2	– 931,4
3. Nettoumsatz		4 629,6	36 884,5	4 977,6	33 467,3	100,0	– 3 417,2	3 777,5	30 410,0
4. Standard-VHK der verk. Ware		2 603,4	21 090,9	2 900,9	19 160,8	57,2	– 1 930,1	2 096,6	16 965,5
5. Deckungsbeitrag I		2 026,2	15 793,6	2 076,7	14 306,5	42,7	– 1 487,1	1 680,9	13 444,5
II. Umsatz und DB nach Vertriebswegen									
1. Inland: Nettoumsatz		1 880,1	13 922,8	1 642,4	11 773,2	100,0	– 2 149,6	1 342,5	11 050,6
./. Standard-VHK		1 033,6	8 371,8	994,1	6 690,4	56,8	– 1 681,4	755,0	5 925,3
= Deckungsbeitrag I		846,5	5 551,0	648,3	5 082,8	43,2	– 468,2	587,5	5 125,3
2. AD-Büros: Nettoumsatz		1 254,7	8 542,4	1 397,0	8 623,0	100,0	+ 80,6	1 139,0	7 249,6
./. Standard-VHK		680,1	4 169,6	676,4	4 211,4	48,8	+ 41,8	549,2	3 580,3
= Deckungsbeitrag I		574,6	4 372,8	720,6	4 411,6	51,2	+ 38,8	589,8	3 669,3
3. Export: Netto-Umsatz		1 411,2	13 616,3	1 795,3	12 217,5	100,0	– 1 398,8	1 214,3	11 243,2
./. Standard-VHK		821,6	7 745,7	1 114,5	7 521,9	61,6	– 223,8	731,9	6 773,3
= Deckungsbeitrag I		589,6	5 870,6	680,8	4 695,6	38,4	– 1 175,0	482,4	4 467,9
III. Umsatz und DB nach Kostenträgern									
1. Rohlinge an Dritte	10/18/19	46,8	354,0	98,8	730,5	100,0	+ 376,5	61.7	494,5
./. Standard-VHK		41,2	311,8	79,4	552,5	75,6	+ 240,7	45,3	363,1
= Deckungsbeitrag I		5,6	42,2	19,4	178,0	24,4	+ 135,8	16,4	131,4
2. Greifwerkzeuge	11-17	412,2	3 452,2	222,4	1 544,8	100,0	– 1 907,4	Vergleichszahlen fehlen	
./. Standard-VHK		193,7	1 613,7	100,8	647,7	41,9	– 966,0		
= Deckungsbeitrag I		218,5	1 838,5	121,6	897,1	58,1	– 941,4		
3. Drehwerkzeuge	22-28	772,0	6 152,0	1 160,1	6 484,8	100,0	+ 332,8	909,6	7 266,1
./. Standard-VHK		419,8	3 376,5	648,7	3 455,6	53,2	+ 79,1	481,2	3 846,0
= Deckungsbeitrag I		352,2	2 775,5	511,4	3 029,2	46,8	+ 253,7	428,4	3 420,1
4. Schneidwerkzeuge	31-39	281,2	2 197,5	302,3	1 904,9	100,0	– 292,6	231,9	1 852,1
./. Standard-VHK		176,6	1 385,8	170,5	1 119,8	58,7	– 266,0	144,0	1 149,8
= Deckungsbeitrag I		104,6	811,7	131,8	785,1	41,3	– 26,6	87,9	702,3
5. Schlagbohrwerkzeug	41-49	1 199,4	9 389,4	971,7	7 176,2	100,0	– 2 213,2	762,0	6 084,0
./. Standard-VHK		609,7	4 754,7	526,3	3 827,6	53,3	– 927,1	384,8	3 073,4
= Deckungsbeitrag I		589,7	4 634,7	445,4	3 348,6	46,7	– 1 286,1	377,2	3 010,6
6. Schweißelektrowerkzeug	51-58	303,3	2 282,0	271,2	2 070,2	100,0	– 211,8	284,1	2 268,5
./. Standard-VHK		166,2	1 248,8	150,9	1 123,7	54,2	– 125,1	140,0	1 118,1
= Deckungsbeitrag I		137,1	1 033,2	120,3	946,5	45,8	– 86,7	144,1	1 150,4
7. Löt- und Sonderwerkzeug	61-63	23,7	187,3	39,5	190,5	100,0	+ 3,2	39,5	314,8
./. Standard-VHK		12,0	95,5	23,8	96,8	50,8	+ 1,3	22,0	175,4
= Deckungsbeitrag I		11,7	91,8	15,7	93,7	49,2	+ 1,9	17,5	139,4
8. Garnituren	81-89	613,7	5 225,9	716,0	4 586,9	100,0	– 639,0	512,7	4 093,8
./. Standard-VHK		352,0	2 992,0	395,7	2 472,4	53,9	– 519,6	239,4	1 915,2
= Deckungsbeitrag I		261,7	2 233,9	320,3	2 114,5	46,1	– 119,4	273,3	2 178,6
9. Handelswaren	91-93	369,1	2 899,5	450,8	3 560,1	100,0	+ 660,6	408,0	3 256,2
./. Standard-VHK		221,9	1 752,8	259,4	1 968,7	55,2	+ 215,9	226,0	1 804,9
= Deckungsbeitrag I		147,2	1 146,7	191,4	1 591,4	44,8	+ 444,7	182,0	1 451,3
10. Fremdwaren	94-99	390,0	2 954,8	498,8	3 133,0	100,0	+ 178,2	334,9	2 705,2
./. Standard-VHK		276,9	2 090,1	350,4	2 209,6	70,5	+ 119,5	230,0	1 850,0
= Deckungsbeitrag I		113,1	864,7	148,4	923,4	29,5	+ 53,7	104,9	855,2
11. Sonstige Leistungen	71-79	134,6	986,9	103,1	1 231,8	100,0	+ 244,9	151,4	1 208,2
./. Standard-VHK		65,3	665,4	79,1	949,3	77,0	+ 283,9	123,4	985,0
= Deckungsbeitrag I		69,3	321,5	24,0	282,5	23,0	– 39,0	28,0	223,2

Rheinische Werkzeugfabrik GmbH Köln	**Budgetkontrolle / Monatsstatistik** Monat: Dezember 1978 Warenbestände: Firma gesamt	gez.: Weise 20. 1. 1979	**Blatt** **4**

Bewertung: Einstanndswerte bzw. bilanz. Herstellkosten		Soll TStck	Soll TDM	Ist [1] TSck	Ist [1] TDM	Abweichung TDM 1–12	Inv.-Best. 1.1. in TDM	Best.-Ver. geg.üb. 1.1.
I. Roh-, Hilfs- u. Betriebsstoffe		––	1 083,0	––	1 502,2	+ 419,2	1 572,3	– 70,1
II. Unfertige Erzeugnisse								
1. **Vorstufe** (bis hartgerichtet)		589,7	1 074,3	1 205,6	802,2	– 272,1	1 074,3	– 272,1
2. **Endstufe**								
Greifwerkzeuge	10-19	181,8	278,7	253,4	180,9	– 97,8	400,4	– 219,5
Drehwerkezuge	22-28	686,2	1 294,6	1 118,7	1 253,1	– 41,5	1 294,7	– 41,6
Schneidwerkzeuge	31-39	190,3	126,3	168,4	222,1	+ 95,8	126,3	+ 95,8
Schlagbohrwerkzeuge	47/49	262,4	1 088,7	273,6	738,6	– 350,1	1 147,3	– 408,7
Schlagbohr-Stahl	48	19,9	58,6	7,9	35,4	– 23,2	––	+ 35,4
Schweißwerkzeuge	51-53	10,5	60,0	52,7 (Schweiß- u. Elektrowerkzeuge)	248,1	+ 188,1	117,3	+ 130,8
Elektrowerkzeuge	55-58	64,2	259,9		112,2	– 147,7	259,9	– 147,7
Lötwerkzeuge etc.	61-63	26,0	23,2	4,9	45,5	+ 22,3	23,2	+ 22,3
Summe Endstufe		1 441,3	3 190,0	1 879,6	2 835,9	– 354,1	3 369,1	– 533,2
3. **Zentralpackerei**		––	521,2	––	408,8	– 112,4	521,2	– 112,4
Summe unfertige Erzeugnisse		––	4 785,5	––	4 046,9	– 738,6	4 964,6	– 917,7
III. Fertige Erzeugnisse								
1. **Lager Köln**								
Greifwerkzeuge	10-19	92,5	187,3	32,1	50,0	– 137,3	85,9	– 35,9
Drehwerkzeuge	22-28	373,0	521,1	507,8	836,2	+ 315,1	3 142,4	– 1 078,8
		361,3	1 146,4	418,0	1 227,4	+ 81,0		
Schneidwerkzeuge	31-39	144,0	504,2	388,2	664,1	+ 159,9	961,5	– 297,4
Schlagbohrwerkzeuge	47/49	200,1	1 562,8	294,4	2 021,4	+ 458,6	1 989,7	+ 31,7
Schlagbohr-Stahl	48	18,6	144,8	17,6	108,1	– 36,7	220,5	– 112,4
Schweißwerkzeuge	51-53	23,8	173,8	36,0	300,7	+ 126,9	270,9	+ 29,8
Elektrowerkzeuge	55-58	27,8	322,9	47,9	554,8	+ 231,9	681,1	– 126,3
Lötwerkzeuge etc.	61-63	52,8	47,7	39,9	77,6	+ 29,9	91,7	– 14,1
Garnituren A.	81-82	30,8	265,6	16,9	159,2	– 106,4	117,8	+ 41,4
Garnituren C.	83–84	4,6	38,7	9,0	81,7	+ 43,0	214,4	– 132,7
Garnituren Sonstige	85-88	21,2	107,1	21,8	452,0	+ 344,9	139,8	+ 312,2
Summe Eigenerzeugnisse		1 350,5	5 022,4	1 829,6	6 533,2	+ 1 510,8	7 915,7	– 1 382,5
Handelswaren Greif.W.	91	94,9	3,6	186,8	176,5	+ 172,9	427,0	+ 143,3
Handelswaren Dreh.W.	92	21,8	47,9	4,6	26,2	– 21,7		
Handelswaren Schneid.W.	93	10,6	33,5	97,3	367,6	+ 334,1		
Fremdwaren	95-99	––	25,0	17,0	45,3	+ 20,3	50,1	– 4,8
Summe Handels- u. Fremdwaren		127,3	110,0	305,7	615,6	+ 505,6	477,1	+ 138,5
Summe Lager Köln		1 477,8	5 132,4	2 135,3	7 148,8	+ 2 016,4	8 392,8	– 1 244,0
2. **RWF-Erzeugnisse in**								
AD-Büros		––	832,4	––	792,0	– 40,4	832,4	– 40,4
Sonderläger u. sonst. Läger		––	307,3	––	227,2	– 80,1	307,3	– 80,1
3. **Handels- u. Fremdwaren in**								
Zentralpackerei		––	30,7	––	76,9	+ 46,2	30,7	+ 46,2
AD-Büros		––	734,2	––	1 061,6	+ 327,4	734,2	+ 327,4
Sonderläger u. sonst. Läger		––	22,1	––	23,6	+ 1,5	22,1	+ 1,5
Summe 2–3		––	1 926,7	––	2 181,3	+ 254,6	1 926,7	+ 254,6
Summe fertige Erzeugnisse		––	7 059,1	––	9 330,1	+ 2 271,0	10 319,5	– 989,4
IV. Summe Vorräte insgesamt		––	12 927,6	––	14 879,2	+ 1 951,6	16 856,4	– 1 977,2

1 = vorläufige Inventurwerte

Rheinische Werkzeugfabrik GmbH Köln	**Budgetkontrolle / Monatsstatistik** Monat: Dezember 1978 Bilanz- und Betriebsergebnisrechnung	gez.: Weise 20. 1. 1979	**Blatt** **5**

	Werte in TDM	Plan		2 Ist		Abweichung	Vorjahr	
		12	1–12	12	1–12	1–12	12	1–12
1.	Umsatzerlöse	4 584,6	36 344,5	4 879,6	32 870,5	– 3 474,0	3 731,2	30 101,3
2.	Nebenerlöse	45,0	540,0	98,0	562,3	+ 22,3	46,3	1 008,0
	Summe Erlöse 1 + 2	4 629,6	36 884,5	4 977,6	33 432,8	– 3 451,7	3 775,5	31 109,3
3.	Best.-Veränd. fertige Erzeugnisse	– 1 543,0	– 3 980,0	– 795,0	– 1 397,9	+ 2 582,9	Im Vorjahr nicht ermittelt! (Zeilen 3–35)	+ 2 317,0 (3–4)
4.	Best.-Veränd. unfert. Erzeugnisse	– 99,9	– 200,0	– 1 197,6	– 917,7	– 717,7		
	Summe Bestandsveränderungen	– 1 642,9	– 4 180,8	– 1 992,6	– 2 315,6	+ 1 865,2		33 426,3
5.	Aktivierbare Eigenleistungen	40,7	242,7	23,0	+ 200,0	– 42,7		+ 209,0
6.	**Gesamtleistung**	3 027,4	32 946,4	3 008,0	31 317,2	– 1 629,2		33 635,3
7.	WE – Rohstoffe	101,5	1 319,1	248,9	1 845,7	+ 526,6		
8.	WE – Veredlungslst. u. bezogene Teile	112,9	1 242,0	– 36,9	1 101,3	– 140,7		5 193,2 (7–9)
9.	WE – Hilfs- u. Betriebsstoffe	126,3	1 492,1	54,1	1 546,6	+ 54,5		
10.	WE – Energie	73,3	806,0	132,3	749,8	– 56,2		733,3
11.	WE – Instandhaltungsmaterial	20,0	220,0	95,7	259,8	+ 39,8		100,1
12.	WE – Handels- u. Fremdwaren	831,8	6 319,1	719,2	6 705,1	+ 386,0		5 980,8
	Summe Wareneinsatz	1 265,8	11 398,3	1 213,3	12 208,3	+ 810,0		12 007,4
13.	**Rohertrag**	1 761,6	21 548,1	1 794,7	19 108,9	– 2 439,2		21 627,9
14.	Erträge aus Beteiligungen	1 200,0	1 770,0	1 197,7	1 839,7	+ 69,7		1 001,0
15.	Skontierträge u. Zinsen	18,7	220,0	48,5	226,9	+ 6,9		210,1
16.	Erträge EDV-Vermietung	16,3	193,4	80,3	240,4	+ 47,0		205,8
17.	Erträge Töchterumlagen	155,6 (17–18)	969,5 (17–18)	114,0	574,0	+ 273,2 (17–18)		857,7 (17–18)
18.	Mieterträge u. a. Erträge			117,6	668,8			
	Summe 14–18	1 390,6	3 153,0	1 558,1	3 549,8	+ 396,8		2 274,6
19.	Fertigungslöhne	365,2	4 612,2	349,2	4 203,0	– 409,2		6 302,1 (19–20)
20.	Gemeinkostenlöhne	130,0	1 430,0	222,0	1 536,0	+ 106,0		
21.	Gehälter	453,4	5 434,2	616,7	5 774,3	+ 340,1		5 309,3
22.	Sozialrate Löhne u. Gehälter	299,7	3 815,3	439,0	3 802,3	– 13,0		3 727,1
	Summe 19–22	1 248,3	15 291,7	1 626,9	15 315,6	+ 23,9		15 338,5
23.	Altersversorgung u. Unterstützung	48,8	590,0	– 16,9	304,3	– 285,7		575,3
24.	Abschreibungen auf Anlagen	89,6	1 079,6	150,0	1 140,0	+ 60,4		1 130,9
25.	Zinsen	100,0	1 200,0	48,0	1 208,0	+ 8,0		1 490,6
26.	Steuern	34,4	415,0	179,9	560,5	+ 145,5		468,4
27.	Instandhaltungsleistungen	15,0	180,0	– 24,3	107,0	– 73,0		167,3
28.	Mieten und Pachten	80,0	938,0	83,9	1 001,4	+ 63,4		920,6
29.	Porto und Telefonkosten	14,9	170,0	33,4	200,1	+ 30,1		144,6
30.	Rechts- u. Beratungskosten	22,3	263,2	30,3	208,6	– 54,6		226,0
31.	Werbekosten	43,0	510,5	170,3	653,8	+ 143,3		934,5
32.	Reisekosten u. Repräsentation	25,4	304,8	30,4	335,3	+ 30,5		255,9
33.	Sonstige Kosten	94,0	1 129,5	– 65,4	1 471,8	+ 342,3		1 663,4
	Summe 27–33	294,6	3 496,0	258,6	3 978,0	+ 482,0		4 312,3
34.	Verlustübernahmen (Rate)	13,7	160,0	– 91,3	100,0	– 60,0		49,4
	Summe Kosten (19–34)	1 829,4	22 232,3	2 155,2	22 606,4	+ 374,1		23 365,4
35.	**Bilanzergebnis**	+ 1 322,8	+ 2 468,8	+ 1 197,6	+ 52,3	– 2 416,5		+ 537,1
36.	davon Finanzbuchh.-Brücke	+ 1 244,2	+ 2 199,0	+ 1 486,9	+ 2 648,9	+ 449,9		+ 1 620,0
37.	**Bil. Betriebsergebnis**	+ 78,6	+ 269,8	– 289,3	– 2 596,6	– 2 866,4		– 1 082,9
38.	Abgrenzung Initialkosten							
39.	Rechnungsabgrenzung							
40.	Kalk. Wertabgr. Aufwand							
41.	Kalk. Wertabgr. Bestände							
	Summe Abgrenzungen (38–41)							
42.	Betriebsw. Betriebsergebnis							

Rheinische Werkzeugfabrik GmbH Köln	**Budgetkontrolle / Monatsstatistik** Monat: Dezember 1978 Finanzen und Leistungskennzahlen: Firma gesamt	gez.: Weise 20. 1. 1979	**Blatt 6**

	Soll		Ist		Einheit	Abweichung	Vorjahr	
	12	1–12	12	1–12		1–12	12	1–12
I. Sonstiges Umlaufvermögen					TDM			
1. Warenforderungen Inland				2 668,2				1 799,5
2. Warenforderungen Ausland				1 451,1				1 080,1
3. Warenforderungen verb. Untern.				2 536,8				2 179,0
4. Besitzwechsel				6,0				21,0
5. Schecks, Kasse, Banken, Postscheck				960,0				133,6
Summe 1–5				7 622,1	TDM			5 213,2
II. Kurzfristige Schulden					TDM			
1. Warenschulden				935,8				589,1
2. Schuldwechsel				356,8				308,9
3. Kreditsonderprogramm				1 530,9				1 530,9
4. Bankschulden A Bank				815,7				1 088,3
5. Bankschulden B Bank				737,3				1 853,1
6. Bankschulden C Bank				625,9				1 231,6
7. Bankschulden D Bank				11 320,9				6 011,1
8. Bankschulden Sparkasse				681,2				1 011,6
9. Bankschulden KfW				346,4				350,3
10. Bankschulden Sonstige				1,6				63,8
Summe 4–10				14 529,0	TDM			11 609,8
Summe 1–10				17 352,5	TDM			14 038,7
III. Langfristige Schulden					TDM			
1. Hypothekenschulden W				3 048,1				3 275,2
2. Hypothekenschulden S				52,4				92,4
IV. Einnahmen-Ausgaben-Rechnung					TDM			
1. Zahlungsmittelanfangsbestand		– 15 314		– 15 314,0		–		
2. Zahlungseingang aus Umsatz		4 630		4 855		+ 225		
3. Sonstige Einnahmen								
Summe 1–3		– 10 684		– 10 459	TDM	+ 225		
4. Ausgaben für Personal		1 420		1 446	TDM	– 26		
5. Ausgaben für Zukäufe		1 110		1 371		– 261		
6. Ausgaben für Mieten		60		60		–		
7. Ausgaben für Steuern (ohne USt)		–		–		–		
8. Ausgaben für Umsatzsteuer		250		81		+ 169		
9. Ausgaben für Zinsen		35		233		– 198		
10. Ausgaben für Kredittilgung		123		124		– 1		
11. Ausgaben Vertr.-Projekte		–		–		–		
12. Ausgaben techn.-Projekte		–		–		–		
13. Ausgaben Finanzprojekte		150		346		– 196		
14. Sonstige Ausgaben		100		151		– 51		
Summe 4–14		3 248		3 812	TDM	– 564		
15. Zahlungsmittelendbestand		– 13 932		– 14 271	TDM	– 339		
16. Liquiditätsveränderung		+ 1 382		+ 1 043		– 339		
V. Leistungskennzahlen								
1. Betr.-Ablief. an Fertiglager je Arbeitstag	45,2	45,2	52,8	42,8	TDM-VHK	– 2,4	54,4	51,4
2. Betr.-Ablief. je dir. Kopf/Monat	2 044,0	29 222,3	2 394,6	27 407,4	DM-VHK	– 1 814,9	2 853,1	29 014,5
3. Verf. dir. Std. je 100 DM Abl.-Wert	7,4	7,4	5,9	6,5	Std.	– 0,9	keine vergl. Werte für 1977	
4. Beschäftigungsgrad Vorfertigung	56,0	56,0	50,6	44,6	%	– 11,4		
5. Beschäftigungsgrad Endfertigung	71,5	71,5	65,5	61,7	%	– 9,8		
6. Warennettoerlös je Arbeitstag	2 841,2	1 596,5	3 000,0	1 442,4	TDM	– 154,1	2 053,0	1 307,2
7. Warennettoerlös je Kopf Belegsch./Mon.	6 017,0	47 757,0	6 440,0	43 624,0	DM	– 4 133,0	5 259,0	42 052,0
8. ⌀-Losgröße Vorfertigung	–	750	–	820	Stck.	–	–	740
9. ⌀-Fertiglagerumschlag	–	3,0	–	2,6		0,4	–	2,5
10. ⌀-Auftr.-Wert je Kundenauftrag		250		266	DM			245

Rheinische Werkzeugfabrik GmbH, Köln

Budgetkontrolle: per II. Quartal 1978
1. Absatz, Umsatz, Deckungsbeitrag: Firma gesamt
1.0 Vertriebswege: gesamt

gez.: Weise
25. 7. 1978

Kostenträger		Budget-Soll 1. 1. – 30. 6. 1978					Ist 1. 1. – 30. 6. 1978					Abweichungen				
		Absatz	Nettoerlös		Deckungsbeitrag		Absatz	Nettoerlös		Deckungsbeitrag		Absatz	Nettoerlös		Deckungsbeitrag	
Nr.	Bezeichnung	T-Stck.	TDM	Stck./DM	TDM	% v. E.	T-Stck.	TDM	Stck./DM	TDM	% v. E.	T-Stck.	TDM	%	TDM	%
01/04	Rohlinge an Dritte		539,6		163,4	30,3		228,7		75,5	33,0		– 310,9	57,6	– 87,9	53,9
11-17	Greifwerkzeuge		1 240,4		573,2	46,2		869,1		428,7	49,3		– 371,3	29,9	– 144,5	25,2
22-28	Drehwerkzeuge		3 228,7		1 459,9	45,2		3 068,9		1 373,1	44,7		– 159,8	4,9	– 86,8	5,9
31-39	Schneidwerkzeuge		1 103,1		465,7	42,2		984,6		342,5	34,8		– 118,5	10,7	– 123,2	26,5
41-47/49	Schlagbohrwerkzeuge		3 004,5		1 280,6	42,6		2 394,7		1 147,0	47,9		– 609,8	20,3	– 133,6	10,4
48	Schlagbohrw. Stahl		241,4		84,9	35,1		140,9		61,1	43,4		– 100,5	41,6	– 23,8	28,0
51-53	Schweißwerkzeuge		406,7		168,7	41,5		363,0		156,3	43,0		– 43,7	10,7	– 12,4	7,4
55-58	Elektrowerkzeuge		464,1		166,4	35,9		263,9		103,9	39,4		– 200,2	43,1	– 62,5	37,6
61 62/63	Lötwerkzeuge Sonderwerkzeuge		81,2		37,7	46,4		88,7		45,3	51,1		+ 7,5	9,2	+ 7,6	20,2
81/82	Garnituren f. Handel		723,2		341,6	47,2		424,9		185,4	43,6		– 298,3	41,2	– 156,2	45,7
83/84	Garnituren f. C+C-Märkte		461,6		230,5	49,9		420,4		206,7	49,2		– 41,2	8,9	– 23,8	10,3
85/86	Garnituren f. Kfz-Gewerbe		571,9		236,6	41,4		513,7		223,9	43,6		– 58,2	10,2	– 12,7	5,4
87/88	Garnituren f. Industrie		1 002,3		435,3	43,4		756,6		340,8	45,0		– 245,7	24,5	– 94,5	21,7
72	Service-Reparaturen		77,4		38,7	50,0		187,0		94,7	50,6		+ 109,6	141,6	+ 56,0	144,7
74	Veredelungsleistungen f. Dritte		20,0		4,0	20,0		20,3		4,7	23,1		+ 0,3	1,5	+ 0,7	17,5
77	Leistg. an Beteiligungen u. Koop.		334,5		26,9	8,0		709,6		107,3	15,1		+ 375,1	112,3	+ 80,4	298,9
78	2.-Wahl-Ware		19,4		2,0	10,3		12,0		1,5	12,5		– 7,4	38,1	– 0,5	25,0
	Eigenprodukte		13 520,0		5 716,1	42,3		11 447,0		4 898,4	42,8		– 2 073,0	15,3	– 817,7	14,3
91	Handelsw. Greifwerkzeuge		840,2		264,5	31,5		1 225,5		384,7	31,4		+ 385,3	45,9	+ 120,2	45,4
92	Handelsw. Drehwerkzeuge		401,1		180,0	44,9		472,6		236,4	50,0		+ 71,5	17,8	+ 56,4	31,3
93	Handelsw. Schneidwerkzeuge		695,7		271,7	39,0		808,6		412,2	51,0		+ 112,9	16,2	+ 140,5	51,7
			1 937,0		716,2	37,0		2 506,7		1 033,3	41,2		+ 569,7	29,4	+ 317,1	44,3
95	Fremdware Elektro		1 407,7		690,9	49,1		1 570,1		787,0	50,1		+ 162,4	11,5	+ 96,1	13,9
99	Fremdware Divers.		180,8		51,2	28,3		212,7		60,2	28,3		+ 31,9	17,6	+ 9,0	17,4
	Verkaufssortiment		17 045,5		7 174,4	42,1		15 736,5		6 778,9	43,1		– 1 309,0	7,7	– 395,5	5,5
	Ostgeschäft Berlin		99,9					85,4					– 14,5			

Rheinische Werkzeugfabrik GmbH Köln	**Budgetkontrolle: per II. Quartal 1978** 2. Ergebniskontrolle 2.9 Außenbüro Hamburg	gez.: Weise 25. 7. 1978

Nr.	Position	Budget 1978		Soll 30. 6. 1978		Ist 30. 6. 1978		Abweichungen	
		TDM	%	TDM	%	TDM	%	TDM	%
1.	**Umsatz (ohne USt)**	839,0	100	332,1	100	319,6	100	– 12,5	3,8
2.	davon Eigen- u. Handelswaren (in % v. 1)	587,0	70,0						
3.	davon Fremdwaren (in % v. 1)	252,0	30,0						
4.	**Wareneinsatz**	466,0	55,5	184,3	55,5	160,1	50,1	– 24,2	13,1
5.	davon Eigen- u. Handelswaren (in % v. 4)	326,0	(70,0)						
6.	davon Fremdwaren (in % v. 4)	140,0	(30,0)						
7.	**Rohertrag**	373,0	44,5	147,8	44,5	159,5	49,9	+ 11,7	7,9
	Direkte Kosten								
8.	Gehälter (Anzahl Pers. 7)	128,4	15,3	64,2	19,3	60,7	19,0	– 3,5	5,5
9.	Löhne (Anzahl Pers. 1)								
10.	Sozialrate f. Gehälter u. Löhne	25,7	3,1	12,9	3,9	12,1	3,8	– 0,8	6,2
11.	Mieten	48,7	5,8	24,4	7,3	27,4	8,6	+ 3,0	12,3
12.	Strom, Wasser, Heizung	6,3	0,8	3,2	1,0	4,8	1,5	+ 1,6	50,0
13.	Abschreibung (kalkulatorisch)	14,0	1,7	7,0	2,1	7,0	2,2	––	––
14.	Instandhaltung	1,0	0,1	0,5	0,2	6,8	2,1	+ 6,3	1 260,0
15.	Reisekosten, Repräsentation	2,5	0,3	1,2	0,4	2,8	0,9	+ 1,6	133,0
16.	Porto und Telefonkosten	4,6	0,5	2,3	0,7	3,7	1,2	+ 1,4	60,9
17.	Zinsen auf Vorräte (8 %)	10,5	1,3	5,3	1,6	5,3	1,7	––	––
18.	Sonstige Verwaltungskosten	23,7	2,8	11,7	3,5	9,4	2,9	– 2,3	19,7
19.	Pensionen								
20.	Werbekosten								
21.	Steuern, Versicherungen, Beiträge	4,2	0,5	2,1	0,6	2,1	0,7	––	––
22.									
23.	./. Gutschrift für Kosten Engrosläger	– 10,2	– 1,2	– 5,1	1,5	– 5,1	1,6	––	––
24.	**Summe Kosten**	259,4	30,9	129,7	39,1	137,0	42,9	+ 7,3	5,6
25.	Umlage für Außendienstzentrale	28,0	3,3	14,0	4,2	11,9	3,7	– 2,1	15,0
26.	**Ergebnis I**	+ 85,6	10,2	+ 4,1	1,2	+ 10,6	3,3	+ 6,5	158,5
27.	Verwaltungsumlagen	104,5	12,5	52,3	15,7	54,3	17,0	+ 2,0	3,8
28.	**Ergebnis II**	– 19,0	– 2,3	– 48,2	14,5	– 43,7	13,7	+ 4,5	9,3
29.	ϕ Umschlagshäufigkeit Waren p. a.	Soll: 4 bei Bestand: .... TDM				Ist: 4,2 bei Bestand: .... TDM			
30.	ϕ Umsatz je Verk.-Kraft (Halbtags-Kr. = 0,5)	Soll: 120 TDM p. a.				Ist: 135 TDM p. a.			
31.	ϕ Umsatz je m^2 Verkaufsfläche (70 m^2)	Soll: 12,0 TDM p. a.				Ist: 12,3 TDM p. a.			
32.	ϕ Verkaufswert je Kunde	Soll: .... DM				Ist: .... DM			

Rheinische Werkzeugfabrik GmbH Köln	**Budgetkontrolle: per II. Quartal 1978** 1. Kostenkontrolle Kostenstelle 6440 Schleiferei	gez.: Weise 27. 7. 1978

Bezeichnung		Budget					Ist		
Konto	Kostenarten	var. Kosten Ist-Besch.	fixe Kosten Normal-Besch.	Gesamtkst. Budget-Besch.	Tarif var.	Tarif Ges.	Kosten	Tarif	Verbrauchsabweichung
Primäre Kosten									
A. Direkte Kosten									
5011/21	Fertigungsmaterial								
5031/32	Fremde Veredlungsleistungen								
5041/42	Artikelgeb. Werkzeuge								
Summe I	Direktes Material								
5101/08	Fert.-Löhne u. -Gehälter	229 100		229 100			229 061		– 39
5102	Zusatzlöhne								
5211/41	Soz.-Rate Fert.-Lohn u. -Geh.	107 677		107 677			107 659		– 18
B. Indirekte Kosten									
5120	Gemeinkostenlöhne		25 000	25 000			28 600		+ 3 600[1]
5231	Soz.-Rate Gemeinkostenlöhne		11 750	11 750			13 442		+ 1 692
5151	Gehälter		12 350	12 350			12 399		+ 49
5251	Soz.-Rate Gehälter		2 450	2 450			2 480		+ 30
5265	Soz.-Rate frw. soz. Leistung								
5311	Strom	1 631	250	1 881			1 881		––
5312	Gas		500	500			500		––
5313/14/15	Druckluft u. sonst. Energie	1 142	450	1 592			1 592		––
5321/22	H. u. B-Stoffe, Soz.-Material	1 712	500	2 212			2 556		+ 344
5331	Schleif- u. Poliermittel	16 308		16 308			23 740		+ 7 432[2]
5341	Stellengebundene Werkzeuge	489		489					– 489
5351/61	Verp.-Mat., Fracht u. Transportk.	163		163					– 163
5371/72	Sonst. Lieferungen u. Leistungen		300	300					– 300
5411/12	Instandh. d. Frd. u. I.-Mat.								
5421	Nutzungsabschreibung	1 508	2 250	3 758			3 758		––
5422	Nutzungsabhängiges Wagnis								
5425	Geringwertige Wirtsch.-Güter								
5441	Rate Vorratszinsen		6 400	6 400			6 400		––
5442	Rate Anlagenzinsen		1 700	1 700			1 700		––
5431/55	Mieten, Allgem. Verwalt.-Kosten								
5711	Rate f. Kostensteuern	4 240	700	4 940			4 940		––
5721/22	Rate Vers., Beitrg. etc.		50	50			50		––
5731	Rate jährl. Abgrenzungsbudget								
5741	Rate ökonom. Wagnisse								
Summe II	Dir. Lohn- u. Ind. Kosten	363 970	64 650	428 620	10,58	11,88	440 758	12,23	+ 12 138
Sekundäre Kosten									
5911	Umlage Raumkosten		12 500	12 500			12 500		––
5912	Umlage Strom								
5912	Umlage Gas, Druckluft so. Eng.	978		978			1 200		+ 222
5921	Umlage Sozialdienst		33 000	33 000			31 350		– 1 650
5931	Umlage Transportdienst	41	50	91					– 91
5961	Umlage Techn. Ltg./Entwicklg.		1 300	1 300			1 020		– 280
5941	Umlage Fertigungssteuerung		25 100	25 100			26 900		+ 1 800
5951	Umlage Werkserhaltung	2 854	1 500	4 354			3 525		– 829
5961	Umlage Masch.,Werkz.,Vorr.-Bau		4 000	4 000			3 980		– 20
Summe III	Sekundäre Kosten	3 873	77 450	81 323	0,11	1,66	80 475	1,64	– 848
Summe IV	Gesamtkosten (= II + III)	367 843	142 100	509 943	10,69	13,54	521 233	13,87	+ 11 290
Unterbeschäftigungsfaktor				0,14		0,40	0,45	1,28	+ 0,88
Gesamt-Stundensatz (Tarif)						13,94		15,15	+ 1,21

Basis	Beschäftigung (in direkten Stunden)	Kapazität (in direkten Stunden)	Beschäftigungsgrad in %	Kapazitätsabweichung	Beschäftigungsabweichung
Ist	34 400	49 900	68,9	44 032	– 26 472
Soll	43 900	49 900	88,0	17 560	

1 Über Planansatz hinaus angefallene Überstunden.
2 Kein direkter Verbrauch, da hierzu auch geringe Vorräte an Schleif- und Polierplätze zählen.

Rheinische Werkzeugfabrik GmbH, Köln	**Budgetkontrolle: per IV. Quartal 1978** 2. Lohnkosten-Analyse (1. Teil) Kostenstelle 6500: Montage I	gez.: Weise Datum: 20. 1. 1979

	Budget 1978			Monat: Dezember 1978					Auflaufsumme : Januar – Dezember 1978				
A. Effektive direkte Stunden und Leistungen	Std. i. %	E/Std.	gew. Tempo	Direkte Std.	Std. i. %	Geleist. Einheiten	E/Std.	gew. Tempo	Direkte Std.	Std. i. %	Geleist. Einheiten	E/Std.	gew. Tempo
Akkord-/Prämien-Arbeit in unbehindert. Leistung	86	75	64	6 933	80,5	518 588	74,8	60,2	79 323	76,4	5 608 136	70,7	54,0
Akkord-/Prämien-Arbeit in behinderter Leistung													
Zusatzzeit f. Produktionsanläufe u. ä.													
Methodenzeitzuschlag f. Produktionsanläufe u. ä.									208	0,2	14 705	70,7	0,1
Geldzuschlag f. Anlerntreppe u. ä.									208	0,2	0	0,0	0,0
Geldausgleich f. Nacharbeiten u. ä.	5	30	1	327	3,8	19 620	60,0	2,3	3 842	3,7	230 520	60,0	2,2
Geldausgleich f. höchstvergütete Orders									1 038	1,0	77 850	75,0	0,8
Wechselarbeit an anderen Plätzen													
Direkter Zeitlohn	6	60	3	801	9,3	48 060	60,0	5,6	9 137	8,8	548 220	60,0	5,3
Jugendliche Direkte				146	1,7	6 570	45,0	0,8	2 491	2,4	112 095	45,0	1,1
Schwangere Direkte				327	3,8	14 715	45,0	1,7	3 114	3,0	140 130	45,0	1,4
Spezialzeit wegen fehlender Akkorde									416	0,4	12 480	30,0	0,1
Spezialzeit ohne Leistung													
Wartezeit	1	0	0						2 180	2,1	0	0,0	0,0
Indirekte Arbeit	2	0	0	78	0,9	0	0,0	0,0	1 869	1,8	0	0,0	0,0
Effektivzeit Direkter in behindertem Tempo	100	68	68	8 612	100,0	607 553	70,6	70,6	103 826	100,0	6 744 136	65,0	65,0

	Budget 1978	Monat: Stunden	Monat: Minuten	Monat: Lohnkosten	Auflauf: Stunden	Auflauf: Minuten	Auflauf: Lohnkosten
B. Gedeckte direkte Stunden lt. partieller Kreditierung							
a) Ablieferung bei Normalleistung		7 164	429 840	134 024,–	85 194	5 111 640	1 593 980,–
b) Kalkul. Anomalzuschlag f. behinderte Leistung	10 %	716	42 984	13 402,–	8 519	511 140	159 390,–
c) Kalkul. Ausfall an bearbeiteten Fabrikaten	5 %	358	21 492	6 701,–	4 260	255 600	79 705,–
Gesamte Lohnkostengutschrift		8 238	494 316	154 127,–	97 973	5 878 380	1 833 075,–
Korrekturen der effektiven Stunden u. Leistungen							
C. Abteilungsbestandsveränderungen							
Anfangsbestand Lohnanteil 1. 1. 1978		3 125	187 500	58 462,–	3 011	180 660	56 330,–
– Endbestand Lohnanteil 31. 12. 1978		3 847	230 820	71 970,–	3 847	230 820	71 970,–
Bestandsveränderung Lohnanteil		+ 722	+ 43 320	+ 13 512,–	+ 836	+ 50 160	+ 15 640,–
D. Istausfall Lohnkosten an bearbeiteten Fabrikaten		234	14 040	4 377,–	2 848	170 880	53 280,–
Lohnstunden-Tarif DM/Std. 18,71 100-Minuten-Tarif DM/% Min. 31,18							

Rheinische Werkzeugfabrik GmbH, Köln	**Budgetkontrolle: per IV. Quartal 1978** 2. Lohnkosten-Analyse (2. Teil) Kostenstelle 6500: Montage I				gez.: Weise Datum: 20. 01. 1979			
	Monat: Dezember 1978				Auflaufsumme: Januar – Dezember 1978			
	Stunden	Leist.-Einheiten	E/Std.	Lohnkosten	Stunden	Leist.-Einheiten	E/Std.	Lohnkosten
E. Tempoergebnis								
I. Leistungsergebnis Direktes Personal								
Effektive unbehinderte Stunden (gem. A)	6 933	518 588	74,8	129 716,–	79 323	5 608 136	70,7	1 484 133,–
Effektive temponeutralisierte Stunden (gem. A)					1 038	77 850	75,0	19 421,–
Effektive behinderte Stunden (gem. A)	1 679	88 965	53,0	31 414,–	23 465	1 058 150	45,1	439 030,–
Effektivzeit gesamt in behindertem Tempo	8 612	607 553	70,6	161 130,–	103 826	6 744 136	65,0	1 942 584,–
– Effektivzeit umgerechn. b. budget. unbeh. Tpo.	8 101	607 553	75,0	151 570,–	89 922	6 744 136	75,0	1 682 441,–
Ergebnis auf unbehindertes Tempo	V. 511			V. 9 560,–	V. 13 904			V. 260 143,–
+ Kalkulierter Anomalzuschlag (gem. Bb)	G. 716			G. 13 402,–	G. 8 519			G. 159 381,–
Ergebnis auf behindertes Tempo	G. 205			G. 3 842,–	V. 5 385			V. 100 762,–
II. Vorgabezeitergebnis Direktes Personal								
Effektivzeit umgerechn. b. budget-unbeh. Tempo	8 101	607 553	75,0	151 570,–	89 922	6 744 136	75,0	1 682 441,–
– Effektivzeit f. Fabrikatausfall (gem. D)	187	14 040	75,0	3 499,–	2 278	170 880	75,0	42 621,–
Effektivzeit unbehindert f. gute Produktion	7 914	593 513	75,0	148 071,–	87 644	6 573 256	75,0	1 639 820,–
+ Abteilungsanfangsbestand (gem. C)	2 500	187 500	75,0	46 775,–	2 409	180 660	75,0	45 072,–
– Abteilungsendbestand (gem. C)	3 077	230 820	75,0	57 571,–	3 077	230 820	75,0	57 571,–
Effektivzeit unbehindert f. gute Ablieferung	7 337	550 193	75,0	137 275,–	86 976	6 523 096	75,0	1 627 321,–
– Gedeckte Vorgabezeit (gem. Ba)	7 164	429 840	60,0	134 024,–	85 194	5 111 640	60,0	1 593 809,–
Ergebnis auf Normalleistungstempo	V. 173			V. 3 251	V. 1 782	V. 1 411 456		V. 33 512,–
III. Ausfallergebnis								
Effektiver Fabrikatausfall (gem. D)	234	14 040	60,0	4 377,–	2 848	170 880	60,0	53 280,–
– Gedeckter Kalkulationsausfall (gem. Bc)	358	21 492	60,0	6 701,–	4 260	255 600	60,0	79 705,–
Ergebnis auf Ausschußablieferung	G. 124			G. 2 324,–	G. 1 412	G. 84 720		G. 26 425,–
IV. Gesamtergebnis I + II + III				G. 2 915,–				V. 107 849,–
V. Analyse E II-Ergebnis (= geklärt)								
Fehlende Abliefergutschrift Abt. Bestandaufbau	+ 722	+ 43 320	60,0	+ 13 512,–	+ 836	+ 50 160	60,0	+ 15 640,–
Vgl. tempopauschalierte Zeiten mit Ist-HK	– 1 679	– 11 753	7,0	– 3 665,–	+ 23 465	+ 68 048	2,9	+ 21 217,–
Neue Vorgabezeiten = nicht in part. Kredti. Kalk.					+ 314	+ 23 550	75,0	+ 7 343,–
Rationalisierungstätigkeit, noch in Ablief. kredit.	– 150	– 11 250	75,0	– 3 508,–	– 671	– 50 325	75,0	– 15 691,–
Ungeklärte Differenzen				– 3 088,–				– 5 003,–

Rheinische Werkzeugfabrik GmbH, Köln	Budgetkontrolle: per IV. Quartal 1978 3. Lohnniveau-Analyse Kostenstelle 6500: Montage I				gez.: Weise Datum: 20. 1. 1979		
	Budget 1978	Monat: Dezember 1978			Auflaufsumme: Januar – Dezember 1978		
I. Lohnniveau-Ergebnis	Lohn DM/Std.	Stunden	Lohn DM/Std.	Lohn DM	Stunden	Lohn DM/Std.	Lohn DM
Direkte Anwesenheit Std. x effektiver dir. Lohn		8 612	12,18	104 910,–	103 826	11,50	1 193 656,–
Direkte Anwesenheit Std. x budget. dir. Lohn		8 612	11,87	102 224,–	103 826	11,87	1 232 415,–
Abweichungsergebnis				V. 2 686,–			G. 38 759,–
II. Analyse des direkten Lohns							
ϕ Akkord- bzw. Prämiengrundlohn	9,50	8 612	9,52	81 986,–	103 826	9,51	988 424,–
ϕ Erwirtschafteter Mehrleistunglohn	2,37	8 612	1,68	14 468,–	103 826	–,78	80 984,–
ϕ Beibezahlter Mehrlohn (gem. III)		(204)	(11,90)	2 428,–	(7 438)	(10,73)	79 810,–
ϕ Tarifliche ÜStd. u. a. Zuschläge		(2 153)	(2,80)	6 028,–	(17 224)	(2,58)	44 438,–
= Zahlbarer direkter Lohn	11,87	8 612	12,18	104 910,–	103 826	11,50	1 193 656,–
III. Analyse der bezahlten Leistungseinheiten	Tarif. E/Std. = Differenz von/bis	Stunden	Vergütete Einheiten	Gewichtete E/Std.	Stunden	Vergütete Einheiten	Gewichtete E/Std.
Behinderte Leistung gem. Lohnkostenanalyse		8 612	607 553	70,6	103 826	6 744 136	65,0
+ Platz bedingte Beibezahlungen							
Einmalige Zusatzakkordzeit							
Methodenzuschläge auf Vorgabezeit	unbehind. – 0 E/Std.				(208)	14 705	0,1
Geldl. Meth.-Zuschläge (Anlerntreppe)	63 – Ist-E/Std.				(208)	13 104	0,1
Geldl. Akkordausgleich f. Nacharbeit	unbehind. – 60 E/Std.	(327)	4 840	0,6	(3 842)	41 109	0,4
Geldl. Akkordausgleich f. Sonderaufträge	budget. – 60 E/Std.				(1 038)	15 570	0,2
+ Sonstige arbeitsbedingte Beibezahlungen							
Platzwechsel	unbehind. – 60 E/Std.						
Direkter Zeitlohn		(810)	––		(9 137)	––	
Jugendliche	60 – Ist-E/Std.	(146)	2 190	0,2	(2 491)	37 365	0,4
Schwangere	60 – Ist-E/Std.	(327)	4 905	0,6	(3 114)	46 710	0,4
+ Störbedingte Beibezahlungen							
Spezialzeit mit Leistung	behind. – 30 E/Std.				(416)	14 560	0,1
Spezialzeit ohne Leistung	behind. – 0 E/Std.						
Wartezeit	behind. – 0 E/Std.				(2 180)	141 700	1,4
Indirekte Arbeit	behind. – 0 E/Std.	(78)	5 507	0,6	(1 869)	121 485	1,2
Bezahlte Leistungseinheiten		8 612	624 995	72,6	103 826	7 190 444	69,3
Beibezahlung		(204)	14 442		(7 438)	446 308	

Stichwortverzeichnis

V

W

Z